DAGMAR KUMBIER

Sie sagt, er sagt

Kommunikationspsychologie
für Partnerschaft, Familie und Beruf

Mit einem Vorwort von
Friedemann Schulz von Thun

Rowohlt Taschenbuch Verlag

MITEINANDER REDEN: Praxis

Herausgegeben von
Friedemann Schulz von Thun

Redaktion: Wolfgang Müller
Zeichnungen: Dagmar Kumbier

5. Auflage Februar 2015

Originalausgabe
Veröffentlicht im Rowohlt Taschenbuch Verlag,
Reinbek bei Hamburg, März 2006

Umschlaggestaltung any.way, Walter Hellmann
Satz aus der Minion PostScript (InDesign) bei
Pinkuin Satz und Datentechnik, Berlin
Druck und Bindung CPI books GmbH, Leck, Germany
ISBN 978 3 499 61698 3

INHALT

VORWORT

Friedemann Schulz von Thun

Wie können Frauen und Männer gut miteinander reden, gut miteinander klarkommen? Hat die Kommunikationspsychologie dazu etwas beizutragen, was substanziell und aussichtsreich wäre? Sie hat.

Das Thema fasziniert! Die Betroffenen sind alle ein wenig kompetent, und die Kompetenten sind nicht wenig betroffen. Und wir wollen ja miteinander zu tun haben (und es miteinander zu tun kriegen), wir Frauen und Männer! Es ist so viel Glücksverheißung darin, aber auch viel Verzweiflung und Galgenhumor nach gescheiterten oder mühseligen Erfahrungen. «Mühselig», ein schönes deutsches Wort (auch wenn es etymologisch mehr mit Mühsal als mit Seligkeit zu tun hat – nehmen wir es einmal so, wie es heute zusammengesetzt ist): Da klingt die Mühe an, die wir uns geben müssen; die Seligkeit, die in der Begegnung von Mann und Frau sein kann; und eben die Mühseligkeit, von der manche Frau ein Lied zu singen und mancher Loriot eine Lachnummer vorzuführen weiß. «Das Ei ist hart.» «Zu viele Eier sind gar nicht gesund …»

Kommen Frauen und Männer wirklich von unterschiedlichen Sternen, was ihre Kommunikation angeht? Angenommen, A und B (ich verrate das Geschlecht noch nicht) sind verheiratet und haben eine für sie wichtige Entscheidung getroffen. Jeder berichtet darüber in jeweils seinem/ihrem Kollegenkreis in einer Kaffeepause. Jeder berichtet auf seine Weise, und Sie, liebe Leserin, lieber Leser, sollen raten: Wer von A und B ist Mann und Frau?

A berichtet	**B berichtet**
«Also, ich wag's noch gar nicht auszusprechen, aber wir sind uns seit gestern einig und wollen ein Kind! Und jetzt kommt die Achterbahn: Ich freu mich wahnsinnig, und im nächsten Augenblick krieg ich die absolute Panik, das glaubt ihr nicht! Aber insgesamt bin ich ganz, ganz froh!»	«Wir haben uns jetzt mit der Nachwuchsfrage befasst und sind einvernehmlich zu einer positiven Entscheidung gekommen, obwohl es auf beiden Seiten auch Bedenken gegeben hat, die auch jetzt, das muss man offen sagen, noch nicht alle hundertprozentig ausgeräumt sind.»

Na?
Die Lösung:

Richtig! A ist der Mann, und B ist die Frau.

Sie stutzen, Sie glauben es nicht? Obwohl ich ein bekannter Fachmann in diesen Fragen bin? Oder Sie vermuten einen Druckfehler? Also gut, ich gebe zu: A ist ein untypischer Mann und B vielleicht eine etwas untypische Frau. Aber das «Typische» ist heute längst nicht mehr so typisch, vieles hat sich getan hierzulande: Männer äußern sich spontan, sprechen über ihre Gefühle, und Frauen haben sich im Berufsleben die bedachtsame Sprache der nüchternen Sachlichkeit angeeignet. Wir haben entdeckt, dass wir auf das Typische nicht festgelegt sind, dass wir nicht auf immer und ewig in unserem kommunikativen Heimathafen ankern müssen.

Also gut, ich gebe zu: Ich habe geflunkert. Natürlich («natürlich»?)

ist A die Frau und B der Mann. Aber ich hatte ein edles didaktisches Motiv zu flunkern: Ich wollte Ihnen das Erlebnis des Stutzens vermitteln! Offenbar war die empirische Evidenz Ihrer Erfahrungen mit Frauen und Männern größer als Ihr Glaube an die (vermeintliche) wissenschaftliche Autorität.

Frauen und Männer sind, beileibe nicht in jedem Einzelfall, aber auf den Durchschnitt gesehen, anders in ihrer Art, Kontakte und Beziehungen zu gestalten, zu reden, zuzuhören und auf den anderen einzugehen. Dagmar Kumbier nimmt diese Befunde auf und erörtert die spannenden Fragen, die von ihnen aufgeworfen werden:

1. *Worin bestehen diese Unterschiede vor allem, wo zeigen sie sich wie am deutlichsten?*
   Ich habe seit Jahrzehnten gelehrt, dass, bezogen auf unser Kommunikationsquadrat, die Männer ihr Heimspiel eher auf der Sach- und Appellseite, die Frauen eher auf der Selbstkundgabe- und Beziehungsseite haben:

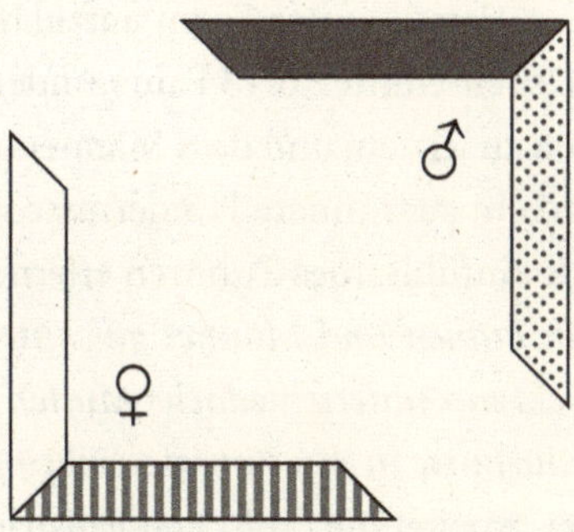

   Insofern war die Zusammenfügung dieser vier Seiten zum Quadrat mit vier gleichwertigen und gleich wichtigen Seiten eine klammheimliche androgyne Integration (was einen Teil seiner

Beliebtheit erklären könnte). Von Dagmar Kumbier werden wir erfahren, dass dies zwar eine tendenzielle Wahrheit bleibt, jedoch weiterer Ausdifferenzierung bedarf.

2. *Woran liegt es, wie kommen diese Unterschiede zustande?*
Liegt es in der Natur von Frauen und Männern, dass sie mit unterschiedlicher Gen-Ausstattung auf die Welt kommen, als Ergebnis einer jahrmillionenlangen Stammesentwicklung des Menschen, der am besten arbeitsteilig und mit komplementärer Talentausstattung überleben konnte? Vieles spricht dafür. Oder liegt es an der unterschiedlichen Sozialisation von Mädchen und Jungen in unserer Kultur, die vom Leitbild eines richtigen Jungen und eines richtigen Mädchens beeinflusst ist, sodass wir, genetisch flexibel und plastisch, zur Frau und zum Mann «gemacht» werden? Auch dafür spricht vieles. Die ganze Wahrheit wird sich aus beiden Faktoren zusammensetzen. Aber für unser Thema ist die ganze Frage nach den Ursachen zweitrangig. Denn weder genetische Vorprägungen noch sozialisationsbedingte Festlegungen können uns daran hindern, durch Übung und Entwicklung auch in den Auswärtsspielen zu guter Form aufzulaufen. Mag ja sein, dass Frauen im Durchschnitt 2 bis 3 Fahrstunden mehr brauchen, um das Einparken zu lernen; und dass Männer ein paar Jahre länger brauchen und ein paar innere Hindernisse mehr überwinden müssen, bevor sie einfühlsames Zuhören erlernen – so what?

3. *Wie können denn Frauen und Männer gut miteinander klarkommen, wenn sie nicht nur unterschiedliche Muster, sondern auch unterschiedliche Bedürfnisse in den Kontakt einbringen?*
Dagmar Kumbier arbeitet die typischen Fallstricke und Verklemmungen so heraus, dass kommunikationspsychologische Hilfe greifbar wird. Interplanetarisches Befremden wird bearbeitbar, wenn wir es verstehen und einordnen können, am besten mit ein wenig Humor. Humor bedeutet, dem Mühseligen auch eine ko-

mische Seite abzugewinnen, auch über sich selbst schmunzeln zu können. Das gelingt umso eher, wenn ich in der Mühsal nicht nur mittendrin stecke, sondern sie aus übergeordneter Perspektive betrachten kann. Dann werden Auswege sichtbar. Der hier gewiesene Weg ermöglicht eine solche Metaperspektive, verweist aber auch auf das Erfordernis, sich selbst «von innen» besser kennen zu lernen.

4. *Sollen denn Männer, entgegen ihrer Natur und ihrem Rollenbild, «weibliche» Kommunikationsformen übernehmen und umgekehrt?* Ich erinnere mich an eine Führungskraft, einen Mann, im Kommunikationsseminar. Er war dort nicht freiwillig. Er sagte: «Mein Vorgesetzter hat mich hierher geschickt, weil er meine soziale Kompetenz im Umgang mit Mitarbeitern in Zweifel zieht. Ich aber sage Ihnen: Meine drei Leitsterne sind die drei ‹E› (Ehrgeiz – Effektivität – Erfolg), und Sie machen keinen Softie aus mir!» Und ein anderer zitierte seine Frau, die bei seiner Abreise zum Seminar gesagt habe: «Du gehst als Mann – komm nicht als Pfeife wieder!» Die Befürchtung, durch Erwerb von «soft skills» und menschlicher Sensibilität an Männlichkeit einzubüßen, beruht auf der irrigen Annahme, dass «männliche» und «weibliche» Talente auf einer Dimension angeordnet seien:

	«männlich»	⟷	**«weiblich»**
z. B.	sachorientiert	z. B.	gefühlsbetont
	wettbewerbsorientiert		fürsorglich/empathisch
	durchsetzungsfähig		anpassungsfähig

Eine Zunahme an Empathie würde unter dieser eindimensionalen Sichtweise tatsächlich eine Entfernung vom «männlichen» Pol bedeuten. Mein Kollege Gerhard Vagt (2004) hat aber ganz Recht, wenn er das «Männliche» und das «Weibliche» eher auf zwei unabhängigen Dimensionen lokalisieren will, sodass ein Mensch durchaus hohe Ausprägungen auf beiden Dimensionen haben oder entwickeln kann:

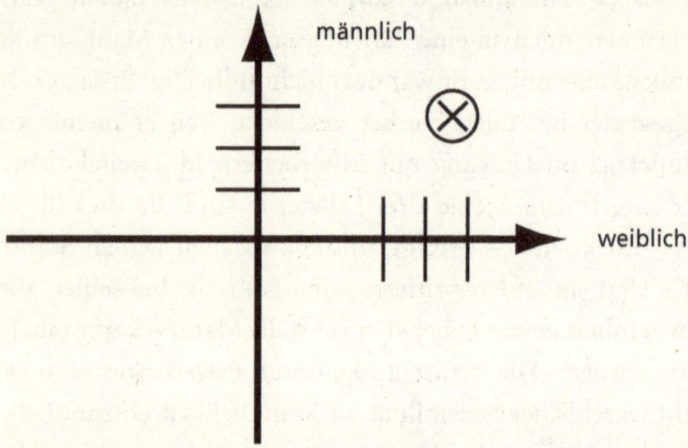

Diese androgyne Perspektive menschlicher Entwicklung dürfte für Frauen und Männer gleichermaßen attraktiv sein, weil sie seelisches Wachstum fördert und typisierende Vereinseitigung vermeidet, die immer mit innerer Unterdrückung oder Brachlegung erkauft werden muss. Und für das Miteinander von Frauen und Männern dürfte es eine Erleichterung und eine Intensivierung des Kontakts bedeuten.

Damit ist aber nicht einer Gleichmacherei das Wort geredet, welche die angestammten Unterschiede einebnen will. Möge jede Frau, jeder Mann ihrer/seiner angestammten Talentausstattung und seiner dementsprechenden Ausstrahlung treu bleiben (oder treu werden!). Die Liebe ist eine Frucht der Gemeinsamkeit *und* des Unterschiedes! Und wo immer Frau und Mann sich nicht symmetrisch, sondern komplementär organisieren, ist das auch aus moderner Sicht nicht zu tadeln, solange ihnen der Gegenpol nicht verschlossen bleibt. Der Fisch soll kein Vogel werden, aber ein paar Flügel können ihn zum fliegenden Fisch machen. Der Vogel kann Schwimmflossen entwickeln, ohne zum Fisch zu werden. Der Mann kann an Einfühlungsvermögen gewinnen, ohne zum Softie oder zur Pfeife zu werden.

Unser Wertequadrat kann helfen, den Kompass richtig zu stellen. Er weist auf die dialektische Balance von *androgyner Aufeinander-zu-Entwicklung* und (Unterschiede bewahrende und begrüßende) *Komplementarität.* Beide Prinzipien kippen ins ungute Extrem, wenn sie sich gegenseitig nicht in der Waage halten:

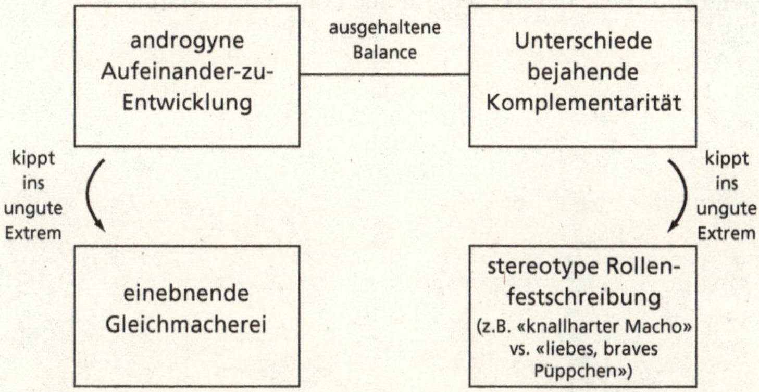

Während die androgyne Entwicklung jeder individuell vollziehen kann, ist die zwischengeschlechtliche Kommunikation unter dem Vorzeichen der Komplementarität nur gemeinsam zu meistern. Dagmar Kumbier erörtert in diesem Buch beide Perspektiven. Es trifft sich ausgezeichnet, dass sie alles in einer ist: eine Kennerin der Geschlechtsforschung, deren Befunde sie zum Teil mit anderen, neuen Augen liest; eine Kommunikationspsychologin, die mit unseren Modellen bestens vertraut ist und nun erstmalig zum Beispiel das «Innere Team» systematisch, genial und mit Gewinn auf die Begegnung der Geschlechter in Beruf und Familie anwendet; eine erfahrene Eheberaterin, die ihre Pappenheimer und Pappenheimerinnen kennt und vor allem auch die Dynamiken zwischen ihnen (und wie man ihnen beikommen kann); letztlich auch ein Mensch und eine Frau mit einigen Entwicklungsschritten hinter sich und mit der Fähigkeit, die eigene Betroffenheit im Lichte der theoretischen Erkenntnisse zu reflektieren.

Was dabei herausgekommen ist, kann uns auf dem Weg zur Menschwerdung, zur guten Kooperation und, ja auch und besonders, zur Liebesfähigkeit einen wichtigen Schritt voranbringen. Möge dieses Buch zur Pflicht- und Freudelektüre für die größte Zielgruppe der Welt werden: für alle Frauen und Männer!

VORBEMERKUNGEN

Noch ein Buch über die Kommunikation zwischen Männern und Frauen? Ist nicht wirklich schon genug darüber nachgedacht und geschrieben worden, warum Frauen und Männer sich einfach nicht verstehen können? Sind nicht schon genug Erklärungen dafür angeboten worden, warum Männer (angeblich) nicht zuhören und Frauen (vermeintlich) nicht einparken können? Männer und Frauen kommen offenbar aus unterschiedlichen Welten, wenn nicht sogar von verschiedenen Planeten – und das macht die Kommunikation zwischen ihnen zu einem heiklen Unterfangen und zu einer Art Pas de deux auf Glatteis.

In der Tat gibt es (neben vielen Allgemeinplätzen und Plattitüden) bereits gute und fruchtbare Ansätze. Gleichwohl wurde keine der Erklärungen, die bislang für die typischen Probleme zwischen Männern und Frauen angeboten worden sind, meinen Erfahrungen als Paarberaterin, Kommunikationstrainerin und Coach wirklich gerecht – und keine den Erfahrungen, die ich selbst als Frau in der Kommunikation mit Männern und anderen Frauen beruflich und privat mache. So ist eine wesentliche Erfahrung, dass sich die private und die berufliche Kommunikation zwischen Frauen und Männern beträchtlich und grundlegend voneinander unterscheiden – und diesen Unterschied fand ich in der Literatur so gut wie gar nicht beschrieben. Offenbar wird meist vorausgesetzt, dass beides den gleichen Gesetzen folgt – was mir ein fundamentaler Irrtum zu sein scheint.

Und es wurden zwar immer wieder die Sackgassen zwischen Männern und Frauen beschrieben, aber dabei blieben wichtige

Fragen offen. Warum sind diese Probleme so hartnäckig und warum neigen sie derart zur Eskalation? Warum ist es so schwer, sein Verhalten an diesen Punkten zu ändern? Und um welche Veränderungen würde es eigentlich konkret gehen? Diese Fragen blieben offen – entweder, weil die Autoren die Welt nur erklären, aber nicht verändern wollten. Oder weil sie die Ursache der Schwierigkeiten in der Biologie und den Ursprüngen der Menschheit fanden und daher wenig Spielraum für wirkliche Veränderungen sahen. Oder weil sie voller Optimismus lange Listen mit Tipps und Tricks lieferten, die man im Dienste einer glücklichen Partnerschaft offenbar einfach nur abarbeiten müsste. Oder sie sahen die Ursache der Probleme in der Böswilligkeit der Männer, die sich schlicht weigern, sich angemessen am Haushalt zu beteiligen und Frauen Karriere machen zu lassen – und konnten diese Renitenz nur zornig, hilflos oder resigniert zur Kenntnis nehmen.

Kurz gesagt: Es blieben gerade die Fragen offen, die für mich als Kommunikationspsychologin von besonderer Bedeutung sind. Ich möchte also in diesem Buch die Kommunikation zwischen Männern und Frauen in den Blick nehmen – und dabei die Bereiche von Partnerschaft und Beruf getrennt betrachten. Wie gehen Frauen an diese beiden Bereiche heran und wie Männer – und was passiert, wenn sie in den verschiedenen Bereichen aufeinander treffen? Welche Dynamik entwickelt sich jeweils zwischen ihnen, welche Spielregeln gelten (und wer gibt sie vor), wie ist die Macht verteilt (und welches Gesicht hat diese)? Woher kommt der Drang zur Veränderung – und warum verändert sich häufig trotzdem nichts?

Dabei werde ich von einer einfachen These ausgehen. Frauen und Männer haben jeweils in einem dieser Bereiche ein Heimspiel und treten im anderen zum Auswärtsspiel an. Während Männer einen enormen Heimspielvorteil im Beruf haben, weil sie sehr viel besser mit Leistungs- und Konkurrenzsituationen klarkommen, haben Frauen einen großen Vorsprung im Umgang mit Gefühlen und nahen Beziehungen. Ihr Heimspiel liegt daher im Bereich von Partnerschaft und Familie.

Das bedeutet, dass die Kommunikation zwischen Männern und Frauen im Bereich der Familie eine deutlich andere ist als im Beruf. Im Beruf treten Frauen zum Auswärtsspiel an – und dort gelten die Regeln der Männer. Sie treffen auf Männer, die auf diesem Platz trainiert haben und eingespielt sind, die sich entsprechend mehr zutrauen und sich besser behaupten können. Umgekehrt ist der Bereich der Partnerschaft für die Männer ein Auswärtsspiel nach den Regeln der Frauen. Hier treffen sie auf Partnerinnen, die einen jahrelangen Übungsvorsprung haben und deshalb sehr viel selbstbewusster sind als sie selbst. Dadurch entwickelt sich in beiden Bereichen eine unterschiedliche Dynamik – und Frauen wie Männer nehmen jeweils vollkommen andere Rollen ein. Aus dieser Perspektive können die typischen Probleme in Partnerschaft und Beruf also getrennt betrachtet und gleichzeitig in Zusammenhang gebracht werden.

Diese Perspektive ist geprägt durch Erfahrungen, die ich als Beraterin und Trainerin mit Paaren, Einzelnen und Gruppen gemacht habe. Mein Handwerkszeug sind im Wesentlichen die Modelle und Methoden der Hamburger Kommunikationspsychologie, die Friedemann Schulz von Thun und der Arbeitskreis Kommunikation und Klärungshilfe entwickelt haben. Als Hintergrund werde ich überdies immer wieder Erkenntnisse der Geschlechterforschung einbeziehen. Die unterschiedliche Weise, wie Jungen und Mädchen aufwachsen, ist inzwischen gut untersucht worden, ebenso wie manche Aspekte der Kommunikation zwischen Männern und Frauen. Diese Forschung eignet sich gut, um die Hintergründe mancher Teufelskreise zu beleuchten. Umgekehrt werden aus der Perspektive der Heim- und Auswärtsspiele auch blinde Flecken der bisherigen Forschung deutlich, sodass sich neue Fragestellungen ergeben können.

Im ersten Teil des Buches werde ich zunächst die typischen Sackgassen im Verhältnis zwischen Männern und Frauen beschreiben und diese anschließend genauer untersuchen. Was passiert, wenn Frauen und Männer im Heimspielbereich der Frauen aufeinander treffen – und was passiert im Heimspielbereich der Männer? Welche Wege führen unweigerlich in die beschriebenen Sackgassen, und welche Teufelskreise entwickeln sich? Im zweiten Teil wird es dann um die Suche nach Auswegen aus diesen Sackgassen gehen.

Als Leser habe ich dabei nicht nur die Praktikerin oder den Praktiker im Auge, der als Berater oder Trainer arbeitet, sondern ganz generell Frauen und Männer, die nach einem konstruktiven, lebendigen (und womöglich sogar lustvollen) Umgang mit dem oft so befremdend anderen Geschlecht suchen.

Noch eine Bemerkung vorab. Ich bin bei der Arbeit an diesem Buch immer wieder auf die argwöhnische Frage gestoßen, ob ich denn nicht nur einmal mehr die alten Klischees wiederhole. Sind nicht jede Frau und jeder Mann und jede Begegnung einmalig und individuell? Macht es überhaupt Sinn, über Frauen und Männer als Gruppen zu reden? Dieser Einwand, dieses Misstrauen hat durchaus seine Berechtigung. Über Männer und Frauen im Allgemeinen zu reden, bedeutet eine Vereinfachung. Wenn ich es dennoch mache, dann deswegen, weil Erfahrung und Wissenschaft zeigen, dass es bei aller Individualität gleichwohl Typisches gibt. Dieses Typische gilt nicht für alle Menschen an allen Punkten gleichermaßen, und so ist nicht damit zu rechnen, dass Sie sich und Ihre Erfahrungen an jeder Stelle wiederfinden werden. Wenn Sie sich also aus diesem Buch das heraussuchen, was für Sie passt oder was Sie für sich anpassen können, dann wäre das im Sinne der Erfinderin.

Einführung

TYPISCHE SACKGASSEN FÜR MÄNNER UND FRAUEN

«Bring wenigstens den Müll raus!» Aufgabenteilung in Haushalt und Familie

«Bring wenigstens den Müll raus!» Wie kommt es, dass wir alle eine präzise Vorstellung haben, wer das zu wem sagt? Wir hören förmlich den Tonfall, wir ahnen die Vorgeschichte und wie die Situation sich weiterentwickeln könnte. Ob man den persönlichen Freundeskreis nimmt, die Klientel einer Paarberatungsstelle oder wissenschaftliche Untersuchungen über Partnerschaften: Überall stößt man auf ein zentrales Problem. Nämlich darauf, dass *sie* sich mit Haushalt und Kindern mehr oder weniger allein gelassen fühlt und (je nach Temperament) klagt, resigniert oder kämpft – während *er* zunehmend das Gefühl hat, es ihr bei allem Bemühen ohnehin nie recht machen zu können und sich (je nach Temperament) verteidigt, zurückzieht oder in die Karriere stürzt.

Das ist durchaus erstaunlich, denn eigentlich scheinen sich Männer und Frauen in dem, was sie sich in ihrer Partnerschaft wünschen, gar nicht so sehr zu unterscheiden. Eine partnerschaftliche Aufteilung von Hausarbeit und Kinderbetreuung ist heute für beide Geschlechter selbstverständlich – und in der Regel möchten sich beide Partner sowohl in der Familie als auch im Beruf engagieren.[1] Trotzdem hat sich an der häuslichen Aufgabenteilung wenig geändert: Hausarbeit ist nach wie vor im Wesentlichen Frauensache, und zwar auch dann, wenn beide Partner berufstätig sind.[2] Diese seltsame Kluft zwischen dem gemeinsamen Ideal, das Männer und

Frauen von ihrer Partnerschaft entwerfen, und der Realität der allermeisten Partnerschaften beschäftigt nicht nur die Wissenschaft, welche immer wieder versucht hat, diese Kluft zu erklären und Wege zu finden, wie sie zu schließen sei. Sie beschäftigt vor allem die Paare selbst. Frauen und Männer leiden gleichermaßen unter dieser Spannung – allerdings leiden sie auf recht unterschiedliche Weise.

Die Frauen leiden darunter, für all die kleinen und großen familiären Aufgaben im Wesentlichen allein zuständig zu sein. Auch wenn er ‹mithilft›, in aller Regel erledigt sie den Löwenanteil, und vor allem ist sie es auch, die alles im Blick haben, regeln und koordinieren muss. Oftmals fühlen sich die Frauen nicht nur überfordert, sondern auch im Stich gelassen und geradezu verraten: «Wir waren uns doch einig, dass es nicht so werden sollte wie bei unseren Eltern, dass wir uns den Haushalt teilen und uns gemeinsam um die Kinder kümmern! Und jetzt bleibt trotzdem mehr und mehr an mir hängen, und er zieht sich ins Büro zurück!» Wenn Erschöpfung, Frustration und Enttäuschung lange genug vor sich hin gären, ergibt sich nicht selten ein brisantes Gemisch – vor allem dann, wenn Gespräche darüber nicht möglich sind oder alles nur noch schlimmer machen. An diesem Punkt fangen Frauen oft an, an seiner Liebe zu ihr und den Kindern zu zweifeln. Denn zeigt er durch sein Verhalten nicht deutlich, dass ihn letztlich nur der Beruf interessiert? Wie könnte er sie so behandeln und ihre Gefühle derart ignorieren, wenn er sie lieben würde? Und umgekehrt: Wie kann sie ihn lieben, wenn sie sich so verraten und verkauft fühlt? Schlimmstenfalls endet diese Entwicklung in offener Verachtung. Dann fallen in der Paarberatung Sätze wie: «Wissen Sie, mein Mann, das ist im Grunde mein drittes Kind.» oder «Ohne ihn läuft es genauso gut – eher besser.»

Sätze, die Männer tief verletzen, auch wenn sie dies oft kaum oder gar nicht zeigen. Für Männer ist die Brisanz, welche dieses Thema für Frauen hat, meist überhaupt nicht nachvollziehbar: Es geht doch nur um Kleinigkeiten! Gut, der Abwasch bleibt schon mal stehen, und es ist wahr, dass er gestern wieder zu spät nach Hause gekommen ist – aber wie kann all das dazu führen, dass sie an seiner Liebe zweifelt? Für Männer sind das zwei völlig verschiedene Ebenen, und es ist für sie ausgesprochen kränkend, wenn ihre Frauen vom einen auf das andere schließen.

Das Problem der Männer liegt in erster Linie in der Unzufriedenheit ihrer Frauen, die sie umso mehr trifft, als sie diese Unzufriedenheit nicht verstehen und sie als kleinlich und zutiefst ungerecht empfinden. Oft haben sie das Gefühl, dass ihr Beitrag zur Familie weder gesehen noch gewürdigt wird. Und: Egal, was sie tun – es scheint nie zu genügen. Das Maß an Vorwürfen ändert sich nicht, wenn sie mehr im Haushalt tun – im Gegenteil, dann kommt sogar die sarkastische Frage dazu, wie lange er sich denn noch auf der Heldentat ausruhen wolle, *einmal* den Abwasch gemacht zu haben. Gibt er ihr den kleinen Finger, will sie gleich die ganze Hand. Es scheint also besser zu sein, gar nicht erst mit Zugeständnissen anzufangen! Kränkend für die Männer ist das dauernde Gefühl, nicht zu genügen, weder mit ihrem Beitrag zum Familienleben noch mit ihrer Art, ihre Liebe zu zeigen.

Je nach Verfassung der Partnerschaft nagt also die immer gleiche Unzufriedenheit, tobt der immer gleiche Streit. Das Problem scheint sich nicht recht lösen zu lassen. Und mit Hilflosigkeit und Erbitterung stellen viele Paare fest, dass die Debatte über so banale Dinge wie Abwasch, Kloputz oder den Weg zum Kindergarten immer mehr Raum einnimmt, ihre Liebe anfrisst, diese gar aufzuzehren droht.

«Ich erreiche ihn einfach nicht!»
Gespräche in Partnerschaften

Dazu kommt in vielen Partnerschaften, dass auch das Gespräch zwischen Mann und Frau schwierig ist – und umso schwieriger wird, je persönlicher und gefühlshaltiger die Themen werden. «Wir können einfach nicht mehr miteinander sprechen»: So oder ähnlich lautet häufig der erste Satz einer Paarberatung. Auch hier ist es in der Regel sie, die unzufrieden ist, während er unter ihrer Unzufriedenheit leidet und darunter, sie als Partner nicht glücklich machen zu können (was den Männern in der Regel sehr viel wichtiger ist, als ihren Frauen klar ist).

Sie möchte mit ihm sprechen – über die Kinder, über das, was sie gerade beschäftigt, über Probleme, die sie mit ihm hat. Sie wünscht sich Austausch und Nähe, will selbst erzählen – und hören, was ihn bewegt. All das gestaltet sich jedoch nicht so einfach, denn er gibt sich verschlossen. Sie unternimmt immer wieder neue Anläufe, anfangs geduldig, später immer ungeduldiger. In ihrem Notfall-Set die berühmt-berüchtigte Frage: «Was denkst du gerade?» – auf die sie mit unfehlbarer Sicherheit (wieder einmal) die Antwort bekommt: «Ach, nichts.» Sie weiß es schon vorher, aber was soll sie machen, wenn er von sich aus nicht darüber spricht? Überhaupt: Wenn er doch wenigstens ab und zu mal von sich aus käme! Denn wenn er sie liebt – muss er dann nicht auch selber das Bedürfnis haben, mit ihr zu sprechen, sich ihr mitzuteilen, ihr nah zu sein? Für sie wiederholt sich auf dieser Ebene das Gefühl, allein zu sein, nicht gesehen zu werden, ignoriert zu werden. Und oftmals nährt auch seine Verschlossenheit leise Zweifel daran, ob er sie wirklich liebt.

Er dagegen fühlt sich bedrängt, oftmals geradezu belästigt von ihrem ständigen Bedürfnis, reden zu wollen. Er möchte einfach ruhig zu Hause sein, sich erholen, fernsehen, basteln und es genießen, seine Frau und seine Familie um sich zu wissen. Ihre ständigen Fragen sind für ihn wie Daumenschrauben, er fühlt sich unter Leistungsdruck. Und wenn er dann einmal etwas erzählt (vielleicht sogar von sich aus!), dann ist es entweder nicht das Richtige oder nicht genug. Was er bei der Arbeit erlebt, interessiert sie nicht wirklich (es sei denn, er erzählt von den Konflikten mit den Kollegen, aber er hat nicht das leiseste Bedürfnis, sich damit auch noch den Feierabend zu verderben!). Und wenn er etwas darüber erzählt, wie es ihm geht – mit Kollegen, mit seiner Arbeit, mit den Kindern, mit ihr –, dann ist sie nicht etwa froh und zufrieden, sondern nimmt es im Gegenteil zum Anlass, ihre Fragen zu verstärken. Was für ihn eine fertige Erzählung ist, scheint für sie nur die verheißungsvolle Einleitung zu einem ganzen Roman zu sein. Und wenn sie schon die Einleitung hat, dann will sie auch den Rest – und ist ärgerlich auf ihn, wenn er ihr diesen vorenthält. Besser also, gar nicht erst damit anzufangen!

Auch für ihn wiederholt sich in diesem Bereich also etwas: nämlich das Gefühl, ihr nicht zu genügen. Was er tut, reicht nie; er reicht nie. Und auch er fühlt sich von ihr nicht gesehen.

Die Spitze ist männlich: Die «gläserne Decke» im Beruf

Nicht nur im Privatleben bleiben die typischen Rollen von Männern und Frauen trotz aller Veränderungswünsche recht stabil. Auch im beruflichen Bereich ändert sich erstaunlich wenig – und zwar trotz beträchtlicher gesellschaftlicher Anstrengungen. Auch wenn Frauen hierzulande in ihrer Ausbildung mindestens den Gleichstand erreicht haben, auch wenn sie in großer Zahl berufstätig sind und sein wollen, auch wenn man die berufliche Förderung von Frauen inzwischen getrost als gesellschaftliches Ziel sehen kann – die oberen Etagen von Wirtschaft, Wissenschaft und Politik bleiben fast frauenfrei. Das Ausmaß, in dem die Wahl von Angela Merkel zur ersten deutschen Bundeskanzlerin bestaunt, gefeiert und diskutiert wurde, hat deutlich gemacht, wie sehr Frauen in Spitzenpositionen immer noch eine Ausnahme sind. Jahrelange Versuche mit Frauenquoten und Förderplänen haben daran nichts Wesentliches ändern können.

Dieses politische Phänomen spiegelt sich in der Klage vieler Frauen darüber, dass sie ihre männlichen Kollegen auf der Karrierestraße an sich vorbeiziehen sehen – und in ihrem Eindruck, dass sie doppelt so gut sein müssen wie die Männer, um nach oben zu kommen. Dabei sind die Hindernisse, die sich Frauen auf dem Weg nach oben entgegenstellen, schwer greifbar; entsprechend kursiert die Metapher der «gläsernen Decke»: Das Hindernis ist zwar nicht zu sehen, aber vom Ergebnis her deutlich spürbar.

Bei den Männern sieht die Lage gewissermaßen umgekehrt aus. Obwohl viele Männer gerne weniger arbeiten würden, finden sich kaum Männer auf Teilzeitstellen. Ganz im Gegenteil, viele machen Überstunde um Überstunde. Irgendwie bleibt selten so viel Zeit für die Familie, für Freunde oder für sich selbst übrig, wie doch eigentlich gedacht war. Und obwohl sich die Väter zunehmend am Leitbild des ‹neuen Vaters› orientieren, der für die Kinder präsent ist und sich zu Hause engagiert, sind es in den seltensten Fällen sie, die den Erziehungsurlaub nehmen. Es scheint Männern schwer zu fallen, die Prioritäten anders als beim Beruf zu setzen. Zunehmend wird der Befund gestellt und beklagt, dass die Männer «mit dem Beruf verheiratet» und in Gefahr seien, sich in ihrer Arbeit zu verlieren – und dass sie dafür einen hohen Preis an Gesundheit, familiärem Zusammenhalt und Lebenszufriedenheit zahlen.[3]

Etwas pointiert stellt sich die Lage so dar, dass die Frauen im beruflichen Bereich gerade mal einen Fuß in die Tür bekommen haben, während die Männer offenbar Mühe haben, die Tür auch mal hinter sich zu schließen.

BELIEBTE ERKLÄRUNGEN

Wie kommt es zu diesen Sackgassen? Warum ändert sich so wenig Grundlegendes im Verhältnis von Männern und Frauen, obwohl wir doch offenbar alle eine Veränderung wollen, obwohl sich doch im Kleinen sehr viel ändert? Zu diesen Fragen haben die meisten Menschen eine klare Meinung und eine klare Antwort. Zwei dieser Antwortmöglichkeiten sind besonders beliebt und einflussreich. Beide zeichnen sich dadurch aus, dass ein klarer Schuldiger gefunden wird: Im einen Fall sind es die Männer – im anderen ist es die Steinzeit.

Sind die Männer an allem schuld?

Die Frage, warum sich Partnerschaften so oft im Kleinkrieg um Haushaltsdinge festfahren, warum Gespräche zwischen Männern und Frauen oft so schwierig und unbefriedigend sind und warum die oberen Sprossen der Karriereleiter für Frauen kaum zugänglich sind, ist oft schnell beantwortet. Die Diagnose, die unter Frauen, in Frauen-Zeitschriften, aber auch in der seriösen wissenschaftlichen Literatur die Debatte dominiert, ist von bestechender Klarheit und bemerkenswerter Schlichtheit: Es liegt an den Männern. Männer bilden im Beruf Netzwerke, die dafür sorgen, dass nur ihresgleichen nach oben kommt, und die gezielt die Karriere von Frauen behindern. Männer sind Paschas, die sich für den Kloputz zu fein sind, sich bei der Kindererziehung die Rosinen herauspicken und das mühsame Alltagsgeschäft den Frauen überlassen. Männer sind nicht fähig, über Gefühle zu sprechen, anderen zuzuhören und sich auf Nähe einzulassen – im Grunde sind sie beziehungsunfähig.

Vor allem kommen sie weder privat noch im Beruf mit starken Frauen klar. Während die Frauen sich auf den Weg in die moderne Gesellschaft gemacht haben, sind die Männer in der Feudalgesellschaft stehen geblieben, verweigern jegliche Weiterentwicklung und beharren verbissen auf ihren alten Privilegien. Und in dieser Beharrlichkeit sind die Männer der Bremsklotz auf dem Weg zur Veränderung: «Eine Frau hat heute ein anderes Selbstbewusstsein als vor 40 Jahren: sie will die Hälfte der Welt – und erwartet, dass die Männer die Hälfte des Hauses übernehmen. Aber im Beruf stoßen die Karrierefrauen an die gläserne Decke, die die oberen Etagen frauenfrei hält, und im Haus an die gläserne Wand, wo die meisten Männer sie meist allein lassen mit Haushalt und Kind.» So Alice Schwarzer in gewohnter Prägnanz.[4] Kurz gesagt: Die Männer lassen die Frauen entweder nicht herein (nämlich in die Führungsetage) oder nicht heraus (aus dem Haushalt).

Und zumindest, was die Partnerschaft angeht, stimmen die Männer dieser Deutung im Wesentlichen zu. Fast jeder Mann, der in einer Partnerschaft lebt und nicht zur raren Gattung der Hausmänner gehört, hat heute latent ein schlechtes Gewissen, weil er befürchtet, sich zu wenig am Haushalt zu beteiligen. Auf entsprechende Vorwürfe ihrer Frauen reagieren die Männer meist mit vielen Rechtfertigungen und Hinweisen auf das, was sie aber doch tun. Sie befinden sich jedoch eindeutig in der Defensive. Sie stellen die Deutung, dass das Problem bei ihnen liegt, nicht in Frage – sie finden nur, dass es nicht ganz so groß ist, wie ihre Frau es darstellt, und dass sie sich doch immerhin Mühe geben und schon bei weitem mehr tun als früher, als der Nachbar, der Freund Peter oder sämtliche ihrer Kollegen!

Mittlerweile scheint sich der Wind ein wenig zu drehen. Vereinzelt gibt es jetzt Ansätze, dieses Erklärungsmuster umzukehren: Eigentlich sind die Frauen an allem schuld. Die Männer würden sich ja gerne zum Beispiel in der Kindererziehung engagieren – wenn man sie nur ließe! Aber die Mütter sitzen wie die Glucken auf den Kindern und lassen die Väter nicht ran; sie sind die Türwächter zwischen den Vätern und den Kindern. Manche Autoren verweisen auf Studien, in denen gezeigt wurde, dass Väter umso aktiver sind, je mehr ihre Frauen ihnen das auch zutrauen. Auch wenn die Frauen also mehr Engagement der Männer einklagen, seien gleichzeitig sie selbst und ihr Misstrauen den Männern gegenüber das entscheidende Hindernis für eine Veränderung.[5] Männer finden diese Sichtweise oft sehr einleuchtend, denn sie entspricht ihrem Gefühl, eigentlich keine Chance zu haben.

Sind also die Männer das Problem? Oder die Frauen? Aber wie kommt es, dass sich die Männer den Zugang zu ihren Kindern von den Frauen versperren lassen – wo sie doch offenbar ansonsten dazu neigen, Frauen zu unterdrücken? Wieso lassen sich die selbstbewussten modernen Frauen von heute von ihren Männern zu Hause einsperren? Wie kommt es, dass die beruflichen Männernetzwerke so lückenlos, unauffällig und perfekt funktionieren wie kaum etwas anderes in der männerdominierten Welt von Wirtschaft und Politik? Warum haben dreißig Jahre Frauenbewegung und unzählige Frauenförderpläne und Quoten daran nichts Wesentliches ändern können? Und: Ist es wirklich so eindeutig, wer der Gewinner in diesem Spiel ist?

Back to the roots: Liegt die Wurzel des Übels in der Steinzeit?

Eine zweite Erklärung, die in letzter Zeit durch das populäre Buch von Pease & Pease (2000) wieder an Boden gewonnen hat, ist die These, dass die Rollenverteilung zwischen Männern und Frauen biologisch bedingt ist. Männer und Frauen hätten seit Urzeiten unterschiedliche Aufgaben wahrgenommen und daher vollkommen unterschiedliche Fähigkeiten entwickelt. Frauen seien schon immer vor allem dafür zuständig gewesen, Kinder aufzuziehen und gemeinsam das Feuer zu hüten. Daher seien Frauen besonders gut darin, sich auf andere einzustellen, Gefühle wahrzunehmen und Beziehungen zu gestalten. Wenn man sie dagegen in einer fremden Steppe oder Großstadt aussetze, dann hätten sie wenig Chancen, den Ort der Mammutjagd oder das Haus von Freunden zu finden, da sie es nie gelernt hätten und auch nie hätten lernen müssen, sich in unbekanntem Gelände zurechtzufinden. Denn weiter als bis zur nächsten Himbeerhecke mussten sie sich ja nie von der Höhle entfernen.

Aufgabe der Männer dagegen sei es immer gewesen, Nahrung zu erjagen und die Gruppe gegen andere zu verteidigen. Sie seien daher risikobereiter, auf Wettkampf und Auseinandersetzung ausgerichtet, und es falle ihnen leicht, sich räumlich zu orientieren. Für den Umgang mit Gefühlen und nahen Beziehungen dagegen seien sie von ihrer biologischen Ausstattung her nicht vorbereitet; hier seien sie daher eher minderbemittelt, geradezu hoffnungslose Fälle. Denn sie mussten nicht für andere sorgen und sich auf deren Bedürfnisse einstellen. Bei der gemeinsamen Jagd stand die Auseinandersetzung mit schwierigen und potenziell lebensgefährlichen Situationen im Vordergrund – und dabei kann übermäßige Sensibilität durchaus hinderlich sein! Wenn man einem wütenden Mammut oder einem Säbelzahntiger gegenübersteht, dann empfiehlt es sich nicht unbedingt, sensibel auf die eigenen Gefühle zu lauschen! Stattdessen sollte man geistesgegenwärtig und schnellstmöglich Auswege und Lösungen finden. Entsprechend werde genau dieser Umgang mit Problemen Männern oft vorgeworfen: Statt sich mit den Gefühlen ihrer Frauen auseinander zu setzen, bieten sie direkt Lösungen an.

Der Vorteil dieser Sichtweise ist, dass sie Paaren ermöglichen kann, der Andersartigkeit des Partners gelassener und womöglich sogar mit Humor zu begegnen – statt mit Vorwürfen, Bitterkeit und Unterstellungen. Sie führt aus der leidigen Frage heraus, wer schuld an der ganzen Misere ist. Und tatsächlich liegt eine Fülle wissenschaftlicher Studien vor, die Hinweise auf biologisch bedingte

Verhaltensunterschiede zwischen Jungen und Mädchen, zwischen Männern und Frauen geben.

Allerdings lässt auch diese Erklärung wichtige Fragen offen. Wir brauchen heute völlig andere Fähigkeiten als der Urzeitmensch (sei er männlich oder weiblich). Das Leben in einer Großstadt folgt anderen Gesetzen als das Überleben in der Steppe. Wir haben das Internet und über 1000 km/h schnelle Fortbewegungsmittel entwickelt und einigermaßen gelernt, damit umzugehen. Wir haben das menschliche Zusammenleben durch die Ideen von der Würde jedes Menschen, durch Grundgesetz und Demokratie revolutioniert. Wir haben – manche anfangs mit Erstaunen – festgestellt, dass Frauen im Beruf durchaus ‹ihren Mann stehen› können. Wir lernen – wenn auch mühsam – Verhandlungen mit Menschen aus einem anderen Kulturkreis zu führen und Konflikte gewaltfrei auszutragen. Warum sollte da ausgerechnet das Verhältnis zwischen Männern und Frauen seit Urzeiten betoniert und unveränderlich sein? Und wenn das Verhältnis zwischen den Geschlechtern biologisch vorbestimmt ist – woher kommt dann diese hartnäckige Unzufriedenheit? Wieso können sich die modernen Flausen von Gleichberechtigung überhaupt derartig in unserem Kopf ausbreiten, wenn alles so, wie es ist, unseren Anlagen in geradezu optimaler Weise entspricht? Müssten wir nicht glücklich und zufrieden sein?

Neben den Hinweisen auf biologische Unterschiede zwischen den Geschlechtern gibt es auch eine Fülle von Studien, die den enormen Einfluss von Erziehung und Gesellschaft auf die unterschiedliche Entwicklung von Jungen und Mädchen nachweisen. Das heißt, die Grundsatzdiskussion, ob die Unterschiede zwischen Männern und Frauen biologisch *oder* durch Erziehung und Gesellschaft verursacht sind, macht schon lange keinen Sinn mehr. Beides spielt eine Rolle, und beide Faktoren wirken gegenseitig aufeinander ein – so viel ist klar.

VON DER SCHULDFRAGE ZUR FRAGE NACH DEM ZUSAMMENSPIEL

Täter-Opfer-Modell und systemische Herangehensweise

Die bisherigen Erklärungen haben also die altbekannten Sackgassen zwischen Männern und Frauen nicht wirklich erklären können – und schon gar nicht haben sie Wege aus diesen Sackgassen heraus aufgezeigt.

Aus meiner Sicht als Paarberaterin ist das nicht weiter erstaunlich. Seit vielen Jahren hat sich in der Arbeit mit Paaren und Familien die Einsicht durchgesetzt, dass man Probleme in Partnerschaften und Familien nur angemessen verstehen kann, wenn man das *Zusammenspiel* aller Beteiligten betrachtet. Das heißt: Man sucht nicht nach dem oder der Schuldigen, sondern geht von der Hypothese aus, dass jeder der Partner gleich viel zum Problem beiträgt. Bei einer solchen Herangehensweise würde man von einer *systemischen Haltung* sprechen: Nicht einer der Beteiligten wird als das Problem identifiziert, sondern das Problem (und vor allem: die Lösung!) wird im System der Paarbeziehung gesucht, also in der Weise, wie die Partner miteinander umgehen. Ein Beispiel:

Peter und Simone Hansen kommen zur Paarberatung, weil – so weit sind sie sich einig – Simones Eifersucht mehr und mehr zum Problem wird. Die Gründe für dieses Problem beschreiben beide jedoch völlig unterschiedlich. Frau Hansen: «Peter erzählt mir einfach überhaupt nichts! Egal, was ich frage – er weicht aus und wechselt das Thema. Da ist es doch kein Wunder, wenn ich allmählich misstrauisch werde und auch schon mal intensiver nachfrage!» Die Geschichte ihres Mannes klingt anders: «Ständig werde ich verhört und ausgefragt! Ich kann überhaupt keinen Schritt mehr gehen, ohne dass ich kontrolliert werde! Und wehe, ich lasse mal nebenbei den Namen einer

*Kollegin fallen, dann habe ich den Rest des Abends überhaupt keine Ruhe mehr! Da ist doch das Beste, überhaupt nichts mehr zu erzählen!»**

Zwischen dem Verhalten von Herrn und Frau Hansen besteht ein Teufelskreis: Je mehr sie nachfragt, desto mehr fühlt er sich bedrängt und zieht sich zurück. Und je mehr er sich zurückzieht, desto misstrauischer wird seine Frau – und desto mehr fragt sie nach. Jeder ist also – aus seiner Sicht völlig zu Recht! – davon überzeugt, doch nur auf den anderen zu reagieren. Und jeder trägt ungewollt und ohne es zu merken dazu bei, dass das Problem immer größer wird.

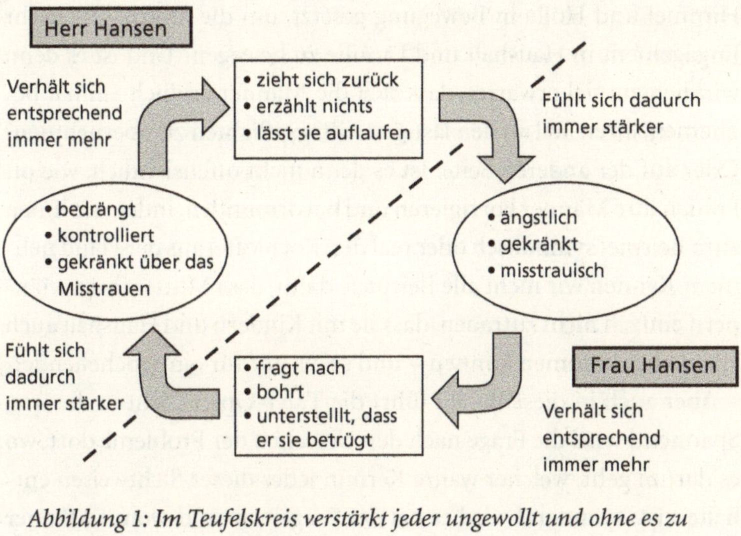

Abbildung 1: Im Teufelskreis verstärkt jeder ungewollt und ohne es zu merken das Verhalten des anderen

* Alle Beispiele wurden anonymisiert und verfremdet. Ähnlichkeiten mit realen Personen sind reiner Zufall.

Hier nach dem oder der Schuldigen zu suchen, wäre also sinnlos und würde nur eine weitere Runde im Teufelskreis einleiten. Der erste Schritt zu einer guten Lösung besteht darin, dass beide diesen Teufelskreis erkennen – und damit verstehen, dass es *zwei verschiedene Wahrheiten* gibt. Nur wenn beide sehen, dass der andere aus seiner Sicht gute Gründe für sein Verhalten hat, und erkennen, wie sie selbst zu dem Problem beitragen, wird der Weg frei, gemeinsam nach einem anderen Umgang mit diesem Problem zu suchen. Anders gesagt: Nötig ist eine systemische Herangehensweise.

Was bedeutet das für die typischen Sackgassen im Verhältnis zwischen Männern und Frauen? Auch hier ist die Versuchung groß, einer Seite Recht zu geben. Haben die Frauen denn nicht wirklich Himmel und Hölle in Bewegung gesetzt, um die Männer zu mehr Engagement in Haushalt und Familie zu bewegen? Und ist es denn wirklich zu viel erwartet, dass sich die Männer endlich einmal bequemen, ihren Teil an den lästigen Alltagspflichten zu übernehmen? Oder auf der anderen Seite: Ist es denn nicht offensichtlich, wie oft Frauen ihre Männer korrigieren und bevormunden, indem sie ihnen zum Beispiel symbolisch oder real den Kochlöffel aus der Hand nehmen? Kennen wir nicht alle Beispiele dafür, dass Mütter ihren Männern einfach nicht zutrauen, dass sie mit Kindern und Haushalt auch alleine klarkommen können – und sei es nur für ein Wochenende?

Aber auch in diesem Feld führt die Täter-Opfer-Sicht in die Irre. Spannend wird die Frage nach den Ursachen der Probleme dort, wo es darum geht, welcher wahre Kern in jeder dieser Sichtweisen enthalten ist; spannend wird es bei der Frage, wie und womit Männer und Frauen *gleichermaßen* dazu beitragen, dass der Weg immer wieder in die alten Sackgassen führt. Was bewegt Männer und was bewegt Frauen dazu, bei allem Leidensdruck an den alten Spielregeln festzuhalten – und welche Teufelskreise entwickeln sich womöglich unbemerkt zwischen ihnen? Diese (systemischen) Fragen sind noch offen, und ihnen werde ich in den folgenden Kapiteln nachgehen.

Das Modell der Heim- und Auswärtsspiele

Dabei werde ich die Bereiche von Familie und Beruf aus drei verschiedenen Perspektiven beleuchten. Zunächst werde ich der Frage nach Kompetenz und Selbstbewusstsein nachgehen. Welche Kompetenzen bringen Männer und Frauen für diese beiden Bereiche mit – und wie selbstverständlich vertrauen sie auch auf ihre Kompetenz?

Zweitens wird es um die Frage von Macht und Ohnmacht gehen. Welche Regeln – und wessen Regeln! – gelten eigentlich in der Familie auf der einen und im Beruf auf der anderen Seite? Wie und wodurch wird Macht ausgeübt – und wer hat die mächtigere Position? Und drittens schließlich: Wer übernimmt in welchem Bereich wie viel Verantwortung? Wo sind Männer und Frauen jeweils ausgesprochen pflichtbewusst, haben womöglich sogar eine Neigung zur Verbissenheit – und wo tendieren sie zur Rosinenpickerei?

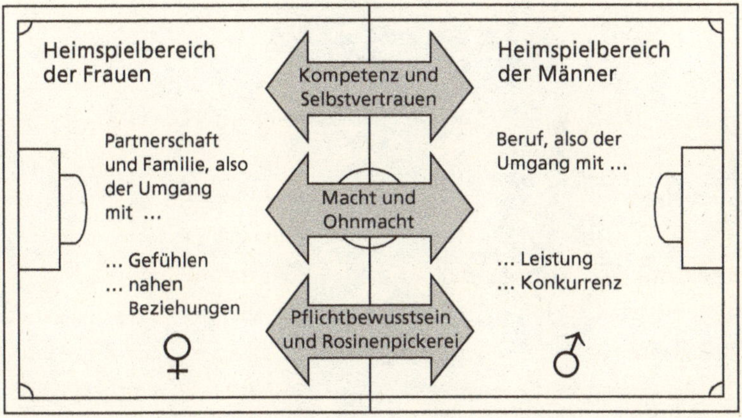

Abbildung 2: Drei Perspektiven auf Familie und Beruf

Wenn man diese drei Perspektiven zusammenführt, dann wird die unterschiedliche Dynamik, die sich zwischen Männern und Frauen in der Partnerschaft einerseits und im Beruf andererseits entwickelt, sehr deutlich. Es ist das *Zusammenspiel* zwischen Frauen und Männern, das immer wieder in die beschriebenen Sackgassen führt. Insofern kann das Modell der Heim- und Auswärtsspiele aus der Spirale der gegenseitigen Schuldvorwürfe herausführen, indem es ein systemisches Verständnis der oft so quälenden Probleme ermöglicht. Eine solche neue Perspektive ist häufig der erste Schritt aus den Sackgassen heraus. Denn erst, wenn ich den anderen nicht mehr als (hysterischen, rücksichtslosen, xanthippenhaften, desinteressierten) Gegner wahrnehme, sondern anfange, ihn zu verstehen, wird der Weg zu einem anderen Umgang miteinander frei.

Auf dieser Basis wird es anschließend um Wege gehen, die aus den Sackgassen herausführen. Welche Entwicklungsrichtungen für Frauen und Männer bieten sich an, welche Hilfestellungen hat die Kommunikationspsychologie anzubieten, und welche pragmatischen Strategien haben sich bewährt?

Heimvorteil und Auswärtsspiel: Drei Perspektiven auf Familie und Beruf

1. ERSTE PERSPEKTIVE: SELBSTVERTRAUEN UND INNERE BREMSEN

Die erste Annäherung an die Sackgassen, in welchen Männer und Frauen immer wieder miteinander landen, gilt der Frage nach den Fähigkeiten und vor allem dem Selbstvertrauen, das beide Geschlechter für die Bereiche Beruf und Familie mitbringen. Was bringen Frauen und Männer also mit an Kompetenzen, an Selbstsicherheit und inneren Bremsen – und wie prägt diese unterschiedliche Ausstattung die Kommunikation zwischen den Geschlechtern?

1.1 Mit Schwung auf die Karriereleiter?

FRAUEN IM BERUF: EIN AUSWÄRTSSPIEL

Mädchen und Frauen haben ihre Kompetenz in Schule und Beruf schon lange unter Beweis gestellt. Bei den Schulabschlüssen haben die Mädchen seit langem die Nase vorn: Sie haben bessere Zensuren und machen häufiger Abitur, sie verlassen die Schule seltener ohne Abschluss und landen seltener auf der Sonderschule. Der Anteil der Frauen an den Hochschulabschlüssen nähert sich kontinuierlich der 50%-Marke – und sie sind keinesfalls die schlechteren Studenten. Warum also enden die meisten Karrieren von Frauen im Mittelfeld?

«Was hab ich schon zu bieten ...»: Die ‹Selbstzweiflerin› als innere Bremse

Ein Thema, das fast alle Frauen aus ihrer beruflichen Laufbahn kennen, ist die Auseinandersetzung mit einem hartnäckigen Selbstzweifel. Dazu hatte ich vor vielen Jahren ein Schlüsselerlebnis. Ich war eine junge Studentin im zweiten Semester und hatte eine Freundin, die ich sehr bewunderte. Sie hatte ihr Philosophiestudium mit Auszeichnung abgeschlossen, hatte anspruchsvolle Artikel zu den unterschiedlichsten philosophischen Themen veröffentlicht und arbeitete an ihrer Dissertation. Belesen und kompetent, wie sie war, schien sie mir ein unerreichbares Vorbild zu sein. Und eines Abends, nach dem dritten Glas Wein, beichtete sie mir, dass sie immer noch auf den Moment warten würde, in dem jemand herausfindet, dass sie in Wahrheit überhaupt keine Ahnung hätte. Das war meine erste Erfahrung damit, dass bei Frauen Selbstzweifel häufig herzlich wenig mit mangelnder Kompetenz zu tun haben.

In Kommunikationstrainings und Coachings wird immer wieder deutlich, in welchem Ausmaß Frauen an sich und an dem, was sie können, zweifeln – und zwar völlig unabhängig von ihrer tatsächlichen Kompetenz und auch unabhängig von ihrem Ehrgeiz und ihrer Karriereorientierung.

Susanne Frey hat lange und erfolgreich in der Personalabteilung eines großen Unternehmens gearbeitet. Dieser Job ist ihr inzwischen zu eng geworden – sie wünscht sich mehr Freiraum, will ihre eigene Chefin sein und plant schon seit einiger Zeit ihre Selbständigkeit. Ihre Voraussetzungen dafür sind gut, während ihrer Angestelltenzeit hat sie nicht nur Kompetenz, sondern auch Kontakte aufgebaut, die ihr jetzt zugu-

te kommen. Sie hat bereits erste Aufträge in Aussicht, hat den Markt sondiert und einen soliden Finanzierungsplan aufgestellt. «Eigentlich steht alles – und trotzdem merke ich, dass ich immer wieder davor zurückschrecke, den entscheidenden Schritt zu tun und zu kündigen. Immer, wenn es konkret wird, meldet sich eine innere Stimme, die sagt: ‹Was hab ich schon zu bieten? Das werde ich nie schaffen!› Und dann verlässt mich aller Mut und alle Energie.»

Ulrike Schumann hat vor gut einem Jahr ihre Traumstelle in einer kleinen Werbeagentur angetreten. Aber die Freude an der Arbeit will sich nicht recht einstellen, denn immer wieder fährt ihr ein Kollege in die Parade. In Kundengesprächen übernimmt er – gegen jede Absprache – ihren Part gleich mit, er nimmt ohne ihr Wissen Kontakt zu ihren Kunden auf und nutzt dabei Informationen, die er aus Teamgesprächen mit ihr hatte. «Ich weiß genau, dass ich ein klares Gespräch mit ihm führen und ihn energisch in seine Grenzen weisen müsste – aber dann sitze ich da und frage mich heimlich, ob es denn nicht an mir liegt und ob er nicht ganz Recht hat, wenn er es machen will; vermutlich macht er es ohnehin besser.»

Beide Frauen beschreiben einen inneren Konflikt. Einerseits wissen beide genau, was sie können, und haben konkrete Vorstellungen davon, was sie gerne tun würden – aber zugleich meldet sich eine innere Stimme voller Selbstzweifel, die sie immer wieder ausbremst. Im Modell des Inneren Teams von Schulz von Thun (1998) lässt sich dieser lähmende Konflikt als Zusammentreffen unterschiedlicher innerer Stimmen darstellen: Eine innere ‹Selbstzweiflerin› trifft auf eine selbstbewusste ‹Karrierefrau›, die ihre Qualitäten kennt und die klare Vorstellungen davon hat, was sie tun könnte oder sollte, um beruflich erfolgreich zu sein.

Abbildung 3: Die ‹Selbstzweiflerin› im Inneren Team von Frauen

Diese ‹Selbstzweiflerin› ist im Inneren Team vieler Frauen gewissermaßen eine Stammspielerin. Wenn diese Stimme in Seminaren zum Thema wird, weiß praktisch jede Frau von einer solchen ‹Selbstzweiflerin› oder ‹Selbstentwerterin› zu berichten. Einen drastischen Spiegel findet diese innere Stimme in der Kultserie «Ally McBeal» – vermutlich ein Grund für den enormen Erfolg der Serie. Ally McBeal steht in extremer Weise unter dem Einfluss einer solchen Selbstentwerterin. Wie eine Souffleuse steht diese hinter ihr und kommentiert ununterbrochen wort- und bildreich alles, was sie tut, sagt oder erlebt. Aus der Distanz des Fernsehsessels ist das höchst amüsant, aber im beruflichen Alltag kann die beständige Auseinandersetzung mit einer solchen Selbstzweiflerin sehr aufreibend sein. Wer innerlich unter ihrem Einfluss steht, hat weniger Energie, und es wird einer Frau schwerer fallen, nach außen hin kraftvoll und souverän aufzutreten oder den Konflikt mit einem Kollegen durchzustehen. Häufig kann man den Einfluss einer solchen ‹Selbstentwerterin› geradezu hören – nämlich dann, wenn Frauen das, was sie sagen, gleichzeitig halb wieder zurücknehmen: «Vielleicht könnte man sagen …» Oder: «Es ist nur eine Idee, aber …» Solche Einleitungen schwächen natürlich die Wirkung des eigenen Beitrags schon im Ansatz.

Wie kommt es dazu, dass diese ‹Selbstzweiflerin› im Inneren Team von Frauen so stark werden kann? Diese Frage ist gut untersucht und kann recht eindeutig beantwortet werden: Sie haben in Elternhaus und Schule systematisch gelernt, sich nicht allzu viel zuzutrauen. Eltern und Lehrer haben heute zwar nahezu ausnahmslos das Ziel, Jungen und Mädchen gleich zu behandeln – und in aller Regel sind sie davon überzeugt, genau das auch zu tun. Dennoch zeigt sich immer wieder, dass Eltern und Lehrer Mädchen im Bereich von Wissen und Leistung weniger zutrauen als Jungen. Das gilt auch heute noch, und das galt vor dreißig Jahren, als die heutigen Erwachsenen Kinder waren, noch viel mehr.[6] So werden Mädchen in der Schule oft für geringere Leistungen gelobt als Jungen. Was zunächst wie eine Bevorzugung der Mädchen aussieht, erweist sich bei genauerer Betrachtung als fatal, wenn man dieses Lob nämlich unter der Lupe des Kommunikationsquadrates von Schulz von Thun (1981) betrachtet.

Das Kommunikationsquadrat unterscheidet vier verschiedene Ebenen in der Kommunikation. Jede Äußerung hat eine Sachseite, eine Selbstkundgabeseite, eine Beziehungsseite und eine Appellseite. Wenn ich mich jemand anderem gegenüber äußere, dann sage ich also nicht nur (erstens) etwas über die Sache aus, über die ich spreche, sondern (zweitens) auch etwas über mich selbst. Und drittens teile ich etwas darüber mit, wie ich mein Gegenüber und meine Beziehung zu ihm sehe. Viertens schließlich mache ich implizit oder explizit deutlich, was ich mir von meinem Gegenüber wünsche oder was ich ihm rate. Ich schicke also mit jeder Äußerung ein vierfaches Bündel an Botschaften auf den Weg – und alle sind in der Kommunikation wichtig und entfalten ihre je andersartige Wirkung.

Welche Botschaften sind nun darin enthalten, wenn ein Mädchen für geringere Leistungen gelobt wird als ein Junge? Auf der Sachebene wird die Botschaft übermittelt, dass das Mädchen eine Aufgabe richtig gelöst hat. Auf der Selbstkundgabeseite teilt der Erwachsene mit, dass er zufrieden ist. Diese Seiten der Nachricht sind wenig spektakulär. Wichtiger ist die Botschaft auf der Beziehungsseite der Nachricht, denn hier teilt der Erwachsene dem Mädchen mit, dass er ihm nicht allzu viel zutraut – denn warum sonst sollte er sie für leichtere Aufgaben loben als einen Jungen? Und auf der Appellseite schwingt der Ratschlag mit, sich lieber an leichtere Aufgaben zu halten.

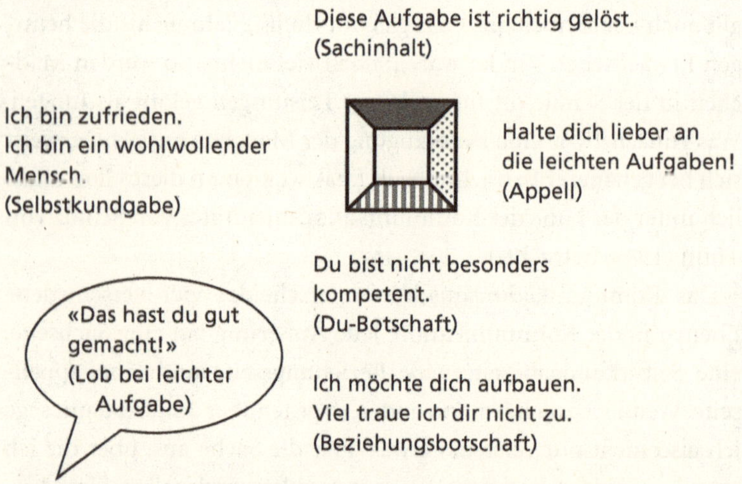

Abbildung 4: Begleitbotschaften beim Lob für eine leichte Aufgabe

Implizit teilen Lehrer und Eltern Mädchen also mit, dass sie ihnen nicht besonders viel zutrauen. Das freizügig verteilte Lob hat dadurch paradoxerweise eine entmutigende Wirkung. Dazu kommt, dass Erfolg und Misserfolg bei Mädchen anders beurteilt werden. Wenn ein Junge eine gute Note schreibt, dann wird das eher mit Begabung erklärt («Das kann er eben!»), während eine schlechte Note oft darauf zurückgeführt wird, dass er halt zu faul war und («wieder mal!!») nicht gelernt hat. Wenn er nur endlich die Schule wichtiger nehmen und sich auf den Hosenboden setzen würde, dann würde es auch klappen! Oftmals wird bei Jungen auch die Ursache für einen Misserfolg in den äußeren Umständen gesucht: Die Klausur war zu schwer oder die Lehrerin kann einfach nicht gut erklären – kein Wunder also, dass er den Stoff nicht verstanden hat! Bei einem Mädchen dagegen wird eine gute Zensur viel häufiger damit erklärt, dass sie eben auch fleißig war, sich viel Mühe mit dem Führen ihrer Hefte gegeben hat und dass ja auch die Aufgaben nicht allzu schwer waren, während sie bei einer schlechten Zensur eher als ein Junge damit getröstet wird, dass sie das eben nicht so gut kann.

Das bedeutet: Indirekt werden Jungen sowohl bei guten als auch bei schlechten Zensuren in ihrem Selbstbewusstsein gestärkt. Gute Noten beweisen ihre Kompetenz – und schlechte Noten können offenbar mit allem Möglichen zu tun haben, aber jedenfalls nicht mit mangelnder Begabung. Mädchen dagegen hören, dass schlechte Zensuren leider darauf hindeuten, dass sie etwas nicht so gut können, während Erfolge nicht unbedingt etwas mit ihren Fähigkeiten zu tun haben müssen.

Mädchen wie Jungen übernehmen diese Erklärungsmuster. Ein Mädchen lernt also, bei Misserfolgen an sich zu zweifeln und Erfolge eher für Zufall zu halten – ein Effekt, der sich auch bei beruflich erfolgreichen Frauen noch nachweisen lässt.[7] Das erklärt ein

Abbildung 5: Deutung von Erfolg und Misserfolg bei Mädchen und Jungen

ebenso eindeutiges wie seltsames Forschungsergebnis: Auch wenn Mädchen sehr viel bessere Noten haben als Jungen, sinkt ihr schulisches Selbstbewusstsein im Lauf der Schulzeit, während das der Jungen steigt. Denn während Misserfolge auf das Selbstbewusstsein der Mädchen durchschlagen, führen Erfolge nur sehr bedingt dazu, dass ihr Selbstbewusstsein steigt.

Auch als Erwachsene werden Frauen anders wahrgenommen als Männer und müssen mehr dafür tun, für kompetent und souverän gehalten zu werden. Diese Erfahrung habe ich vor allem in der Rolle als Seminarleiterin und Trainerin immer wieder gemacht, und viele andere Trainerinnen haben sie mir bestätigt. Frauen werden als Leiterinnen wesentlich stärker ausgetestet, und sie müssen sich die Akzeptanz ihrer Kompetenz und ihrer Souveränität sehr viel härter erarbeiten als Männer. Offenbar gehen Teilnehmer (und ebenso die Teilnehmerinnen!) bei einem Mann davon aus, dass er kompetent und sicher ist, während einer Frau zunächst einmal Unsicherheit unterstellt wird.

Diese andere Wahrnehmung von Frauen ließ sich auch in wissenschaftlichen Studien nachweisen. So wurde gezeigt, dass es Frauen (nicht aber Männern) zum Nachteil gereicht, wenn sie ihre Argumente nicht begründen oder wenn sie Nachfragen haben. Frauen werden im Gegensatz zu Männern dann als weniger intelligent und kenntnisreich eingeschätzt. Ebenso steigert es das Ansehen von Frauen (nicht aber das von Männern), wenn sie mehrere Argumente vorbringen, um ihre Meinung zu begründen.[8] Kurz gesagt: Erwachsene Frauen stehen ebenso wie die Mädchen vor der Erfahrung, dass ihnen weniger zugetraut wird als Männern.

Die innere ‹Selbstzweiflerin› bekommt in der Sozialisation von Mädchen und Frauen also einiges an Nahrung. Dennoch gelingt es im beruflichen Alltag und in einer konstruktiven Arbeitsatmosphäre oft, diese innere Stimme zu bändigen. Denn auch wenn Frauen dazu neigen, ihre Erfolge zu bagatellisieren, wächst natürlich mit einer erfolgreichen Berufstätigkeit auch das Selbstvertrauen. Die meisten Frauen lernen, mit ihren Selbstzweifeln umzugehen, ihnen nicht immer zu glauben und ihnen nicht immer zu folgen.

Es gibt jedoch typische Situationen, in denen sich diese Selbstzweifel besonders stark zu Wort melden. Zum einen sind dies neue Situationen und Veränderungen. Eine neue Stelle, der Wiedereinstieg nach der Kinderpause, eine Beförderung, ein besonders lukrativer neuer Auftrag, eine unbekannte, womöglich auch noch große Gruppe führen häufig dazu, dass diese Stimme mindestens kurzfristig wieder an Kraft gewinnt und alle Erfahrungen eigener Kompetenz, alle Erfolge und alle Anerkennung von außen wie weggewischt erscheinen. Ähnliches gilt, wenn man auf Gegenwind, Kritik oder Entwertung stößt. Auch diese Schützenhilfe von außen stärkt die innere ‹Selbstzweiflerin›, sodass es manchmal schwer wird, sich innerlich und äußerlich angemessen abzugrenzen. Ebenso aktivieren Misserfolge die inneren Selbstzweifel, denn Misserfolge dienen dieser Stimme als Beweis ihrer Überzeugung: «Ich habe ja schon immer gesagt, dass du in Wahrheit gar nichts kannst – und jetzt wird es für alle sichtbar!» An solchen Stellen ist es wichtig, sich mit der ‹Selbstzweiflerin› auseinander zu setzen und ihr etwas entgegenzusetzen, um zu verhindern, dass diese Stimme innerlich die Führung übernimmt und zur Bremse wird.

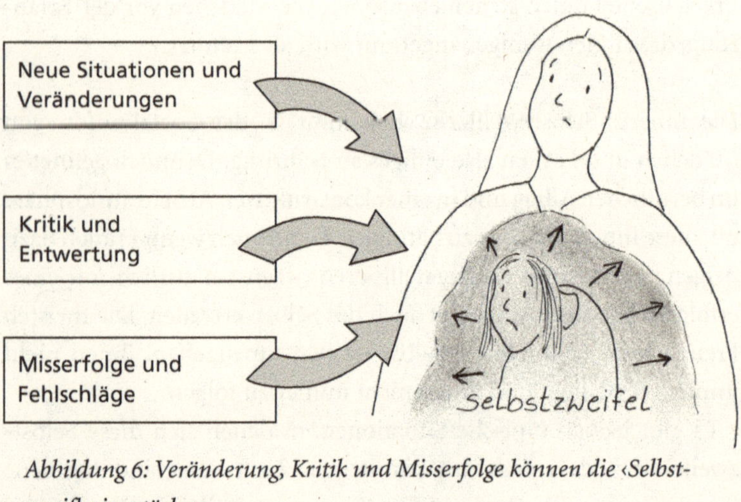

Abbildung 6: Veränderung, Kritik und Misserfolge können die ‹Selbstzweiflerin› stärken

Zur Bremse werden kann die ‹Selbstzweiflerin› auf zweierlei Wegen. Zum einen direkt durch ihre lähmende Wirkung: Wer innerlich unter ihrem Einfluss steht, kann weniger klar denken, traut sich weniger zu und tritt weniger bestimmt auf. Sie kann aber auch auf einem indirekten Wege wirken, denn unter ihrem Einfluss neigen Frauen oft zu einem übertriebenen Perfektionsdrang. Sie bereiten sich auf eine neue Aufgabe so vor, dass nach Möglichkeit nichts Unvorhergesehenes passieren kann – und investieren dadurch viel

Abbildung 7: Die ‹Perfektionistin› als Reaktion auf Selbstzweifel

mehr Zeit und Mühe in Routineangelegenheiten, als angemessen wäre. Das kann eine sinnvolle Strategie sein, um sich Sicherheit zu verschaffen; im Übermaß führt sie allerdings dazu, dass zu wenig Zeit für wichtigere Dinge bleibt, weil die Vorbereitung nicht mehr primär der Sache dient, sondern der Beruhigung der inneren Selbstzweifel.

Schreckensbild Mannweib: Haben Frauen Angst vor Erfolg?

Sei wie das Veilchen im Moose,
bescheiden, sittsam und rein.
Und nicht wie die stolze Rose,
die stets bewundert will sein.
(Aus meinem Poesiealbum)

Wenn ich Frauen in der Beratung oder in Seminaren auffordere, von ihren Stärken und Erfolgen zu berichten, stoße ich oft auf eine typische Reaktion: Es ist den Frauen unangenehm, «aufzuschneiden». Es hat unter Frauen einen schlechten Beigeschmack, stolz auf Erfolge und die eigene Leistung zu sein und das womöglich auch noch offen zu zeigen – ein weiterer Grund, warum Frauen nicht selten dazu neigen, ihr Licht unter den Scheffel zu stellen und ihre Kompetenz herunterzuspielen. Frauen fürchten, sich unbeliebt zu machen, wenn sie zu sichtbar zu erfolgreich sind.

Ein seltsames Verhalten in unserer Leistungsgesellschaft! Wie kommt es zu dieser eigentümlichen Bescheidenheit? Vor dreißig Jahren haben Forscher Schülerinnen und Schüler aufgefordert, Geschichten weiterzuerzählen, in denen jemand einen wichtigen Erfolg errungen hatte – zum Beispiel den ersten Preis in einem naturwissenschaftlichen Wettbewerb, ein besonders gutes Examen oder einen herausragenden beruflichen Erfolg. Jungen stellten die Folgen dieses Erfolgs in aller Regel als durchgängig positiv dar: Ihre Hauptfiguren sonnten sich in ihrem Erfolg und waren bei ihrer Umgebung angesehen und beliebt. Mehr als die Hälfte der Mädchen dagegen schrieb Geschichten, in denen der Erfolg durchaus zwiespältig war und oft mehr Probleme als Glück einbrachte. Häufig wurden in ihren Geschichten die erfolgreichen Frauen für eingebildet gehalten und von anderen abgelehnt. Manche ihrer Hauptfiguren verwandelten sogar bewusst den Erfolg in einen Misserfolg, um diesen Problemen aus dem Weg zu gehen. Ein typisches Muster war dabei die Furcht, dass kluge Frauen von Männern zurückgewiesen werden.[9] Ein alter Hut? Keineswegs!

Auf einem Seminar für Nachwuchsführungskräfte sagt eine Teilnehmerin abends beim Bier zu den anderen Frauen im Seminar: «Na, Mädels, mit den Männern wird das wohl nichts mehr, jetzt, wo wir in der Führungsetage angekommen sind!»

Dieses Bild, dass erfolgreiche Frauen es bei Männern schwerer haben, ist auch heute noch präsent – auch wenn es, wie hier, ironisch gebrochen wird. Die Kinder und Jugendlichen, die damals untersucht wurden, sind heute Anfang bis Mitte vierzig und stehen mitten im Berufsleben. Angesichts der Bilder und Erwartungen, mit denen sie damals gestartet sind, ist es nicht verwunderlich, dass die Männer es im Beruf weiter gebracht haben als die Frauen.

Tatsächlich werden Mädchen, die durch besondere Leistungen herausragen, häufig abgelehnt – und zwar vor allem von den anderen Mädchen. Anders als in Jungengruppen gibt es in Mädchengruppen keine offene Konkurrenz; Mädchen betonen untereinander Gemeinsamkeit und Verbundenheit. Jungen prahlen offen und lautstark mit dem, was sie können und haben, und versuchen, sich dabei immer wieder gegenseitig zu übertrumpfen. Dagegen laufen Mädchen, die «angeben» oder auch nur durch besondere Leistungen herausstechen, Gefahr, abgelehnt zu werden. «Die glaubt wohl, sie ist etwas Besseres!» ist unter Mädchen ein vernichtender Satz. Manchmal reichen dazu vergleichsweise geringe Anlässe aus, zum Beispiel gute Noten bei einem als streng bekannten Lehrer oder ein besonderes Interesse für typische ‹Jungenfächer›.[10] Mädchen stehen also häufig vor dem Dilemma, dass sich – für sie! – Erfolg und Beliebtheit nur begrenzt vereinbaren lassen.

Aus meiner Schulzeit erinnere ich dazu ein seltsames Ritual. Nach schwierigen Klassenarbeiten war es eine Zeit lang üblich, dass alle Mädchen – und zwar besonders diejenigen, die meist gute Noten schrieben – versicherten, sie hätten die Fragen nicht beantworten können und dieses Mal ganz bestimmt eine schlechte Note geschrieben! Hier wird deutlich, dass der Selbstzweifel auch eine Funktion haben kann: Er kann gewissermaßen auch zur Maskierung des eigenen Ehrgeizes eingesetzt werden.

Vor dem Hintergrund dieser Erfahrungen entwickelt sich im Inneren Team von Frauen und Mädchen häufig ein typisches Zweiergespann: einerseits eine Art innere ‹Gouvernante›, welche mit strengem Zeigefinger auf die Einhaltung der gelernten und verinnerlichten Regeln achtet: «Bescheidenheit ist eine Zier! Und es gehört sich nicht, aufzuschneiden und sich in den Vordergrund zu drängen!» Und daneben eine warnende Kassandra, die in düsteren Farben vor den Konsequenzen von zu viel Erfolg warnt. Neben diesen beiden Bremserinnen hat es die selbstbewusste und ehrgeizige Seite schwer, sich nach innen und außen Gehör zu verschaffen.

Auch im Erwachsenenalter warnt Kassandra durchaus nicht immer zu Unrecht. Nach wie vor wird die Demonstration von Kompetenz und Ehrgeiz bei Frauen negativer wahrgenommen als bei

Abbildung 8: Das ambivalente Verhältnis vieler Frauen zu Erfolg

Männern. Auch wenn der Ausdruck «Karrierefrau» heute durchaus mit Respekt verbunden ist («Die beißt sich durch und schafft das, was wenige Frauen schaffen!»), haftet dem Ausdruck auch etwas Dubioses an. Eine Karrierefrau ist hart («tough»). Sie lässt ihre Kinder von anderen betreuen (wenn sie denn überhaupt welche will!) und ordnet alles ihren Karrierezielen unter. Gefühle scheinen für sie keine besonders große Rolle zu spielen. Sie bewegt sich vor allem unter Männern und arbeitet und kämpft offenbar auch mit deren Mitteln (denn sonst wäre sie ja nicht so weit gekommen). Es ist kein Zufall, dass es für das Wort «Karrierefrau» (und schon gar nicht für den geläufigen Ausdruck «eiskalte Karrierefrau») kein männliches Pendant gibt, denn das Wort zeigt an, dass hier eine Frau in den Männerbereich eingedrungen ist und dabei in Gefahr gerät, ihre Weiblichkeit zu verlieren.

Eine Umfrage unter Frauen hat gezeigt, dass Karriere und Stolz auf die eigene Leistung nach wie vor als etwas sehr Männliches wahrgenommen werden, das für Frauen ausgesprochen untypisch ist.[11] Frauen sind also auch heute noch in Gefahr, mit dem gängigen Frauenbild in Konflikt zu geraten, wenn sie leistungs- und erfolgsorientiert auftreten. Entsprechend wird es als unsympathisch empfunden, wenn Frauen aus beruflichen Gründen häufig unterwegs sind – und damit Erfolg und Karriere ebenso hoch oder gar höher einschätzen als Partnerschaft und Familie.[12]

Damit geraten erfolgsorientierte und ehrgeizige Frauen in ein Dilemma. Einerseits liegen sie gewissermaßen voll im Trend, denn sowohl die Gesellschaft im Allgemeinen als auch die Frauen im Besonderen wünschen sich dringend mehr weibliche Modelle für Erfolg und mehr weibliche Führungskräfte. Zugleich jedoch werden die Verhaltensweisen, die zu diesem Ziel führen, an Frauen ausgesprochen kritisch gesehen.

Als erste Annäherung an die Frage, warum Frauen trotz erwiesener Kompetenz die Karriereleiter eher langsam erklimmen, können wir also festhalten, dass Frauen auf typische innere Bremsen stoßen: Sie zweifeln häufig an ihrer Kompetenz, und sie bewerten Erfolg durchaus zwiespältig. Gleichzeitig haben sie es schwerer, mit ihrer Kompetenz auch gesehen und gewürdigt zu werden.

AUF ERFOLG GEPOLT: MÄNNER IN DER BERUFSWELT

Warum Männer sich im Beruf mehr zutrauen

Wenn Frauen in Kommunikationstrainings über die Auseinandersetzung mit ihrem Selbstzweifel sprechen, sind die Männer in der Regel ungewöhnlich still. Auf Nachfrage («Kennt ihr das auch?») kommt meist die Antwort, nein, eigentlich kennten sie das gar nicht, diese Erfahrung des eigenen Ungenügens sei ihnen doch sehr fremd – und überhaupt würden sie sich wundern, dass Frauen sich manche Sachen so zu Herzen nehmen!

Tatsächlich verarbeiten Männer in ihrer Mehrzahl Kritik und Misserfolge anders als Frauen. Vor allem beziehen sie diese weniger auf sich selbst. Während Frauen dazu neigen, den Fehler bei sich selbst zu suchen, sehen Männer die Ursache eher in den Umständen – in unklaren Absprachen, Termindruck, veränderten Rahmenbedingungen, unfähigen Kollegen oder schwierigen Kunden. Dadurch sind Männer Fehlschlägen und Pannen gegenüber gelassener. Diese erscheinen als zwar ärgerliche, aber unvermeidliche Begleiterscheinung des Berufslebens («shit happens»). Man muss sie ausbügeln – und kann sie dann schnell vergessen. Wozu noch lange darüber nachgrübeln? Wenn sich Männer über Misserfolge ärgern, dann gilt ihr Ärger häufig anderen – dem ungerechten Chef, den anmaßenden Kollegen, den überanspruchsvollen Kunden. Entscheidend ist: Männer lassen sich generell sehr viel weniger durch Misserfolge verunsichern als Frauen; sie zweifeln weniger an sich. Kritik und Fehlschläge aktivieren bei Männern wesentlich weniger Selbstzweifel als bei Frauen.

In zugespitzter Form findet sich diese Art, mit Fehlschlägen umzugehen, in der Politik. Wenn die blühenden Landschaften doch etwas auf sich warten lassen; wenn die Arbeitslosenzahl nicht wie versprochen sinkt; wenn sich der Stimmenanteil leider etwas anders entwickelt als erhofft – woran auch immer es liegen mag: an der eigenen Politik jedenfalls nicht! Wohingegen Erfolge nur bestätigen, was jeder Wohlmeinende immer schon sehen konnte – nämlich die Überlegenheit der eigenen Konzepte! Auch wenn man diesen Elefantenrunden und Regierungserklärungen ein gehöriges Maß an Show zubilligt – es sieht nicht so aus, als würden die Akteure auf Fehlschläge, Hiobsmeldungen und Angriffe mit Selbstzweifeln reagieren, als ließen sie sich davon in ihrem Selbstbewusstsein verunsichern.

Diese Art, mit Misserfolgen umzugehen, entspricht dem, was die Männer in Elternhaus und Schule gelernt haben. Wir haben bereits gesehen, dass Erwachsene an vielen Stellen ungewollt und unbewusst deutlich machen, dass sie Jungen mehr zutrauen als Mädchen. Jungen bekommen schwierigere Aufgaben, und von ihnen wird auch deutlicher erwartet, dass sie diese selber lösen.

Ebenso werden Jungen für schlechte Leistungen nicht getröstet (wie Mädchen), sondern kritisiert (vgl. Abb. 5, S. 48). Bei einem Jungen gehen Eltern und Lehrer davon aus, dass die Arbeit besser ausgefallen wäre, wenn er nur mehr geübt hätte! Ein Junge wird damit trotz des Misserfolgs im Glauben an seine Fähigkeiten und damit in seinem Selbstbewusstsein bestärkt, denn implizit teilen ihm die Erwachsenen mit, dass sie ihm etwas zutrauen und etwas von ihm erwarten.

Bei Erfolgen wiederum sehen sich Lehrer und Eltern in ihren positiven Erwartungen bestätigt: Natürlich kann er das, und man hat allen Grund, stolz und zufrieden zu sein! Es ist also nicht erstaunlich, dass sich auch die Jungen selbst mehr zutrauen als Mädchen – und dass auch erwachsene Männer mehr von ihrer Kompetenz überzeugt sind als Frauen. In ihrem Inneren Team entwickelt sich vor dem Hintergrund dieser Erfahrungen ein ‹Von-sich-Überzeugter› zu einem Stammspieler.

Unter dem Einfluss dieses Stammspielers treten Männer sicherer auf, und es fällt ihnen leichter, sich mit ihren Beiträgen zu Wort zu melden. Gerade vor Gruppen stoßen Frauen häufig auf ihre inneren Bremsen: «Das interessiert die anderen doch gar nicht, spiel dich nicht so in den Vordergrund!», mahnt die ‹Gouvernante›, und die ‹Selbstzweiflerin› assistiert: «Und außerdem ist das auch eine dumme Frage, eine dumme Idee!» So sind es häufig die Männer,

Abbildung 9: Deutung von Erfolg und Misserfolg bei Jungen und die Wirkung auf das Innere Team

die in Gruppen die Diskussion dominieren oder die nach Vorträgen mit Fragen nachhaken. Die Folge ist, dass Männer mit ihrer Kompetenz sehr viel sichtbarer sind und damit auch mehr Bestätigung bekommen.

Auch wenn Teilnehmer in Kommunikationstrainings Gelegenheit

bekommen, vor der Gruppe etwas auszuprobieren, sind häufig Männer die Vorreiter: «So schwer kann das doch nicht sein – schließlich hat es der Leiter eben vorgemacht, und wenn der es kann …» Bewerbungstrainer berichten, dass sich Männer im Gegensatz zu Frauen schon dann auf eine Stelle bewerben, wenn sie nur einen kleinen Teil der geforderten Qualifikationen erfüllen, und dass sie mit dieser Strategie durchaus erfolgreich sind. Ebenso scheinen Männer beim Antritt einer neuen Stelle sehr viel weniger unter dem Diktat von Selbstzweifeln zu stehen. Es wird diese geben, aber sie werden seltener zum Thema und sie sind weniger spürbar. Und vor allem werden sie offenbar nicht zu einer inneren oder äußeren Bremse.

Pointiert gesagt: Wenn man von der Sicherheit des Auftretens auf die Sachkompetenz schließt, dann wird man in der Regel Frauen eher unter- und Männer eher überschätzen. Das heißt: In der Einschätzung der anderen spiegelt sich der Glaube an die eigene Kompetenz; sowohl die Bremswirkung der ‹Selbstzweiflerin› als auch die Vitalität des ‹Von-sich-Überzeugten› haben eine Wirkung auf andere. Insofern haben die Männer mit ihrem ungebrochenen Selbstbewusstsein einen ganz erheblichen beruflichen Wettbewerbsvorteil gegenüber den Frauen.

Erfolg macht sexy!

Sich selbst gut darzustellen fällt Männern auch deswegen leichter, weil Erfolg für sie etwas eindeutig Positives ist. Erfolgreiche Frauen fürchten häufig, für Männer weniger attraktiv und bei Frauen weniger beliebt zu sein – Männer können dagegen davon ausgehen, dass mit dem Erfolg ihre Attraktivität bei Frauen ebenso steigt wie ihr Ansehen unter Männern: Erfolg macht sexy! Während also erfolgreiche und ehrgeizige Frauen immer in Gefahr sind, mit dem Frauenbild in Konflikt zu geraten, können sich erfolgreiche Männer ganz im Gegenteil als Mann bestätigt fühlen.

Das spiegelt sich bereits in den Spielregeln, die in Jungengruppen gelten. Hier ist es keineswegs – wie in Mädchengruppen – verpönt, «etwas Besseres» sein zu wollen. Ganz im Gegenteil! In Jungengruppen gehört es gewissermaßen zum guten Ton, der Beste sein zu wollen und das auch zu zeigen. Hier geht es (noch) nicht um «mein Haus, mein Auto, mein Boot», sondern um sportliche Fähigkeiten, Fahrräder und Coolsein – Jungen prahlen mit dem, was sie wissen, können und besitzen, und sie tun viel dafür, sich gegenseitig zu übertrumpfen. Über eine solche offensive Selbstdarstellung erobern sich Jungen Ansehen und ihren Platz in der Gruppe.[13] Sie lernen also früh, sich gut zu verkaufen und als versierter PR-Manager in

Abbildung 10: Männliche Stammspieler im Beruf

eigener Sache aufzutreten. Und sie lernen, dass Erfolg für einen guten Platz in der Gruppenhierarchie wichtig ist.

Vor diesem Hintergrund treten Männer mit einer guten inneren Ausgangsbasis für beruflichen Erfolg an: ein solides Vertrauen in die eigene Kompetenz, gepaart mit Erfolgsorientierung und der Fähigkeit, sich gut darzustellen – ein inneres Dream-Team.

Die Gegenüberstellung mit dem von zahlreichen Bremsen bestimmten Inneren Team von Frauen bietet eine erste Erklärung dafür an, weswegen sich Männer besser auf der beruflichen Überholspur behaupten können als Frauen: ein Turboantrieb gegen eine gezogene Handbremse.

Der Preis des Erfolgs

So weit scheint es, als seien die Männer mit dieser inneren Teamaufstellung und ihrer Art der Verarbeitung von Misserfolgen auf der Sonnenseite des Lebens. Allerdings hat diese erfolgsverwöhnte und selbstbewusste innere Mannschaftsaufstellung ihren Preis. Denn das Selbst-Bild, das dieses Team verkörpert, ist ausgesprochen einseitig – es lässt für Unsicherheit, Angst und das Bewusstsein eigener Grenzen wenig Raum.

Problematisch wird dies, wenn sich jemand so sehr mit diesem strahlenden Selbstbild identifiziert, dass er überzeugt ist, solche ‹schwachen› Stimmen und Anteile überhaupt nicht zu haben. Jeder Mensch stößt gelegentlich an körperliche, intellektuelle und seelische Grenzen – weil er viel gearbeitet hat und erschöpft ist; weil ein neues Projekt ihm Fähigkeiten abverlangt, die er noch nicht hat; weil er auf einmal arbeitslos (oder von Arbeitslosigkeit bedroht) ist; weil ihm ein Konflikt zu schaffen macht und er ratlos ist, wie er diesen lösen kann. Wenn Unsicherheit, Erschöpfung und Angst, die mit solchen Erfahrungen einhergehen, gleichsam in den seelischen Keller verbannt werden, dann entsteht ein enormer Druck: So darf ich nicht sein – aber ich bin es trotzdem. Es ist schwer und es kostet viel Kraft, diese Stimmen auf Dauer vor sich selbst zu verbergen, um das strahlende Selbstbild aufrechtzuerhalten.

Es ist also keineswegs nur positiv zu bewerten, wenn Jungen immer wieder vermittelt wird, dass Misserfolge auf äußere Umstände oder allenfalls auf mangelnden Einsatz zurückgehen. Denn hier schwingt nicht nur eine Ermutigung mit («Du kannst das!»), sondern auch ein enormer Erwartungsdruck.

Den Fall, dass ein Junge (oder ein Mann) etwas nicht kann, dass er scheitert, scheint es nicht geben zu dürfen. Jungen wird hier implizit ein Idealbild als Maßstab gegeben, dem sie nicht genügen können. Sie bekommen keinerlei Unterstützung dabei, mit der Erfahrung eigener Grenzen und Schwächen umzugehen.

Jungen hören auch heute noch sehr viel häufiger als Mädchen den Satz «Das war doch nichts!», wenn sie weinen. Sehr plastisch habe ich das bei einem Fußballspiel zwischen Jungen im Vorschulalter und ihren Erzieherinnen erlebt. Die Erzieherinnen verloren

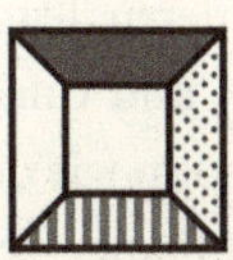

Abbildung 11: Erfolgsdruck im Gefolge der positiven Rückmeldungen an Jungen

haushoch – sie hatten gegen die wendigen und technisch versierten Jungen nicht den Hauch einer Chance. Entsprechend stolz waren der Trainer und die Eltern am Spielrand. Wenn nun einer der Vier- bis Fünfjährigen im Eifer des Gefechts getreten wurde oder auf die Nase fiel und weinend zu den Erwachsenen gelaufen kam – was im Lauf des Spiels mehrmals passierte –, dann wurde er umgehend zurück an seinen Platz geschickt: «Stell dich nicht so an, das war doch gar nichts!» Kein einziges Mal wurde ein Junge getröstet – wichtiger schien zu sein, dass das Spiel ohne Unterbrechung weitergeht, und zwar mit ihm. An diesen Stellen war nichts mehr spürbar von Spielfreude und auch nichts davon, dass es hier um kleine Jungen ging – hier hatten sich harte Männer in der Welt zu behaupten. Diese Haltung scheint mir sehr häufig den Umgang mit Jungen zu prägen. Jungen lernen dabei die Lektion: Wenn ich weine, bin ich falsch.

Die Folge ist, dass Jungen im Lauf der Zeit lernen, ‹schwache› Gefühle abzuspalten, sie nicht mehr zu zeigen und sie möglichst auch nicht mehr zu spüren. So wie den Mädchen eine innere ‹Gouvernante› im Nacken sitzt, die auf die Einhaltung der für Mädchen schicklichen Regeln achtet («Nicht angeben! Nicht in den Vordergrund spielen!»), so findet sich im Inneren Team von Jungen ein ‹Macho›, der alle Regungen von Angst und Unsicherheit unnachgiebig als unmännlich brandmarkt. Und so wie die Mädchen Angst vor Erfolg haben, haben Jungen – und Männer – eine enorme Angst vor Schwächen und vor Niederlagen. Schnack & Neutzling (1990) haben eindringlich beschrieben, welch enorme Last dieser Erwartungsdruck für Jungen und Männer bedeutet.

Als eine Folge des Verbotes, Angst und eigene Grenzen wahrzunehmen, haben Jungen erheblich mehr Unfälle als Mädchen. Angst ist ein wichtiges Gefahrensignal – doch ehe Jungen riskieren, vor sich selbst wie vor anderen als «Weichei» dazustehen, riskieren sie oft lieber eine Blessur oder einen Unfall. Und sie ernten damit

Abbildung 12: Dream-Team und verbannte Hintermannschaft

häufig nicht nur Tadel und Besorgnis («Wie oft habe ich dir schon gesagt …»), sondern auch heimlichen Stolz («Er ist einfach ein Haudegen! Der hat vor gar nichts Angst, ich weiß gar nicht mehr, was ich machen soll!»). Auch die Tatsache, dass Jungen trotz ihres Heimspielvorteils so viel häufiger als Mädchen in der Schule scheitern, also die Schule ohne Abschluss verlassen oder auf der Sonderschule landen, dürfte unter anderem damit zusammenhängen, dass viele Jungen nur schlecht damit umgehen können, wenn sie an eigene Grenzen stoßen. Weil sie es nur schwer eingestehen können, wenn sie etwas nicht können, überspielen sie dies eher oder erklären Schule für sowieso blöde und unwichtig. Das hat den Effekt, dass sie weniger Unterstützung bei der Aufarbeitung ihrer Leistungsdefizite bekommen – und auch weniger Unterstützung annehmen können.

Bei erwachsenen Männern zeigt sich dieses Verhalten subtiler – allerdings zuweilen kaum weniger selbstschädigend. Männer nehmen ihre Erschöpfung oftmals nicht wahr und riskieren damit, dauerhaft über ihre körperlichen und seelischen Belastungsgrenzen hinaus zu arbeiten.

Herr Gerken ist Abteilungsleiter in einem mittelständischen Betrieb und stolz darauf, es als Sohn eines Hafenarbeiters beruflich so weit gebracht zu haben. Seine Frau hat ihn und sich zur Beratung angemeldet – nicht nur, weil sie ihn angesichts seines normalen Arbeitspensums von 60 bis 70 Stunden zu Hause kaum mehr zu Gesicht bekommt, sondern auch, weil sie sich ernsthaft Sorgen um seine Gesundheit macht. «Zwei Herzinfarkte hatte er schon – und der Arzt sagt auch, er soll endlich mal kürzer treten. Aber glauben Sie, er hält sich daran?» Herr Gerken selber sieht die Lage weniger dramatisch: «Ach wissen Sie, meine Frau hat sich schon immer zu viel Sorgen gemacht. Mir geht es wieder prima, und es ist auch nur jetzt im Moment wieder so, dass so viel anfällt. Außerdem hat Arbeit noch nie jemandem geschadet – und von nix kommt nix!»

Es fällt Männern oft sehr schwer, zurückzustecken und Grenzen ihrer Leistungsfähigkeit zu akzeptieren. Denn weil sie sich so stark mit ihren leistungsfähigen und erfolgsmotivierten Stammspielern identifizieren, kann es sehr beängstigend sein, wenn sich auf einmal die sorgsam verbannte Hintermannschaft zu Wort meldet. Wenn sie das Gefühl haben, nicht mehr ‹ihren Mann stehen› zu können, ist das oft gleichbedeutend mit der Angst, als Mann nun auch nicht mehr viel wert zu sein.

Aber auch im beruflichen Alltag hat das innere Dream-Team der Männer durchaus seine Schattenseiten. Wenn die Angst, Unsicherheit zu spüren und zu zeigen, zu groß ist, dann kann das verhindern, sich Unterstützung zu holen, wenn man alleine nicht weiterkommt. Die Energie geht dann dahin, die Fassade von Kompetenz und Souveränität aufrechtzuerhalten – statt in die (Zusammen-)Arbeit an einer möglichst guten und effektiven Lösung. Zudem ist gerade bei komplexen Problemen Unsicherheit oft ein wichtiger Schritt auf dem Weg zu einer guten Lösung. Unsicherheit zeigt an, wo ein Lösungsweg noch nicht ausgereift ist, wo eine Information, eine gute Idee oder ein Blick von außen fehlt. Wer diese Unsicherheit nicht aushalten und nicht zeigen kann, ist darauf angewiesen, an einem nicht zu Ende gedachten Lösungsweg festzuhalten – und ihn womöglich umso verbissener zu verteidigen, als er im Geheimen selbst Zweifel daran hat. Wenn Unsicherheit aus der beruflichen und politischen Kultur verbannt wird, besteht die Gefahr einer Resistenz gegen Kritik, Beratung und Kooperation. Der Dienst am Selbstbild wird dann wichtiger als der Dienst an der Sache.

Besonders hinderlich ist eine Aufstellung des Inneren Teams, bei der ausschließlich die starken, leistungsfähigen und selbstsicheren Persönlichkeitsanteile an der Kontaktlinie stehen, in der Partnerschaft. Denn Vertrauen, Nähe und Kontakt können nur dann entstehen, wenn zumindest ansatzweise der ganze Mensch Platz hat – auch und gerade mit seinen Brüchen, Schwächen und Sehnsüchten. Und oftmals berichten die Frauen in der Paarberatung geradezu verzweifelt davon, dass sie an ihren Mann «einfach nicht herankommen», dass er von dem, was wirklich in ihm vorgeht, nichts zeigt.

Problematisch wird die selbstbewusste und wirkungsorientierte Mannschaftsaufstellung der Männer also dann, wenn sie sich verselbständigt: wenn die verletzlichen und unsicheren Seiten aus dem Bewusstsein und aus dem Kontakt verbannt werden und das Triumvirat von ‹PR-Manager›, ‹Von-sich-Überzeugtem› und ‹Ehrgeizigem› auch in Situationen das Heft in der Hand hält, in denen sie schlicht und einfach Fehlbesetzungen sind. An dieser Stelle könnten die Männer etwas von den Frauen lernen: nämlich auch die eigenen Schwächen in den Blick zu nehmen. Umgekehrt würde es den Frauen gut tun, ihren Blick mehr – wie die Männer – auf die eigenen Stärken zu richten und Fehlschläge und Kritik weniger zum Anlass für Selbstzweifel zu nehmen.

Kurz gesagt: Im Sinne des Wertequadrats (Schulz von Thun 1989, S. 38–55) bestünde ein sinnvolles Ziel in der Balance zwischen diesen beiden Weisen, sich selbst wahrzunehmen und zu bewerten. Dem Wertequadrat liegt die Erkenntnis zugrunde, dass jeder Wert, jede Tugend einen Gegenwert, eine Schwestertugend als dialektische Ergänzung braucht. Denn jede Tugend schlägt in eine Untugend um, wenn sie übertrieben wird.

Bezogen auf den Umgang mit eigenen Schwächen heißt das: Männer bringen Selbstvertrauen und den Glauben an die eigenen Fähigkeiten mit. Das ist eine wichtige Stärke – aber wenn sie übertrieben wird, droht sie in Selbstüberschätzung und ein selbstschädigendes Ignorieren eigener Grenzen umzuschlagen. Männer bräuchten also als Ergänzung ein Bewusstsein eigener Grenzen und Schwächen. Dieses Bewusstsein eigener Grenzen wiederum bringen die Frauen mit – zuweilen im Übermaß. Die Herangehensweisen von Frauen und Männern stehen also in einem Ergänzungsverhältnis; und Männer wie Frauen täten gut daran, sich gewissermaßen eine Scheibe von dem abzuschneiden, wovon das andere Geschlecht zu viel hat.

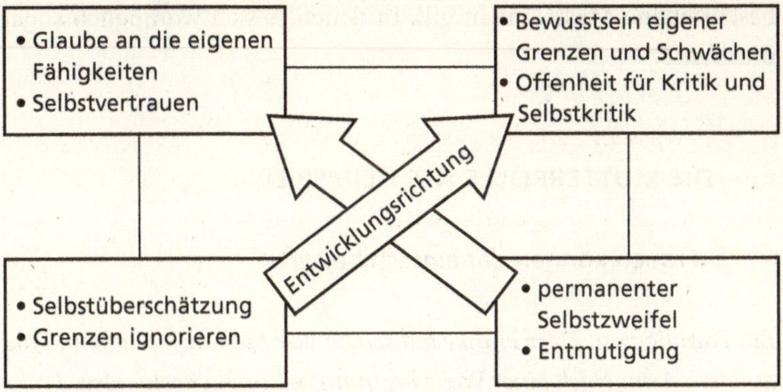

Abbildung 13: Selbstvertrauen und Bewusstsein eigener Grenzen im Wertequadrat

Idealerweise hätte man also beide Sichtweisen zur Verfügung. Übertragen auf das Innere Team würde das bedeuten, dass die verschiedenen Persönlichkeitsanteile alle innerlich Platz haben und dass je nach Situation unterschiedliche Teamaufstellungen möglich sind.

1.2 Mythen und Fakten zur elterlichen Kompetenz

Männer trauen sich mehr zu – Frauen zweifeln schneller an sich. Männer bauen ihr Selbstbewusstsein auf, indem sie Misserfolge durch äußere Umstände und Erfolge durch ihre Kompetenz erklären – während Frauen Misserfolge viel mehr auf eigene Schwächen beziehen und Erfolge bagatellisieren und damit ihr Selbstvertrauen geradezu gezielt untergraben. Dieses Ergebnis ist gut erforscht und belegt – soweit es Schule und Beruf betrifft. Aber gilt das generell und überall? Gibt es nicht auch Bereiche, in denen Männer unsicherer und verunsicherbarer sind als Frauen und in denen das beschriebene Muster nicht gilt, in denen es sich womöglich sogar umdreht?

DIE MUTTERROLLE ALS HEIMSPIEL

«Frauen können das einfach besser!»

Ein Familienfest. Herr Franke hat seinen vier Monate alten Sohn Paul auf dem Arm. Nach einer Weile beginnt Paul zu quengeln. Herr Franke versucht, ihn zu beruhigen, aber Schnuller, Schuckeln und Ablenkung wollen nicht recht wirken. Schließlich überreicht er seiner Frau das schreiende Kind: «Ich glaube, er will zu dir.» Frau Franke übernimmt ihren Sohn seufzend. Schwiegermutter hat die Szene beobachtet: «Ja ja, Mama ist doch die Beste!» Tatsächlich ist Paul ruhig, als seine Mutter ihn auf den Arm nimmt – für zwei Minuten. Danach fängt er wieder an zu weinen und lässt sich nicht mehr beruhigen. Frau Franke steht schließlich auf, um mit ihm hinauszugehen: «Er ist schon die ganzen letzten Tage so unruhig, wahrscheinlich hat er wieder Bauchschmerzen.»

Was fällt an dieser Geschichte auf? Der gleiche Misserfolg – Paul lässt sich nicht beruhigen – wird zweimal völlig unterschiedlich erklärt. Frau Franke erklärt ihn durch äußere Umstände («Paul hat Bauchschmerzen»), Herr Franke bezieht ihn auf sich («Ich bin nicht der Richtige, du kannst es besser.»). Diese beiden unterschiedlichen Erklärungsweisen von Fehlschlägen kennen wir bereits – allerdings in umgekehrter Verteilung.

Im Umgang mit Kindern ist es keineswegs so, dass Männern mehr zugetraut wird als Frauen. Ganz im Gegenteil: Nach wie vor sind Männer wie Frauen mehrheitlich davon überzeugt, dass Frauen besser für Kinder sorgen können.[14] Wie selbstverständlich diese Erwartung ist, merken Sie, wenn Sie die Namen (und damit die Rollen) von Herrn und Frau Franke in dem Beispiel vertauschen. Aus einer Alltagsgeschichte wird ein Hingucker – irgendetwas ist anders bei diesem Paar. Unabhängig davon, ob Sie das toll finden («Was für ein souveräner Vater! Endlich mal ein Paar, das Ernst macht mit der Gleichberechtigung!») oder höchst merkwürdig («Was ist denn das für eine Mutter?!?»), werden Sie aufmerken. Das zeigt, wie selbstverständlich und normal jene andere Rollenverteilung ist: Eigentlich kann Mutter es besser, und im Ernstfall ist sie zuständig. Viele Autoren halten diese Überzeugung für den entscheidenden Grund dafür, dass Erziehungsurlaub fast ausschließlich von Frauen genommen wird.

Entsprechend sind es im Umgang mit Kindern nicht die Frauen, sondern die Männer, welche bei einem Misserfolg an sich zu zweifeln beginnen. Wenn ihr Kind auf ihrem Arm zu schreien beginnt und sich nicht beruhigen lässt, dann vermuten Männer häufig, dass sie nicht verstehen, was das Kind will und braucht und dass sie zu ungeschickt sind. Oder sie zweifeln daran, ob sie der Richtige sind, ob das Kind nicht lieber zur Mutter will. Frauen dagegen führen das Unbehagen des Kindes eher auf Gründe zurück, die nichts mit ihnen zu tun haben: Es hat Bauchschmerzen, Zahnschmerzen, ist gerade vom Trubel überfordert, übermüdet oder aus irgendeinem Grund schon seit Tagen quengelig. Kaum eine Mutter würde auf die Idee kommen, dass ihr Säugling zu jemand anderem will, wenn sie ihn nicht beruhigen kann.

Auf das Kommunikationsquadrat bezogen bedeutet das: Väter und Mütter hören das Schreien ihres Kindes gewissermaßen mit unterschiedlichen ‹Ohren› und interpretieren es dadurch vollkommen unterschiedlich. Väter hören eine Du-Botschaft oder eine Beziehungsbotschaft. Sie hören gewissermaßen mit dem ‹Beziehungsohr› und beziehen die Unzufriedenheit des Kindes auf sich selbst: «Du machst es falsch!!!» oder: «Du bist nicht der Richtige, um mich zu beruhigen!» Mütter dagegen beziehen das gleiche Signal häufiger nicht auf sich, sondern auf das Kind selbst: «Ich habe Bauchschmerzen!» oder: «Ich bin von all diesen Eindrücken hier überfordert!» Sie hören mit dem ‹Selbstkundgabeohr›.

Oftmals werden diese Erklärungsmuster (auch heute noch) durch Reaktionen von außen bestätigt. So nehmen Mütter auch von sich aus ihren Männern häufig das Kind ab, wenn es schreit, oder korrigieren ihren Mann in seiner Art, mit dem Kind umzugehen. Die

Abbildung 14: Mütter und Väter hören das anhaltende Schreien ihres Säuglings häufig mit unterschiedlichen ‹Ohren›

Botschaft dabei ist klar: «Ich kann es besser.» Ebenso berichten viele Väter, dass die Quote an unerbetenen Ratschlägen von anderen Müttern, Großmüttern und wildfremden Passantinnen beträchtlich steigt, wenn sie mit ihrem Kind alleine unterwegs sind («Pass auf, sonst bekommt sie zu viel Sonne ab! Hast du übrigens an die Sonnenmilch gedacht?»). Auch wenn Väter ihre Kinder wickeln, anziehen und versorgen, scheint das nur bedingt als Hinweis darauf gesehen zu werden, dass sie es auch wirklich *können*.

Und Väter werden häufiger gelobt als Mütter. Wie viel Zeit er sich doch für das Kind nimmt, und wie schön er mit ihm spielt! Und wie souverän er das mit dem Wickeln macht! – Der Ärger über die Ungerechtigkeit, dass Männer für Dinge gelobt werden, die bei Frauen selbstverständlich sind, füllt so manche Spalte in Frauenzeitschriften. Allerdings hat dieses freizügig verteilte Lob einen Pferdefuß, denn es schwingen ähnliche Untertöne mit wie bei manchen positiven Rückmeldungen an Mädchen in der Schule (vgl. Abbildung 4, S. 46): «Das hätte ich ihm gar nicht zugetraut!» Kurz, die Erklärungsweisen von Erfolg und Misserfolg drehen sich hier um: Hier sind Misserfolge für Männer weitaus mehr als für Frauen ein Anlass für Selbstzweifel; hier bekommen Männer zu spüren, dass ihnen weniger zugetraut wird als Frauen.[15]

Der Heimspielvorteil

Was ist dran an dieser Überzeugung? Sind Frauen tatsächlich besser geeignet als Männer, um Kinder zu versorgen?

Zumindest haben Mütter einen Vorsprung – bei leiblichen Kindern schon aus biologischen Gründen. Während der Schwangerschaft haben sie einen sehr viel unmittelbareren Kontakt zu ihrem Kind als die Väter. Diese intime und besondere Beziehung setzt sich während der Stillzeit fort: In dieser ersten Zeit kann niemand außer ihnen das Kind füttern und beruhigen, wenn es Hunger hat. Gerade für engagierte Väter ist es häufig frustrierend, dass sie in bestimmten Situationen schlicht abgemeldet sind.

Dazu kommt, dass nahe, vertraute Beziehungen und Fürsorge für Frauen sehr viel selbstverständlicher sind als für Männer. Wiederum ist hier der unterschiedliche Kommunikationsstil, mit dem Mädchen und Jungen aufwachsen, von großer Bedeutung. Jungen spielen viel in großen Gruppen und lieben Wettkampfspiele wie Fußball. Sie gehen recht ruppig miteinander um, haben einen rauen Umgangston und rangeln viel. Mädchen dagegen treffen sich lieber im vertrauten Rahmen und pflegen enge Freundschaften; die beste Freundin hat einen hohen Stellenwert. Sie verbringen viel Zeit damit, sich auszutauschen, über sich und ihre Beziehungen zu anderen zu sprechen und sich gegenseitig zu unterstützen. Und auch heute noch spielen Mädchen sehr viel mehr mit Puppen und versetzen sich häufiger in Rollenspielen in andere hinein («Ich bin die Mutter und du bist das Kind!»).[16]

Es gibt deutliche Hinweise darauf, dass dieses unterschiedliche Verhalten und diese unterschiedlichen Vorlieben biologische Wurzeln haben.[17] Gleichwohl kann kein Zweifel daran bestehen, dass das Interesse der Mädchen an nahen Beziehungen und ihre ausgeprägte Fähigkeit zu intimen Freundschaften und Fürsorge ebenso sehr ein Produkt der Erziehung ist. Beide Eltern reden mit ihren Töchtern deutlich mehr als mit ihren Söhnen. Und vor allem die Mütter unterstützen ihre Töchter dabei, andere Menschen verstehen zu lernen, sich auf andere einzustellen und enge Beziehungen zu gestalten. Sie ermuntern ihre Töchter, über Gefühle zu sprechen, und sie erklären ihnen, wie ihr Verhalten auf andere wirkt und wo sie das Gegenüber mit ihrem Verhalten geärgert oder verletzt haben. Eine solche Einführung in den Umgang mit Gefühlen und in die Feinheiten menschlicher Beziehungen bekommen Jungen sehr viel seltener. Wenn sie andere mit ihrem Verhalten ärgern oder kränken, dann bekommen sie zwar womöglich eine Grenze gesetzt («Jetzt ist aber Schluss!») – aber mit ihnen wird kaum darüber gesprochen, was ihr Verhalten in anderen auslöst. Ebenso werden sie keineswegs ermutigt, über Gefühle zu sprechen. Mädchen werden also wesentlich stärker als Jungen dabei unterstützt, eigene Gefühle wie auch die Gefühle anderer wahrzunehmen.[18]

Zudem haben Mädchen zahlreiche Modelle für mütterliches Verhalten. In der Regel haben Kinder reichlich Gelegenheit, ihre Mutter in einer fürsorglichen und sorgenden Rolle zu erleben. Auch in Kindergarten und Grundschule treffen sie vor allem auf Frauen. Es hat daher für Kinder etwas sehr Selbstverständliches, dass das Versorgen von Kindern und überhaupt die Sorge für andere zum Frau-Sein – nicht aber unbedingt zum Mann-Sein – dazugehört. Männer spielen in Kindergarten und Grundschule nach wie vor eine Nebenrolle. Auch zu Hause sind sie an der Versorgung der Kinder meist weniger beteiligt als ihre Frauen. Kinderbücher, Filme und Werbung zeigen meist das gleiche Bild – Ausnahmen wie der Melitta-Papi beziehen ihre Beliebtheit gerade aus diesem Ausnahmestatus. Jungen wie Mädchen lernen daher, dass Sorge für andere Frauenarbeit ist. Es ist also auch von dieser Seite her gesehen kein Wunder, dass Mädchen sehr viel mehr als Jungen mit Puppen spielen und damit die Rolle als erwachsene Frau und Mutter vorwegnehmen und erproben.

Mädchen werden also gut auf die Rolle als Mutter vorbereitet. Das ist im Zuge der Frauenbewegung oft kritisiert worden, weil Mädchen und später Frauen hier mit großer Macht in die Rolle als sorgende Mutter und Hausfrau gedrängt werden – und damit in eine wenig angesehene und karriereträchtige Position. Zum anderen aber – und dieser Aspekt wird zuweilen übersehen – erwerben Mädchen hier beachtliche und wichtige Kompetenzen. Sie können vor diesem Hintergrund innere Stammspielerinnen trainieren, die ihnen bei der Gestaltung naher Beziehungen und beim Umgang mit Kindern enorm zugute kommen. Freundschaft und Familie mögen wenig karriereträchtig sein, aber sie tragen viel zu einem erfüllten Leben bei. Und in diesen Bereichen treten Frauen zum Heimspiel an.

... VATER SEIN DAGEGEN SEHR!

Von den Schwierigkeiten, ein «richtiger Junge» zu sein

Für Männer dagegen ist der Umgang mit Gefühlen, mit nahen Beziehungen und mit Fürsorge in der Regel alles andere als selbstverständlich, denn sie haben in Kindheit und Jugend eine völlig andere Art des Umgangs miteinander kennen gelernt. In einem beeindruckenden Experiment von Condry & Condry (1976) wurde Versuchspersonen ein Film mit einem neun Monate alten Kind vorgeführt. Einigen Versuchspersonen wurde erzählt, dass es sich dabei um ein Mädchen handelt, anderen wurde das Kind als Junge vorgestellt. Dieses Kind spielt mit einer Schachtel, aus der ganz plötzlich ein Springteufel herausschnellt. Als Reaktion darauf beginnt es zu weinen. Wurde das Kind für ein Mädchen gehalten, wurde seine Reaktion als Schreck und Angst gedeutet – gingen die Betrachter dagegen von einem Jungen aus, hielten sie das Kind viel häufiger für wütend.

An diesem Experiment wird deutlich, dass die unterschiedliche Art, wie Erwachsene Jungen und Mädchen behandeln, keineswegs nur damit zu tun hat, dass die Kinder unterschiedlich sind – nach dem Motto «Jungen sind eben wilder, kein Wunder, dass man da auch härter reagiert!». Erwachsene sehen die Unterschiede in die Kinder gewissermaßen auch erst hinein; sie betrachten Jungen durch eine andere Brille als Mädchen. Weil Erwachsene bei Jungen nicht davon ausgehen, dass sie ängstlich, traurig oder schutzbedürftig sind, haben Jungen es schwer, mit solchen Gefühlen gesehen zu werden. Bei Mädchen dagegen wird durchaus erwartet, dass sie ängstlich sind und Schutz und Ermutigung brauchen. Sie werden also mit solchen Gefühlen wahrgenommen und unterstützt – allerdings mit der Gefahr, dass sie auf die Rolle des ängstlichen und hilfsbedürftigen Mädchens festgelegt werden und ihre starke Seite übersehen wird.

Diese unterschiedliche Wahrnehmung von Jungen und Mädchen ist geprägt von unserem gesellschaftlichen Bild davon, was ein «richtiger Junge», ein «richtiges Mädchen» ist. «Richtige Jungen» sind Draufgänger. Sie haben keine Angst, lassen sich von anderen nicht unterkriegen und sind durch Blessuren und Hindernisse nicht aufzuhalten. In «richtigen Jungen» kann man schon die Umrisse des erwachsenen Helden erkennen; sie sind gewissermaßen die Keimzelle eines John Wayne. Dieses Bild im Hinterkopf prägt die Brille, durch die Jungen wahrgenommen werden – und umgekehrt trägt diese Brille dazu bei, dass dieses Bild sich immer wieder bestätigt. Jungen sind eben Rabauken, das sieht man doch immer wieder.

Dieses unterschiedliche Bild prägt natürlich auch die Art, wie Erwachsene sich den Kindern gegenüber verhalten. Ein ängstliches Mädchen wird beschützt – und wenig ermutigt, Risiken einzugehen und sich zu behaupten. Und ein raubeiniger Junge wird härter angefasst. Von ihm wird erwartet, dass er sich anderen gegenüber durchsetzt. Wenn er das nicht tut oder nicht kann, dann stößt er häufig auf Ablehnung: «Stell dich nicht so an!» Für ängstliche und sensible Jungen gibt es eine Menge hässlicher Worte: Muttersöhnchen, Memme, Weichei, Schlappschwanz usw. Jedes dieser Worte hat die gleiche Botschaft: «Das ist kein richtiger Junge.» Auch wenn es inzwischen ein Allgemeinplatz ist, dass natürlich auch Jungen

Gefühle zeigen dürfen und sollen, ist nach wie vor die Angst groß, ein Junge könne sich als Schwächling erweisen. Das bedeutet: Wenn sich nicht mehr ausblenden und ignorieren lässt, dass ein Junge Angst hat, gekränkt ist oder weint, dann wird diese «schwache» Seite an Jungen häufig übersteigert wahrgenommen.[19] Die Idealisierung schlägt dann in Abwertung um – und je höher die Erwartung an einen Jungen ist, er möge sich als «echter Kerl» erweisen, desto größer ist dann die Enttäuschung.

Mit Gefühlen von Unsicherheit, Verwirrung und Trauer haben Jungen also wenig Chancen, angemessen gesehen zu werden, und wenig Chancen auf eine positive Reaktion. Entsprechend bekommen sie wenig Unterstützung dabei, zartere Seiten zu entwickeln. Mit ihnen wird mehr getobt und weniger gesprochen, sie werden deutlich weniger als Mädchen nach ihren Gefühlen gefragt oder dazu ermuntert, sich in andere hineinzuversetzen.[20] Auch dort, wo Jungen negativ auffallen, weil sie zum Beispiel den Unterricht stören oder weil andere Kinder unter ihnen zu leiden haben, wird oft nur die starke, ruppige und provozierende Seite, die Jungen zeigen, gesehen – und zu wenig die Frage gestellt, warum die Jungen sich so danebenbenehmen und welche innere Not dahinter steht. Sie bekommen also (hoffentlich!) Grenzen gesetzt, aber wenig Unterstützung dabei, aus der Rabaukenrolle herauszufinden.

Etwas überspitzt gesagt, ist die typische Jungensozialisation eine Lehrzeit darin, «schwache Seiten» möglichst zu verbergen – und das war vor dreißig Jahren, als die heutigen Väter aufgewachsen sind, noch sehr viel deutlicher. Nicht umsonst haben die besonderen Probleme der Jungen jahrzehntelang praktisch keine Beachtung gefunden.

Jungen erlauben sich daher wenig Kontakt zu ihren Gefühlen – und haben damit auch wenig Gelegenheit zu nahen Beziehungen mit anderen. Dies zeigt sich auch in der Art, wie Jungen miteinander umgehen. Der Kommunikationsstil der Jungen baut auf Konkurrenz und der gegenseitigen Demonstration von Stärke auf. Jungen sind ständig damit beschäftigt, den anderen zu zeigen, dass sie ‹richtige› Jungen sind. Und Jungen, die diesem Bild nicht entsprechen, haben auch und gerade unter den anderen Jungen zu leiden. Sie werden ausgelacht, wenn sie etwas nicht können, und abgewertet, wenn sie zu viel Gefühle zeigen («Bist du 'n Schwuli oder was?»). Das macht es schwierig, Unsicherheiten, Gefühle, Niederlagen und Wünsche mit anderen Jungen zu teilen. Untersuchungen zeigen, dass Jungen auch mit ihren Eltern weniger über Probleme reden als Mädchen[21] – und zwar auch dann, wenn die Eltern sich das wünschen würden. Kurz: Jungen sind einsamer als Mädchen.

Familie als Auswärtsspiel

Im Umgang mit ihren Kindern stoßen Männer nun auf eine Art der Beziehung und auf eine Intensität der Gefühle, die ihnen fremd ist. Einerseits deswegen, weil Kinder ihre Gefühle ungebremst und in voller Intensität ausleben, und zum anderen, weil ihre Kinder in Männern sehr starke und innige Gefühle wecken. Oftmals berichten Väter sehr bewegt, dass sich mit ihren Kindern für sie das Tor zu einer anderen Welt geöffnet hat: «Ich hätte nie gedacht, dass es so starke Gefühle in mir gibt.» Väter entdecken und entwickeln häufig weiche und liebevolle Seiten, die weder sie selbst noch andere an ihnen vermutet hätten. Die verbannte Hintermannschaft ihres Inneren Teams, also die verletzlichen und gefühlvollen Teammitglieder, beginnen sich im Kontakt mit den Kindern wieder zu regen und kommen vorsichtig ans Licht.

Diese Chance ist umso größer, als der Umgang mit Kindern inzwischen ein Bereich geworden ist, in dem es nicht nur erlaubt, sondern durchaus erwünscht ist, dass Männer Gefühle zeigen. Es gilt im Allgemeinen nicht mehr als unmännlich, mit einem Kinderwagen durch die Gegend zu schieben und sich intensiv und zärtlich mit seinen Kindern zu beschäftigen (vorausgesetzt, das väterliche Engagement kollidiert nicht mit der Karriere – aber dazu später). An dieser Stelle hat sich das Männerbild deutlich verändert, es lässt erheblich mehr Spielraum, wovon Väter und Kinder gleichermaßen profitieren.

Allerdings ist der gefühlsdichte Kontakt zu ihren Kindern für Männer häufig nicht nur faszinierend und schön, sondern auch verunsichernd. Denn je kleiner die Kinder sind, desto mehr entspricht der Umgang mit ihnen den typischen Kommunikationsmustern der Frauen: Es geht um Gefühle, Nähe und Intimität, um Einfühlungsvermögen und Fürsorge. Darauf sind Männer sehr viel weniger vorbereitet als Frauen; der Kommunikationsstil, in dem sie zu Hause sind, ist völlig anders. Auch darum sind Väter unsicherer im Kontakt mit kleinen Kindern, und nicht selten fällt es ihnen schwer, hier ihren Platz zu finden. Viele Väter gewinnen erst dann sichereren Boden, wenn die Kinder älter werden, nicht mehr so zerbrechlich scheinen und man mehr mit ihnen toben und mit ihnen ‹anfangen› kann. Der starke Männlichkeitsdruck, der auf den Vätern liegt und der ihnen den Umgang mit Gefühlen schwer macht, erschwert auch den Kontakt zu ihren Kindern.

Für Männer ist es daher bei allem Wunsch nach Engagement schwerer, in der Elternrolle Fuß zu fassen – zumal sie in aller Regel dafür auch noch wesentlich weniger Zeit haben, weil sie nach der Geburt ganz normal weiterarbeiten. Von daher ist es wenig verwunderlich, dass Männer im Umgang mit Kindern unsicherer sind, an ihren eigenen Fähigkeiten zweifeln und oft noch mehr als die Frauen an einen mütterlichen Instinkt glauben, der den Frauen einen nicht einholbaren Vorteil sichert.

Gleichwohl gilt ebenso wie bei den Frauen im Beruf: Männer sind zwar durch ihre Unsicherheit gebremst – aber deswegen keineswegs inkompetent! Trotz des weiblichen Sozialisationsvorsprungs entspricht die eindeutige Kompetenzzuschreibung an die Frauen nur sehr bedingt der Realität. Studien zeigen, dass sich frisch gebackene Väter ebenso gut auf ihren Säugling einstellen können wie ihre Frauen. Sie können seine Signale und die verschiedenen Arten des Weinens genauso gut verstehen (hat das Kind gerade Hunger, ist es überreizt oder braucht es Trost?), sie passen ihre Sprechweise an das Kind an und sie sind ebenso erfolgreich beim Füttern – die Kinder essen bei ihnen nicht schlechter als bei den Müttern. Es lassen sich bei Vätern sogar ähnliche physiologische Reaktionen auf das Schreien ihrer Kinder nachweisen wie bei den Müttern.[22]

Wie kompetent Väter sein können, zeigt sich vor allem dort, wo sie von Anfang an eine aktive Rolle spielen. Väter beteiligen sich umso stärker an der Versorgung des Kindes, je früher und je selbstverständlicher sie Aufgaben übernehmen. Das zeigen Studien, in denen Väter bereits im Krankenhaus am Wickeln und Anziehen ihrer Kinder beteiligt wurden, ebenso wie Fälle, in denen die Mutter nach einem Kaiserschnitt auf die Mitarbeit des Vaters angewiesen ist oder aus einem anderen Grund ausfällt.[23]

Als Markus Albrechts erste Tochter geboren wurde, musste seine Frau Stefanie wegen einer akuten Erkrankung drei Wochen im Krankenhaus bleiben. Sie konnte weder stillen noch sich sonst um das Kind kümmern, sodass sich Herr Albrecht mit einem Säugling alleine zu Hause wiederfand. Eine Rolle, auf die er in keiner Weise vorbereitet war: «Ich hatte mit Kindern vorher nie was zu tun gehabt und war mit diesem schreienden Baby, das mit der Flasche zunächst überhaupt nichts anzufangen wusste, völlig überfordert. Johanna und ich hatten ein paar ziemlich harte Tage, aber irgendwie musste es halt gehen – es war ja niemand sonst da. Und als Stefanie dann aus dem Krankenhaus nach Hause kam, lief es schon recht gut. Ich habe zu Johanna bis heute ein unheimlich enges Verhältnis. So ist es mit Sara, unserer zweiten Tochter, nie geworden. Da war Stefanie nach der Geburt dann da und hat alles gemacht. Ich bin dann auch direkt wieder arbeiten gegangen – das normale Programm eben.»

Die Kompetenz der Männer wird im «normalen Programm» oft wenig abgefragt, denn normalerweise ist die Mutter für den Säugling zuständig. Das ist ja auch nahe liegend, schließlich ist sie diejenige, die stillt, die meist zu Hause bleibt – und die es auch irgendwie besser kann. Weil Väter davon überzeugt sind, dass ihre Frauen mit dem Kind besser klarkommen als sie, neigen sie dazu, das Kind in schwierigen Situationen an ihre Frau abzugeben. Und weil Mütter diese Überzeugung (mindestens heimlich) häufig teilen, neigen sie wiederum dazu, in solchen Situationen einzugreifen oder ihren Männern das Kind dann abzunehmen.

Was folgt daraus? Betrachten wir noch einmal das Beispiel der Familie Franke. Weil Herr Franke seinen Sohn in schwierigen Situationen an seine Frau abgibt, lernt er nicht, mit dem schreienden Kind umzugehen. Er lernt weder, wie er Paul trösten kann, noch lernt er, es auszuhalten, wenn Paul sich nicht beruhigen lässt. Seine Frau dagegen muss zwangsläufig mit dieser Situation irgendwie klarkommen – für sie gibt es niemanden, an den sie das Kind abgeben könnte, wenn ihr die Situation über den Kopf zu wachsen droht. Das bedeutet: Der Kompetenzvorsprung, den Frau Franke am Anfang vielleicht (vielleicht aber auch nicht) hatte, wächst ebenso wie ihr Selbstvertrauen, auch mit schwierigen Situationen klarzukommen. Außerdem lernt Paul, dass für Trost Mama zustän-

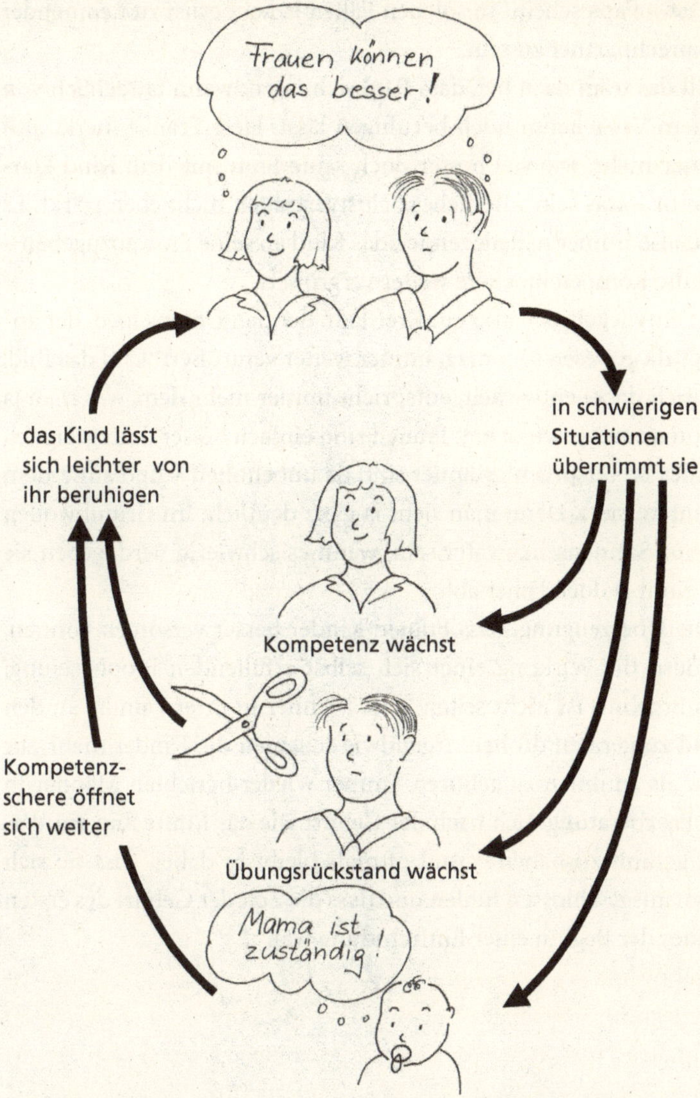

Abbildung 15: Der Teufelskreis von Selbstvertrauen, Kompetenz und Zuständigkeit

dig ist – Papa scheint in solchen Fällen ja kein ernst zu nehmender Ansprechpartner zu sein.

All das trägt dazu bei, dass Paul sich irgendwann tatsächlich von seinem Vater kaum noch beruhigen lässt. Herr Franke merkt also immer mehr, wie viel besser doch seine Frau mit dem Kind klarkommt – was sein väterliches Selbstvertrauen nicht eben stärkt. Es wird also immer naheliegender, das Kind an seine Frau abzugeben – was die Kompetenzschere weiter vergrößert.

Es entwickelt sich also ein Kreislauf, der den Unterschied, der anfangs da gewesen sein mag, immer weiter vergrößert. Und das Bild, das sich dabei entwickelt, entspricht immer mehr dem, was man ja schon immer gewusst hat: Frauen sind einfach besser dazu geeignet, Kinder zu versorgen! Männer sind da unbeholfen – und außerdem desinteressiert. Denn man sieht ja ganz deutlich: Im Grund wollen sie nur Sonnenscheinväter sein, wenn es schwierig wird, geben sie das Kind ja doch lieber ab!

Die Überzeugung, dass Frauen Kinder besser versorgen können, hat also die Wirkung einer sich selbst erfüllenden Prophezeiung. Das Ergebnis ist nicht selten, dass Männer in ihrer Familie an den Rand zu geraten drohen. Irgendwie scheinen die Kinder mehr zur Frau als zu ihnen zu gehören. Immer wieder berichten Männer in der Paarberatung, sich nach der Geburt wie das fünfte Rad am Wagen gefühlt zu haben – und oftmals bleibt es dabei, dass sie sich latent ausgeschlossen fühlen und dass die Zeit der Geburt des ersten Kindes der Beginn einer Entfremdung war.

2. ZWEITE PERSPEKTIVE: MACHT UND OHNMACHT

Allein mit der Frage nach Kompetenz und Selbstvertrauen lassen sich die typischen Konflikte zwischen Frauen und Männern nicht erklären. Die zweite Annäherung an die Sackgassen zwischen Männern und Frauen gilt daher der Frage nach der Macht. Wie ist also die Macht zwischen den Geschlechtern verteilt – und welche Unterschiede gibt es dabei womöglich zwischen der Familie und dem Beruf?

2.1 Wer hat zu Hause die Hosen an?

Wer in einer Partnerschaft lebt oder gelebt hat, kennt in aller Regel jene wiederkehrenden Scharmützel und Kämpfe, in denen um Wichtiges oder Unwichtiges gerungen wird und die je nach Verfassung der Partnerschaft zäh und unerfreulich oder auch explosiv verlaufen. Hier geht es nicht um Kompetenz, sondern um Macht – um die Macht, Regeln vorzugeben, um die Angst, untergebuttert zu werden, und um den Kampf um die richtige Moral.

Mit der Frage nach der Macht betreten wir die Kampfarena in Partnerschaften und das Zentrum des Beziehungsstreits. Mein Ziel im folgenden Kapitel ist, deutlich zu machen, wie Frauen und wie Männer typischerweise zu diesem Kampf beitragen und welche Teufelskreise dafür sorgen, dass der Kampf immer verbissener und der Ausstieg aus diesem Kampf für beide Seiten immer schwieriger wird. Meist wird der Beitrag der Männer zu diesem Machtkampf (zum Beispiel ihre Unzuverlässigkeit in Sachen Haushalt und Familie) sehr viel stärker gesehen als derjenige der Frauen. Ich werde daher den umgekehrten Weg gehen. Das bedeutet, dass ich meinen Leserinnen an dieser Stelle Geduld abverlangen werde, da ich zunächst (höchst einseitig!) ihren Beitrag zum Problem in den Mittelpunkt rücken werde.

WANN IST EIN BAD *WIRKLICH* SAUBER?

Die Richtlinienkompetenz der Frauen in Partnerschaft und Familie

Herr und Frau Schneider berichten, dass es immer wieder Streit gibt, wenn Herr Schneider die Spülmaschine bedient, denn er stellt die Maschine häufig an, obwohl sie erst zu zwei Dritteln voll ist. Für Frau Schneider eine Unmöglichkeit: «Es ist ja nun nicht so, dass wir es so dicke hätten, das kostet unnötig Wasser und Strom und das summiert sich im Lauf der Zeit! Von der Umwelt gar nicht erst zu reden!» Herr Schneider sieht das Ganze gelassener: «Ich lasse das Ding lieber abends laufen, dann kann ich sie noch ausräumen, und wir müssen uns morgens, wenn sowieso alles hektischer ist, nicht mehr darum kümmern.»

Das Gespräch über dieses Thema führt dann über die Berechnung der genauen Kosten für eine Zwei-Drittel-Spülmaschinenladung über eine Grundsatzdiskussion des Themas «Wer den Pfennig nicht ehrt, ist des Talers nicht wert» bis hin zu der Frage, ob eher Verantwortungslosigkeit oder eher Fanatismus unseren Globus noch zugrunde richten wird.

Eine solche Diskussion ist von außen gesehen nicht ohne Komik. Von innen dagegen ist sie alles andere als komisch, nämlich höchst unangenehm und nicht selten von hoher Brisanz. Zugleich sind solche Diskussionen Alltag. Wann hatten Sie das letzte Mal mit ihrem Partner oder ihrer Partnerin einen Streit, dessen Thema im Nachhinein betrachtet von eigenartiger oder – angesichts der Dramatik – von geradezu peinlicher Banalität war? Wie oft hatten Sie Anlass und Inhalt des Streits im Grunde schon vergessen und mussten ihn mühevoll rekonstruieren, als Sie einer Freundin oder einem Freund davon erzählen wollten, obwohl die miese Stimmung noch spürbar in der Luft lag?

Nachvollziehbar werden solche Streits erst dann, wenn das heimliche Thema dahinter sichtbar wird. Dieses Thema ist häufig die Frage: Wer bestimmt eigentlich, welche Regeln hier gelten? Wer bestimmt, wo konsequent gespart wird und wo man auch mal fünfe gerade sein lassen darf? Wer bestimmt, wie weit das ökologische Bewusstsein geht und wo pragmatische Gesichtspunkte und Bequemlichkeit vorgehen? Kurz gesagt: Es geht um die Frage, wer zu Hause welche Hoheitsrechte hat; das Thema ist Macht.

Die partnerschaftliche Aufgabenteilung, die Frauen und Männer heute anstreben, bedeutet nicht nur Fairness und Harmonie, sondern auch Konkurrenz. Haushaltsführung und Kindererziehung sind der angestammte Arbeits- und Aufgabenbereich der Frauen, für den sich Männer lange Zeit wenig interessiert haben, in dem sie sich nicht auskannten und in den sie kaum hineinregiert haben. Wenn sich die Männer nun in Haushalt und Familie engagieren, dann bedeutet das auch, dass sie mitreden wollen bei der Frage, wie der Haushalt zu führen und die Kinder zu behandeln seien. Das heißt: Sie sind für ihre Frauen nicht nur eine Entlastung, sondern drohen ihnen auch das Zepter aus der Hand zu nehmen.

Das ist oft nicht ganz einfach. Denn nach wie vor wird der partnerschaftliche und familiäre Raum wesentlich von den Frauen geprägt. In aller Regel gestalten die Frauen die Wohnung. Nach allgemeinem Konsens ist ihr Geschmack einfach besser: «Meine Güte, wie sah doch seine Junggesellenwohnung aus!» Auch wenn die Möbel zusammen ausgesucht werden, meist stammt die Vision, wie die Wohnung aussehen soll, von ihr. Sie hängt Bilder und Gardinen auf, dekoriert Regale und Fensterbänke und prägt damit die Atmosphäre. Die Frauen geben in der Regel auch die Ordnungs- und Sauberkeitsstandards vor – was nicht unbedingt heißt, dass diese auch eingehalten werden! Ganz im Gegenteil, an diesem Punkt entzünden sich oft heftige Konflikte, weil die Männer nicht recht mitziehen. Aber entscheidend ist: Es findet selten eine Diskussion über diese Standards statt! Eigentlich ist klar, wie die Wohnung aussehen sollte, und die Streitigkeiten entzünden sich daran, wer dafür zu sorgen hat, dass sie so aussieht – und wer daran schuld ist, wenn sie es nicht tut.

Frauen kaufen die Kleidung der Familie – die der Kinder sowieso und häufig auch die Kleidung für ihren Mann. Den Einfluss der Frauen auf seine Kleiderwahl zeigt ein einfaches Experiment: Gehen Sie als Paar in ein Männerbekleidungsgeschäft, verlangen Sie eine Ausstattung für den Mann und achten Sie darauf, wen der Verkäufer anguckt, wenn er redet. In aller Regel wird er sich überwiegend an die begleitende Frau wenden. Das heißt: Sie wird als die entscheidende Instanz in Sachen Geschmack und Kaufentscheidung ausgemacht. Im Gegensatz dazu bezieht die Kollegin aus der Damen-Boutique den begleitenden Partner meist eher aus Höflichkeit gelegentlich mit ein. Aber allen Beteiligten ist klar, dass er weder besonders kompetent noch besonders engagiert in Sachen Damenbekleidung ist …

Die Frauen bestimmen auch, was auf den Tisch kommt: Pizza oder Grünkernbratling, Schnitzel oder Blumenkohlauflauf. Ein Faktor, der nicht ganz unwesentlich zu sein scheint – immerhin wurde in gewissen Medien die Tatsache, dass einem aufstrebenden

Ministerpräsidenten zu Hause die Currywurst vorenthalten wurde, als wesentlicher Faktor für das Scheitern seiner Ehe diskutiert! Und Frauen prägen die Familienregeln: Zum Abendessen sollen bitte alle pünktlich da sein – oder sich zumindest abmelden, wenn sie später kommen. Ebenso weiß sie besser, was die Kinder brauchen und wann sie wie viel davon brauchen und bekommen sollten.

Das Bild, an dem die Frauen sich dabei orientieren, ist ihr Bild eines wirklichen Zuhauses. Die Familie soll ein Ort sein, an dem sich alle wohl fühlen und in dem alle aufeinander bezogen sind. Und dazu gehört für Frauen eine schöne und aufgeräumte Wohnung, gutes Essen und eine verbindliche Gemeinschaft mit Zeit füreinander und mit klaren Ritualen für Gemeinsamkeit. So positiv dieses Bild auch ist, es ist in der Realität des Familienlebens äußerst konfliktträchtig. Denn häufig finden Männer bei Ordnung und Sauberkeit, bei der Qualität des Essens und bei der ästhetischen Gestaltung von Wohnung und Kleidung einen niedrigeren Standard völlig ausreichend. Sosehr sie einerseits ein schönes Zuhause genießen – es ist ihnen weniger wichtig als den Frauen, und vor allem stellen sie sehr viel deutlicher die Frage nach dem Aufwand. Eine aufgeräumte und geputzte Wohnung mag gemütlicher sein – aber nach einem anstrengenden Tag ist Männern meist Zeit zum Ausruhen deutlich wichtiger. Natürlich ist es wunderbar, wenn Essen gut schmeckt – aber satt wird man auch aus der Tiefkühltruhe oder beim Imbiss, und man spart sich viel Zeit fürs Kochen! Ebenso mag das gemeinsame Abendbrot als Familienzeit eine prima Sache sein – aber wichtiger noch ist die Möglichkeit, flexibel zu bleiben, um eine Arbeit oder ein Gespräch mit Kollegen noch in Ruhe zu Ende zu führen.

Entlang dieser unterschiedlichen Auffassungen verläuft eine heftig umkämpfte Frontlinie. Wie gesund muss Essen sein? Wie oft muss das Bad geputzt werden und wie gründlich? Wie lange darf ein Abwasch (oder das Frühstücksgeschirr) stehen bleiben? Müssen Weingläser poliert werden oder reicht die Spülmaschinensauberkeit? Wie aufgeräumt muss die Wohnung sein, zum Beispiel dann, wenn Besuch kommt? Lauter scheinbare Banalitäten, aber nur so lange, bis der Partner etwas anderes macht oder will. Hier beginnen die Kämpfe – und diese toben nicht nur darum, *wer* die anstehende Arbeit tut, sondern auch darum, *wie* sie erledigt wird.

Und da haben Frauen klare Vorstellungen. Sie gehen meist sehr selbstverständlich davon aus, dass ihre Sicht der Dinge objektiv und moralisch die richtige ist. Weniger putzen ist unhygienisch (also potenziell gefährlich oder zumindest objektiv ekelhaft), bei der richtigen Ernährung geht es um die Gesundheit (also ebenfalls um Gefahrenabwehr), bei der Erziehung der Kinder um zwingende pädagogische Notwendigkeiten (die das Kind vor Schaden bewahren und es bestmöglich fördern sollen). Und von Mode und Ästhetik haben Männer nun wirklich keine Ahnung! Entscheidend dabei ist: Die Sicht der Männer ist für Frauen oftmals nicht wirklich diskussionswürdig. Es gibt gewissermaßen keine Verhandlungsmasse, denn die Vorstellungen der Männer sind abwegig, gesundheitsgefährlich, unsozial oder schlicht falsch. Jedenfalls sind sie für die Frauen keinesfalls eine ernst zu nehmende Alternative.

Dazu trägt sicherlich bei, dass Frauen häufig tatsächlich einen Kompetenzvorsprung haben. Die Familie ist ihr Heimspielbereich, und auch dadurch, dass sie meist die Hauptzuständigen sind, kennen sie sich an manchen Punkten besser aus als ihre Partner. Gleichwohl ist dies nur ein *Teil* der Wahrheit. Denn geht es in den konkreten Streitfragen wirklich um objektive Wahrheiten? Die Frage nach dem Sauberkeitsstandard stellt sich (hoffentlich) nicht erst da, wo angesichts der ungeputzten Toilette wirklich eine Gesundheitsgefahr besteht. Droht wirklich Mangelernährung, wenn die Familie zweimal die Woche von Pizza oder Pommes ernährt wird? Und wie peinlich ist es, wenn seine Kleidung oder die der Kinder nicht der aktuellen Mode entspricht (und wem müsste das eigentlich peinlich sein)? Überhaupt: Wie wichtig ist Ästhetik? In den meisten, wenn nicht allen Streitfragen des Familienlebens geht es nicht um objektive Wahrheiten, sondern um unterschiedliche Vorstellungen. Es geht um Normen und Regeln – und um die Frage, wer über diese Normen, ihre Umsetzung und über die Toleranzgrenzen entscheidet. Gelten hier meine Regeln oder deine? Ist es wichtiger, erst aufzuräumen oder erst auszuruhen; soll Essen vor allem gesund sein, vor allem wenig Arbeit machen oder vor allem gut schmecken?

Frauen neigen dazu, diese Auseinandersetzungen nicht als Zusammenprall unterschiedlicher Auffassungen oder Interessen zu sehen, sondern als Kampf zwischen richtig und falsch, in dem sie selbst auf der richtigen Seite stehen. Das ist eine höchst machtvolle Position. Und die viel beklagte Allzuständigkeit der Frauen für Familie und Haushalt bedeutet nicht nur Überlastung und Frustration, sondern auch einen Machtanspruch. Frauen haben hier einerseits enorm viel und viel zu viel Arbeit – und geben zugleich die Richtung vor: Sie beanspruchen die Richtlinienkompetenz. Frauen wünschen sich Unterstützung und Entlastung von den lästigen Routinearbeiten – aber sie möchten den Qualitätsstandard vorgeben. Er soll seinen Teil der Arbeit tun – aber er soll ihn so tun, als hätte sie es selbst gemacht.

Die Bedeutsamkeit dieser Richtlinienkompetenz zeigt sich spätestens dort, wo es nicht um scheinbare Banalitäten, sondern um wichtige oder gar existenzielle Fragen geht.

Für Frau Müller ist ein zentrales Thema in der Beratung ihr Gefühl, von ihrem Mann mit allen Nöten und der gesamten Verantwortung für die drei gemeinsamen Kinder allein gelassen zu werden. Sie hat ihm eindringlich klar gemacht, wie überfordert sie sich oft fühlt und dass sie verdammt noch mal wolle, dass er endlich zu seiner Verantwortung als Vater stehe und für die Kinder präsent sei. In einer Sitzung berichtet das Paar nun, dass der vierzehnjährige Sohn Tobias davon gesprochen hat, sich umzubringen. Es geht um die Frage, wie mit dieser Situation umgegangen werden soll. Frau Müller hat bereits eine klare Vorstellung davon. Sie will mit Tobias zu ihrer eigenen Therapeutin gehen und hat dort bereits einen Termin vereinbart. Herr Müller ist damit nicht einverstanden. Er will erstens mitkommen (und kann zu dem vereinbarten Termin nicht), und er will zweitens lieber zu einem neutralen Berater, den keiner von ihnen bereits kennt. Er ist mit diesem Wunsch jedoch nicht zu seiner Frau durchgedrungen, und auch in der Beratung beharrt sie darauf, diese Entscheidung alleine zu treffen: «Ich weiß einfach besser, was gut für Tobias ist. Du hast mich so lange mit allem allein gelassen und kannst jetzt nicht erwarten, dass du auf einmal in einer so wichtigen Frage mitreden kannst!»

Für mich wie für das Paar ist in dieser Situation die Ambivalenz von Frau Müller sehr deutlich geworden. Auf der einen Seite steht ihr Gefühl der Überforderung und ihr dringender Wunsch nach Unterstützung, und auf der anderen Seite die Überzeugung, dass letztlich sie allein den richtigen Weg kennt. Sie wünscht sich, die Verantwortung zu teilen – aber sieht ihren Mann nicht als ebenbürtigen Partner mit ernst zu nehmenden eigenen Vorstellungen. Er soll *ihren* Weg mitgehen und die Verantwortung für *ihre* Entscheidung mittragen. Für Herrn Müller keine einfache Situation. Er sieht sich als Partner und Vater zugleich gefordert und zurückgewiesen. Und die Erfahrung, von seiner Frau nicht als kompetenter und zuverlässiger Ansprechpartner gewollt und gebraucht zu werden, ist für ihn höchst kränkend: «Am liebsten würde ich sagen, dann mach's doch alleine, aber das will ich doch gar nicht! Manchmal habe ich das

Gefühl, in dieser Familie eigentlich nur noch zum Geldverdienen gebraucht zu werden!»

Dieses Beispiel ist kein Einzelfall. Es ist häufig ein großer und sehr ernst gemeinter Wunsch von Frauen, dass ihre Männer mehr für die Kinder da sind, dass sie mehr Engagement und Verantwortung zeigen. Sie wünschen sich das für sich selber, aber auch für ihre Kinder. Aber zugleich haben die Frauen häufig klare Vorstellungen davon, wie das Engagement ihres Mannes auszusehen hätte. Es ist gut, wenn er etwas mit den Kindern unternimmt – und schlecht, wenn er mit ihnen Computerspiele spielt. Und bitte abends vor dem Schlafengehen nicht so toben, sonst kommen die Kinder ja gar nicht mehr zur Ruhe! Er sollte mehr mit den Kindern reden, aber dabei doch etwas einfühlsamer und weniger ruppig sein. Und muss es denn sein, wenn er an dem Wochenende, an dem sie mal bei einer Freundin ist, statt zu kochen mit den Kindern zum Imbiss läuft? Überspitzt gesagt lautet die Botschaft: «Tu die Dinge so, wie ich es will!» Das macht es den Frauen häufig schwer, Präsenz und Engagement ihres Mannes in der Familie zu sehen und anzunehmen – und das macht es den Männern schwer, ihren Platz in der Familie zu finden und einzunehmen.

Denn die Frauen senden hier eine Doppelbotschaft. Einerseits wünschen sie sich einen gleichwertigen Partner – und auf der anderen Seite beschränken sie diesen auf die Rolle als Haushaltsassistent. Dieses Spannungsfeld ist überaus konfliktträchtig, weil der Partner wenig Chancen hat, es richtig zu machen. Wenn er sich engagiert und seine eigenen Vorstellungen einbringt, gerät er in Konflikt mit der ‹Haushaltschefin› und wird energisch zur Räson gerufen. Und wenn er sich auf die Rolle als Haushaltsassistent einstellt – was bedeutet, dass er weniger zuverlässig, weniger engagiert und auch weniger kompetent ist –, dann ist die ‹Partnerin› zu Recht enttäuscht.

Abbildung 16: Zwei Seelen in der Brust von Frauen

Der ‹Moralapostel›: Wie Frauen Macht ausüben und welchen Preis sie dafür zahlen

Frauen als diejenigen, welche die Richtlinien vorgeben; Frauen als die Mächtigen in der Familie – kann das sein? Jedenfalls entspricht dieses Bild keinesfalls dem, wie Frauen sich selber erleben. Sie selbst fühlen sich oft sehr hilflos. Es mag ja sein, dass sie klare Vorstellungen haben, aber das heißt noch lange nicht, dass das Familienleben auch diesen Vorstellungen folgt! Und selbst wenn – es geht ihnen dabei doch nicht um Macht! Es geht ihnen um das Familienleben, es geht ihnen darum, den Laden zusammenzuhalten! Und zahlen sie nicht selbst den höchsten Preis für ihre Vorstellungen von Familienleben? Denn sind es nicht letztlich immer wieder sie und nur sie, welche die Doppelbelastung von Familie und Beruf schultern und die dafür sorgen, dass es halbwegs klappt? Dass die Kinder pünktlich weggebracht und abgeholt werden, dass der Kühlschrank voll und das Essen gekocht ist, dass die Wohnung nicht aussieht wie ein Saustall?

All das stimmt – und ist doch kein Widerspruch zu der These von der Macht der Frauen. Aber diese Einwände eignen sich dafür, die

Art, wie Frauen Macht ausüben, in ihrer Wirkung und auch in ihren Schattenseiten für die Frauen selbst genauer zu beschreiben.

Frauen üben Macht auf eine andere und indirektere Weise als Männer aus. Wiederum kann der Blick auf die Art, wie Mädchen im Gegensatz zu Jungen aufwachsen, dabei helfen, das Verhalten der Frauen einerseits zu charakterisieren und andererseits zu verstehen. In Mädchen- und Jungengruppen gibt es sehr unterschiedliche Weisen, sich durchzusetzen und Machtkämpfe auszutragen. Jungen rivalisieren und kämpfen verbal und körperlich sehr offen miteinander. In Jungengruppen gibt es eine klare Hierarchie, und es ist für die Jungen ein wichtiges Ziel, sich in dieser Hierarchie einen guten Platz zu erobern. Daher nehmen Jungen sich diese offene Rivalität gegenseitig nicht übel: Sie gehört gewissermaßen zu den Spielregeln.

In Mädchengruppen gelten ganz andere Spielregeln. Mädchen erwarten voneinander Gemeinsamkeit und Solidarität, sie betonen das Nahe und Verbindende.[24] Entsprechend schlecht angesehen sind offenes Konkurrenzverhalten und dominantes Auftreten. Während ein dominant auftretender Junge als stark angesehen wird und sich Respekt erwirbt, gilt ein Mädchen, das genauso auftritt, als herrschsüchtig und zickig: «Die will immer bestimmen!» Und nicht nur die Kinder selbst, auch Erwachsene haben andere Erwartungen an Mädchen. Während Jungen dazu ermutigt werden, sich – notfalls auch körperlich – durchzusetzen, werden Mädchen eher dazu ermuntert, Kompromisse zu schließen, sich mit anderen zu einigen und Rücksicht zu nehmen. Aggressives Verhalten dagegen wird bei ihnen deutlicher als bei Jungen kritisiert und zurückgewiesen.[25]

Das heißt keineswegs, dass Mädchen nicht aggressiv sind, keinen Geltungsdrang hätten oder nicht in Konkurrenz miteinander ständen. Aber anders als Jungen riskieren sie Ablehnung, wenn sie dies offen zeigen. Wie gehen Mädchen mit diesem Dilemma um?

Studien zeigen, dass sie lernen, auf eine verdeckte und sozial verträgliche Weise mächtig zu sein – indem sie nämlich beginnen, für andere und für die Einhaltung der Gruppenregeln zu sorgen. Mädchen sorgen schon im Kindergarten dafür, dass andere Kinder sich an geltende Regeln halten – indem sie diese zum Beispiel tadeln, wenn sie etwas Gefährliches tun oder Regeln überschreiten. Ebenso konnte man zeigen, dass Jungen ebenso hilfsbereit sind wie Mädchen, wenn ein anderes Kind um Hilfe bittet. Mädchen neigen jedoch mehr als Jungen dazu, anderen Kindern *ungefragt* zu helfen, und diese Hilfe mit einer Ermahnung oder einem Ratschlag zu verbinden. Daraus wird der Schluss gezogen, dass Mädchen Hilfe und Ratschläge wesentlich mehr als Jungen als Möglichkeit nutzen, dominant zu sein. Denn indem sie andere Kinder tadeln und zurechtweisen, übernehmen Mädchen gewissermaßen eine Mutterrolle; sie begegnen den anderen Kindern nicht auf gleicher Ebene, sondern von oben herab, aus einer stärkeren Position heraus.[26]

Auch ihre eigenen Interessen vertreten Mädchen indirekter als Jungen. Während Jungen offen für ihre Vorstellungen kämpfen und auch durchaus versuchen, die anderen herumzukommandieren, begründen Mädchen ihre Wünsche eher mit Vorteilen für die anderen oder die ganzen Gruppe als mit ihrem eigenen Interesse. Diese indirekte Strategie hat ihren Preis, denn durch diese Indirektheit ist es für Mädchen schwierig, ihre eigenen Interessen auch dort zu vertreten, wo sie sich nicht mehr mit dem Interesse der anderen begründen oder zumindest vereinbaren lassen. Es ist daher für Mädchen sehr viel schwerer als für Jungen, offen «Nein» zu sagen und einen positiven Egoismus im Sinne der Sorge für sich selbst zu entwickeln.

Im Inneren Team von Mädchen entwickelt sich hier eine ähnliche Dynamik, wie wir es schon zuvor mit Blick auf das Thema Ehrgeiz kennen gelernt haben. Mädchen haben ebenso wie Jungen eine innere ‹Kämpferin›, die Einfluss will und die in Konkurrenz mit anderen tritt. Aber diese vitale ‹Kämpferin› wird gebremst durch die Angst vor der Ablehnung der anderen und die Leitsätze von Rücksicht und Kooperation, mit denen Mädchen aufwachsen. Sie zeigt sich daher eher versteckt und maskiert als ‹Moralapostel›, der auf die Einhaltung von Regeln und Normen achtet, oder als ‹fürsorg-

Abbildung 17: ‹Moralapostel› und ‹Mutter› als weibliche Stammspielerinnen

liche Mutter›, die anderen hilft. Beide bringen die vitale und aggressive Energie der Kämpferin in eine sozialverträgliche indirekte Form.

Mädchen treten dominant auf durch Tadel und Fürsorge. In der Transaktionsanalyse, die ein einfaches Modell zur Analyse von Interaktionen zur Verfügung stellt, werden diese beiden Verhaltensweisen dem Eltern-Ich zugeordnet,[27] denn beide Verhaltensweisen sprechen das Gegenüber in einer kindlichen, untergeordneten Rolle an.

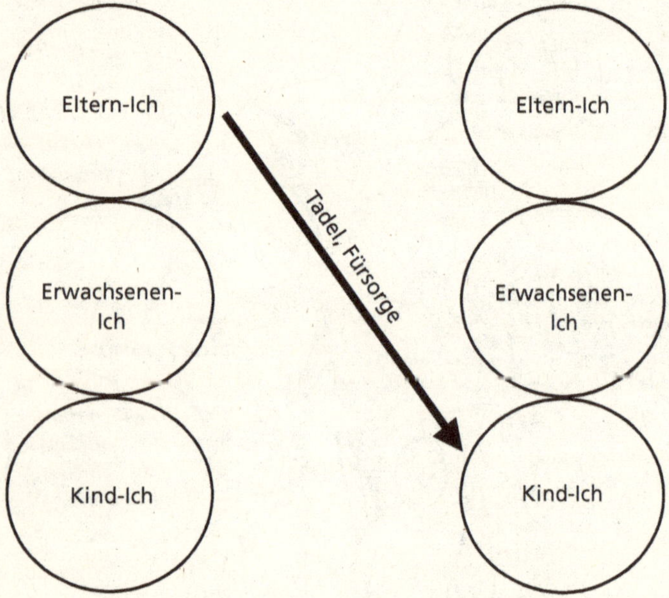

Abbildung 18: Tadel und Fürsorge als Verhaltensweisen aus dem Eltern-Ich

Nicht zufällig tarnt sich der Machtanspruch der Mädchen mit elterlichen Figuren. Wenn ein Mädchen anderen Kindern gegenüber den ‹Moralapostel› und eine ‹fürsorgliche Mutter› ins Rennen schickt, dann versucht es, Macht auf die Weise auszuüben, in der es weibliche Macht hauptsächlich kennen gelernt hat. Die Familie wird (ebenso wie Kindergarten und Grundschule) von Frauen geprägt; Mädchen wie Jungen erleben hier die Frauen als die mächtigen Erwachsenen, die einerseits sorgen und andererseits Grenzen setzen. Mädchen borgen sich gewissermaßen die Autorität der Mütter; sie lernen von ihnen, wie man mächtig ist.

Frauen setzen in der Familie ähnliche Machtmittel ein. Sie begegnen ihren Männern häufig aus einer übergeordneten Position heraus – also im Sinne der Transaktionsanalyse aus dem Eltern-Ich. «Es gibt keine Statistiken darüber, in welcher Frequenz und Heftigkeit sich im Alltag die Geschlechter gegenseitig kritisieren, aber es sprechen viele Indizien dafür, dass heute vor allem die Frauen ihre Männer kritisieren. Es ist inzwischen für viele Frauen selbstverständlich, den eigenen Mann als ein defizitäres Wesen zu betrachten, das unentwegt erzogen werden muss.» Diesen Eindruck von Schnack & Gesterkamp (1998, S. 99) kann ich aus meiner Erfahrung als Paarberaterin bestätigen.[28]

Frauen kritisieren ihre Männer sehr viel häufiger und auch heftiger als umgekehrt Männer ihre Frauen. Er putzt nicht gut genug, er lässt ständig seine Socken und Unterhosen herumliegen – und wenn er sich denn tatsächlich einmal bequemt, das Frühstücksgeschirr abzuräumen (was schon selten genug ist!!), dann lässt er es unter Garantie auf der Spülmaschine stehen, statt es mal eben hineinzustellen. Offenbar hält er sie für seine Dienstmagd! Und was alles liegen bleibt! Die Lampe wollte er schon längst repariert haben, und der Rasen ist auch schon wieder viel zu lang! Und den

Kindern gegenüber ist er viel zu nachlässig – und sie steht dann als die kleinkarierte böse Mutter da! Oder er ist viel zu streng – und sieht gar nicht, wie klein die Kinder doch noch sind und dass er viel zu ungeduldig ist und viel zu viel erwartet! Und wie kann ein Familienvater Motorrad fahren wollen, oder eine Bergtour, gar eine Abenteuerreise in die Anden planen!

Oftmals stoßen sich Frauen nicht nur an solchen Dingen, die unmittelbar oder mittelbar mit der Partnerschaft oder dem Familienleben zu tun haben. Häufig ist die Kritik auch allgemeinerer Art: Er ruft seine Eltern nicht oft genug an und pflegt seine Freundschaften nicht – und wenn er sich doch endlich einmal jemanden suchen würde, mit dem er vernünftig reden kann! Man hört doch immer wieder, dass auch Männer Freunde brauchen, mit denen sie mal über ihre Gefühle sprechen! Stattdessen immer nur die Sportkumpane. Und auch auf sein Äußeres könnte er mehr Acht geben: weiße Socken zu Sandalen – und überhaupt Sandalen! Und will er dieses alte Hemd wirklich noch anziehen, und noch dazu ungebügelt??

Diese Kritik muss nicht direkt ausgesprochen werden. Häufig zeigt sie sich indirekt darin, dass Frauen das, was ihre Männer tun, korrigieren. Sei es, dass sie ihm hinterherputzen, wenn er das Bad für sauber erklärt hat, sei es, dass sie ihm gewissermaßen den Kochlöffel aus der Hand nehmen («Liebling, die Kartoffeln sind doch bestimmt schon fertig! Hast du übrigens an das Salz gedacht?»). Oder sie ziehen die Tochter noch einmal um, wenn der Vater sie fertig gemacht hat («Könnt ihr euch das vorstellen? Ein kariertes Hemd zu einer gestreiften Hose! Und bei dieser Temperatur ohne Strumpfhose!»).

Männer kritisieren ihre Frauen deutlich weniger – und wenn sie es tun, weisen die Frauen diese Kritik sehr viel deutlicher und empörter zurück, als es die Männer umgekehrt tun: Was für eine

Frechheit, dass er schon wieder das Essen kritisiert und sich über die unaufgeräumte Küche aufregt! Sieht er eigentlich, was sie den ganzen Tag tut?! Er sollte lieber mal mit anpacken, statt sich hier als Macho aufzuspielen!

Die Kritik der Frauen hat für die Partnerschaft eine erhebliche Brisanz – und zwar unabhängig davon, ob sie explizit geäußert wird oder indirekt durch Kontrolle deutlich wird; auch unabhängig davon, ob die Frau mit ihrer Kritik Recht hat und ihr Mann zum Beispiel mit der modischen Kombination, in welche er seine Tochter gewandet hat, ungewollt den Stil der späten Achtziger getroffen hat. Diese Brisanz wird deutlich, wenn man dieses Verhalten unter die Lupe des Kommunikationsquadrats legt.

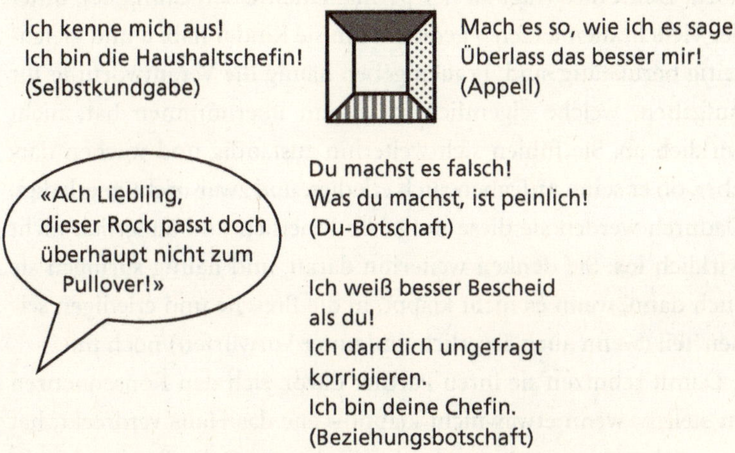

Abbildung 19: Die Kritik von Frauen mit dem Kommunikationsquadrat betrachtet

Die Botschaften auf der Beziehungsebene sind hier ebenso wie die Appelle hochbrisant. Denn hier wird deutlich, dass sie ihn nicht als ebenbürtigen Partner wahrnimmt, der es auf seine, womöglich ganz andere Weise macht, der nicht perfekt ist, der seine eigenen Fehler macht und daraus lernt – oder auch nicht! Denn wer lernt schon aus allen seinen Fehlern?

Kurz, Frauen scheinen ihren Männern häufig die Versorgung von Kindern und Haushalt weder so recht zuzutrauen noch zuzumuten. Sie möchten, dass er sich mehr beteiligt, aber sie möchten die Richtlinienkompetenz und die Kontrolle behalten. Sie belasten ihn nicht mit der vollen Verantwortung, was für die Männer einerseits recht bequem und andererseits ausgesprochen kränkend ist.

Auch der Preis, den die Frauen selber dafür zahlen, dass sie die Verantwortung für Haushalt und Familie nicht wirklich teilen, ist hoch. Denn dies trägt zu der permanenten Überlastung bei, unter der viele Frauen leiden – gerade wenn sie Kinder haben und gleichzeitig berufstätig sind. Frauen geben häufig die Verantwortung für Aufgaben, welche eigentlich ihr Mann übernommen hat, nicht wirklich ab. Sie fühlen sich weiterhin zuständig und wachen darüber, ob er seine Aufgaben auch erledigt, und zwar ‹richtig› erledigt. Dadurch werden sie diese Aufgaben innerlich und äußerlich nicht wirklich los. Sie denken weiterhin daran, und häufig springen sie auch dann, wenn es nicht klappt, in die Bresche und erledigen seinen Teil (wenn auch ärgerlich und unter Vorwürfen) noch mit.

Damit schützen sie ihren Partner davor, sich den Konsequenzen zu stellen, wenn etwas nicht klappt – ehe das Haus verdreckt, hat sie es schon lange geputzt, ehe die Kinder nicht zum Sport gebracht werden, hat sie sich darum gekümmert, ehe sich seine Mutter beschwert, dass er sich zu ihrem Geburtstag nicht meldet, hat sie ihn dran erinnert. Mit diesem Verhalten tragen die Frauen einerseits zu ihrer eigenen Überlastung bei. Wenn ihr Mann seinen Teil der

Arbeit nicht übernimmt und sie dafür sorgt, dass dennoch alles reibungslos klappt, dann arbeitet sie für zwei. Und zudem entlässt sie ihren Mann aus der Pflicht. Es klappt ja auch ohne ihn – und womöglich sogar besser!

Warum Männer nicht dagegen ankommen

Warum lassen es sich Männer gefallen, von ihren Frauen so behandelt zu werden? Auf diese Frage gibt es mehrere – und zwar höchst unterschiedliche! – Antworten. Die erste dieser Antworten lautet: Weil sie Mühe haben, sich gegen ihre Frauen zu behaupten.

Männer haben der resoluten Art ihrer Frauen meist wenig entgegenzusetzen. Sie kämpfen erstaunlich selten offensiv für ihre eigenen Vorstellungen und sie stimmen erstaunlich häufig Lösungen zu, mit denen sie nicht zufrieden sind. Ebenso kommt die Kränkung, welche die beständige Kritik ihrer Frauen für sie bedeutet, in Partnerschaften selten zur Sprache. Männer fühlen sich ihren Frauen in familiären Auseinandersetzungen oftmals nicht gewachsen; sie treten ihnen nicht als gleichberechtigte Partner gegenüber. In der Beratung erlebe ich häufig, dass Männer sich von ihren Frauen in Grund und Boden reden lassen und sich damit begnügen, mehr oder weniger hilflos die Vorwürfe zu parieren. Nur mit viel Mühe und Unterstützung gelingt es ihnen, ihre eigene Position zu finden, zu formulieren und sie auch gegen den Widerstand ihrer Frau zu vertreten.

Wie bitte? Männer sollen ihren Frauen nicht gewachsen sein? Ist uns nicht im Zuge der Frauenbewegung nach und nach das ganze Ausmaß klar geworden, in dem Frauen von Männern unterdrückt werden? Zeigt sich denn nicht gerade in der Familie immer wieder, wie sehr Männer immer noch als Machos auftreten – zum Beispiel daran, dass sie den ganzen Haushaltskleinkram mit größter Selbstverständlichkeit ihren Frauen überlassen und sich selbst auf die faule Haut legen?!?

Ich bin auf die These von der Macht der Frauen erstmals in der Zusammenarbeit mit Christoph Simon gestoßen, mit dem ich für die Angestelltenkammer Bremen einige Jahre lang Seminare zum Verhältnis von Männern und Frauen geleitet habe. Die Teilnehmer dieser Seminare kamen aus unterschiedlichen Kontexten: Automechaniker und Hafenarbeiter waren ebenso darunter wie Verwaltungsbeamte oder Erzieherinnen, Krankenschwestern und Sozialpädagogen. Christoph spitzte eine Einheit dieser Seminare regelmäßig auf den Satz zu: «In aller Regel haben Männer vor ihren Frauen Angst.» In den ersten Seminaren habe ich stets auf die Empörung vor allem der Männer gewartet – etwa in dem Sinne: «Das mag ja für einen zartblütigen Sozialwissenschaftler wie dich gelten, aber doch nicht für richtige Männer wie uns!» In all den Jahren hat jedoch kein einziger der Teilnehmer (die ansonsten lebhaft diskutiert haben!) widersprochen. Im Gegenteil: In Folgeseminaren berichteten sie, dass sie durch diese neue Perspektive erstmals die Dynamik in ihren Beziehungen verstanden hätten, und dass sich dadurch manches geklärt und einiges auch verändert habe.

Was ist also dran an der These, dass in der Familie die Frauen die Mächtigen sind? Und wie kommt es zu diesem seltsamen Befund? Wie kommt es, dass sich die Männer, die im öffentlichen und beruflichen Bereich ja eindeutig gegenüber den Frauen dominieren, im Bereich von Partnerschaft und Familie schwer tun, sich ihren Frauen gegenüber zu behaupten?

Ein erster Grund liegt darin, dass die Strategien, die Männer und Jungen nutzen, um sich durchzusetzen, hier nicht recht greifen. Jungen lernen vor allem einen offenen und offensiven Umgang mit Konkurrenz. Nicht nur körperlich, sondern auch durch die Art ihres Auftretens ringen sie miteinander und versuchen unverhohlen,

	Jungen	Mädchen
Umgang mit Macht	Dominanz durch offene Konkurrenz: • andere unterbrechen • prahlen • Kommandos geben • andere herabsetzen	Dominanz durch Moral und Fürsorge: • ungefragte Ratschläge • Verbote unter Verweis auf Regeln und Gefahr • Kontrolle wird durch höhere Interessen gerechtfertigt
Gut trainierter Stammspieler	‹Kämpfer›	‹Moralapostel› ‹fürsorgliche Mutter›

Abbildung 20: Umgang mit Macht in Jungen- und Mädchengruppen

sich zu übertrumpfen. Jungen prahlen mit dem, was sie können, und dem, was sie haben: Beim Fußball sind sie unschlagbar, ihr Fahrrad oder Handy ist das coolste und ihr Vater sowieso der tollste. Ebenso offensiv versuchen sie, sich mit ihren Vorstellungen durchzusetzen: Sie unterbrechen andere, treten lautstark für ihre Ideen ein und kommandieren die anderen herum (oder versuchen dies zumindest).[29]

Mit Blick auf das Innere Team bedeutet das: Jungen entwickeln einen starken inneren ‹Kämpfer›, der gut trainiert ist, sich gegen den Widerstand anderer eine machtvolle Position zu erobern und zu verteidigen. Was er dagegen nicht gewohnt ist, ist ein Kampf mit den Waffen der Moral. Für die Auseinandersetzung in Partnerschaften, um die es uns hier geht, bedeutet das: Im Kampf mit dem ‹Moralapostel› der Frauen sehen sich Männer permanent ins Unrecht gesetzt. Je mehr Männer mit ihren Waffen kämpfen, desto aggressiver werden sie von den Frauen als Machos angeklagt, die ständig unterbrechen, die meinen, die Weisheit mit Löffeln gefressen zu haben und die anderen herumkommandieren zu können. Kurz: Je mehr Männer mit ihren Waffen kämpfen, desto schlechter wird ihre Position. Diesen moralischen Waffen der Frauen haben Männer wenig entgegenzusetzen, und diese Art des Kampfes macht sie hilflos.[30]

Zwei weitere Aspekte dürften zu dieser Sprachlosigkeit der Männer beitragen. Die Männer sind ebenso wie ihre Frauen in einer Welt aufgewachsen, in der Frauen dominiert haben. Denn in der Familie sind ebenso wie in Kindergarten und Grundschule Männer wenig präsent; hier geben Frauen den Ton an. Diese Frauen werden von den Kindern natürlich (und zu Recht) als sehr mächtig erlebt –

Abbildung 21: Die Konfrontation von weiblichem und männlichem Machtstil in der Familie

und diese Macht verbindet sich mit genau den Verhaltensweisen, die später auch die Durchsetzungsstrategien der Frauen kennzeichnen: Tadel und Fürsorge. Das heißt: Das Gefühl von Unterlegenheit einem weiblichen ‹Moralapostel› gegenüber ist Männern gut bekannt – und sie erleben sich ihren Frauen gegenüber häufig ähnlich hilflos wie damals als Jungen.[31]

In aller Regel haben weder Männer noch Frauen in ihrer Kindheit Modelle dafür kennen gelernt, wie sich erwachsene Männer und Frauen partnerschaftlich und gleichberechtigt auseinander setzen – Vater gab in der Welt und Mutter zu Hause unangefochten den Ton an. Das bedeutet: Das heutige Ideal einer partnerschaftlichen Aufgabenteilung und die damit verbundene Notwendigkeit partnerschaftlicher Auseinandersetzung ist für beide Seiten Neuland und ausgesprochen ungewohnt.

Dazu kommt, dass das gesellschaftliche Klima heute sehr stark durch die Sichtweise der Frauen bestimmt wird. Die Darstellung in den Medien ist ebenso wie die wissenschaftliche Forschung durch das Bild geprägt, dass sich die Frauen schon vor langer Zeit von traditionellen Rollenbildern gelöst haben und tatkräftig und doppelbelastet auf dem Weg in die Moderne sind. Männer erscheinen demgegenüber als konservative Paschas, die hartnäckig an ihren Privilegien hängen und ihre Frauen trotz häufiger Lippenbekenntnisse zur modernen partnerschaftlichen Beziehung letztlich hängen lassen. Die Diagnose ist klar: Die Probleme in den Partnerschaften liegen in erster Linie an den Männern. Die öffentliche Meinung ist also weitgehend auf Seiten der Frauen – und die Männer geraten zunehmend unter Rechtfertigungsdruck. Schnack und Gesterkamp (1998, S. 103) folgern: «Das weitgehende Schweigen der Männer im öffentlichen Diskurs über die Lage der Familie und die Arbeitsteilung der Geschlechter ist insofern durchaus zu erklären. Neben der gut dokumentierten Geschichte der Frau ist dort kaum Platz für die Geschichte des Mannes, und wenn er versuchte, sie dennoch zu erzählen, so muss er befürchten, als larmoyant, notgeil und weinerlich kritisiert zu werden. Dass er sich windet, herausredet, ablenkt, schwindelt, schöntut und übertreibt, gilt als ausgemachte Sache.»[32]

Männer laufen also mit ihrem Kampfstil ins Leere – und sehen sich häufig sowohl in ihrer Partnerschaft als auch in der öffentlichen Wahrnehmung ins Unrecht gesetzt. Dazu kommt (wie wir bereits gesehen haben), dass Männer ihre Frauen im Bereich der Familie als kompetenter erleben und in Bezug auf ihre eigene Kompetenz eher unsicher sind. Es ist also wenig erstaunlich, dass Männer in der Regel der Sicherheit, mit der ihre Frauen die Richtung vorgeben, wenig entgegenzusetzen haben. Die Folge ist, dass sie Differenzen nicht ausfechten, Aufträge akzeptieren, hinter denen sie nicht stehen, und sich auf Vereinbarungen einlassen, in denen sie ihre eigenen Vorstellungen nur sehr begrenzt wiederfinden.

«ICH BIN NICHT DAZU GEKOMMEN, WAS REGST DU DICH SO AUF?!?» WIE MÄNNER MACHT AUSÜBEN

Der ‹Unschuldsengel›: Verweigerung und heimliche Sabotage

Sind Männer also die bedauernswerten Opfer ihrer dominanten Frauen – ohnmächtig, untergebuttert und herumkommandiert? Wohl kaum. Es ist offensichtlich, dass Männer sich nicht nur brav an die Vorstellungen ihrer Frauen anpassen und sich bemühen, deren Vorstellungen und Aufträge so gut wie möglich zu erfüllen.

Dauerndes Streitthema bei Andrea Keller und Stefan Wagner ist die Haushaltsführung. Frau Keller hat zunehmend den Eindruck, dass alles an ihr hängen bleibt. Die beiden haben sich schon mehrmals zusammengesetzt und die Arbeiten gerecht aufgeteilt. Unter anderem ist es nun Aufgabe von Herrn Wagner, einmal die Woche das Badezimmer zu putzen und regelmäßig den Müll hinauszubringen. Allerdings klappt diese Regelung nicht so recht. Frau Keller: «Wir haben klar vereinbart, dass er immer vor dem Wochenende das Badezimmer sauber macht – und das klappt allenfalls jede dritte Woche! Ständig hat er eine andere Ausrede. Und wenn ich ihn darauf anspreche, wirft er mir vor, ich würde ihn kontrollieren! Und der Mülleimer quillt auch ständig über! Langsam habe ich den Eindruck, dass es weniger Stress ist, wenn ich es selber mache, aber das will ich nicht! Zumal ich das Gefühl habe, dass er genau darauf spekuliert!!» Herr Wagner dagegen findet seine Partnerin kleinkariert: «Meine Güte, ob ich das nun am Freitag mache oder am Samstag! Manchmal komme ich freitags einfach nicht mehr dazu, oder ich bin nach der anstrengenden Arbeitswoche zu kaputt. Und das mit dem Müll vergesse ich schlicht. Als ob das alles ein Drama wäre – Andrea reitet auch immer nur auf dem rum, was nicht klappt!»

Männer erweisen sich in der Familie immer wieder in vielerlei Hinsicht als unzuverlässig: Sie halten Absprachen nicht ein, «vergessen» Dinge, machen sie nur zur Hälfte oder «kommen einfach nicht dazu», weil irgendwie immer etwas anderes wichtiger ist. Diese Erfahrung prägt Frauengespräche ebenso wie manche Sitzung in der Paarberatung – und sie ist Anlass unzähliger Streits zwischen Paaren. Dass Männer zuverlässig sein können, zeigen sie zumeist im Beruf – wie kommt es also zu dieser eigentümlichen Vergesslichkeit, dieser immer währenden Verkettung unglücklicher Umstände?

Ich halte diese Phänomene für den Ausdruck von Verweigerung, also von passiver – versteckter – Aggression. Man kann einerseits offen aggressiv sein, indem man auf jemanden losgeht oder ihn beschimpft. Eine andere Möglichkeit ist es, den anderen auflaufen zu lassen. In diesem Fall ist die Aggression zwar versteckt und kann jederzeit abgestritten werden, sie ist aber deswegen nicht weniger effektiv. Man trifft den anderen genauso, auch wenn man ihn nicht offen angreift.

So trifft Herr Wagner zwar eine Vereinbarung mit seiner Partnerin, nimmt diese aber nicht so ernst, dass er sich auch daran hält. Das heißt, er stellt die Verabredung unter die heimliche Voraussetzung, dass er diese nicht wörtlich nehmen muss und dass er sie umdefinieren darf, wann immer ihm etwas dazwischenkommt. Auch wenn «vor dem Wochenende» vereinbart ist – Hauptsache ist doch, dass überhaupt geputzt wird! Damit entzieht er Verhandlungen und Verabredungen mit seiner Partnerin jede Grundlage, denn was ist eine Verabredung wert, die einer der Partner umdefiniert, wenn es darauf ankommt? Frau Keller kann sich auf keine Verabredung berufen, und wenn sie es versucht, läuft sie ins Leere. Auf diese Weise kann Herr Wagner einerseits seinen Beitrag zum Haushalt minimieren – und andererseits indirekt deutlich machen, dass er von der ganzen Planerei nicht viel hält. Und wenn es ihr so wichtig ist, dann soll sie es doch selber machen!

Herr und Frau Jonas sind Mitte zwanzig und haben zwei kleine Kinder. Vor der Geburt der Kinder sind beide gerne und häufig gemeinsam ausgegangen. Frau Jonas legt jetzt nicht mehr so viel Wert darauf: «Schließlich sind wir jetzt eine Familie, und wir haben uns ja auch ausgetobt!» Herr Jonas dagegen ist es nach wie vor wichtig, gelegentlich «mit seinen Kumpels um die vier Ecken zu ziehen» – was seine Frau nicht besonders gerne sieht. Denn am nächsten Morgen ist er dann so müde, dass er für familiäre Pflichten weitgehend ausfällt und sie zudem als Familie wenig voneinander haben. Sie möchte daher, dass er spätestens um ein Uhr nachts wieder zu Hause ist. Herr Jonas ist mit diesen strikten Zeitvorgaben überhaupt nicht einverstanden: «Ich mach das ohnehin schon viel seltener, als ich eigentlich möchte, weil sie mir ständig im Nacken sitzt. Und dann soll ich auch noch um ein Uhr zu Hause sein! Das ist ja schlimmer als damals bei Muttern!» Dennoch lässt er sich jedes Mal auf eine solche Verabredung ein («sonst komme ich gar nicht mehr weg, das gibt nur Stress!») – und kommt nahezu jedes Mal sehr viel später als verabredet nach Hause. Immer mit einer – mindestens aus seiner Sicht – zwingenden Entschuldigung: Mal sprang der Wagen nicht an, mal hatte er zu viel getrunken und es war kein Taxi zu bekommen, mal war seine Uhr stehen geblieben oder alle hatten schlicht die Zeit vergessen.

Herr Jonas geht mit dem Interessenkonflikt zwischen sich und seiner Frau ähnlich um wie Herr Wagner. Er möchte Freiraum – sie möchte Entlastung bei den Familienpflichten. Sie möchte so viel Familienzeit wie möglich – ihm ist Zeit für seine Freunde wichtig. Dieser Konflikt wird zunächst mit einem faulen Kompromiss gelöst. Herr Jonas setzt zwar den Besuch bei seinen Freunden durch, aber zu Bedingungen, die für ihn nicht annehmbar sind. Er schafft es nicht, sich mit seinen Wünschen gegen die Vorstellungen seiner Frau so weit zu behaupten, dass eine Vereinbarung gefunden wird, mit der beide zufrieden sein können. Stattdessen stimmt er einer für ihn unbefriedigenden Regelung zu – um sie anschließend zu unterlaufen. Das heißt: Statt den Konflikt durchzufechten, entzieht er sich.

Diese Strategie ist durchaus charakteristisch. Männer vertreten sehr häufig ihre Interessen ihren Frauen gegenüber nicht offen und offensiv, sondern setzen sich durch, indem sie sich entziehen – und ihre Frauen ins Leere laufen lassen. Dies ist oft die Art, wie Männer Grenzen setzen und sich ihren Freiraum sichern. Auf diese Weise können sie einen offenen Konflikt vermeiden – und gleichwohl das erreichen, was sie wollen.

Warum ist ein solches Verhalten aggressiv? Das leuchtet Männern meist zunächst überhaupt nicht ein! Meine Güte, sie haben es doch nur vergessen, oder es ist etwas dazwischengekommen! Das soll man doch nicht so wichtig nehmen! Die Aggressivität wird deutlich, wenn dieses Verhalten unter der Lupe des Kommunikationsquadrats betrachtet wird.

Ich gebe meinen Freiraum nicht auf!
Ich habe Angst, vereinnahmt zu werden.
Ich behalte mir vor, Verabredungen umzudefinieren.
(Selbstkundgabe)

Lass mich in Ruhe!
Sei nicht so kleinkariert!
Mach es doch selbst!
(Appell)

Du bist kleinkariert.
(Du-Botschaft)

Ich nehme dich nicht ernst.
Die Verabredung mit dir ist mir nicht wichtig.
Ich lasse mich von dir nicht festnageln.
Du kannst mich mal.
(Beziehungsbotschaft)

Abbildung 22: Das Nicht-Einhalten von Verabredungen mit dem Kommunikationsquadrat betrachtet

Auch hier liegt die Brisanz auf der Beziehungsseite und beim Appell, denn an dieser Stelle wird die Entwertung sowohl der Partnerin als auch der Vereinbarung deutlich, die beide miteinander getroffen haben. Ohne dass es offen ausgesprochen wird, machen die Männer hier deutlich, dass sie ihre Frauen an diesem Punkt weder ernst noch wichtig nehmen. Und diese indirekte Entwertung spüren die Frauen sehr genau, ohne sich so recht dagegen wehren zu können. Denn dadurch, dass die Aggression nicht offen ist, kann sie jederzeit dementiert werden («Ich tue doch mein Bestes, was willst du eigentlich!»). Passive Aggression ist daher ein äußerst effektives Mittel einem Gegner gegenüber, der als stärker erlebt wird. Es gibt keinen klaren Ansatzpunkt – und damit laufen die Frauen mit ihrem Ärger ins Leere.

Der verdeckte Machtanspruch des ‹Moralapostels›, den die Frauen in den Kampf schicken, findet hier ein gleichfalls verdecktes Pendant. Hinter jenem ‹Unschuldsengel›, der leider einfach nicht dazu gekommen ist, den Müll hinauszubringen, und der es (leider, leider) einfach nicht geschafft hat, pünktlich zu sein, verbergen sich der bereits bekannte ‹Kämpfer› und auch ein ‹Macho›, welcher die Frau zwar indirekt, aber deswegen nicht weniger deutlich entwertet. Der Machtkampf tobt unterschwellig. Die Frauen verdecken ihre Interessen und ihren Machanspruch hinter einem moralischen Anspruch – und die Männer tarnen ihren Machtanspruch durch Verweigerung und tausend gute oder weniger gute Ausreden, warum sie etwas wieder nicht geschafft haben.

Dabei ist der ‹Unschuldsengel› in der Regel keine bewusst eingesetzte Tarntechnik nach außen, er wirkt auch nach innen. Männer glauben sich die Gründe, warum sie Verabredungen immer wieder leider nicht einhalten konnten, meist (mehr oder weniger) selber – ebenso wie ja auch die Frauen ihrem eigenen ‹Moralapostel› glauben, dass es ihnen keineswegs um ihre eigenen Vorstellungen oder gar um Macht, sondern nur um das Wohl aller geht! Männer merken gewissermaßen selber nicht, wie sehr sie ihre Frauen immer wieder ins Leere oder vor die Wand laufen lassen – sie bekommen ihre eigene Aggression nicht mit. Daher sind der Ärger, die Verlet-

Abbildung 23: Der ‹Unschuldsengel› und die heimliche Verweigerung

zung und auch die Verzweiflung, mit welcher ihre Frauen auf ihre andauernde Unzuverlässigkeit reagieren, für sie häufig überhaupt nicht nachvollziehbar. Entsprechend verbuchen Männer diese Reaktionen ihrer Frauen nicht selten unter «Sie ist halt mal wieder hysterisch, die beruhigt sich schon wieder» – und bagatellisieren damit manchmal über lange Zeit eine brisante Entwicklung in ihrer Partnerschaft.

Mit ihrer Strategie, die Frauen ins Leere laufen zu lassen, *reagieren* die Männer einerseits auf die Dominanz und die Kontrolle ihrer Frauen. Sie boykottieren auf diese Weise die ihnen zugedachte Rolle als Haushaltsassistent ihrer Frau. Sehr prägnant brachte das einmal ein Teilnehmer in einem Seminar zum Ausdruck: «Einmal die Seidenwäsche kochen und das Thema ist durch!» Wenn er sich dumm anstellt und sich nur lange genug als unzuverlässig erweist, dann kann er seiner Partnerin zeigen, dass sie ihn mit all ihren Kontrollversuchen nicht in den Griff bekommt – und dass es wirklich effektiver ist, wenn sie die Dinge selbst erledigt und ihn aus dem Spiel lässt.

Spätestens hier wird deutlich, dass die Männer keineswegs nur von ihren Frauen in eine untergeordnete Rolle – im Modell der Transaktionsanalyse: in die Kind-Position – gezwungen werden. Sie begeben sich auch von sich aus in eine solche Position – und provozieren damit ihrerseits das kritisierende und kontrollierende Verhalten ihrer Frauen. Denn das eben beschriebene Verhalten lässt sich im Modell der Transaktionsanalyse samt und sonders der Kind-Position zuordnen. Männer passen sich oft vordergründig den Vorstellungen ihrer Frauen an und gehen Verabredungen ein, hinter denen sie nicht wirklich stehen – sei es, weil diese Verabredungen (wie im Fall von Herrn Jonas) zu eng gesteckt sind, sei es, weil sie (wie Herr Wagner) eigentlich überhaupt keine Verabredung wollen. Eine Reaktion auf erwachsener und partnerschaftlicher Ebene wäre es, den Konflikt mit der Partnerin offen auszufechten, so lange, bis eine Lösung gefunden ist, bei der beide Partner zu ihrem Recht kommen. Anpassung dagegen ist eine Reaktion aus dem Kind-Ich, ebenso wie die Begründung, welche Männer in der Paarberatung

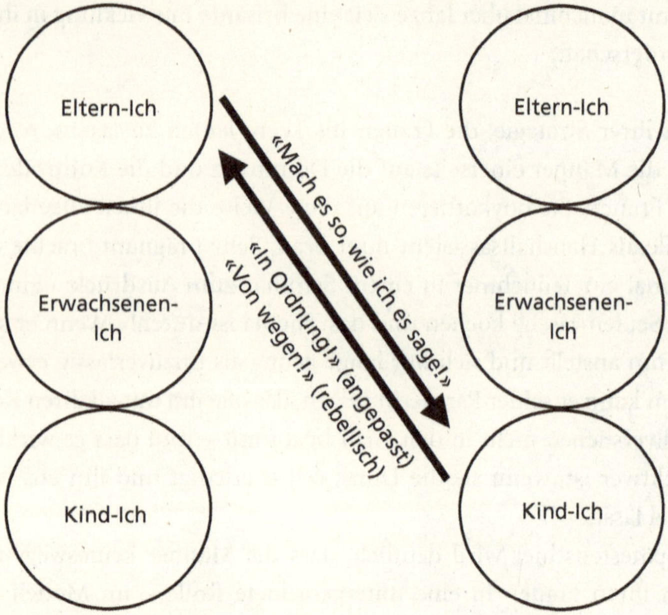

Abbildung 24: Der verdeckte Machtkampf in Partnerschaften im Modell der Transaktionsanalyse

häufig für diese Anpassung geben: «Sonst würden wir doch ewig diskutieren! Mit ihr ist einfach nicht zu verhandeln!» Und auch die Rebellion, welche hinter der Anpassung häufig lauert, ist eine kindliche Verhaltensweise, die dazu dient, eine erwachsene Auseinandersetzung zu vermeiden.

Männer präsentieren sich ihren Frauen hier nicht als ebenbürtige und verlässliche Partner – und sie werden von den Frauen nicht als solche angesprochen.

Der Grund dafür, dass Männer sich entziehen, liegt jedoch nicht nur in der Art des partnerschaftlichen Machtkampfs begründet, sondern auch darin, dass Männer sich bei allem Wunsch nach Partnerschaftlichkeit letztlich doch nicht so sicher sind, in welchem Maß sie sich in der Familie einbinden lassen wollen. Männer sind ähnlich ambivalent wie ihre Frauen, was eine Veränderung der Rollen und echte Partnerschaftlichkeit angeht. Sie wollen einerseits wirklich und ehrlich als Partner wie als Vater präsent sein, sie wollen gebraucht werden und sich engagieren! Gleichzeitig empfinden sie es als überaus anstrengend, wirklich in die alltäglichen Aufgaben und Arbeiten in der Familie eingebunden zu werden.

Denn das bedeutet nicht nur Arbeit, sondern auch einen erheblichen Denkaufwand. Um wirklich präsent zu sein und größere Aufgaben zu übernehmen, muss ein Mann tausend Kleinigkeiten des Familienlebens im Kopf haben und koordinieren. Wenn er den Familieneinkauf erledigt, muss er im Blick haben, was die Familie in den nächsten Tagen braucht, was gerade zur Neige geht, welche Vorlieben zu berücksichtigen sind und welcher Besuch sich womöglich angekündigt hat. Wenn er die Kinder nachmittags zum Sport bringt, dann muss er den Fahrdienst mit den anderen Eltern vom Sportverein koordinieren – und eventuell spontan auf Änderungen reagieren. Und häufig wird er nicht umhinkommen, auch seinen Job anders zu organisieren, wenn seine Familie darauf angewiesen ist, dass er an bestimmten Tagen pünktlich zu Hause ist. Und dabei wird er bei Chef und Kollegen nicht unbedingt immer auf Gegenliebe stoßen. All dieser Planungs- und Denkaufwand ist häufig mindestens so anstrengend wie die Arbeit selber (wovon Frauen ein Lied singen können!).

Außerdem: Wenn er sich wirklich in der Familie engagieren will, dann kommt er nicht darum herum, eigene Vorstellungen sowohl für die Partnerschaft als auch für die Gestaltung des Familienlebens zu entwickeln – und auch dies bedeutet erheblichen inneren Denkaufwand. Es ist sehr viel leichter, als ‹Haushaltsassistent› mitzuarbeiten und gelegentliche Veränderungsvorschläge zu machen, als konkrete Vorstellungen zu entwickeln, wie es denn insgesamt gehen soll. Und natürlich wird seine Partnerin nicht von allen seinen Vorstellungen begeistert sein – es sind Konflikte und Auseinandersetzungen zu erwarten, und auch das bedeutet Arbeit.

An dieser Stelle wird deutlich, dass Männer keineswegs weniger anspruchsvoll als Frauen sind, was ihre Partnerschaft angeht – allerdings sind sie es auf eine sehr andere Weise. Ein Kollege, Eberhard Stahl, brachte es einmal treffend auf den Punkt: «Männer wollen in ihrer Partnerschaft eigentlich nur eines, das allerdings ist ziemlich anspruchsvoll: Sie wollen möglichst mit allem in Ruhe gelassen werden.» Männer kritisieren ihre Frauen zwar sehr viel weniger, aber dafür machen sie sehr deutlich, dass sie die Wünsche ihrer Partnerin als Zumutung empfinden. Und das gilt nicht nur für ihre Forderung, dass er sich an Haushalt und Familienarbeit beteiligt,

Abbildung 25: Die innere Ambivalenz von Männern

sondern auch für ihre Wünsche nach Auseinandersetzung und ihren Redebedarf, der den seinen in aller Regel bei weitem übersteigt. Warum kann sie nicht einfach dafür sorgen, dass alles läuft – und ihn in Ruhe lassen.

Etwas überspitzt gesagt erwarten also beide Geschlechter vom Partner, dass er sich mit seinen eigenen Vorstellungen bitte schön zurücknehmen möge: Sie erwartet von ihm, dass er ihre Vorstellungen als Maß der Dinge akzeptiert und umsetzt – er erwartet von ihr, dass sie ihre Vorstellungen mit sich selber ausmacht und ihn mit unbequemen Wünschen und Kritik in Ruhe lässt.

MACHTKAMPF DER HEILIGEN: TEUFELSKREISE

Es ist bereits deutlich geworden, dass zwischen dem Verhalten der Männer und dem der Frauen ein Teufelskreis besteht: Beide provozieren mit ihrem Verhalten genau das Verhalten des Partners, unter dem sie leiden.

Weil sie immer wieder die Erfahrung macht, dass er unzuverlässig ist, bleibt ihr ja förmlich nichts anderes übrig, als zu kontrollieren, ob er es (diesmal!) denn macht und richtig macht. Diese dauernde Kontrolle ist für ihren Mann ausgesprochen kränkend: Offenbar hält sie ihn für einen unzuverlässigen, unfähigen Trottel! Er fühlt sich bevormundet und klein gemacht. Und seine Frau scheint auch nur das zu sehen, was nicht klappt – und nicht die vielen Punkte, an denen alles wunderbar läuft. Er fühlt sich mit seinem Beitrag zum Familienleben weder gesehen noch gewürdigt, was ihn nicht nur verletzt, sondern auch ärgert. Daher wird er trotzig: Wenn sie glaubt, dass sie ohnehin alles besser weiß und besser kann, dann soll sie es doch auch gleich selber machen! Das heißt: Seine Motivation, in Haushalt und Familie seinen Mann zu stehen, sinkt – und er reagiert darauf, indem er sich entzieht. Er hält Verabredungen nicht ein und nimmt seine Aufgaben nicht ernst (wozu denn, wenn sie ohnehin ständig schaut, ob es auch richtig läuft!).

Das bestätigt seine Frau natürlich darin, dass sie sich auf ihn nicht verlassen kann. Sie fühlt sich mit dem Projekt des gemeinsamen Lebens und der gemeinsamen Kinder im Stich gelassen. Und – was noch wichtiger ist! – sie fühlt sich auch als Person nicht gesehen und geachtet. Offenbar interessieren ihn ihre Gefühle und

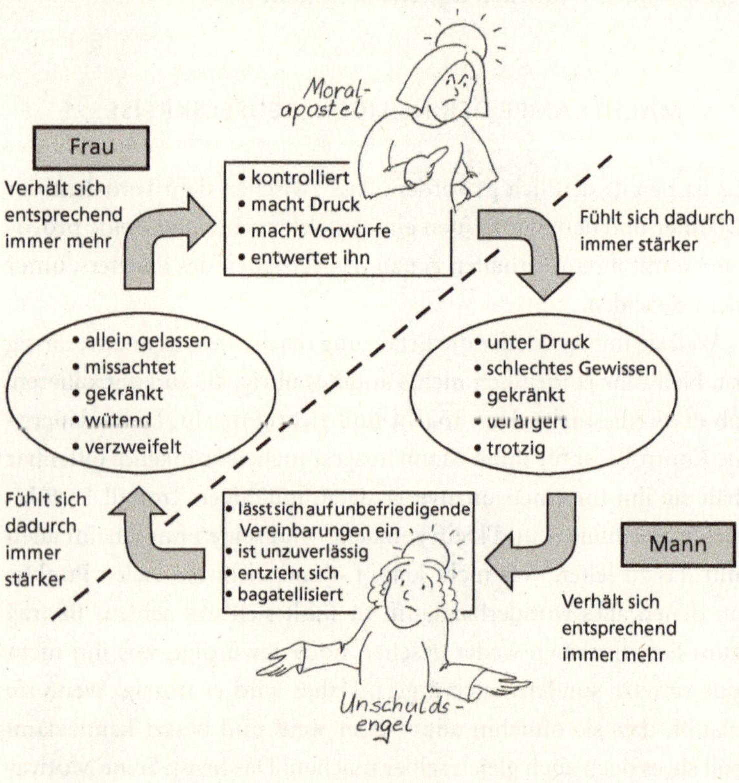

Abbildung 26: Teufelskreis von Kontrolle und Verweigerung

Bedürfnisse nicht im Geringsten! Sonst würde er sie doch nicht so hängen lassen! Als logische Konsequenz daraus verstärkt sie ihr Verhalten – und macht ihm noch mehr Druck und noch mehr Vorwürfe, damit er endlich versteht, wie wichtig ihr das Ganze ist, damit er endlich seine Rolle und seine Verantwortung in der Familie wahrnimmt!

Mit jeder weiteren Runde im Teufelskreis wird ihr Ton schärfer – und er fühlt sich mit jeder neuen Runde mehr entwertet und unter Druck gesetzt. Zunehmend erscheint ihm seine Frau als ständig nörgelnde Xanthippe, der man sowieso nichts recht machen kann und mit der es sich daher auch überhaupt nicht zu streiten lohnt! So versucht er, solchen Situationen möglichst aus dem Weg zu gehen, auch um die Kränkungen zu vermeiden, die für ihn mit ihrer dauernden Kritik verbunden sind. Er stellt also immer mehr die Ohren auf Durchzug, stimmt Verabredungen zu, ohne zu prüfen, ob er dahinter steht, nur, damit diese furchtbare Diskussion endlich zu Ende ist! Das heißt: Auch er verstärkt mit jeder weiteren Runde im Teufelskreis als Reaktion auf sie sein eigenes Verhalten – er entzieht sich.

Auf ihrer Seite meldet sich immer deutlicher der ‹Moralapostel› mit seiner Leitmelodie zu Wort: «Ich bin es, die den Laden am Laufen hält, während dir ja offenbar alles egal ist! Du bist als Partner und Vater eine Enttäuschung!» Und sein ‹Unschuldsengel› pariert: «Du bist ein hysterischer Drache, dem man eh nichts recht machen kann!» Beide sind immer deutlicher von ihrer eigenen moralischen Unangreifbarkeit überzeugt – vielleicht ist es kein Zufall, dass die Spielführer der Inneren Teams beide etwas Heiliges im Namen führen: ein Engel gegen einen Apostel. Entsprechend werden beide Seiten in ihrem Auftreten immer selbstgerechter und sind zunehmend davon überzeugt, dass das eigentliche Problem beim anderen liegt.

Je weiter dieser Kreislauf eskaliert, desto brisanter wird die Lage in der Partnerschaft. Auf ihrer Seite steigen Kränkung, Wut und Verzweiflung. Die Situation wird für sie immer unerträglicher, und zugleich fühlt sie sich absolut machtlos gegenüber diesem (scheinbar) ungerührten, kaltherzigen Klotz! Und er fühlt sich immer mehr als Mann und Vater abgewertet, wie ein Idiot behandelt und bis auf die Knochen gekränkt. Im schlimmsten Fall schlägt diese Dynamik in Verachtung um. Sie verachtet ihn dafür, dass er in der Familie seinen Mann nicht steht – auch sexuell ist er für sie immer weniger attraktiv. «Mein Mann, das ist im Grunde mein drittes Kind» – und wer schläft schon mit seinem Sohn? Für ihn wird sie immer mehr zum Schreckbild eines keifenden Drachen, einer hysterischen Xanthippe. Auch für ihn verliert sie damit an Attraktivität – denn wer geht schon gerne mit einer strengen und kontrollierenden Mutter ins Bett?!

Wie so oft gilt auch hier, dass diese Entwertung offen ausgedrückt werden kann: Das sind Paare, die sich lautstark und hässlich streiten. Die Entwertung kann aber auch unterschwellig und leise verlaufen; die Verachtung wird nicht ausgesprochen, liegt aber deutlich spürbar in der Luft. In der Paarberatung finde ich oft, dass diese Atmosphäre kalter Wut und Verachtung nicht weniger verletzend und schwer aushaltbar ist als der offene Krieg.

Diese Art des Kampfs ist für beide Seiten sehr verletzungsreich – und nicht wenige Partnerschaften scheitern daran. John Gottman, der intensiv über Kommunikationsstrukturen in Partnerschaften geforscht hat, spricht von vier «apokalyptischen Reitern», die eine ernsthafte Krise in einer Partnerschaft ankündigen: nämlich Kritik, Rechtfertigung, Rückzug und Verachtung (Gottman 2000). Es sind genau diese «Reiter», welche die Dynamik des Teufelskreises anheizen: auf Seiten der Frauen die Kritik des ‹Moralapostels›, auf Seiten der Männer der Rückzug und die Rechtfertigungen des ‹Unschuldsengels› – und dann, wenn der Teufelskreis eskaliert, auf beiden Seiten die Verachtung.

Gleichwohl ziehen beide Seiten einen heimlichen Gewinn aus diesem Teufelskreis. Das mag auf den ersten Blick schwer vorstellbar sein, weil dieser Kampf so verletzungsreich ist. Der heimliche Gewinn wird jedoch deutlich, wenn wir uns die innere Ambivalenz vor Augen halten, mit der Männer und Frauen an das Projekt «partnerschaftliche Beziehung» herangehen. Beide wünschen sich eine solche Beziehung – und beide haben auch Vorbehalte. Sie ist sich nicht sicher, ob sie wirklich Verantwortung abgeben und die Macht in der Familie teilen will – er ist sich nicht sicher, wie verbindlich er sich wirklich in familiäre Aufgaben einbinden lassen will.

Diese (für beide Seiten meist unbewussten) Teile profitieren vom Teufelskreis. Denn sie kann sich durch das Verhalten ihres Mannes darin bestätigt fühlen, dass ohne sie letztlich gar nichts läuft und dass es unbedingt nötig ist, die Fäden in der Hand zu behalten. Er wiederum spürt durch ihr Verhalten, dass er nicht wirklich dazu aufgefordert ist, Verantwortung zu übernehmen. Denn letztlich achtet sie darauf, dass alles klappt – und wenn es brenzlig wird, springt sie (wenngleich schimpfend) in die Bresche. Es geht daher selten etwas wirklich schief – und er kann erleichtert feststellen, dass er hier allenfalls als Assistent gebraucht wird.

Dieser verdeckte und unbewusste innere Kreislauf trägt zusätzlich zur Stabilisierung des Teufelskreises bei (s. Abb. 27 auf S. 124).

Wie kann man aus dieser verfahrenen Situation herauskommen? Ich werde auf den Ausstieg aus Teufelskreisen noch ausführlich eingehen (nämlich in Kapitel 5.1). Die Richtung des Ausstiegs ist

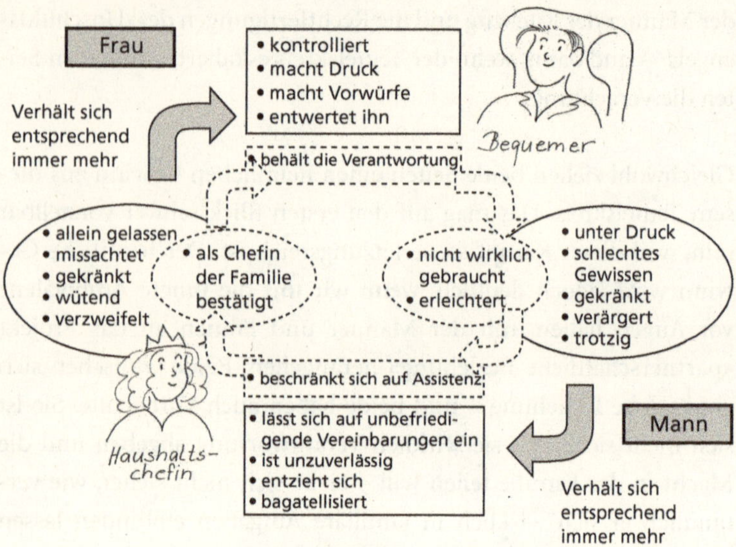

Abbildung 27: Verdeckter Kreislauf, der den Teufelskreis zusätzlich stabilisiert

jedoch klar. Teufelskreise leben vom Prinzip des «Mehr desselben»: Jeder verstärkt als Reaktion auf das Verhalten des anderen genau das Verhalten, das den Teufelskreis aufrechterhält. Die Lösung bestünde daher darin, genau dieses Verhalten aufzugeben – und etwas anderes zu tun. Was könnte das heißen?

Für Frauen ginge es vor allem darum, zu sehen, dass sie ihre Männer letztlich zu nichts zwingen können. Dieser Satz löst bei Frauen manchmal helle Empörung aus – sie verstehen ihn als Aufforderung zur Kapitulation. Dabei geht es eher darum, die Realität zu akzeptieren: Sie kann ihn nicht dazu bringen, etwas gegen seinen Willen zu tun – das hat die Erfahrung des vorherigen Kampfs in aller Deutlichkeit gezeigt. Sie kann allenfalls Teilerfolge erzielen, aber den Kampf letztlich nicht gewinnen. Kontrolle löst das Problem nicht, sondern verschärft es. Es wird also darum gehen, in wirkliche Verhandlungen einzusteigen und gemeinsam zu überlegen, wie das Familienleben aussehen und welche Regeln gelten sollen. Damit steht die Frage im Raum, ob und wie weit Frauen bereit sind, sich auf eine solche Verhandlung wirklich einzulassen – denn das würde heißen, die Vorstellungen des Partners auf eine Stufe mit den eigenen zu stellen und sich auf die Suche nach Lösungen zu begeben, in denen sich beide wiederfinden.

Für Männer würde der Ausstieg aus dem Teufelskreis bedeuten, Konflikte durchzustehen – also ihre eigenen Vorstellungen und Wünsche mit ihrer Frau auszuhandeln und notfalls durchzufechten, statt sich um des lieben Friedens willen auf Vereinbarungen einzulassen, hinter denen sie nicht stehen (und diese hinterher zu boykottieren). Die Realität, die Männer nur höchst ungern akzeptieren, liegt darin, dass der ‹liebe Frieden› auf dem Weg des Ausweichens gerade *nicht* erreicht wird. Ganz im Gegenteil, mit dieser Strategie handeln sie sich wesentlich mehr und vor allem wesentlich hässlichere Konflikte ein. Zweitens ginge es für Männer darum, Verabredungen mit ihrer Frau und familiäre Aufgaben ebenso ernst zu nehmen wie Vereinbarungen im Beruf. Wer käme schon auf die Idee, einem Kollegen zu sagen, dass die Präsentation für die wichtige Sitzung heute leider nicht fertig geworden sei, weil er gestern einfach zu kaputt gewesen wäre oder weil so viele Anrufe dazwischengekommen sind?

Kurz gesagt: Es geht für beide Seiten um das Gleiche. Nämlich zum einen um die Auseinandersetzung mit der inneren Ambivalenz: Wollen die Frauen die Männer wirklich und mit allen Konsequenzen hineinlassen ins familiäre Machtzentrum? Und wollen die Männer wirklich und mit allen Konsequenzen in der Familie ihren Mann stehen? Und zum anderen geht es für beide Geschlechter um die Bereitschaft zum offenen Konflikt – und zwar zum offenen Konflikt an der richtigen Stelle. Es geht darum, die verschiedenen Vorstellungen und Bedürfnisse auszuhandeln, und dann gemeinsam dafür Sorge zu tragen, dass diese Vereinbarungen auch eingehalten werden. Frauen wie Männer vermeiden durch den verdeckten Machtkampf genau diese Auseinandersetzung über ihre unterschiedlichen Vorstellungen und Wünsche. Im Modell der Transaktionsanalyse gesprochen: Es geht um die Auseinandersetzung auf der Erwachsenen-Ebene – und nicht um das Tauziehen zwischen kontrollierender Mutter und rebellischem, sich entziehendem Kind.

DIE MACHT DER FRAUEN ALS TABU? EINE PERSÖNLICHE RANDBEMERKUNG

Die Kapitel über die Macht der Frauen in der Familie waren nicht leicht zu schreiben. Um kein Kapitel bin ich so lange herumgeschlichen, kein anderes Kapitel habe ich so oft umgeschrieben.

Ich war in meiner Phantasie mit der Vorstellung beschäftigt, für meine Thesen und meine Darstellung ordentlich Prügel von anderen Frauen zu beziehen. Auch die ‹Feministin› in meinem eigenen Inneren Team hatte Bedenken dagegen, diese Gedanken öffentlich zu äußern. Ich bin offenbar nicht die Einzige, die dieses Thema als Tabu empfindet. Christoph Simon, der sich viel mit Beziehungsstrukturen zwischen Männern und Frauen beschäftigt hat, berichtet, wie viel Mut und Überwindung es ihn gekostet hat, seine Thesen zur Macht der Frauen erstmals in Seminaren vorzustellen. Auch die wissenschaftliche Literatur scheint mir von diesem Tabu geprägt zu sein. Die Fragen, ob und wo Frauen mächtig sind, ob und was die Frauen dazu beitragen, dass sich die Rollenteilung in der Familie kaum ändert, wird kaum je gestellt – und wo sie aufgeworfen wird, dort geschieht dies so verschämt und ängstlich, dass es zuweilen skurril wird.[33]

Woher stammt dieses Tabu? Letztlich weiß ich es nicht. Doch ich möchte einige Gedanken zur Diskussion stellen. Meine eigene innere ‹Feministin› befürchtet vor allem, dass ich den Frauen mit dem Hinweis auf ihre Macht in den Rücken falle und die Erfolge von 35 Jahren Frauenbewegung gefährde. Eignet sich der Hinweis auf die Wichtigkeit, welche die Arbeit in der Familie für Frauen hat, nicht wunderbar als Argument dafür, Frauen an die wenig einfluss- und prestigereichen Bereiche von Herd und Wiege zu binden? Und wie steht es mit der finanziellen Abhängigkeit nicht berufstätiger Frauen von ihren Männern – lässt diese Abhängigkeit nicht jede Macht in der Familie zu einer Lächerlichkeit werden?

Diese Bedenken scheinen mir nicht wirklich stichhaltig zu sein. Es ist unbestreitbar, dass Frauen durch ihre Lebensentwürfe finanziell immer noch schlechter gestellt sind als Männer. Ebenso ist unbestreitbar, dass trotz aller Erfolge der Frauenbewegung nach wie vor der öffentliche Raum eindeutig von Männern beherrscht wird. Auf welchem Wege hier Abhilfe geschaffen werden kann, darüber kann und sollte man und frau trefflich streiten! Jedoch: Es geht im Verhältnis zwischen Männern und Frauen nicht nur um den öffentlichen Raum, sondern auch um die Familie. Finanzielle Abhängigkeit ist ein Problem, aber ebenso die Randposition, die viele Männer in ihren Familien haben. Die Dynamik in Partnerschaften lässt sich nicht verstehen (und damit auch nicht verändern), wenn wir Frauen uns nur als Opfer begreifen.

Warum soll nicht *beides* thematisiert werden dürfen – die Gesellschaftsstrukturen ebenso wie die Punkte, an denen Frauen selbst an den alten Strukturen festhalten? Warum sollte der Hinweis auf das eine bedeuten, dass das andere verleugnet wird? Und ist es sinnvoll,

Thesen zu ächten, weil politische Gegner sie als Argument verwenden können? Das scheint mir eher einer Ideologie zu entsprechen – und das kann kaum das sein, was wir wollen.

Mir scheint, dass das Tabu wesentlich unseren alten Bildern vom Frau-Sein und Mann-Sein entspringt. Frauen sind nicht aggressiv – und daher auch nicht mächtig! Ebenso sind Männer nicht schwach – und schon gar nicht Frauen gegenüber! Möglicherweise fällt es uns schwer, diese Seiten am Verhältnis der Geschlechter zueinander wahrzunehmen, weil sie so gar nicht zu unseren Bildern und Selbstbildern passen.

Fatal scheint mir, dass dabei unterschwellig eine Abwertung von Frauen mitschwingt. Denn genau die Bereiche, in denen Frauen mächtig und kompetent sind, werden als unbedeutend abgetan. Frauen erobern sich zunehmend erfolgreich die Bereiche, die bislang den Männern vorbehalten waren, aber es wird ausgeblendet, wo sie den Männern etwas voraushaben. Diesem Muster nach sind Frauen umso erfolgreicher, je mehr sie dem traditionellen Männerbild ähneln – je ähnlicher Frauen Männern werden, umso besser! Unter der Hand schleicht sich also das ein, was doch eigentlich bekämpft werden soll: die Abwertung von Frauen. Geradezu paradigmatisch wird diese Abwertung in dem alten Buchtitel «Wir werden nicht als Mädchen geboren, wir werden dazu gemacht» (Scheu 1977) – hier erscheint Mädchen-Sein geradezu als bedauernswerte Existenzform!

Zugleich (und scheinbar widersprüchlich) scheint mir unsere Gesellschaft heute von einer unterschwelligen Männerverachtung geprägt zu sein. Männer werden öffentlich und in vielen Gesprächen als beziehungsunfähige Trottel abgewertet, die weder ihren Frauen noch ihren Kindern etwas Nennenswertes zu bieten haben. Auch diese Männerverachtung scheint mir mit diesem Tabu zusammenzuhängen: Denn durch das Verbot, die Punkte zu betrachten, in denen Frauen machtvoll an den alten Rollenbildern festhalten, bleiben nur die Männer als die Schuldigen an der ganzen Misere übrig. Die Frage, wie solche beziehungsblinden Männer so machtvoll sein können, bleibt dabei seltsam unbeachtet.

Was das Tabu – woher auch immer es stammt – jedenfalls verhindert, ist der Blick auf die Dynamik in Partnerschaften. Es verhindert eine wirkliche Auseinandersetzung darüber, was Männer und Frauen voneinander und miteinander wollen. Ebenso verhindert es eine desillusionierte Auseinandersetzung mit den Punkten, wo der Partner befremdlich und oft auch schmerzlich anders ist – anders ist als ich selber und auch anders als mein Idealbild von einem Partner oder einer Partnerin. Dieser letzte Punkt wird im zweiten Feld des partnerschaftlichen Machtkampfes – dem Kampf um Nähe – noch sehr viel bedeutsamer.

2.2 Der Kampf um Nähe

MACHTKAMPF UND VERLETZLICHKEIT IN PARTNERSCHAFTEN

Sie versucht vergeblich, ihn zu fassen zu bekommen – und er entzieht sich mehr und mehr. Dieses Muster kennen viele Paare nicht nur mit Blick auf die Zusammenarbeit in der Familie, sondern auch dort, wo es um Nähe und Austausch geht.

Auf meine Frage, was sie und ihren Partner zur Beratung führt, antwortet Frau Sand: «Eigentlich die Hoffnung, dass ich endlich mal erfahre, was in Uwe vor sich geht! Manchmal frage ich mich wirklich, warum er noch mit mir zusammen ist. Weder fragt er je danach, wie es mir geht – noch erzählt er mal irgendetwas von sich. Zum Beispiel in der letzten Woche: Jeden Tag kommt er total schlecht gelaunt von der Arbeit und verbringt den ganzen Abend am Computer. Und wenn ich mal frage, was los ist, kriege ich keine Antwort. Wir leben wirklich nur noch nebeneinanderher.» Ihr Partner: «Ich bin ehrlich gesagt hier, weil sie einfach keine Ruhe gegeben hat. Im Prinzip hat sie mich vor die Wahl gestellt: Beratung oder Trennung. Ich weiß wirklich nicht, was sie hat. Ständig ist sie unzufrieden und will reden und fragt mich, ob mir eigentlich noch was an ihr liegt. Meine Güte, wir sind seit sieben Jahren zusammen, man kann doch nicht erwarten, dass ununterbrochen Flitterwochen sind! Ich wäre eigentlich ganz zufrieden, aber dieses ständige Genörgel verdirbt mir wirklich die Lust auf Zusammensein!»

Solche und ähnliche Konstellationen finden sich in der Paarberatung häufig. Sie sehnt sich nach Nähe, Austausch und Gespräch und hat das Gefühl, mit diesem Bedürfnis bei ihrem Mann nicht landen zu können. Er fühlt sich von der Emotionalität seiner Frau zuweilen wie erschlagen und sieht sich zugleich immer mehr unter Druck gesetzt. Es ergibt sich erneut ein Teufelskreis: Weil sie sich durch seine verschlossene Art allein gelassen fühlt, bedrängt sie ihn, mehr Gefühle zu zeigen, mehr aus sich herauszugehen, und kritisiert ihn wegen seiner «gefühlskalten, gleichgültigen und materialistischen Art». Diese Kritik kränkt und bedrängt ihn: Er fühlt sich nicht gesehen, hat das Gefühl, als Partner nicht zu genügen, und fühlt sich

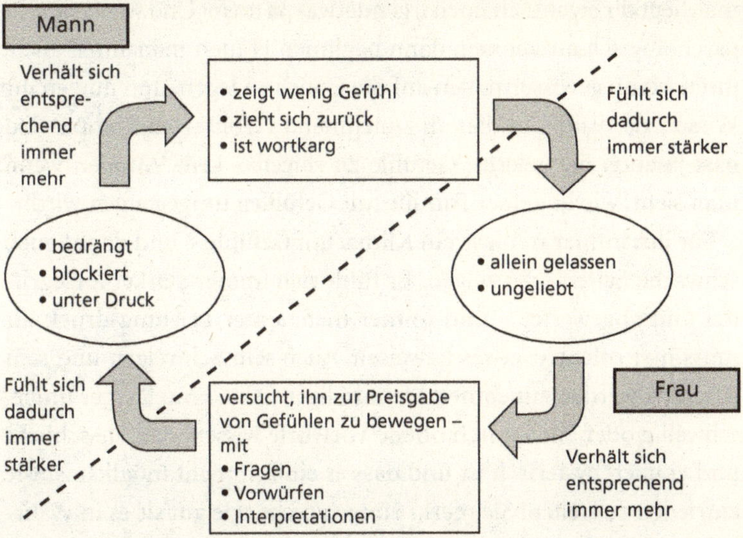

Abbildung 28: Teufelskreis im Umgang mit Gefühlen

belagert, ausgequetscht und verhört. Als Reaktion darauf zieht er sich zurück und zeigt noch weniger von sich und seinen Gefühlen. Das verstärkt bei ihr das Gefühl, gegen eine Wand zu laufen und ihn einfach nicht zu erreichen. Sie fragt sich, was eigentlich von der Nähe und Vertrautheit der ersten Zeit geblieben ist, und fühlt sich immer einsamer. Also verstärkt sie den Druck, um ihn endlich zu erreichen.

Im Zuge dieses Teufelskreises entfernen sich die Partner immer weiter voneinander. Je mehr sie sich allein gelassen fühlt, desto verzweifelter und wütender wird sie. Entsprechend werden ihre Versuche, ihn dazu zu bringen, aus sich herauszugehen und etwas von sich preiszugeben, zunehmend feindseliger und abwertender: «Dich interessieren einfach nur noch dein Beruf und deine Karriere! Sag mal, liegt dir eigentlich noch irgendetwas an uns?» Und wenn sie sich psychologisch auskennen, dann beginnen Frauen manchmal auch, ihren Mann gewissermaßen auf die Couch zu legen, und nutzen ihr Wissen als Waffen in diesem zunehmend verbitterten Kampf: «Du hast ja auch nie gelernt, Gefühle zu zeigen – kein Wunder, wenn man sieht, wie in deiner Familie mit Gefühlen umgegangen wird!»

Für ihn immer weniger ein Klima, um Gefühle – und damit auch schwache Seiten – zu zeigen. Er fühlt sich immer stärker angegriffen und abgewertet – und immer mehr unter Leistungsdruck. Er muss hier offenbar etwas beweisen. Auch sein Schweigen und sein Rückzug werden zunehmend feindseliger. Seine Frau lässt er unterschwellig oder auch durch offene Vorwürfe wissen, dass sie schlicht und einfach hysterisch ist und dass es einfach nicht möglich ist, sie zufrieden zu stellen! Sie merkt einfach nicht, wie gut sie es in Wahrheit hat – vielleicht sollte sie einfach mal eine Psychotherapie machen, um der Wurzel dieses Übels auf den Grund zu gehen!

Wenn der Teufelskreis eskaliert: Gewalt in Partnerschaften

Dieser Teufelskreis ist häufiger Anlass für Paare, eine Beratung aufzusuchen – er taucht nicht umsonst bereits im Grundlagenwerk der Systemtheorie als Beispiel auf (Watzlawick, Beavin & Jackson 1969, S. 58 f.). Und er hat das Zeug zu einer ganz erheblichen Eskalationsdynamik. Wenn Partner gegeneinander gewalttätig werden, dann steckt häufig diese Dynamik dahinter.

Herr und Frau Ehlers kommen zur Beratung, weil sie immer wieder heftig eskalierende Konflikte haben. Diese Streits enden in letzter Zeit immer häufiger damit, dass Herr Ehlers seine Frau schlägt. «Ich weiß mir dann einfach nicht mehr anders zu helfen. Gestern zum Beispiel stand sie vor mir und schimpfte die ganze Zeit auf mich ein. Sie hatte sich über irgendwas geärgert und redete und redete und redete. Ich hab versucht, was dazu zu sagen, aber ich kam überhaupt nicht zu Wort. Irgendwann bin ich dann raus, und sie immer hinterher. Und auch als ich gesagt hab, sie soll mich jetzt verdammt nochmal endlich mal in Ruhe lassen, ist sie mir immer wieder nach. Und irgendwann wollte ich nur noch meine Ruhe haben – und dann hab ich eben zugeschlagen.» Frau Ehlers: «Er macht mich einfach wahnsinnig: ich erzähle ihm, dass ich endlich mal wieder was mit ihm gemeinsam unternehmen will und dass ich das Gefühl habe, ihn interessiert im Grunde nur noch seine Arbeit – und er guckt an mir vorbei, als wenn nichts wäre! Macht ab und zu eine zynische Bemerkung – mir könne man ja sowieso nichts recht machen – und lässt mich dann einfach stehen! Ich fühle mich dann behandelt wie der letzte Dreck! Und natürlich gehe ich dann hinter ihm her. Ich will, dass er mir endlich mal zuhört und nicht immer nur abhaut!!»

Und nicht nur Männer, auch Frauen können im Zuge einer solchen Eskalationsspirale gewalttätig werden.

Auch Frau Peters findet es unerträglich, von ihrem Partner einfach stehen gelassen zu werden. «Als wir uns gestern gestritten haben, habe ich wirklich versucht, ruhig zu bleiben! Aber er haut einfach immer nur ab, macht den Fernseher an, geht raus und sagt mir, ich soll ihn in Ruhe lassen. Und wenn ich ihm dann sage, dass mich das verletzt und dass ich endlich mal in Ruhe mit ihm über solche Sachen sprechen will, dann sagt er, das sei ihm egal. Es lässt ihn einfach kalt, wie es mir dann geht! Ich hab ihm dann gesagt, dass ich sein Verhalten echt zum Kotzen finde – und da antwortet er, er fände mich ja auch zum Kotzen, und im Übrigen wolle er jetzt in Ruhe den Film zu Ende gucken. Da hab ich wirklich rot gesehen und dachte nur noch, so lass ich mich nicht behandeln, damit kommst du mir nicht davon!» Wie schon mehrmals in solchen Situationen ist sie dann auf ihren Partner losgegangen und hat mit den Fäusten auf ihn eingeschlagen. Ihr Partner Herr Leipold: «Ich hab mich von ihr echt platt geredet gefühlt. Sie war total in Rage, und egal, was ich sage, sie wischt es mit einem Satz vom Tisch! Es ist, als hätte ich überhaupt nichts gesagt! Und ich wusste, das bringt jetzt überhaupt nichts, ich hatte auch nur noch Leere im Kopf – ich musste mich erst mal wieder beruhigen. Aber dazu lässt sie mir ja gar keine Chance.»

Männer und Frauen greifen aus unterschiedlichen Gründen zum Mittel körperlicher Gewalt.[34] Wenn Männer aus diesem Teufelskreis heraus gewalttätig werden, dann aus dem verzweifelten Bedürfnis, ihre Partnerin zu stoppen und sich zu schützen. Sie fühlen sich in höchstem Maß angegriffen, verletzt und bedroht. Und sie schotten sich ja nicht ab, weil die Angriffe ihrer Frau ihnen nichts ausmachen, sondern ganz im Gegenteil deswegen, weil sie das Gefühl haben, sich anders nicht wehren zu können. Sie empfinden ihre Partnerin in dieser Situation als ungeheuer mächtig – und sich selbst als hilflos. Die coole, oft auch zynische Fassade versteckt einen inneren Aufruhr, und die Gewalt wird eingesetzt, wenn die anderen Mittel, die sie zur Verfügung haben, um sich zu wehren und zu schützen, ausgereizt sind.

Gewalt stoppt die Angriffe der Frauen, denn wenn Männer gewalttätig werden, sind die Frauen in der Regel ruhig, weil sie Angst haben oder im schlimmsten Fall sogar körperlich verletzt sind. Das bedeutet: Auf diesem Wege können Männer sich sehr effektiv schützen. Darin liegt die enorme Gefahr, dass sie in Zukunft dieses effektive Mittel immer häufiger und immer früher einsetzen – also immer gewalttätiger werden und ihre Frauen immer häufiger angreifen. Psychologen sprechen hier von «negativer Verstärkung»: Ein Verhalten, das dazu führt, dass ein unangenehmer Zustand auf-

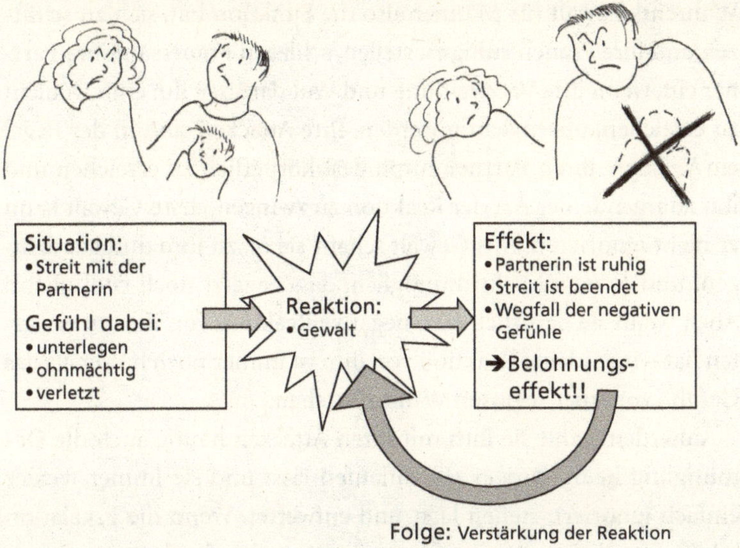

Abbildung 29: Gewalttätigkeit wird durch den Erfolg verstärkt

hört, wird mit großer Wahrscheinlichkeit wiederholt. Denn auch wenn ihm sein «Ausrutscher» hinterher Leid tut (und oft sehr ernst gemeint Leid tut!): Er hat vor allem gelernt, dass er mit Gewalt eine für ihn unerträgliche Situation beenden kann.

Männer wie Frauen sollten wissen, dass die Hoffnung, dass es «nie wieder vorkommen wird», dass ihm «mal die Hand ausrutscht», meist eine Illusion ist. Gewalt ist immer ein Alarmzeichen und immer ein Hinweis darauf, dass professionelle Hilfe nötig ist. Es ist von enormer Bedeutung, dass Männer, die aus diesem Grunde gewalttätig werden, andere Wege entwickeln, sich zu schützen. In diesem Zusammenhang leisten Therapeuten, Beratungsstellen oder der Verein «Männer gegen Männergewalt», den es inzwischen in vielen Städten gibt[35], gute und wichtige Arbeit.

Während Gewalt für Männer also die Funktion hat, sich zu schützen und ihre Frauen ruhig zu stellen, schlagen Frauen auf ihre Partner ein, wenn ihre Verzweiflung und Wut darüber, ihn einfach nicht zu erreichen, übermächtig werden. Ihre Attacken sind in der Regel ein Versuch, ihren Partner zumindest körperlich zu erreichen und ihn zu irgendeiner Art der Reaktion zu zwingen, denn Gewalt kann er nicht ignorieren! Mit Gewalt schafft sie es, zu ihm durchzudringen, und es ist schlicht unmöglich, dass er jetzt noch cool bleibt! Auch wenn sie natürlich eine negative Reaktion von ihm zu erwarten hat – irgendeine Reaktion von ihm ist immer noch besser als das Gefühl, vor einer reglosen Wand zu stehen.

Außerdem zahlt sie ihm mit ihren Attacken häufig auch die Demütigung heim, dass er sie auflaufen lässt und sie immer wieder einfach ignoriert, stehen lässt und entwertet. Wenn die Eskalation sehr weit gediehen ist, empfinden Frauen es häufig als Kapitulation, ihn in Ruhe zu lassen und den Kampf aufzugeben. Wenn sie geht, hat sie verloren (so fühlt es sich jedenfalls für sie an) – und diesen Triumph will sie ihm nicht gönnen! Indem sie ihn schlägt – ihn bestraft und damit demütigt –, zeigt sie ihm sehr deutlich, dass er nicht der Stärkere ist.

Frauen sind ihren Männern in aller Regel körperlich unterlegen, und für sie geht es nicht darum, ihren Mann zum Schweigen zu bringen. Darum besteht nur selten die Gefahr, dass Frauen ihre Partner ernsthaft verletzen. Gleichwohl ist natürlich auch die Gewalt von Frauen hochbrisant. Denn die Kränkung und Demütigung, welche die Gewalt für ihren Partner bedeutet, ist keinesfalls geringer als im umgekehrten Fall. Für Männer, die geschlagen werden, kommt noch dazu, dass sich dieses Bild, von einer Frau geschlagen zu werden, überhaupt nicht mit dem Bild eines «richtigen» Mannes verträgt. Sie fühlen sich in höchstem Maße degradiert – und meist dauert es nicht lange, bis sie zurückschlagen. Nicht umsonst wird über diese Richtung der Gewalt selten öffentlich gesprochen, obwohl sich in der Beratungspraxis zeigt, dass sie so selten nicht ist. Allerdings fällt es den Paaren oft noch schwerer, über diese Art der Gewalt zu sprechen: Die Männer schämen sich über die Demütigung, die Frauen für ihr so «unweibliches» Verhalten. Häufig berichten Paare nur dann davon, wenn der Berater oder die Beraterin gezielt danach fragt.

MÄNNER UND DER WEITE WEG VOM BAUCH ZUM MUND

Nicht immer eskaliert der Teufelskreis so stark. Doch auch in seinen milderen Formen ist er häufig für Männer wie Frauen gleichermaßen quälend. Wie kommt es dazu, dass sich in so vielen Partnerschaften Männer von ihren Frauen bedrängt fühlen und Frauen das Gefühl haben, vor eine Wand zu laufen?

Ein wichtiger Grund dafür ist, dass es Männern schwer fällt, ihre Gefühle zu zeigen. Sie lernen als Jungen früh und gründlich, ihre schwachen Seiten – und damit eben auch ihre Sensibilität und ihre Gefühle – zu unterdrücken. Diese Abspaltung ist ein wichtiger Teil der Sozialisation zum Mann (vgl. Kapitel 1.2). Entsprechend schwer fällt es Männern häufig, ihre Gefühle wahrzunehmen und zu zeigen. Davon berichtet auch der Paartherapeut Hans Jellouschek: Männer «haben ihre Gefühle irgendwo tief in ihrem Inneren vergraben. Dadurch sind sie für sie oft nur ungenau identifizierbar, und vor allem: der Weg ‹vom Bauch zum Mund› ist so weit»[36]. Die ständigen Fragen der Frauen nach ihren Gefühlen sind für Männer daher nicht leicht zu beantworten: Sie können nicht so ohne weiteres Auskunft geben über ihr Innenleben – und oft sind sie sich auch nicht sicher, ob sie sich mit diesem Innenleben überhaupt näher beschäftigen möchten. Der Wunsch ihrer Frauen nach Austausch und Nähe bedeutet für die Männer Stress: Sie fühlen sich diesem Wunsch nicht gewachsen – und diese Überforderung führt zum Rückzug, der sich umso mehr verstärkt, je vehementer die Frauen ihren Wunsch zum Ausdruck bringen.

Für Frauen ist die Verschlossenheit ihrer Männer in Sachen Gefühle schwer auszuhalten. Für sie gehört der Ausdruck von Gefühlen zu Nähe und zu vertrauten Beziehungen ganz selbstverständlich dazu. Und das heißt: Sie sehnen sich nach dieser Art von Nähe und haben das Gefühl, bei ihnen mit diesem Bedürfnis ständig zu kurz zu kommen und emotional gewissermaßen zu verhungern.[37] Häufig kommt hinzu, dass Frauen die Zurückhaltung der Männer auf sich selbst und auf die Partnerschaft beziehen: Offenbar liegt ihm nichts mehr an ihr und an den Kindern, denn sonst würde er das doch mehr zeigen und mehr aus sich herausgehen! Sein beständiger Rückzug zeigt doch in aller Deutlichkeit, dass ihm an der Partnerschaft nicht mehr allzu viel liegen kann! Frauen neigen also dazu, die Verschlossenheit und den Rückzug ihrer Männer mit dem Beziehungsohr zu hören – was seinem Verhalten für sie eine zusätzliche Brisanz gibt, die aus seiner Sicht oft schwer verständlich ist. Entsprechend heftig und verzweifelt versuchen Frauen oft, ihre Männer doch noch dazu zu bewegen, aus sich herauszukommen – womit der Teufelskreis geschlossen ist und sich seine Eigendynamik entfaltet.

Gerade in diesem Bereich neigen Frauen dazu, das Problem eindeutig bei ihren Männern zu sehen: Die ganze Misere liegt doch daran, dass er einfach nicht gelernt hat, Gefühle zu zeigen! Wie einfach könnte es doch sein, wenn er endlich einmal lernen würde, sich zu spüren, sich zu zeigen und sich wirklich auf sie einzulassen! Wäre also alles in Ordnung, wenn nur die Männer mehr aus sich herausgehen würden?

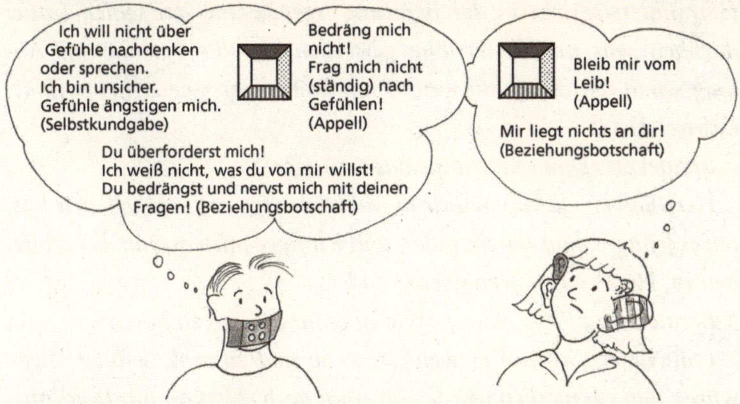

Abbildung 30: Die Verschlossenheit der Männer aus Sicht der Männer und aus Sicht der Frauen

WARUM FRAUEN OFT NICHT BEGEISTERT REAGIEREN, WENN MÄNNER GEFÜHLE ZEIGEN

Meiner Erfahrung nach nicht. Die unbestreitbaren Schwierigkeiten der Männer, Zugang zu ihren Gefühlen zu finden und diese auch zu zeigen, scheinen mir nur ein Teil der Wahrheit zu sein. Bei der Arbeit mit Paaren habe ich immer wieder eine Erfahrung gemacht, mit der ich nicht gerechnet hatte und die mich anfangs sehr überrascht hat. Wenn ihre Männer allmählich doch begannen, sich zu öffnen und über Gefühle zu sprechen, dann reagierten die Frauen sehr häufig *nicht* mit Freude und Erleichterung, sondern mit Ablehnung. Oft fiel es ihnen schon ausgesprochen schwer, seine Gefühle von Verletzung und Trauer, von Angst, Unsicherheit oder Sehnsucht überhaupt wahrzunehmen.

Herr Ehlers spricht in der Beratung irgendwann von seiner Trauer darüber, was aus seiner Ehe geworden ist: «Es war ja am Anfang schon anders – und wenn man dann sieht, wie es heute ist … (schweigt)»

Beraterin: «Dann macht Sie das traurig?»

Herr Ehlers: «Ja klar, würde ja wohl jeden traurig machen. Wir hatten es früher schön miteinander, und ich frage mich, wo all das geblieben ist. Hätt's schon gern wieder anders.»

Beraterin an Frau Ehlers: «Wie ist es für Sie, das zu hören?»

Frau Ehlers: «Wenn er wenigstens ab und zu mal Gefühle zeigen würde und ich merken würde, dass ihm noch etwas an mir liegt! Aber ihn interessiert einfach nur noch seine Arbeit – und kaum ist er zu Hause, schaltet er auch den Fernseher ein. Glauben Sie, dass er mal mit mir sprechen würde?»

Es ist nicht selten, dass Männer in der Beratung in einer Weise von ihren Gefühlen für ihre Frauen und ihre Familien sprechen, die mich als Beraterin sehr berührt – und ihre Frauen weitersprechen, als hätte er nichts gesagt, und fortfahren, ihrem Mann wegen seiner Gefühlskälte Vorwürfe zu machen. Wenn ich dies anspreche, dann reagieren die Frauen häufig mit Ablehnung, Misstrauen oder Abwertung ihren Männern gegenüber: «Das sagt er jetzt nur so», «Das sagt er nur, weil Sie dabei sind», «Das ist immerhin ein Anfang», «Ja, für seine Verhältnisse ist das ja schon viel» oder: «Das hätte ich mir schon vor 10 Jahren gewünscht!» Ein Kollege berichtete von einer Szene, in welcher ein Mann mit Tränen in den Augen – aber wortlos – dasaß und seine Frau ihn anflehte, doch endlich Gefühle zu zeigen. Offenbar fällt es vielen Frauen nicht leicht, sich auf die Gefühle ihrer Männer einzulassen. Und natürlich wird es damit den Männern immer schwerer, Gefühle zu zeigen.

Wie kann man das verstehen – einerseits wünschen sich Frauen sehnsüchtig und dringend, dass ihre Männer mehr aus sich herausgehen und mehr Gefühle zeigen, und zugleich übersehen sie es oder wehren es gar ab, wenn einer es tut?

Im Einzelnen gibt es dafür sehr verschiedene Gründe. Bei manchen Paaren spielen die Verletzungen eine Rolle, die sich die Partner im Laufe der Jahre gegenseitig zugefügt haben. Manchmal haben die Frauen in vielen Jahren des vergeblichen Kampfes so viel Bitterkeit und Enttäuschung angesammelt, dass sie sich nicht mehr sicher sind, ob sie jetzt wirklich noch etwas von ihm wollen. Manchmal ist es schlicht zu spät dafür, um noch etwas zu ändern, weil sich die Partnerschaft und die Liebe in den Kämpfen verbraucht hat. Bei anderen Paaren spielt eine Rolle, dass auch die Frau selbst gar nicht so genau weiß, wie viel Nähe zu ihrem Mann sie eigentlich wirklich will – und in dem Moment, wo er endlich auf sie zukommt, schreckt sie zurück. Aber zugleich ist dieses Phänomen so häufig, dass es dafür offenbar auch allgemeinere Gründe gibt, welche über die konkrete und besondere Geschichte des einzelnen Paares hinausgehen. Welche Gründe könnten das sein?

«Ich zeige was, was du nicht siehst!»
Die Dynamik in Teufelskreisen

Der erste dieser Gründe liegt in der Dynamik des Machtkampfs begründet. Je länger und heftiger ein Paar miteinander kämpft und je weiter sich die Spirale von gegenseitigem Angriff und Entwertung gedreht hat, desto schwieriger wird es für beide Seiten, Verletzlichkeit zu zeigen – und Verletzlichkeit beim anderen wahrzunehmen. Beide spüren für sich selber sehr genau, wie sehr sie das Verhalten des Partners kränkt und verletzt und wie sehr sie Angst haben, untergebuttert zu werden, wenn sie Schwäche zeigen. Beide fühlen sich angegriffen und unterlegen – und beide schützen sich, indem

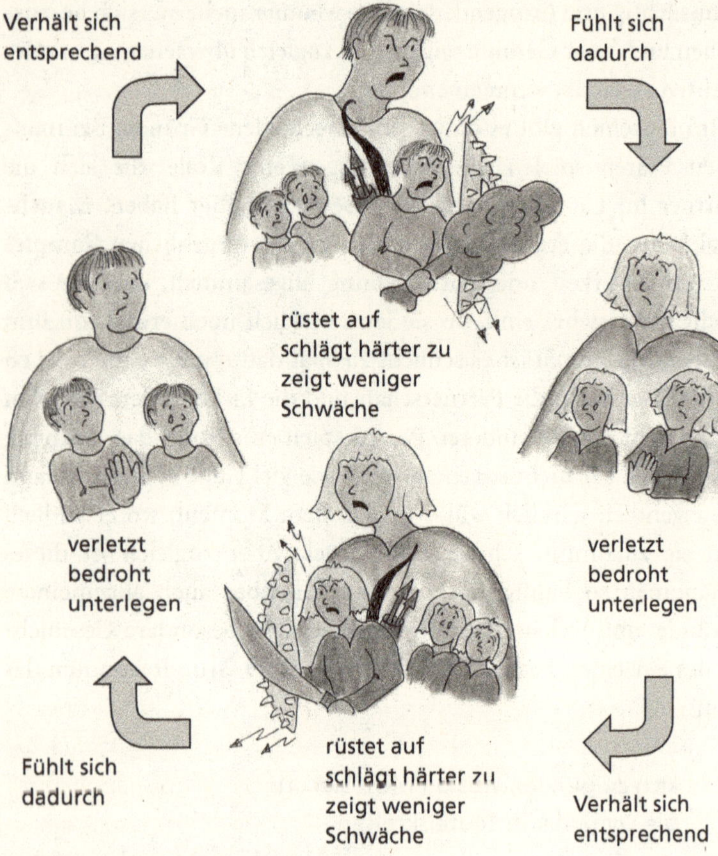

Abbildung 31: Teufelskreis und Inneres Team

sie den anderen angreifen und entwerten. Beide schicken also robuste, machtvolle und aggressive Mitglieder des Inneren Teams an die Kontaktlinie – und verbergen dahinter ihre verletzlichen und schwachen Seiten. Und das bedeutet: Beide sehen vom Partner nur noch die aggressive Außenseite.

In dieser Eskalation wird es für beide Seiten immer schwieriger, aus dem Kreislauf auszusteigen und auch die anderen, verletzlichen Mitglieder des Inneren Teams zu zeigen. Denn wer versucht, aus dem Kreislauf auszusteigen, muss zunächst einmal damit rechnen, dass der Partner so auf Kampf und Verteidigung eingestellt ist, dass er die andere Tonart zunächst einmal gar nicht hört oder sie, wenn er sie hört, nur für eine besonders heimtückische Finte hält. Oder er wittert eine Schwachstelle im Verteidigungsring des Gegners, die er gerne nutzt, um die eigene Position (endlich mal wieder!) etwas zu verbessern. Wer also ein Zugeständnis macht und etwas von sich zeigt, läuft Gefahr, zunächst einmal heftig einstecken zu müssen. Und meist schreckt er dann wieder zurück, sieht sich darin bestätigt, dass der andere ja im Grunde gar nichts anderes will, und knüpft den eigenen Verteidigungs-(und Angriffs-)Ring umso enger. Der andere bekommt also keine zweite Chance.

Nicht selten merkt der Partner gewissermaßen erst im Nachhinein, dass diese Blöße, welche der andere gezeigt hat, eine Chance gewesen wäre – und geht seinerseits auf ihn zu. Aber der andere hat seine Lektion bereits gelernt, sich verletzt wieder zurückgezogen und nutzt nunmehr seinerseits die Chance, es dem Partner heimzuzahlen: Soll er doch mal merken, wie es ist, auf den anderen zuzugehen und nur Härte und Häme zu ernten! Dann sieht er mal, wie ich mich schon die ganzen Jahre lang fühle! Und so kann es dazu kommen, dass beide Partner sehr glaubhaft berichten, immer wieder versucht zu haben, auf den anderen zuzugehen, aber immer wieder nur ins Messer gelaufen zu sein.

Dieser Punkt gilt also für beide Partner: Sowohl den Frauen als auch den Männern fällt es schwer, noch wahrzunehmen, wenn ihr Partner Gefühle und Verletzlichkeit zeigt. Die Frauen kämpfen also für mehr Kontakt zu ihren Männern – und sind zugleich in Gefahr, die Möglichkeit zum Kontakt vor lauter Kampf kaum mehr zu erkennen.

Frauensprache und Männersprache. Von verschiedenen Arten, Gefühle zu zeigen

Ein anderer Grund dafür, dass Frauen es häufig kaum wahrnehmen, wenn Männer aus sich herausgehen, liegt darin, dass Männer ihre Gefühle in einer sehr anderen Weise zeigen als Frauen. Nicht ohne Grund ist davon die Rede, dass Frauen und Männer verschiedene «Sprachen» oder «Genderlekte»[38] sprechen.

Frauen benennen und zeigen ihre Gefühle sehr deutlich. Für sie ist es sehr wichtig, über Gefühle zu sprechen, um sich dieser Gefühle selbst bewusst zu werden, und auch, um sich darüber auszutauschen und sich auf diese Weise nahe zu kommen. Männer dagegen drücken ihre Gefühle eher zwischen den Zeilen und oft nonverbal aus. Sie zeigen ihre Zuneigung durch Verhalten und Taten, zum Beispiel durch gemeinsame Unternehmungen, durch gegenseitige Hilfe oder auch durch die materielle Sorge für ihre Familie. Das alles aber hat für Frauen noch nicht allzu viel mit Gefühlen zu tun. Das ist für sie Alltag, das ist Familienleben, das ist eine liebe Gewohnheit – aber noch keine wirkliche Nähe. Nähe und Intimität entsteht für Frauen wesentlich durch Sprechen, dadurch, dass Gefühle benannt und genauer erkundet werden. Für Männer dagegen ist schlichtes Zusammensein schon Intimität; außer im Zustand akuter Verliebtheit finden sie es nicht nötig, Intimität durch Sprechen zu vertiefen. Das ist ihnen im Gegenteil oftmals eher peinlich. Und wenn sie schon über Gefühle sprechen, dann sehr sparsam, nebenher und ohne große Worte.

Frauen und Männer sprechen also gewissermaßen unterschiedliche Gefühlssprachen – und das führt immer wieder zu vertrackten Missverständnissen. Ein Beispiel. Für Frauen ist die Frage «Liebst du mich?» zumeist etwas völlig Alltägliches und Unproblematisches. Für sie ist es wichtig, das von Zeit zu Zeit zu hören, ebenso wie man sich ja auch regelmäßig in den Arm nimmt. Gelegentliche verbale Streicheleinheiten sind für Frauen eine Art Grundnahrungsmittel: Davon ernähren sie sich emotional, irgendwann haben sie alles aufgegessen, und dann bekommen sie wieder Hunger. Völlig unproblematisch – wenn der Partner das ebenso sieht und sie entsprechend ‹ernährt›.

Für Männer jedoch ist diese Frage nicht nur deswegen eine Zumutung, weil sie dadurch in ein Gespräch über Gefühle gezwungen werden, sie verstehen diese Frage auch völlig anders, nämlich als Informationsfrage. Sie nehmen die Frage «Liebst du mich?» gewissermaßen wörtlich – und sind entsprechend gekränkt. Denn das sollte sie doch nun wirklich wissen, dass er sie liebt; wie kommt sie darauf, an seiner Liebe zu zweifeln! Er fühlt sich durch ihre Frage nicht gesehen – und häufig auch als Partner in Frage gestellt. Denn offenbar kann er sie ja nicht so lieben, dass es sie zufrieden stellt, dass sie es überhaupt merkt!

Abbildung 32: «Liebst du mich?» Gesendete und gehörte Frage

Er interpretiert also ihre Frage (die aus ihrer Sicht völlig undramatisch ist) auf seine Weise – und dadurch kommt ein verhängnisvoller Kreislauf in Gang. Denn weil er gekränkt reagiert und darum noch weniger in der Laune ist, ihr (aus seiner Sicht ohnehin überflüssige) wortreiche Liebeserklärungen zu liefern, kommt sie mit ihrem Bedürfnis nach verbaler Zuwendung zu kurz – und fragt sich allmählich, warum ihm denn diese Kleinigkeit so schwer fällt! Sollte da doch etwas im Busch sein??

Umgekehrt interpretieren auch Frauen die Art und Weise, wie ihre Männer Gefühle zeigen (oder auch nicht zeigen), anhand ihrer eigenen Sprache. Wenn einer Frau an jemandem liegt, wenn sie jemanden liebt, dann sagt und zeigt sie das auch. Wenn ihr Partner das also nicht tut, dann kann es ja auch mit seinen Gefühlen nicht so weit her sein! Eigentlich erwarten Frauen von Männern, Gefühle in dem Ausmaß und in der Art zu zeigen, wie sie selber es tun. Das versperrt ihnen häufig den Blick auf das, was ihre Männer – auf ihre eigene Weise – zum Ausdruck bringen. Weil Frauen ganz selbstverständlich von den Männern erwarten, gewissermaßen die Sprache der Frauen zu sprechen, werten sie im Ergebnis die männliche Art, Gefühle zu zeigen, als «kalt», «materialistisch» oder «beziehungsunfähig» ab. Dies wird in der Beratung häufig deutlich. Auch hier zeigen Männer ihre Gefühle eher leise und sparsam, zwischen den Zeilen und mit wenig Worten – was dazu führt, dass ihre Frauen das oft überhören oder als Liebe auf Sparflamme interpretieren.

Männer haben es daher – auch wenn sie über Gefühle sprechen – häufig schwer, bei ihren Frauen zu landen. Der Paartherapeut Hans Jellouschek: «Ich erlebe auf Paar-Work-shops immer wieder, wie sich Frauen blitzschnell und ohne es direkt abzusprechen auf ein eindeutiges K.O.-Kriterium einigen: wenn die Männer ihre Anliegen nicht mit der nötigen Gefühlsschwingung äußern, haben sie keine Chance, gehört zu werden. Meist ziehen die Männer sich dann ärgerlich oder resigniert zurück, und das typische Muster ‹klagende Frau – verstockter Mann› ist wieder etabliert.» (Jellouschek 1996, S. 73)

Männer stehen damit vor einer doppelten Schwierigkeit. Einerseits müssen sie dieses fremde Feld von Gefühlen überhaupt erst einmal für sich entdecken und erobern – und können dabei viel von den Frauen lernen, denen dieser Bereich sehr viel vertrauter ist. Zugleich aber geht es Männern auch darum, ihren eigenen Stil im Umgang mit Gefühlen zu finden – der vom Stil der Frauen und auch von dem, was Frauen sich wünschen, durchaus abweichen kann. Das heißt: Um zu einem Umgang mit Gefühlen zu finden, der für sie passend und stimmig ist, müssen sie sich zugleich auch von den Frauen abzugrenzen lernen und sich zuweilen auch dagegen wehren, mit ihrer Art, Gefühle auszudrücken, als unsensibel und emotional minderbegabt abgewertet zu werden.

Frauen wie Männer gehen also ganz selbstverständlich davon aus, dass der Partner oder die Partnerin die gleiche Sprache spricht wie sie selber. Männer erwarten von Frauen, dass sie die Männersprache verstehen – und nehmen es ihnen übel, wenn sie sich begriffsstutzig zeigen. Und Frauen erwarten von Männern, dass sie sich in der Frauensprache ausdrücken – und sind gekränkt und enttäuscht, wenn sie dies nicht tun. Und beide reagieren so, wie wir es inzwischen kennen. Sie überzieht ihn unter dem Banner ihres ‹Moralapostels› mit Kritik, Abwertung und Vorwürfen («Du bist gefühlskalt, gleichgültig, unfähig, Gefühle zu zeigen!»), er reagiert unter dem Einfluss des gekränkten ‹Unschuldsengels› mit Defensive und Rückzug («Ich weiß gar nicht, was du hast, es ist doch alles in Ordnung, du kriegst einfach nie genug!»).

Gefühlvoll – aber bitte kein Softie! Von widersprüchlichen Erwartungen an Männer

Sollen Frauen also die Sprache der Männer und Männer die Sprache der Frauen lernen? Sollen sich Frauen darauf einstellen, dass Männer sparsamer im Gefühlsausdruck sind, und ihr Sensorium entsprechend feiner einstellen? Sollen Männer lernen, ihre Gefühle deutlicher auszusprechen und zu zeigen? Aus meiner Sicht: unbedingt! Zugleich lauert hier jedoch vor allem für die Männer eine Untiefe, nämlich die Kluft zwischen dem alten Wunsch nach dem starken Mann und dem neuen Wunsch nach dem gefühlvollen Mann.

Denn auch wenn heute lauthals nach gefühlvollen und sensiblen Männern verlangt wird, welche das Eingeständnis von Trauer, Schmerz und Angst nicht als Schwäche, sondern als Zeichen wahrer Stärke und Souveränität verstehen – diese Haltung ist durchaus doppelbödig. Denn nach wie vor wird von Männern vor allem Stärke erwartet. Nicht umsonst gibt es für (zu) gefühlvolle und unsichere Männer eine Vielzahl abwertender Begriffe: Wer will schon ein Softie, ein Weichei, ein Frauenversteher, eine Memme sein (oder so jemanden zum Partner haben)? Dies ist für Männer nach wie vor ein schmaler Grat, und viele beklagen sich über die widersprüchlichen Erwartungen von Frauen. Sehr drastisch brachte es einmal ein Seminarteilnehmer auf den Punkt: «Wir sind die gefühlvollen Männer, wir führen die guten Gespräche – und die Machos haben den Sex. Ausheulen tun sie sich dann wieder bei uns: Er ist so unsensibel!»

Finden wir Frauen uns darin wieder? Vermutlich nur begrenzt. Gleichwohl scheint mir die Widersprüchlichkeit in unseren Wünschen an die Männer größer zu sein, als uns Frauen häufig bewusst ist. Der Wunsch nach einer starken Schulter scheint mir nach wie vor groß zu sein – auch wenn wir diese Schulter heute weniger zum

Anlehnen nutzen als früher. Frauen sind heute selbstbewusster und (auch finanziell) unabhängiger, sie definieren sich heute weniger als «Frau von …». Dennoch verlieben sich auch heute Frauen in aller Regel in Männer, die älter und größer sind als sie und die ihnen an Bildung und Status mindestens ebenbürtig sind.

Das alte Bild, dass Männer stark und unerschütterlich sind, scheint mir tiefer verankert zu sein, als uns lieb ist. Und so wird in der Beratung hinter der ablehnenden Haltung der Frauen, wenn ihre Männer Unsicherheit, Angst oder Trauer zeigen, oft auch eine große Verunsicherung sichtbar. Häufig erschreckt es Frauen, wenn ihr Mann auf einmal Schwäche zeigt – und sie mitbekommen, wie viel Angst er um seinen Arbeitsplatz hat, wie gekränkt er manchmal von ihrem Verhalten ist, wenn er vielleicht sogar anfängt zu weinen. Sosehr sie sich danach sehnen, mehr Gefühle bei ihrem Mann zu erleben, es ist nicht einfach, damit umzugehen, wenn sie tatsächlich kommen. Hier zeigt sich, wie tief das alte Männerbild verankert ist: Es prägt nicht mehr unbedingt unser Denken, aber sehr wohl noch unser Unbewusstes und unser Fühlen. Männer sind stark und unerschütterlich, Männer geben Sicherheit, Männer versorgen die Familie. Und wenn dieser starke Mann auf einmal schwächelt, dann macht das Angst. Diese Ambivalenz ist für die Frauen selbst oft sehr verwirrend und verstörend; es passt nicht in ihr Selbstbild, dass sie mit der Verletzlichkeit und Schwäche ihres Mannes erst umgehen lernen müssen. Nicht immer kann man das, was man sich wünscht, auch aushalten.

Diese Ambivalenz erklärt womöglich ein weiteres seltsames Phänomen. Frauen beklagen sich häufig darüber, dass Männer immer gleich mit Lösungen kommen. Es ist inzwischen beinahe ein psychologischer Allgemeinplatz, dass Frauen und Männer anders mit Problemen umgehen. Wenn Frauen von ihren Problemen erzählen, dann wünschen sie sich, mit diesen Problemen zunächst einmal ernst genommen zu werden. Sie wünschen sich, dass ihnen jemand einfühlsam zuhört, sie möchten mit ihrem Problem Raum haben, sich verstanden und angenommen fühlen. Für Männer dagegen sind Probleme dazu da, um gelöst zu werden. Und wenn ihnen jemand von einem Problem berichtet, dann machen sie möglichst umgehend Lösungsvorschläge – auf dass es ein Problem weniger in der Welt gebe! In der Kommunikation zwischen Männern und Frauen gibt es daher das typische Missverständnis, dass Frauen sich von Männern ständig belehrt fühlen – und die Männer sich fragen, was die Frauen eigentlich von ihnen wollen! Schließlich hat er sich doch nach Kräften bemüht, ihr bei ihrem Problem behilflich zu sein!

So weit das Klischee, an dem sicher viel dran ist, das jedoch aus meiner Sicht zu kurz greift. Denn ich beobachte, dass Frauen *ihren eigenen Männern gegenüber* häufig ähnlich lösungsorientiert reagieren wie Männer. Frauen hören anderen Frauen und durchaus auch Männern mit viel Gelassenheit und Empathie zu – häufig aber nicht ihren eigenen Partnern! Wenn der eigene Partner über Probleme mit den Kindern oder mit Freunden klagt, wenn er Angst um seinen Arbeitsplatz hat, wenn ihn Konflikte mit den Kollegen quälen, dann weiß sie häufig nicht nur sofort, woran das liegt, sondern sie hat auch eine klare Vorstellung davon, was er besser machen könnte. Er hat sich einfach schon immer zu wenig um die Kinder gekümmert – kein Wunder also, wenn es jetzt schwierig wird! Sie hat ihm ja schon immer gesagt, dass er sich seinem Chef gegenüber besser durchsetzen muss – dass er den Kollegen gegenüber nicht genug zeigt, was er kann – dass er zu den Kollegen nicht verbindlich genug ist – dass er sich endlich woanders bewerben soll! Und kein Wunder, wenn es mit einem Freund schwierig wird, er müsste sich einfach häufiger bei diesem melden! Mir scheint, dass es Frauen auch hier schwer fällt, eine Verunsicherung ihres Partners auszuhalten, und dass sie diese möglichst schnell mit einer Erklärung und einer Lösung erledigen und vom Tisch haben wollen.

GESPRÄCHE ÜBER GEFÜHLE ALS GEMEINSAMES LERNFELD

Sosehr sich Frauen also danach sehnen, dass ihr Mann endlich sein Herz öffnen möge, häufig ersticken sie seine vorsichtigen Ansätze dazu schon im Keim. Das Gespräch über Gefühle und der Umgang mit Nähe scheint mir daher ein *gemeinsames* Lernfeld für Frauen und Männer zu sein – und nicht, wie häufig behauptet, ein Lernfeld nur der Männer. Für Männer wie für Frauen ginge es darum, mit ‹schwachen Seiten› bei Männern umgehen zu lernen und es auszuhalten, wenn Männer ängstlich, traurig oder unsicher sind. Das ist für beide Geschlechter nicht immer leicht.

Und wiederum geht es um den Ausstieg aus einem Teufelskreis. Das Kapitel über Machtkampf in Partnerschaften ist zugleich das Kapitel über Verletzlichkeit und Angst. Hinter und unter der Ebene des Machtkampfs liegen die Verletzungen: Aus diesen alten Verletzungen und aus der Angst vor neuen beziehen die entstehenden Teufelskreise einen Großteil ihrer Dynamik. Je heftiger der Kampf und je stärker eskaliert der Teufelskreis, umso größer die Verletztheit auf beiden Seiten. Das macht den Ausstieg aus eskalierten Teufelskreisen nicht leicht – häufig ist dazu professionelle Hilfe sinnvoll. Die Richtung des Ausstiegs wäre für beide Seiten zunächst die gleiche. Es geht darum, die aggressiven und starken Mitglieder des Inneren Teams, die im Machtkampf die Auseinandersetzung bestimmen, zurückzunehmen – und stattdessen die anderen, weicheren Seiten selbst wieder mehr zu zeigen und diese Seiten auch beim Partner wieder stärker in den Blick zu bekommen.

Gleichzeitig ist der Ausstieg aus dem Teufelskreis für beide Geschlechter mit einer Entscheidung verbunden. Für Männer geht es um die Frage, inwieweit sie sich auf das Nähebedürfnis ihrer Frauen und vielleicht auch auf ihre eigene Sehnsucht nach mehr Gefühl einlassen wollen – was bedeuten würde, sich dem für sie häufig schwierigen Bereich der Gefühle zu stellen. Und die Frauen wiederum stehen vor der Entscheidung, ob sie bereit sind, sich auf seine Art, mit Gefühlen umzugehen, einzulassen und gewissermaßen seine Gefühlssprache entziffern zu lernen, statt von ihm zu erwarten, dass er sich der gleichen Sprache bedient wie sie und ihre Freundinnen.

2.3 Kampfplatz Büro

‹KÄMPFER› UND ‹PR-EXPERTE›: ZUR DOMINANZ MÄNNLICHER REGELN IN DER BERUFSWELT

Während im Bereich von Partnerschaft und Familie also maßgeblich die Frauen den Ton und die Spielregeln angeben, kehrt sich dies in der Berufswelt radikal um. Hier gelten die Spielregeln der Männer.

Was heißt das? Im Beruf steht nicht die Gestaltung von guten und nahen Beziehungen im Vordergrund – auch wenn selbstverständlich gute Beziehungen zu Kollegen und Chefs durchaus wichtig sind. Gleichwohl geht es im Beruf primär um Leistung und Konkurrenz. Es geht um die Konkurrenz von Ideen und Interessen – und darum, sich mit den eigenen Vorstellungen und Wünschen durchzusetzen. Ziel ist es, mit der eigenen Leistung wahrgenommen und anerkannt zu werden, sich also nach Möglichkeit einen guten Platz an den Fleischtöpfen zu sichern.

An dieser Stelle wäre ein kleines Experiment spannend. Vielleicht mögen Sie es für sich selbst durchführen. Lesen Sie den letzten Absatz noch einmal – und notieren Sie dann Ihre Gedanken und Gefühle zu den dort aufgestellten Behauptungen. Meine Prognose ist, dass die männlichen Leser diese Gedanken nicht weiter bemerkenswert finden und sich fragen, was dieses Experiment überhaupt soll. Bei den Leserinnen würde ich dagegen eher erwarten, auf Befremden, Widerspruch und vielleicht sogar Empörung zu stoßen. Geht es beim Beruf denn nicht vielmehr darum, sinnvolle Arbeit zu tun, die optimalen Lösungen für die anstehenden Probleme zu finden und gut zusammenzuarbeiten? Muss das denn sein, den eigenen Ehrgeiz, den Wunsch nach dem eigenen Vorteil so sehr in den Vordergrund zu stellen?

Männer und Frauen bewerten Konkurrenzsituationen sehr unterschiedlich – und sie verhalten sich auch entsprechend unterschiedlich. Das Ergebnis ist, dass Frauen in diesem Bereich den Männern gegenüber ins Hintertreffen geraten.

An einer Schule soll Teamarbeit eingeführt werden. Auf einer Sitzung berichtet die Arbeitsgruppe, welche das Projekt vorbereitet hat, von ihren Ergebnissen und Vorschlägen und stellt diese im Kollegium zur Diskussion. In einer Pause entspinnt sich folgender Dialog:

Frau Siewers: «Ist ja mal wieder typisch – 8 Männer und 25 Frauen – und wer führt das große Wort? Die Männer!!!»

Frau Pabst: «Genau! Und hast du mitbekommen, wie Klaus Erika vorhin schon wieder unterbrochen hat?»

Frau Siewers: «Aber dafür hört er selbst gar nicht mehr auf, wenn er erst mal angefangen hat!»

Frau Pabst (lacht): «O ja! Meine Güte, wenn ich das schon höre, wie der sich ausbreitet! Und Friedrich steht ihm da in nichts nach!»

Frau Siewers: «Diese elenden Gockelkämpfe! Man verliert echt die Lust, da noch mitzuarbeiten. Um Inhalte geht es da doch überhaupt gar nicht mehr.»

Frau Pabst: «Ja eben, das finde ich so schade! Da geht so viel verloren. Beate hat ihren Vorschlag bestimmt schon dreimal gemacht, aber es geht kein Mensch drauf ein.»

Frau Siewers: «Nur als dann Peter fast das Gleiche nochmal gesagt hat – auf einmal sagt Klaus, das sei doch eine gute Idee! Man fragt sich doch, ob der vorher überhaupt zugehört hat!»

Frau Pabst: «Männer!»

Solche und ähnliche Berichte hört man von Frauen nicht selten. Es ist schwer, Männern gegenüber überhaupt zu Wort zu kommen – und wenn eine Frau redet, dann schneiden Männer ihr nicht selten das Wort ab. Auf Ideen und Vorschläge scheint überhaupt nur dann eingegangen zu werden, wenn ein Mann sie macht! In Seminaren zeigt sich häufig, dass Männer auch dann die Diskussion dominieren, wenn sie in der Minderzahl sind – das gilt sowohl für Anzahl und Länge ihrer Beiträge als auch für ihren Einfluss auf den inhaltlichen Verlauf der Diskussion.

Diese Beobachtungen werden durch eine Vielzahl von Studien eindrucksvoll bestätigt. In seltener Einmütigkeit kommen diese zu dem Schluss, dass in gemischtgeschlechtlichen Gruppen die Männer dominant sind. Männer reden häufiger und länger, sie unterbrechen die Frauen wesentlich häufiger als umgekehrt, und sie haben größeren Einfluss auf die Gesprächsthemen. Und selbst Frauen, die anderen Frauen gegenüber dominant auftreten, machen Männern den Führungsanspruch von vornherein nicht streitig (es sei denn, sie haben eine definierte Führungsrolle).[39]

Wie kommt das?

Es kommt daher, dass Jungen im Gegensatz zu Mädchen von

Kindesbeinen an lernen, sich in der Konkurrenz mit anderen zu behaupten und durchzusetzen. Wir sind bereits früher darauf gestoßen, dass Jungen in ihren Gruppen einen offenen und offensiven Umgang mit Konkurrenz lernen. Das beginnt bereits damit, dass sie völlig andere Spiele spielen als Mädchen. Jungen lieben Spiele mit Wettkampfcharakter (wie zum Beispiel Fußball oder Eishockey). Sie wollen wissen, wer der Stärkste, Schnellste und Beste ist; sie messen ihre Kräfte – beim Spiel, aber auch, indem sie miteinander raufen.[40] Über diese Kämpfe klären sie, wer oben und wer unten ist: Wer ist stark, wer kriegt alle anderen unter und braucht sich darum von keinem was bieten zu lassen – und wer hält sich besser zurück. In Jungengruppen gibt es meistens eine sehr klare Hierarchie. Es ist für die Jungen selbst und auch für jeden, der die Gruppe beobachtet, vollkommen klar, wer hier der Chef ist und wer das Sagen hat. Und es ist für die Jungen ein wichtiges Ziel, sich in dieser Hierarchie einen guten Platz zu erkämpfen.

Das geschieht einerseits körperlich und andererseits durch bestimmte Formen von Dominanzverhalten.[41] Auch in der Art, wie sie miteinander *sprechen*, ringen Jungen um die Vorherrschaft. Sie fallen einander gegenseitig ins Wort, widersprechen sich heftig («Nun erzähl doch nicht so einen Scheiß!»), kommandieren andere herum und antworten mit größter Selbstverständlichkeit auf Fragen, die an andere gestellt wurden. Und Jungen tun viel, um Aufmerksamkeit zu erregen: Sie prahlen mit ihren Fähigkeiten (und übertreiben dabei auch durchaus kräftig), sie geben mit ihren Besitztümern an und erzählen imposante Geschichten.

Wichtig dabei ist: Jungen nehmen sich diese verbale Rangelei und diese offene Konkurrenz nicht übel. Die unausgesprochene Gruppenregel lautet «Möge der Stärkere gewinnen!» – und diese Spielregel ist ganz selbstverständlich und wird von allen akzeptiert. Wer in einer Jungengruppe dominant und kämpferisch auftritt und damit offen einen Führungsanspruch deutlich macht, erwirbt sich Respekt – und hat gute Chancen, ein erfolgreicher und angesehener Chef zu werden.

Auch von ihren Eltern, und zwar vor allem von den Vätern, werden Jungen dazu ermutigt, sich – notfalls auch körperlich – durchzusetzen. Auch wenn gewaltfreie Konfliktlösung heute hoch im Kurs steht und übermäßige Aggression bei Jungen wie bei Mädchen abgelehnt wird, wird von Jungen nach wie vor erwartet, dass sie sich von anderen nicht alles gefallen lassen. Ein Junge, der sich von anderen Jungen herumschubsen lässt, der sich nicht wehrt und dann womöglich auch noch weinend zu seinen Eltern läuft, um sich trösten zu lassen, wird nicht gut angesehen – und zwar weder von anderen Jungen noch von Erwachsenen. Er gilt als «Weichei», denn für «richtige» Jungen gilt nach wie vor die Regel, dass man sich notfalls auch prügeln muss, um sich gegen die anderen zu behaupten.

Jungen lernen also, sich ihren Platz in der Gruppe und ihr Rederecht gegen den Widerstand der anderen zu erobern und zu sichern. Ebenso lernen sie, sich gut darzustellen und auf direktem Wege Einfluss auszuüben. In ihrem Inneren Team kann sich so der uns bereits bekannte ‹Kämpfer› als Stammspieler etablieren. Dieser tritt offensiv für die eigenen Vorstellungen, Wünsche und Rechte ein und arbeitet auf einen angemessenen Platz in der Hierarchie hin. Unterstützt wird er dabei von einem ausgebufften ‹PR-Experten›, der es versteht, die eigenen Fähigkeiten und den eigenen Status ins rechte Licht zu rücken.

Diese Stammspieler kommen Männern später im Berufsleben zugute. Denn so wichtig auch berufliche Kompetenz ist – erst wenn die Fähigkeit hinzukommt, sich mit dieser Kompetenz auch zu zeigen und den eigenen Ideen und Vorstellungen energisch Raum zu verschaffen, kann es gelingen, Einfluss zu nehmen und beruflich

Abbildung 33: Typische Stammspieler von Jungen und Männern

voranzukommen. Anders gesagt: Im Beruf und in anderen Konkurrenzsituationen muss zur Kompetenz die Fähigkeit hinzukommen, sich durchzusetzen.

Konkurrenz als Fremdsprache

Frauen erleben diese männliche Art des Umgangs mit Konkurrenz als Kulturschock. Denn sie lernen in Kindheit und Jugend einen völlig anderen Umgang miteinander. Mädchen spielen lieber miteinander als gegeneinander; ihnen geht es nicht um Wettkampf, sondern um Gespräch und Austausch. Sie legen es nicht darauf an, sich gegenseitig zu übertrumpfen – ganz im Gegenteil! Unter Mädchen besteht die unausgesprochene Regel der Gemeinsamkeit. Sie erwarten voneinander Verbundenheit, Unterstützung und Solidarität: Keine sollte sich hervortun wollen! Und dies schlägt sich in der Art nieder, wie sie miteinander umgehen.

Mädchen machen Pausen, um anderen die Gelegenheit zu geben, auch etwas zu sagen. Und sie versuchen keineswegs, sich gegenseitig zu übertrumpfen – im Gegenteil, sie greifen das, was andere Mädchen gesagt haben, auf und werten es damit auf: «Wie Sabine vorhin schon gesagt hat …» Wenn Mädchen andere in eine bestimmte Richtung lenken wollen, dann geben sie keine Kommandos, sondern machen Vorschläge und begründen diese beispielsweise mit Vorteilen, welche die Gruppe davon hätte. Dabei benutzen sie Formulierungen wie «Lasst uns …» oder «Was haltet ihr davon, wenn wir …», im Höchstfall «Wir sollten …». Wenn es zu Konflikten kommt, dann versuchen Mädchen, diese zu ignorieren oder durch einen Kompromiss zu lösen. Körperlich tragen sie Konflikte so gut wie nie aus; Prügeleien unter Mädchen sind selten. Kurz, Mädchen haben von ihrem Gesprächsverhalten her eine Tendenz zu gleichberechtigteren Beziehungen; zu Beziehungen auf Augenhöhe. Entsprechend ist es sowohl für die Mädchen selbst als auch für außen stehende Beobachter schwer zu beurteilen, wer in einer Mädchengruppe das Sagen hat.[42]

Das heißt natürlich nicht, dass Mädchen keinen Geltungsdrang hätten und dass es keine Konkurrenz gäbe. Aber Mädchen leben diese Konkurrenz nicht offen aus. Der Grund dafür liegt darin, dass es Mädchen weniger um den Respekt der anderen geht als darum, von den anderen gemocht zu werden. Während es in Jungengruppen um Ansehen und Status geht, ist es Mädchen sehr viel wichtiger, beliebt zu sein. Und Beliebtheit kann man sich im Gegensatz zu Respekt nicht durch dominantes Auftreten erkämpfen. Wenn Mädchen aggressiv und kämpferisch auftreten oder versuchen, andere herumzukommandieren, riskieren sie Ablehnung: «Die will immer nur bestimmen!», «Die glaubt wohl, sie ist etwas Besseres!» Anders als Jungen nehmen sich Mädchen offene Konkurrenz gegenseitig übel.

Aus diesem Grunde verlegen sich Mädchen häufig auf indirekte Formen von Aggression. Mädchen sind dadurch aggressiv, dass sie andere Mädchen ignorieren oder ausgrenzen: Sie reagieren nicht mehr auf das, was die andere sagt, oder reden hinter ihrem Rücken hässlich über sie (vielleicht auch so, dass die Gemeinte es andeutungsweise mitbekommt). Oder sie erzählen (natürlich in bester Absicht!) hässliche Bemerkungen, die andere gemacht haben, weiter: «Die Angelika hat ja neulich gesagt, dass du aussiehst wie in den Malkasten gefallen – aber ich finde das ja gar nicht! Mir gefällt die Art, wie du dich schminkst!» Oder sie lassen die andere ihren Unwillen deutlich spüren und legen es auf ein schlechtes Gewissen an: «Gut, wenn du unbedingt willst, machen wir es eben wieder mal so, wie du willst!» Da für Mädchen Beliebt-Sein und Zugehörigkeit so wichtig sind, ist diese Art von Aggression sehr schmerzhaft für sie. Zudem ist es sehr schwer, sich dagegen zu wehren; weil die Aggression unterschwellig ist, kann sie jederzeit dementiert werden: «Ich weiß gar nicht, wovon du redest!»

Auch hier finden sich die Erwartungen, welche die Mädchen aneinander haben, bei den Eltern wieder. Mädchen werden sehr viel weniger darin bestärkt, sich durchzusetzen – stattdessen hören sie häufiger, dass ein böses Gesicht «hässlich» ist und dass sie viel schöner aussehen, wenn sie freundlich gucken und lächeln. Wenn sie aggressiv («zickig») sind, werden sie eher ignoriert oder milde belächelt – positive Reaktionen bekommen sie dagegen für ruhiges, freundliches und soziales Verhalten. Wenn sie Streit mit Spielkameraden haben, dann wird mit Mädchen sehr viel häufiger als mit Jungen nach Konfliktlösungen gesucht. Und vor allem ihre Mütter erklären den Mädchen, wie ihr Verhalten auf andere wirkt und wo sie andere gekränkt haben.[43]

Das ist einerseits eine gute Sache, hilft es doch den Mädchen, Einfühlsamkeit und kooperatives Verhalten zu lernen. Gleichzeitig ist es eine sehr wirksame Bremse für den Ausdruck von Aggression. Denn wenn ich vor allem darauf schaue, was mein Verhalten bei anderen auslöst, dann werde ich dazu tendieren, auf diese Rücksicht zu nehmen und meine Aggressionen zu bremsen – weil Aggressionen für ein Gegenüber niemals angenehm sind. Zugleich jedoch sind Aggressionen sehr wichtig, wenn es darum geht, für die eigene Sache zu kämpfen, Konflikte durchzustehen und Grenzen zu setzen.

Mädchen lernen jedoch keinen angemessenen Ausdruck von Aggression – sie lernen, Aggressionen überhaupt nicht auszudrücken. Für Mädchen gibt es nicht, wie für Jungen, klare Regeln für einen fairen und angemessenen Kampf. Mädchen sollen gar nicht kämpfen. Und wenn sie es doch tun und sich aggressiv verhalten, dann müssen sie mit deutlich ablehnenderen Reaktionen rechnen als Jungen. Während bei Jungen häufig noch ein gewisser Stolz mitschwingt («Ich weiß schon gar nicht mehr, was ich machen soll – er ist halt doch ein rechter Haudegen!»), ist die Ablehnung und die

Sorge bei Mädchen sehr viel eindeutiger: Wird sie sich nicht unbeliebt machen?

Mädchen lernen also, ein Klima zu schaffen, in dem man gut miteinander reden kann. Sie lernen, sich aufeinander zu beziehen und sich gegenseitig Raum zu geben. Sie lernen dagegen *nicht*, sich gegen den Widerstand anderer durchzusetzen und sich energisch Raum zu verschaffen.

Die Folge ist, dass Mädchen in der Konkurrenz mit Jungen ins Hintertreffen geraten. In der Schule führt der unterschiedliche Kommunikationsstil von Jungen und Mädchen regelmäßig dazu, dass die Jungen dominieren.[44] Jungen nehmen sich ganz selbstverständlich ihren Raum – während die Mädchen gewohnt sind, dass ihnen dieser Raum von den anderen eingeräumt wird. Und darauf warten sie bei den Jungen vergebens, die kommen gar nicht auf die Idee, das zu tun. Es ist schließlich die Aufgabe von jedem Einzelnen, selbst dafür zu sorgen, dass er zu Wort kommt! Jungen sind gewohnt, ihr Können in aller Deutlichkeit zu zeigen – während die Mädchen zum Understatement tendieren: «Bloß nicht aufschneiden!» Und für Jungen ist es nicht ungewöhnlich, andere herabzusetzen und deren Fehler mit Ironie oder Abwertung zu kommentieren. Das ist für Mädchen, die ein solches Verhalten nicht kennen, kränkend und ängstigend – und führt nicht selten dazu, dass sie sich zurückziehen. Lieber gar nichts mehr sagen, als einen Fehler und dumme Bemerkungen zu riskieren!

Die konkurrenzerprobten Jungen beherrschen also die Bühne des Klassenzimmers, und die Mädchen kommen mit ihrer Art nicht zum Zuge. Studien zeigen, dass in konkurrenzorientierten Klassen die Leistungen der Mädchen sinken und dass Mädchen sich in Gruppen, in denen auch Jungen sind, weniger zutrauen und weniger motiviert sind.[45]

Ähnliches gilt für erwachsene Frauen. Frauen erwarten ganz selbstverständlich, dass man Pausen macht und dem Gegenüber Gelegenheit gibt, zu reagieren und selbst etwas zu sagen. Entsprechend machen sie selbst Pausen – und warten auch auf Gesprächspausen des anderen. Ebenso sind sie gewohnt, dass die Zuhörerin durch Lächeln, interessierte Nachfragen und «Telefonlaute» («Ja», «Hmhm») ihr Interesse bekundet und die Sprecherin so ermutigt, weiterzuerzählen. Und wenn sie anderer Meinung sind, dann zeigen sie das selten durch offenen und offensiven Widerspruch, sondern eher durch eine Nachfrage («Könnte man nicht auch sagen, dass …»).

Männer gehen von vollkommen anderen Gesprächsregeln aus. Für sie ist es durchaus ein Zeichen von Interesse und Respekt, wenn sie klar und deutlich widersprechen – und damit deutlich machen, dass sie dieses Thema (und ihr Gegenüber) für diskussionswürdig halten. Zustimmende Gesten oder Worte zeigen Männer nur dann, wenn sie tatsächlich zustimmen, nicht aber als bloßes Zeichen dafür, dass sie aufmerksam zuhören. Und sie geben das Wort nicht ohne weiteres ab. Sie rechnen damit, dass sich ihr Gegenüber das Rederecht einfach nimmt – schließlich machen sie es auch selber so.

Das bedeutet: Männer und Frauen deuten die Signale des jeweils anderen falsch. Wenn eine Frau durch ‹Telefonlaute› und Nachfragen signalisiert, dass sie zuhört, dann versteht ein Mann dies als Zustimmung, als Bitte um Informationen und als Gesten von Unterordnung. Wenn sie ihn nicht unterbricht, weil sie höflich auf eine Pause wartet, ist dies für ihn eine Einladung, weiterzusprechen. Umgekehrt wartet eine Frau bei einem Mann häufig vergeblich auf die nonverbalen Zeichen, welche für sie signalisieren, dass er interessiert zuhört. Ebenso wartet sie vergeblich auf Gesprächspausen oder darauf, dass er an das anknüpft, was sie zuvor gesagt hat.

Für sie bedeutet dies, dass er sich nicht dafür interessiert, was sie sagt. Im Ergebnis kommen Frauen in Gesprächen nur schwer zum Zuge – und die Männer dominieren.

Der Kommunikationsstil der Frauen hat also gewissermaßen eine doppelte Bedeutung. Zum einen ermöglicht er ein Maß an Nähe und Vertrautheit, das im typisch männlichen Kommunikationsstil kaum möglich ist. Zum anderen aber bekommt er in Gruppen, in denen auch Männer dabei sind, den Charakter einer *Unterlegenheitsgeste.*[46]

Diese doppelte Bedeutung wird für Frauen in der beruflichen Kommunikation mit Männern leicht zum Fallstrick. Hierarchien in Gruppen bilden sich durch kleine Gesten und Verhaltensweisen, die in der Regel weder Frauen noch Männer bewusst wahrnehmen oder bewusst einsetzen – auf die aber Männer wie Frauen sehr wohl reagieren. Und Frauen rutschen durch viele kleine Verhaltensweisen, die für sie eine große Selbstverständlichkeit haben, häufig unmerklich in eine untergeordnete Rolle.

Eine befreundete Unternehmensberaterin, die als Mentorin junge Kolleginnen betreut, berichtet, dass sie diesen Kolleginnen als Erstes geradezu verbietet, für die ganze Belegschaft Kaffee zu kochen. «Möchte jemand einen Kaffee?»: Das ist doch eine nette Geste, die signalisiert, dass man sich gegenseitig im Blick hat und eine gute Atmosphäre gestaltet – oder? Ganz gewiss, aber im Kontext eines konkurrenzorientierten – männlichen – Gesprächsstils signalisiert diese Geste die Bereitschaft zu einer dienenden Rolle und ist darum fatal, wenn es darum geht, in einer Gruppe als Kollegin respektiert zu werden.

Ähnliches gilt auch dort, wo die unangenehmen Arbeiten verteilt werden – die langweiligen Routinetätigkeiten, das Protokoll, die Statistik. Auch hier neigen Frauen dazu, sich schnell zu melden, denn irgendwer muss es ja schließlich machen! Und außerdem kommt

	Männer	Frauen
Sprecherwechsel dadurch …	… dass der Zuhörer sich energisch das Wort nimmt.	… dass die Sprecherin eine Pause macht, damit die andere etwas sagen kann.
Interesse zeigen durch …	… reaktionsloses Zuhören und Widerspruch.	… Nachfragen und bestätigende Reaktionen («hm, ja, ach so»).
Eine eigene Ansicht deutlich machen durch …	… offenen Widerspruch und klare Statements.	… Nachfragen («Könnte man nicht auch sagen, dass …»).
Herausfordernder Widerspruch bedeutet …	… die Aufforderung zum Wettstreit und Zeichen von Respekt (ebenbürtiger Gegner).	… einen persönlichen Angriff.
Nachfragen bedeuten …	… die Bitte um weitere Informationen.	… Interesse, eigene Gedanken zum Thema.
‹Telefonlaute› wie «hm», «ja» bedeuten …	… dass der andere *zustimmt* und zum Weitersprechen auffordert.	… dass die andere *zuhört.*
Lächeln, Suchen von Blickkontakt sind …	… Gesten der Unterlegenheit.	… Gesten von Anteilnahme und Sympathie.

Abbildung 34: Die unterschiedlichen Kommunikationssysteme von Frauen und Männern

der arme Chef, der fragt, wer diese Aufgabe übernimmt, ja auch in eine blöde Situation, wenn sich länger keiner meldet! Auch spielt häufig der Wunsch eine Rolle, sich beliebt zu machen, indem man (bzw. frau) zeigt, dass sie sich für solche Arbeiten nicht zu schade ist – in der Hoffnung, dass Freundlichkeit, Engagement und Hilfsbereitschaft gesehen, gewürdigt und womöglich auch anerkannt werden.

Dass diese Art Engagement zu beruflicher Anerkennung führt, ist jedoch unwahrscheinlich, denn auch diese Geste signalisiert die Bereitschaft zu einer untergeordneten, zuarbeitenden Tätigkeit und keinesfalls den Anspruch auf einen Platz im oberen Bereich der Hierarchie! Und auf der Beziehungsebene steht ein hohes Maß an solchen freundlichen Gesten als Signal für den Wunsch, von den anderen gemocht zu werden – und nicht für den Anspruch auf Respekt.

Auch die Schwierigkeit von Frauen, sich Raum zu nehmen, fällt in diesen Kontext. Das wichtigste Machtsignal ist in diesem Zusammenhang die Frage, wie lange jemand redet. Frauen beschweren sich häufig darüber, dass Männer endlos reden, aber es fällt ihnen ausgesprochen schwer, einem solchen Vielredner ins Wort zu fallen! Denn das ist unhöflich! Das mag sein; gleichzeitig wird jedoch bei den Fragen, wer wie lange reden darf, wer wem ins Wort fallen darf oder auch nicht, unterschwellig ausgehandelt, wer in der Gruppe wie viel Macht hat. Und es ist eine wichtige Fähigkeit, andere freundlich, aber bestimmt zu unterbrechen – und sich umgekehrt das Wort nicht so einfach nehmen zu lassen!

Aber wie kann man überhaupt verhindern, unterbrochen zu werden? Die einfachste Antwort lautet: indem man einfach weiterredet. Das ist eine Idee, auf die Frauen häufig gar nicht kommen. Wenn zwei Leute zur gleichen Zeit reden, dann hören beide erst

Ich bin freundlich und
zuvorkommend.
Ich bin mir für unangenehme
Arbeiten nicht zu schade.
Ich will gemocht werden.
(Selbstkundgabe)

Sagt mir, wo ich euch
helfen kann!
Habt mich gerne!
Seid nett zu mir!
(Appell)

Ich nehme euch gerne etwas ab!
Ich will, dass ihr mich mögt!
Ich bin euer Mädchen für alles.
(Beziehungsbotschaft)

Abbildung 35: Freundliche Gesten unter der Lupe des Kommunikationsquadrats

einmal auf, schauen sich kurz an und verständigen sich darüber, wer weiterredet – so lautet die weibliche Regel für diesen Fall. Aber Männer schauen oft nicht, sondern reden mit Blick auf die Zuhörer schlicht weiter, was zur Folge hat, dass Frauen verstummen (und sich damit untergeordnet haben).

Auch körperlich nehmen Männer sich häufig mehr Raum – auf dem Sofa, auf dem Konferenztisch, in der U-Bahn oder wo auch immer. Sie gehen gewissermaßen über die unsichtbare Grenze, die den verfügbaren Platz halbiert, und dringen so in das Territorium der Frau ein. Auch dies ist eine Dominanzgeste. Frauen reagieren darauf in der Regel, indem sie sich, um den Abstand zu wahren, ein wenig zurückziehen – man will sich ja nicht auf die Pelle rücken! Das kommt bei den Männern als Erlaubnis an und führt dazu, dass sie sich noch mehr Raum nehmen, denn sie stoßen ja nicht auf eine Grenze. Auch hier wäre es also eine sinnvolle Strategie, sich nicht einfach zurückzuziehen, sondern den eigenen Platz zu behaupten oder ihn vielleicht sogar auszubauen!

Wichtige Signale im Kontext des Macht-Dialogs sind auch Tonfall und Lächeln. Auch wenn Frauen ärgerlich sind, wenn sie Grenzen setzen oder Anordnungen geben, ist ihr Tonfall häufig noch sehr freundlich, oft lächeln sie dabei. An dieser Stelle greift das Aggressionsverbot, mit dem Frauen aufgewachsen sind: Immer nett und verbindlich sein! Immer die Beziehung so gestalten, dass alle sich wohl fühlen! Dies wird dort zur Falle, wo es tatsächlich darum geht, eine Grenze zu setzen, als Autorität aufzutreten und sich Respekt zu verschaffen, denn natürlich schwächt es die Kraft einer Grenze, wenn Tonfall und Lächeln signalisieren: «Aber so ernst ist das alles gar nicht gemeint! Im Grunde mögen wir uns doch – oder?»

Soll also das Ziel von Frauen sein, ruppig und unfreundlich zu werden? Ist das nicht genau das Bild der kalten und rücksichtslosen Karrierefrau, die Haare auf den Zähnen hat und den Stil der Männer nicht nur übernimmt, sondern noch ins Extrem treibt? Nein, keineswegs. Es geht nicht darum, mit Verbissenheit das genaue Gegenteil von allem zu tun, was Frauen gelernt haben. Aber es wäre sinnvoll, diese subtilen Machtspiele zu registrieren – um dann bewusst darauf zu reagieren. Und zu entscheiden, wo ich mich unterbrechen lasse und wo nicht; wo ich für die Kollegen einen Kaffee mitkoche und wo nicht; wo ich freundlich lächle und wo nicht. Ziel wäre es, von diesem Spiel nicht mehr mitgezogen zu werden, sondern es bewusst mitzugestalten.

Denn all diese Dinge laufen unterschwellig ab – in aller Regel sind sie weder Frauen noch Männern bewusst. Wenn Frauen etwas verändern wollen, dann ist der erste Schritt also, sich diese kleinen Gesten überhaupt bewusst zu machen – was gar nicht so einfach ist! Wenn das gelingt, dann eignen sich diese kleinen Situationen wunderbar für Experimente. Was passiert denn, wenn Sie sich einfach nicht unterbrechen lassen und schlicht weiterreden? Wie fühlt sich das für Sie an – und wie reagiert Ihr Gegenüber? Wie reagiert

Ihr Nachbar (zum Beispiel im Bus oder der Bahn), wenn Sie nicht wegrutschen, wenn er sich breit macht, sondern sitzen bleiben – vielleicht sogar den Ellbogen wie unabsichtlich noch ein bisschen weiter in seine Richtung schieben? Es geht hier nicht darum, immer zu ‹gewinnen›, sondern darum, den Spielraum auszuloten und nicht mehr automatisch den Rückzug anzutreten.

Das Kindchenschema: Wie Frauen klein gemacht werden

Sollten Frauen also diese andere Sprache, diese Machtsprache, einfach lernen? Im Prinzip ja. Allerdings gilt es dabei, einige innere und äußere Hindernisse zu überwinden, denn Frauen haben gewissermaßen die innere Mannschaftsaufstellung, die sie für eine offensive Gestaltung von Konkurrenzsituationen brauchen, nur bedingt zur Verfügung. Wir sind bereits mehrmals darauf gestoßen, dass die vitale und aggressive ‹Kämpferin› im Inneren Team von Frauen von anderen inneren Stimmen ausgebremst wird (vgl. Abbildung 8, S. 55). Die Angst vor der Reaktion der anderen und die Leitsätze von Bescheidenheit und Zurückhaltung legen der ‹Kämpferin›, die Frauen in der Konkurrenz mit Männern gut gebrauchen könnten, häufig enge Fesseln an. Ein wichtiger Schritt auf dem Weg dazu, sich besser zu behaupten und durchzusetzen, wäre es, dieser ‹Kämpferin› mehr Spielraum zu verschaffen.

Das würde bedeuten, mehr darauf zu setzen, sich Respekt zu verschaffen – und deshalb darauf zu verzichten, es allen recht zu machen und möglichst von allen gemocht zu werden. Das ist für uns Frauen meist kein leichter Schritt – zumal die ‹Kassandra› in unserem Inneren Team, die uns in düsteren Farben ausmalt, welche Folgen es haben wird, wenn wir zu stark, zu selbstbewusst, zu autoritär auftreten, durchaus nicht immer Unrecht hat!

Auch wenn Frauen das Gleiche tun wie Männer, werden sie

anders wahrgenommen als diese. Sie haben es schwerer, als Führungsfigur akzeptiert zu werden. Mächtige Frauen werden gerne verniedlicht – und damit nicht ernst genommen. In einem Artikel aus der «Süddeutschen Zeitung» – die in der deutschen Presselandschaft sicher nicht zu den konservativeren Blättern gehört – wird die damals neu ernannte Landwirtschaftsministerin Renate Künast mit der ehemaligen Gesundheitsministerin Andrea Fischer verglichen: «Renate Künast ist anders. Sie wirkt nicht ängstlich. […] Da fehlte jegliches Zittern oder Vibrieren in der Stimme, wie bei Andrea Fischers Debüt vor den Ärzten.»[47] Man spürt die Bewunderung – und fragt sich: Wieso eigentlich? Wäre es denkbar, dass über einen Mann so geschrieben würde? Und warum eigentlich der Vergleich mit Andrea Fischer, die ja ein völlig anderes Ressort betreut hat?

Frauen in Leitungspositionen werden als etwas Besonderes wahrgenommen: Wenn sie souverän und sicher auftreten, dann ist das offenbar latent erstaunlich. Erwartet wird anscheinend etwas anderes. Frauen werden – mindestens am Anfang – in erster Linie als Frau und erst in zweiter Linie als Kollegin oder gar als Leitung wahrgenommen. Das heißt: Sie werden vor dem Hintergrund der klassischen Frauenrolle gesehen. Ähnlich wie das «Kindchenschema» bei kleinen Babys (großer runder Kopf, Kulleraugen) beim Betrachter als erste Reaktion auslöst «Ach, wie süß!», wird Frauen häufig mit der Erwartung begegnet, dass sie nett, freundlich, vielleicht auch schutzbedürftig sind. Häufig testen Männer aus, inwieweit Leiterinnen diesem Bild entsprechen – und ob man sie ernst nehmen kann und muss oder nicht.

In einem Seminar über die Zusammenarbeit von Frauen und Männern bei der Polizei saß ich am ersten Tag gemeinsam mit den Teilnehmern und Teilnehmerinnen beim Essen. Es war ein einfaches Se-

minarhaus, und die Schüsseln mit dem Essen wurden nicht serviert, sondern mussten selbst aus der Küche geholt werden. An meinem Tisch entstand eine kurze Frotzelei über die Frage, wer denn wohl jetzt das Essen holen würde. Dabei sagte ein älterer Teilnehmer zu einem anderen: «Das macht bestimmt Frau Kumbier – die will sich jetzt am Anfang bestimmt von ihrer besten Seite zeigen!»

Eine solche Situation würde einem männlichen Kollegen nicht passieren. Dies ist sehr deutlich eine männliche Provokation gegenüber einer Frau. Der Teilnehmer spielt mit den Erwartungen der klassischen Frauenrolle und testet aus, wie ich reagiere. Im Kontext dieses Seminarthemas, wo die Zusammenarbeit von Männern und Frauen in einem überaus männlich geprägten Feld zum Thema werden sollte, gewinnt dieser Test natürlich eine besondere Bedeutung! Wie souverän kann ich mich als Leiterin gegenüber diesem sehr männlichen Stil behaupten, nehme ich die Rolle womöglich sogar an und gehe brav das Essen holen, oder erweise ich mich als zickige Emanze – und passe mich damit in das Feindbild ein?

Ich habe in dieser Situation geantwortet: «Es könnte sein, dass wir uns nicht ganz einig darüber sind, welches meine besten Seiten sind.» Damit hatte ich die Lacher auf meiner Seite und das Scharmützel nach Punkten gewonnen. Humor und Schlagfertigkeit sind häufig die besten Waffen, aber diese Waffen sind natürlich niemandem in jeder Situation gegeben, und ihre Verfügbarkeit ist abhängig davon, wie entspannt und gelassen man ist. Und nicht jede Situation lässt sich mit Schlagfertigkeit so einfach auflösen.

Auf einer Versammlung von CDU und CSU hielt der ehemalige Bundespräsident Richard von Weizsäcker eine Rede, in der er der Parteiführung die Leviten las. Hintergrund war die unmittelbar bevorste-

hende Wahl des neuen Bundespräsidenten. Von Weizsäcker kritisierte, dass diese Wahl parteipolitisch instrumentalisiert und dabei in Kauf genommen würde, das Amt zu beschädigen, indem man es in die alltäglichen politischen Machtkämpfe hineinziehe.

Nach dieser Rede stand Angela Merkel als Parteivorsitzende der CDU auf, um dem Redner die Hand zu reichen. Weizsäcker reagierte darauf, indem er Merkel die Wange tätschelte. (Süddeutsche Zeitung, 24. 5. 2004, S. 3.)

Halten wir einen Moment inne und fragen uns, ob eine solche Szene mit einem Parteivorsitzenden Kohl, Platzeck, Stoiber, Bütikofer oder Westerwelle denkbar wäre. Und wenn wir uns gestatten, uns für einen kleinen Moment der genüsslichen Phantasie hinzugeben, uns eine Bundespräsidentin Schipanski, Schwan oder Limbach vorzustellen: Wäre es denkbar, dass sie einem beliebigen Parteivorsitzenden männlichen Geschlechts die Wange tätschelt? Die Vorstellung erheitert – realistisch ist sie nicht. Keine Frau würde auf den Gedanken kommen, einem Mann so zu begegnen. Und spätestens dann, wenn man sich diese Szene mit umgekehrter Rollenverteilung vorstellt, wird deutlich, wie unangemessen diese Geste zwischen erwachsenen Menschen ist. Kindern mag man die Wange tätscheln – Kollegen gegenüber bedeutet dies eine enorme Herablassung.

Dabei war die Geste womöglich noch nicht einmal böse gemeint. Vielleicht hatte von Weizsäcker die gleiche Intention wie Merkel – nämlich durch eine Geste zu verdeutlichen, dass der Streit in der Sache nicht persönlich gemeint war. Gleichwohl bleibt bestehen, dass er Merkel hier (möglicherweise unbewusst, aber deswegen nicht weniger effektiv) öffentlich klein macht und demütigt – und zwar mit einer sehr männlichen, um nicht zu sagen patriarchalischen Geste. Und es ist schwer, darauf angemessen zu reagieren.

Gerade Angela Merkel ist übrigens ein gutes Beispiel dafür, wie mächtige Frauen durch die Darstellung in den Medien klein gemacht werden. Auch der Ausdruck «Kohls Mädchen», der ihr lange anhaftete, ist eine Wortschöpfung, die auf Männer nicht übertragbar ist. Wäre es vorstellbar, dass ein aufsteigender Politiker als «Kohls Junge» oder «Schröders Junge» bezeichnet würde? Jedenfalls ist es noch nie passiert – was kaum daran liegen kann, dass es nicht gelegentlich Zweifel an der Kompetenz oder der Durchsetzungsfähigkeit des einen oder anderen männlichen Politikers geben würde. Aber in diesen Fällen scheint die Gürtellinie für die Abwertung anders angesetzt zu werden.

«Ich Tarzan – du Jane!» Sexualität als Waffe

Noch schwieriger – und noch wichtiger! – ist eine Reaktion dort, wo die Grenze zur sexuellen Belästigung überschritten wird. Das ist glücklicherweise für die weitaus meisten Frauen keineswegs der Alltag. Gleichwohl ist dies ein zentrales Thema – nicht nur deswegen, weil es beruflich wichtig sein kann, sich gegen solche Verhaltensweisen zu behaupten, sondern auch (und vielleicht sogar vor allem) deswegen, weil solche Erfahrungen für Frauen ausgesprochen unangenehm, kränkend und demütigend sein können. Für Männer ist dies häufig schwer nachvollziehbar – solche Erlebnisse bleiben ihnen definitiv erspart.

Eine Verkäuferin fragt einen Kunden: «Und kann ich sonst noch etwas für Sie tun?» Er antwortet: «Ja, Sie könnten mir ein Aktfoto für meinen Spind geben.»

Eine junge Unternehmensberaterin hat sich auf eine gerade frei werdende Stelle als Projektleiterin beworben – ebenso wie ein deutlich äl-

terer Kollege. In einer sachlichen Auseinandersetzung vertritt sie nun energisch eine andere Meinung als er. Im Lauf der Diskussion lehnt er sich zu ihr hinüber und sagt: «Wissen Sie, Frau Müller, Sie bräuchten ganz einfach einen älteren Mann mit Erfahrung an Ihrer Seite, der Ihnen mal zeigt, wo es langgeht im Leben.» Blick und Tonfall lassen dabei keinen Zweifel daran, dass einer der Bereiche, die er im Auge hat, das Bett ist.

Eine Polizistin konfrontiert einen Kollegen damit, dass er sie schon wieder in einer wichtigen Frage übergangen hat, und fordert ihn ärgerlich auf, das gefälligst zu unterlassen. Er lehnt sich grinsend zu ihr hinüber: «Weißt du was, du siehst reizend aus, wenn du so ärgerlich bist! Ich könnte dich dann echt knutschen!»

Hier wird Sexualität zur Waffe. Und es ist wichtig festzuhalten: Es geht um Macht – und nicht um Lust! Die immer noch gängige Erklärung, dass Männer eben ihrer sexuellen Erregung mehr oder weniger hilflos ausgeliefert seien und angesichts einer attraktiven Frau oder gar eines Minirocks gar nicht anders könnten, als ihrem Jagdtrieb nachzugeben, ist nicht nur eine Beleidigung für Männer – weil sie unterstellt, dass Männer im Wesentlichen testosterongesteuert sind und alle höheren Organe, die im Sozialverhalten wichtig sein können, keine besonders große Rolle spielen. Sie ist auch schlicht falsch. Ein deutlicher Hinweis darauf sind die Gefühle, die sich bei Frauen in solchen Situationen einstellen: Diese Gefühle haben nichts, aber auch gar nichts mit Erotik oder Lust zu tun – sondern mit Demütigung, Ärger und Hilflosigkeit. Frauen fühlen sich hier nicht angemacht – sondern klein gemacht.

Das ist nicht weiter verwunderlich, wenn man diese Äußerungen unter die Lupe des Kommunikationsquadrats legt. Die Männer wechseln in diesen Situationen blitzschnell die Ebene. Sie verlassen die Sachebene, auf der es um bestimme Aufgaben, um einen Konflikt oder eine Konkurrenzsituation geht, und wechseln auf die Beziehungsebene. Indem sie die Frau auf eine sehr offensive und aggressive Weise sexuell anmachen, gehen sie gewissermaßen in die Rolle des Jägers und bringen die Frau in die Rolle der Beute. Entscheidend ist hier die Beziehungsbotschaft, die da lautet: «Ich nehme dich nicht ernst, ich mache dich klein.» Auf elementarster Ebene lautet die Botschaft: «Ich Tarzan – du Jane!» Ich bin der überlegene Jäger – du bist die Beute; ich bin der Starke – und du bist mir letztlich ausgeliefert. Auch hier wird deutlich, dass es um Aggression geht – und nicht um Erotik.

Ich nehme dich nicht ernst.
Ich will dich bloßstellen.
Du bist für mich ein Spielzeug.
Ich habe Macht über dich.
Ich Tarzan – du Jane!
(Beziehungsbotschaft)

Abbildung 36: Die Beziehungsbotschaft bei sexueller Belästigung

Frauen empfinden solche Situationen in der Regel als demütigend und beschämend. Und meist fühlen sie sich überrumpelt von diesem plötzlichen Angriff unter der Gürtellinie. Das ist nicht weiter erstaunlich, und keine Frau sollte es sich übel nehmen, wenn ihr das, was eine gute Antwort gewesen wäre, erst Stunden oder Tage später einfällt. Denn glücklicherweise gehören solche Attacken in der Regel nicht so weit zu unserem Alltag, dass wir dafür bestens gewappnet sind. Gleichwohl ist es wichtig, darauf zu reagieren und diese Beziehungsbotschaft zurückzuweisen. Denn andernfalls besteht die Gefahr, dass diese Übergriffe weitergehen – und möglicherweise immer aggressiver und schlimmer werden.

Es geht also darum, eine klare Grenze zu setzen – und diese Grenze nicht zu diskutieren! Es geht hier nicht um die Frage, ob ich zu empfindlich oder humorlos bin oder ob ich eine Emanze bin. Es geht darum, dass meine Grenze überschritten ist und ich mich so nicht behandeln lasse. In dem Augenblick, wo ich mich darauf einlasse, die Frage zu diskutieren, ob diese Grenze angemessen ist («Nein, ich habe durchaus Humor, aber ...»), spiele ich das Spiel des Mannes ein Stück mit. Denn ich lege es darauf an, dass er mir Recht gibt, seinen ‹Fehltritt› einsieht und meine Grenze damit gewissermaßen bestätigt. Damit mache ich mich von ihm, von seiner Einsicht und von seinem guten Willen abhängig – was in solchen Situationen fatal ist. Mit hoher Wahrscheinlichkeit wird er nämlich anfangen, seine Meinung dagegenzuhalten («Also bitte – von einer emanzipierten Frau wird man doch ein gewisses Maß an Souveränität erwarten dürfen! Das hätte ich nicht erwartet, dass Sie da so überempfindlich sind!»). Und nach einem solchen Übergriff ist es höchst unwahrscheinlich, dass er dann auf einmal einsichtig und kooperativ reagiert. Damit diskutieren wir, ob meine Grenze angemessen ist – und schon gerate ich in eine Verteidigungsstellung.

Die Falle liegt darin, dass ich ihn gewissermaßen bitte, meine Grenze doch gütigst anzuerkennen und einzuhalten – statt diese Grenze selbst eindeutig und unmissverständlich klar zu machen. Und damit bleibe ich in einer abhängigen und unterlegenen

Ich bin wütend.
Ich will ernst genommen werden.
Ich will gemocht werden.
(Selbstkundgabe)

Sieh deinen Fehler ein!
Sieh ein, dass meine Grenze richtig ist!
Halte meine Grenze ein!
Halte mich nicht für humorlos!
(Appell)

Du hast dich danebenbenommen!
Du bist ein Schwein!
(Du-Botschaft)

Deine Meinung ist mir wichtig!
Es verunsichert mich, wenn du mich für humorlos hältst.
(Beziehungsaussage)

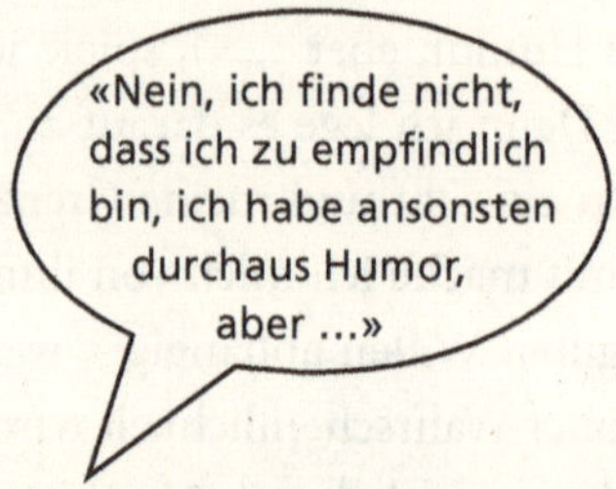

Abbildung 37: Die Beziehungsfalle bei unklaren Grenzen

Position, denn ich bleibe davon abhängig, dass er sich einsichtig zeigt.

Aussichtsreicher und effektiver ist es, die eigene Grenze selbst unmissverständlich deutlich zu machen. Was heißt das und wie geht das? Es heißt, dass ich die implizite Beziehungsbotschaft – die mir sagt, dass ich die unterlegene Beute bin, die man nicht ernst nehmen muss – implizit oder explizit zurückweise.

Dafür gibt es zwei Voraussetzungen. Die erste ist: Ich muss mich unabhängig von der Anerkennung dieses Mannes fühlen. In dem Moment, wo es mir wichtig ist, seine Anerkennung als Frau zu bekommen, wo mir wichtig ist, dass er mich mag oder mich attraktiv findet, hat er mich an der Angel. Wenn es mir trotz der Unverschämtheit heimlich auch gut tut oder gefällt, dass er ein Aktfoto von mir will – dass er sich als potenziellen älteren Liebhaber ins Spiel bringt –, dass er mich reizend findet, wenn ich wütend bin, wird es mir nicht gelingen, eine klare Grenze zu ziehen. Denn in der Regel wird er diese unterschwellige Bereitschaft, bei allem Protest dieses Spiel mitzuspielen, merken – und das Ergebnis ist nicht, dass ich eine Grenze setze, sondern dass wir bei dem Spiel landen «Jane ziert sich – aber Tarzan siegt trotzdem». Und dieses Spiel ist gut bekannt und wird in zahllosen Filmen inszeniert. Es ist ein gängiges Muster, dass Frauen sich zunächst sträuben, das gehört zum Spiel – und steigert den Reiz der Jagd. Eine wirksame Grenze kommt so nicht zustande.

Die zweite Voraussetzung für eine klare Grenze ist, dass meine innere ‹Kämpferin› bereitsteht, um in diesem Falle die Rolle einer ‹Leibwächterin› zu übernehmen. Denn um diese Grenze zu setzen, muss ich aggressiv sein können – was keinesfalls gleichbedeutend damit ist, tobend und schimpfend auf den Mann loszugehen. Entscheidend ist vielmehr, dass ich mir innerlich gestatte, den Mann glasklar abblitzen zu lassen, und dass Haltung, Wortwahl, Tonfall und Gestik diese Grenze deutlich zum Ausdruck bringen – also gewissermaßen implizit sagen: «So nicht mit mir!» Das fällt Frauen oft schwer. Frauen sind zu freundlich, sie wollen nicht zu hart erscheinen (und ein böses Gesicht ist ja bekanntlich hässlich!) – was häufig dazu führt, dass sie lächeln, wenn sie mit ihren Worten klar sagen, dass sie an einem solchen Angebot kein Interesse haben. Eine solche Botschaft ist doppeldeutig, denn das Lächeln sagt etwa: «So schlimm ist es aber auch wieder nicht, nicht dass du denkst, ich sei ernsthaft böse!» Damit relativieren Frauen häufig ungewollt ihre

Grenze. Ähnliches gilt für den Tonfall, auch dieser kann sehr bestimmt – oder aber (ungewollt) freundlich sein. Und auch an diesem Punkt reagieren Männer eher auf die unterschwellige Beziehungsbotschaft als auf die vordergründige Grenzsetzung.

Das heißt: Frauen werden an diesem Punkt deutlich und schmerzlich konfrontiert mit ihrem Bedürfnis, gemocht zu werden, und mit ihrer Angst, zu aggressiv zu erscheinen. Eine klare Grenzsetzung erfordert also, über einen doppelten Schatten zu springen. Und dann? Häufig fehlt Frauen ein Bild dafür, wie eine klare Grenze aussehen könnte. Sie fühlen sich hilflos und abhängig vom guten Willen des Mannes. Wie können Frauen also reagieren? Die Verkäuferin könnte beispielsweise zu dem Kunden, der nach einem Aktfoto fragt, in festem und sachlichem Ton sagen «Dann kann ich wohl nichts mehr für Sie tun» oder «Ich glaube, Sie sind im falschen Geschäft» und ihn dann stehen lassen. Die Unternehmensberaterin hat dem Kollegen (nach dem Motto «Auf einen groben Klotz gehört ein grober Keil») geantwortet: «Was soll ich mit welkem Fleisch, wenn ich auch etwas Knackiges haben kann!» Was eine sehr wirksame Grenze war – der Kollege ist ihr kein zweites Mal zu nahe getreten. Und die Polizistin könnte den Satz des Kollegen ignorieren und bei ihrem Thema bleiben: «Aha. Und ich erwarte von dir …» Oder sie könnte auf gleicher Ebene kontern: «Und du siehst ziemlich albern aus, wenn du mich anbaggerst.»

Es gibt natürlich keine Standardlösungen. Wichtig ist, zu der Art zu finden, die zu Ihnen selbst und zu der jeweiligen Situation passt. Entscheidend ist dabei die innere und äußere Klarheit – und entscheidend ist, dass Sie sich zugestehen, nicht höflich (oder je nach Situation auch unhöflich) zu sein. Und dass Sie sich zutrauen, seine Reaktion auszuhalten – dass er Sie nämlich nicht unbedingt für die netteste und umgänglichste der ihm bekannten Frauen halten wird. Aber genau darum geht es: Es geht um Respekt – und nicht um Ge-

Ich bin stark.
Ich halte Konflikte aus.
(Selbstkundgabe)

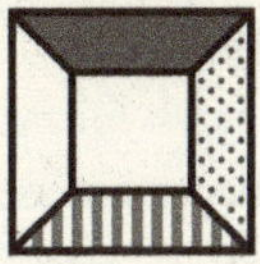

Bis hierher und nicht weiter!
Respektiere mich!
(Appell)

Meine Grenze gilt – egal, wie du das findest.
Ich bin unabhängig von dir.
Ich bin dir ebenbürtig.
(Beziehungsaussage)

Abbildung 38: Begleitbotschaften einer klaren Grenze

mocht-Werden. Entscheidend ist die Beziehungsbotschaft, die ihm sagt, dass Sie nicht von seiner Anerkennung abhängig sind und sich so nicht behandeln lassen.

In diesem Kapitel bin ich mehr als sonst auf Lösungsmöglichkeiten eingegangen – im Grunde ein Vorgriff auf den zweiten Teil des Buchs, in dem die Frage nach Verhaltensweisen, die aus den typischen Problemen zwischen Frauen und Männern herausführen, im Mittelpunkt stehen wird. Das liegt einerseits nahe, weil die Beispiele förmlich nach der Frage schreien, wie die Frau denn nun reagiert hat – oder hätte reagieren können. Und gleichzeitig scheint mir dieser Vorgriff auch ein Hinweis darauf zu sein, wie schwer solche Situationen für uns Frauen auszuhalten sind. Wir wollen nicht als Opfer und gedemütigt aus solchen Situationen herausgehen, sondern erhobenen Hauptes. Deshalb hat es mir mehr Spaß gemacht, eine Geschichte von Erfolgen und Visionen zu beschreiben als eine Geschichte, in der das schale Gefühl von Demütigung das letzte Wort behält. Vielleicht wird es vor allem meinen Leser*innen* ähnlich gehen.

Frauen werden also anders wahrgenommen als Männer in gleichen Positionen, sie werden stärker ausgetestet und mit Situationen konfrontiert, denen Männer nicht begegnen. Kurz, sie müssen sich ihre Souveränität und die Akzeptanz ihrer Souveränität sehr viel härter erarbeiten als Männer, und sie müssen mehr aufbieten, um ernst genommen zu werden.

Zugleich aber müssen sie vorsichtiger in der Wahl ihrer Mittel sein. Frauen wird es eher verübelt als Männern, wenn sie wirklich dominant und autoritär auftreten – und damit einen ‹typisch männlichen› Führungsstil zeigen.[48] Von Frauen wird erwartet, dass sie geduldig und einfühlsam sind, dass sie gut zuhören können und viel Gefühl zeigen[49] – und wenn sie all das nicht sind, sondern im Gegenteil machtvoll und schroff sind und Mitarbeiter in harten Worten kritisieren, dann sprengen sie gewissermaßen den Erwartungshorizont der Frauenrolle. Das wird ihnen in ähnlicher Weise übel genommen wie Männern, die umgekehrt «zu» gefühlvoll und einfühlsam auftreten. Wir kennen alle die Worte, die dann fallen: eine «Emanze», die «Haare auf den Zähnen hat», eine «eiskalte Karrierefrau, die über Leichen geht» und die auf dem Weg nach oben ihre Weiblichkeit verloren hat und nun schlimmer ist als alle Männer. Dabei sind es beileibe nicht nur die Männer, welche es Frauen ankreiden, wenn sie «zu» dominant sind: Auch und gerade andere Frauen greifen zu diesen abwertenden Beschreibungen – und grenzen sich damit ab. So wollen sie auf keinen Fall sein!

Männer können sich also dominanteres Verhalten leisten als Frauen, sie werden als Chef dann zwar nicht unbedingt geliebt, aber respektiert. Und sie werden vor allem nicht in ihrer Geschlechtsrolle abgewertet wie Frauen – sondern im Gegenteil als Männer aufgewertet. Er mag ja ein scharfer Hund sein, aber jedenfalls ist er ein richtiger Mann! Sie dagegen mag sich ja irgendwie nach oben durchgebissen haben, aber ihre Weiblichkeit hat sie dabei verloren!

Der Grat für die Frauen ist also schmal. Auf der einen Seite müssen sie mehr tun, um als Leitung akzeptiert zu werden – auf der anderen Seite aber deutlich vorsichtiger in der Wahl ihrer Mittel sein. Während bei Männern ein Zuwachs an Autorität die Männlichkeit in den Augen der anderen steigert, geraten Frauen in einen Konflikt zwischen Weiblichkeit und Autorität. Wiederum stoßen wir also darauf, dass Erfolg – in diesem Fall Macht – für Frauen hochambivalent ist.

Vom Mythos, dass Leistung der Weg zum Erfolg ist

Es gibt noch einen anderen Grund, der verhindert, dass Frauen ihre innere ‹Kämpferin› deutlicher an die Front schicken und energisch nach Macht und Einfluss greifen. Dieser Grund ist höchst banal: Frauen ist häufig gar nicht bewusst, dass das wichtig sein könnte.

Mädchen machen in der Schule eine eigenartige, weil doppelbödige Erfahrung. Untersuchungen in Schulklassen kommen einheitlich zu dem Ergebnis, dass Mädchen im Unterricht deutlich weniger Aufmerksamkeit bekommen als Jungen. Jungen werden von den Lehrern sehr viel mehr beachtet: Sie werden häufiger angesprochen und schneller drangenommen, wenn sie sich melden, sie erhalten mehr Lob und mehr Tadel. Die Lehrer lernen ihre Namen schneller – und sie halten die Jungen für intelligenter. Durchgehend bekommen Jungen ungefähr zwei Drittel der Aufmerksamkeit der Lehrer. Interessanterweise empfinden Jungen wie Mädchen diese Verteilung als gerecht. Beide Geschlechter haben (wie auch die Lehrer selbst) den Eindruck, dass die Mädchen ungerechterweise bevorzugt werden, wenn die Lehrer den Mädchen mehr als etwa ein Drittel der Aufmerksamkeit widmen.[50]

Gleichzeitig ist es keineswegs so, dass Mädchen in der Schule generell benachteiligt sind. Jungen wie Mädchen haben den Eindruck, dass die Lehrer die Mädchen lieber mögen. Ob dieser Eindruck stimmt oder nicht, mag dahingestellt bleiben – jedenfalls gibt es gute Gründe für diesen Eindruck. Denn in der Schule werden Verhaltensweisen geschätzt und belohnt, die Mädchen sehr viel leichter fallen als Jungen. In der Schule muss man still sitzen, lange über das Gleiche reden und sich melden, statt einfach dazwischenzurufen. All das sind Normen, die dem typischen Verhalten von Mädchen sehr viel mehr entgegenkommen als dem von Jungen. Zudem sind im Lehrerzimmer in aller Regel die Frauen in der Mehrheit – und dies gilt umso mehr, je jünger die Schüler sind. Pointiert gesagt trägt die Schule also Züge einer Frauenwelt.

Entsprechend fallen Jungen in der Schule sehr viel häufiger negativ auf als Mädchen. Sie rufen dazwischen, zappeln herum und haben größere Probleme, sich zu konzentrieren – kurz, sie stören. Jungen werden mehr getadelt, bei ihnen werden häufiger (und offenbar zu häufig) Hyperaktivität oder Lernstörungen diagnostiziert, und sie landen öfter auf Sonderschulen oder verlassen die Schule ohne Abschluss. Das heißt: Mädchen sind in der Schule deutlich erfolgreicher als Jungen.

Mädchen machen also in der Schule einerseits die Erfahrung, dass sie sich den Jungen gegenüber nicht behaupten können, dass diese das Feld beherrschen und sehr viel mehr Raum einnehmen. Und zugleich sehen die Mädchen, dass sie selbst das spannungsfreiere und bessere Verhältnis zu den Lehrerinnen und Lehrern haben und die besseren Noten bekommen.

Was lernen die Mädchen dabei? Sie lernen, dass Brav-Sein, Fleiß und Kompetenz belohnt werden – und sie lernen nicht, sich Raum zu nehmen, sich zu behaupten und für ihre Interessen einzustehen. In der Schule ist fleißige Vorbereitung und eine gute Leistung gleichbedeutend mit Erfolg. Wenn ein Mädchen gute Klassenarbeiten schreibt, sich meldet und etwas zu sagen hat, wenn sie drangenommen wird, dann schneidet sie auch gut ab. Die Jungen mögen zwar raumgreifender sein, aber sie werden für dieses Verhalten nicht mit guten Noten belohnt. Die Mädchen müssen also, um erfolgreich zu sein, nicht lernen, sich gegen die Jungen durchzusetzen – sie gewinnen trotzdem.

Diese Lektion scheint mir tief verinnerlicht zu werden, denn mit dieser Erwartung gehen Frauen häufig auch an den Beruf heran. Frauen erwarten, dass es im Berufsleben ‹gerecht› zugeht – was bedeuten würde, dass Kompetenz und Leistung gesehen werden und automatisch zum Erfolg führen, so wie in der Schule. Frauen hängen häufig dem Glaubenssatz an: «Gute Leistung führt nach oben – und ich werde belohnt, wenn ich mich nur genug anstrenge.» Und wenn sie bemerken, dass jemand an ihnen vorbei Karriere macht, obwohl er weniger kompetent ist als sie, registrieren sie das mit Unglauben und Erbitterung.

Was in der Schule galt, gilt jedoch nicht im Berufsleben. Hier reicht es nicht, kompetent und engagiert zu sein und darauf zu warten, dass dies von alleine auffällt. Hier zählt auch die Fähigkeit, dafür zu sorgen, dass die eigene Leistung Beachtung findet und dass der eigene Beitrag am Arbeitsergebnis als solcher erkannt wird. Eine fleißige Zuarbeiterin, die nicht dafür sorgt, dabei zu sein, wenn die Früchte geerntet werden, bleibt leicht in der zweiten Reihe stehen. Die Früchte fallen nicht automatisch derjenigen zu, welche am meisten geackert hat – oftmals ist es nötig, das eigene Interesse und die eigenen Ansprüche deutlich anzumelden, wenn zum Beispiel ein neues Projekt oder eine neue Position im Gespräch ist. Ebenso kann es wichtig sein, Vorgesetzten gegenüber deutlich zu machen, dass man über die bisherigen Aufgaben hinausgewachsen ist und gerne neue, anspruchsvollere Tätigkeiten in Angriff nehmen möch-

Abbildung 39: Typische Stammspielerinnen im Berufsteam von Frauen

te. All dies fällt Frauen häufig schwer. Sie sorgen nicht selbst für ihre Belange – sondern warten darauf, dass (beispielsweise von Vorgesetzten) für sie gesorgt wird.

Das wird in Seminarsituationen oft an einer Kleinigkeit deutlich. Während die Männer im Seminar selbst dafür sorgen, dranzukommen, melden die Frauen sich häufig – und zwar auch dann, wenn ich sage, dass ich in einer so kleinen Gruppe gerne auf eine Rednerliste verzichten möchte und die Teilnehmer auffordere, sich direkt einzumischen. Während die Männer einfach das Wort ergreifen, warten die Frauen darauf, dass ihnen jemand anders das Wort erteilt. Damit übergeben sie mir die Aufgabe, für Gerechtigkeit und zugleich für sie zu sorgen – statt es selbst zu tun. Auch hier nehmen die Frauen sich nicht selbst ihren Raum, sondern halten sich brav an Regeln, die aus der Schulzeit stammen – und hoffen darauf, dass dieser Gehorsam belohnt wird.

Das heißt: Im Beruf ist nicht nur Kompetenz, sondern auch die Fähigkeit zur PR in eigener Sache wichtig – und die Bereitschaft, Ansprüche zu stellen, für die eigenen Belange einzustehen und sich durchzusetzen. All dies haben Frauen wenig gelernt. Im Gegensatz zu Männern haben sie keine ‹PR-Managerin› und ‹Kämpfer› als Stammspielerinnen zur Verfügung – auch wenn sie durchaus vorhanden sein mögen, werden sie häufig von anderen Stimmen ausgebremst.

Das Beziehungsohr als Stolperstein

Dazu kommt, dass Frauen das rivalisierende Verhalten der Männer vor dem Hintergrund ihrer eigenen Kommunikationsweise häufig als abwertend und kränkend empfinden. Für Männer ist sehr viel klarer, dass Konkurrenz nicht persönlich zu nehmen ist. Wenn sie jemandem offen widersprechen, ihn herausfordern und mit ihm konkurrieren, ist das oft eher ein Zeichen von Respekt, denn sie machen damit deutlich, dass sie ihn als ebenbürtigen Gegner akzeptieren. Und andere gelegentlich zu unterbrechen, ist etwas gänzlich Undramatisches – wie sonst sollte man denn zu Wort kommen, wenn der andere sich anschickt, einen Monolog zu halten?

Frauen verstehen ein solches Verhalten völlig anders. Weil sie es als Zeichen von Respekt werten, sich positiv aufeinander zu beziehen und sich gegenseitig ausreden zu lassen, fassen sie das Verhalten der Männer häufig als persönlichen Angriff und als Entwertung auf. Schroffen Widerspruch empfinden Frauen als Infragestellung ihrer Kompetenz und ihrer Glaubwürdigkeit – und damit entweder als grobe Unhöflichkeit oder aber als Hinweis darauf, dass sie Unsinn geredet haben. Anders gesagt: Es liegt nahe, dieses Verhalten entweder auf die soziale Inkompetenz des Mannes zu beziehen («Wie kann man sich denn so benehmen – also wirklich, wie die Axt im Walde! Männer!!!») oder aber auf ihre eigene fachliche Inkompetenz («War das denn so dumm, was ich gerade gesagt habe?»). Je nachdem, welche Teammitglieder in ihrem Inneren Team bereitstehen, wird eine Frau also typischerweise mit Ärger oder aber mit Verunsicherung reagieren.

Auf das Kommunikationsquadrat bezogen bedeutet dies, dass Frauen hier sehr viel mehr Du-Botschaften hören als Männer – sie beziehen das Verhalten der Männer also stärker auf sich selber. Gerade Konkurrenzverhalten nehmen Männer zwar sehr wohl auch mit dem Beziehungsohr wahr, aber sie setzen dieses gewissermaßen diagnostisch ein. Wie sieht der andere unsere Beziehung – und bin ich damit einverstanden oder nicht? Und wenn nein: Wie kann ich das deutlich machen? Diese Diagnose ist für Männer sehr viel sachlicher als für Frauen: Für sie geht es gewissermaßen um den momentanen Spielstand. Die Schwelle, ab der Männer sich angegriffen fühlen und gekränkt sind, liegt daher wesentlich höher. Für Frauen geht es viel stärker um ihr Selbstwertgefühl und um die grundsätzliche Qualität der Beziehung zum anderen. Für sie ist ein solches Verhalten ganz generell ein Hinweis dafür, dass der andere sie nicht ernst nimmt und verächtlich auf sie herabsieht. Kurz, sie nehmen ein solches Verhalten persönlich.

Weil sie die Botschaft persönlicher hören, reagieren Frauen auch persönlicher. Gerade wenn sie sich mit dem Machtverhältnis zwischen Männern und Frauen schon auseinander gesetzt haben und

Du hast lange genug geredet – jetzt bin ich dran.
Wir sind ebenbürtig (daher lasse ich mich umgekehrt auch von dir unterbrechen).
Oder: Ich stehe über dir (darum akzeptiere ich es nicht, wenn du mich unterbrichst).
(Beziehungsbotschaft)

Du bist es nicht wert, dass man dir zuhört. Du redest Blödsinn!
(Du-Botschaft)

Ich stehe über dir.
Ich nehme dich nicht ernst.
Ich schaue auf dich herab.
(Beziehungsbotschaft)

Abbildung 40: Männer und Frauen hören bei Machtgesten (z. B. jemanden unterbrechen) unterschiedliche Botschaften auf der Beziehungsebene einen Seismographen für diese Machtgesten entwickelt haben, reagieren Frauen auf das für Männer ganz normale Rivalitätsverhalten zuweilen sehr aggressiv. Und diese Aggressivität («Was glaubst du eigentlich, wer du bist!?!») ist dann wiederum für Männer schwer nachvollziehbar: «Meine Güte, was für eine neurotische, überempfindliche Zicke! Hier darf man ja wohl gar nichts mehr sagen!» Das Ergebnis sind dann im schlechten Fall ständige fruchtlose Reibereien auf der Beziehungsebene, die eine sachliche Zusammenarbeit nicht eben erleichtern. Oder aber die Frauen resignieren, weil sie an ihrer eigenen Kompetenz zweifeln, wenn sie die Erfahrung machen, dass sie nicht zum Zuge kommen, oder weil sie den Schluss ziehen, dass man mit Männern eben nicht zusammenarbeiten kann. Beides verführt dazu, den Männern das Feld zu überlassen.

Im Inneren Team übernimmt dann die Resignation das Feld. Die Kämpferin ist endgültig zurückgedrängt – sie hat unter dem Einfluss der inneren und äußeren Hindernisse den Kampf zumindest vorerst aufgegeben. Gleichwohl ist ihre Energie häufig noch spürbar, und zwar wiederum im Gewand des ‹Moralapostels›: «Also wenn ich dieses Gockelgehabe sehe – das ist mir wirklich zu blöd!» Oder: «Um sich in diesem Laden zu behaupten, muss man schon vollkommen abgestumpft sein!» In der Abwertung der Männer und der geltenden Spielregeln zeigt sich beides zugleich: die Resignation und der dahinter verborgene, ins Moralische gewendete Ärger.

Zumindest für beruflich ambitionierte Frauen wäre es ein wichtiges Ziel, die Regeln dieses männlich geprägten Machtdialogs zu beherrschen, um dabei einigermaßen souverän mitspielen zu können. Denn so, wie die Dinge liegen, ist dies der einzige Weg, sich in der männlich geprägten Domäne Beruf zu behaupten. Das gilt in unterschiedlichen Bereichen unterschiedlich stark: So ist es sicher ein Unterschied, ob ich mich im Sozialbereich unter Psychologen, Erziehern und Pädagogen, im Wirtschaftsbereich unter Wirt-

Abbildung 41: Resignation mit ärgerlichem Unterton

schaftswissenschaftlern und Juristen oder in Männerdomänen wie der Polizei oder der Automobilbranche behaupten will. Nur wenn Frauen die männlichen Umgangsregeln so weit beherrschen, dass sie sich Respekt erwerben können, haben sie eine Chance, in diesen Feldern voranzukommen – und die Regeln im zweiten Schritt dann auch mitzugestalten. Denn das Spiel zu beherrschen muss ja nicht heißen, es in all seinen Varianten zu übernehmen.

Nur wenn Frauen diese Umgangsregeln beherrschen, können sie auch ihre eigene Lust am Kampf entdecken! Denn der Kampf um Einfluss, um einen guten Platz und die Verwirklichung eigener

Ideen muss durchaus nicht immer ein verbissenes Ringen sein. Mit einer gut aufgestellten und trainierten inneren Mannschaft kann das Spaß machen!

3. DRITTE PERSPEKTIVE: PFLICHTBEWUSSTSEIN UND ROSINENPICKEREI

Frauen wie Männer beanspruchen und übernehmen also in ihren jeweiligen Heimspielbereichen Führungsrollen. Das liegt nicht nur daran, dass sie hier die Regeln, nach denen gekämpft wird, prägen und virtuos beherrschen, sondern auch an dem hohen Maß an Pflichtbewusstsein, das Männer wie Frauen in ihrem Heimspielbereich an den Tag legen. Die dritte Perspektive auf die typischen Probleme zwischen Männern und Frauen widmet sich daher der Dynamik, die sich zwischen den pflicht- und verantwortungsbewussten Heimspielern und den wesentlich gelasseneren Auswärtsspielern in Familie und Beruf entwickelt.

3.1 Von überarbeiteten Müttern und Tobepapis

Die Klage darüber, dass die Männer nach wie vor ihren Frauen die Hauptzuständigkeit für Haushalt und Familie überlassen und dass die Frauen durch diese einseitige Arbeitsverteilung nicht nur chronisch überlastet sind, sondern vor allem in ihrer beruflichen Entwicklung gebremst oder sogar ausgebremst werden, gehört zum Standardrepertoire von Frauengesprächen, Frauenzeitschriften, Mitteilungen des Familienministeriums und auch von Teilen der wissenschaftlichen Literatur.

Auch wenn die Männer kraftvoll bekunden, dass sie eine partnerschaftliche Beziehung wollen und als Vater präsent sein wollen – sie nehmen höchst selten Erziehungsurlaub, sie verringern ihr berufliches Engagement nicht, und sie überlassen den Löwenanteil der familiären Alltagspflichten ihren Frauen. Also scheint ihr Wunsch nach Partnerschaftlichkeit offenbar mehr ein Lippenbekenntnis zu sein, denn wenn es ernst wird, wenn sie wirklich etwas verändern müssten, dann entscheiden sie sich doch lieber dazu, der Spiel- und Tobepapi zu bleiben! Und so wird die Frage, wie man die Männer dazu bewegen könnte, ihr Versprechen nach gerechter Beteiligung endlich einzulösen, heiß diskutiert (und zuweilen auch mit resignierter Empörung zu den Akten gelegt).

Die Frauen jedenfalls wünschen sich dringend eine Veränderung dieser Aufgabenteilung. Gerade beruflich engagierte Frauen leiden oft sehr darunter, dass die Entscheidung für Kinder in aller Regel mit deutlichen beruflichen Nachteilen verbunden ist – und sie registrieren mit Neid und Erbitterung, dass es für ihren Partner sehr viel leichter ist, Karriere und Kinder unter einen Hut zu bringen. Entsprechend fände es fast die Hälfte aller Frauen wichtig, dass Erziehungsurlaub für Männer selbstverständlicher würde.[51]

Seltsamerweise jedoch kommt es kaum vor, dass Paare in einen ernsthaften Konflikt darüber geraten, wer das Kind betreut, wenn sie Eltern werden. Paare streiten sich sehr oft über die Kleinigkeiten der Haushaltsführung und der Kinderbetreuung, aber kaum je darüber, wer beruflich kürzer tritt und ob überhaupt jemand beruflich kürzer tritt, wenn ein Kind kommt. In aller Regel ist für beide klar, dass sie erst einmal zu Hause beim Kind bleibt. Und diese Entscheidung ist für die Frauen keineswegs ein Opfer oder ein Tribut an ihre konservativen Männer – sie bleiben zu Hause, weil sie es selbst so wollen.

Die weitaus meisten Frauen in (West-)Deutschland gehen ganz selbstverständlich davon aus, dass sie nach der Geburt eines Kindes erst einmal einige Monate zu Hause bleiben, um zu stillen und das

Kind zu versorgen. Und wenn sie danach in ihren Beruf zurückwollen, dann höchstens in Teilzeit. Denn solange ihr Kind sie wirklich braucht – also mindestens die ersten drei Jahre –, wollen sie sich ihm in Ruhe widmen können und Zeit haben. Mit dieser Perspektive planen Frauen ihr Leben und ihre Berufsbiographie. Sie suchen sich vorzugsweise Berufe, die sich gut mit Kindern vereinbaren lassen, und sie planen Brüche und Familienzeiten in ihrer beruflichen Laufbahn von vornherein mit ein.[52] So findet es lediglich ein Fünftel der Frauen gut, wenn ein Mann als Hausmann bei den Kindern bleibt, und knapp 90 Prozent geben an, mit der Aufgabenverteilung in ihrer Familie im Großen und Ganzen zufrieden zu sein.[53]

Es gibt also offensichtlich einen Widerspruch. Einerseits wünschen sich Frauen dringend eine Veränderung der Aufgabenteilung und leiden sehr unter den beruflichen Nachteilen, die mit Kindern verbunden sind. Zugleich aber halten Frauen an ihrer Zuständigkeit für die Kinder und an der Rolle der Mutter, die bei ihren Kindern zu Hause bleibt, anscheinend ganz selbstverständlich fest. Wie kann man diesen Widerspruch verstehen?

«EIN KIND GEHÖRT ZUR MUTTER!»

Was ist eine «gute Mutter»?

Sabine, Katja und Gabi kennen sich aus dem Geburtsvorbereitungskurs und treffen sich nach wie vor gelegentlich mit ihren inzwischen sechs Monate alten Kindern zum Spielen und Klönen. Bei einem der Treffen erzählt Gabi glücklich, dass sie endlich einen Krippenplatz gefunden hat: «Mir war ja immer klar, dass ich höchstens ein Jahr zu Hause bleibe und dann wieder in meinen Beruf will, und hatte schon Angst, das könnte am fehlenden Krippenplatz scheitern. Und jetzt hat es endlich geklappt!» Die anderen beiden reagieren reserviert. «Meinst du nicht, dass Marie dann noch ein bisschen klein ist?», fragt Katja vorsichtig. «Wieso – das ist eine wirklich gute Krippe! Und die Kinder meiner Schwester sind auch früh in die Krippe gekommen und die gehen da richtig gern hin!», antwortet Gabi. Katja: «Also ich könnte das nicht – so ein kleiner Wurm!» Sabine nickt: «Ich würde meinen Sohn auch nicht so früh weggeben wollen, aber vielleicht kriegt Marie das ja hin. Sie ist ja recht selbstbewusst!» Marie stößt sich die Stirn und fängt markerschütternd an zu schreien. Gabi springt auf, um sie zu trösten. Als sie außer Hörweite ist, sagt Katja halblaut zu Sabine: «Also, ich frag mich ja, warum man dann Kinder in die Welt setzt, wenn man sie von anderen Leuten aufziehen lässt!»

«Eine Mutter gehört zum Kind!»: Dieser Satz löst heute bei vielen Frauen Ärger und Ablehnung aus. Zu sehr klingt er nach den berühmten drei Ks und der Enge des traditionellen Frauenbildes – denn kaum eine Frau möchte sich heute noch auf Kinder, Küche und Kirche verwiesen sehen. Dieser Horizont und dieses Pflichtkorsett sind zu eng geworden. Frauen sind nicht mehr bereit, sich selbst und ihre eigenen Interessen den Belangen der Familie weitgehend unterzuordnen; die sich aufopfernde Mutter taugt nur noch sehr begrenzt als Orientierungspunkt. Vor allem ist für Frauen heute selbstverständlich, dass sie das Recht auf Berufstätigkeit haben – wenn sie zu Hause bleiben, dann freiwillig, dann deswegen, weil sie es selbst so wollen. Frauen wollen sich von niemandem mehr vorschreiben lassen, was sie zu tun und zu lassen haben. Auch wenn ihnen das im stressigen Familienalltag beileibe nicht immer gelingt – sie haben gelernt, sich selbst wichtig zu nehmen.

Die Umkehrung dieses Satzes jedoch löst weit weniger Widerspruch aus. «Ein Kind gehört zur Mutter!»: Diese Aussage kann man mindestens in Westdeutschland zum gesellschaftlichen Konsens rechnen. Natürlich gehört ein kleines Kind zur Mutter – solange es gestillt wird, sowieso! Ein Säugling braucht die Sicherheit der mütterlichen Anwesenheit, um Geborgenheit zu spüren, um ein gesundes Urvertrauen und eine sichere Bindung zu entwickeln. Und auch wenn das Kind größer wird, braucht es die verlässliche Anwesenheit der Mutter als Rückhalt, gleichsam als sicheren Hafen, in den es zu jedem Zeitpunkt zurückkommen kann und von dem aus es in aller Ruhe die Welt entdecken kann. Und in dieser Welt sollte es nicht zu früh allein gelassen werden – und Mütter, die ihr Kind früh «weggeben», stoßen bei anderen häufig auf Unverständnis: Wie kann man ein so kleines Kind schon in die Krippe bringen! Ist das nicht herzlos und egoistisch? Braucht es die Mutter nicht noch viel zu sehr?

Und so sind Männer wie Frauen mit großer Selbstverständlichkeit der Meinung, dass Frauen zu Hause bei ihrem Kind bleiben sollten – weil das Kind sie braucht, wenn es klein ist.[54] Zwar sind immer mehr Paare der Ansicht, dass theoretisch auch die Väter diese Aufgabe übernehmen könnten, real aber bleibt dieser Part Aufgabe der Mutter. Und an diesem Bild, dass kleine Kinder eine Mutter brauchen, die zu Hause für ihre Kinder da ist und alle anderen Aufgaben für diese Zeit zurückstellt, orientieren Frauen ihre Lebensplanung.

Wir sind versucht, dieses Verständnis der Mutterrolle und die damit verbundene Aufgabenteilung zwischen Müttern und Vätern als «traditionell» zu bezeichnen. Wie schon in Schillers «Lied von der Glocke» zieht der Vater «hinaus ins feindliche Leben» und verdient das Geld, die Mutter ist zu Hause für die Kinder da – war das denn nicht schon immer so? Haben denn nicht schon in der Steinzeit die Männer die Mammuts gejagt und die Frauen die Kinder und das Herdfeuer gehütet und höchstens in der nahen Umgebung der Höhle Beeren gesammelt?

Dieses Bild ist ein Mythos, welcher den Lebensbedingungen früherer Generationen nur sehr begrenzt entspricht. Zum einen deswegen, weil der Vater erst mit Beginn der Industrialisierung begann, «arbeiten zu gehen». Erst mit den großen Fabriken entstanden Arbeitsfelder fernab vom Lebensraum der Familien. Vorher hingen Familienleben und Arbeit räumlich eng zusammen. Ob auf dem Bauernhof oder in Handwerksbetrieben – die Väter arbeiteten im unmittelbaren Lebensumfeld der Familie; ihr Arbeitsraum war direkt nebenan.

Ebenso übrigens wie die Arbeitswelt der Mütter. Denn die Frauen trugen durch ihre Arbeit zum Lebensunterhalt der Familie bei – und ihr Beitrag war wichtig, damit die Familie über die Runden kam. Auf den Höfen haben die Frauen die Gärten und das Vieh versorgt und mindestens während der Ernte selbstverständlich auch auf dem Feld mit angefasst. Und sie hatten darüber hinaus den Haushalt zu versorgen – vor den Zeiten von Waschmaschinen und Trocknern, preisgünstigen Konserven und gut gefüllten Kühlregalen eine überaus zeitraubende Knochenarbeit. Die Aufgaben von Männern und Frauen unterschieden sich, aber beide trugen durch ihre Arbeit gleichermaßen dazu bei, dass der Hof überleben konnte und den notwendigen Ertrag erwirtschaftete. Selbst in den Handwerksbetrieben war die Arbeitskraft der Frauen unverzichtbar: Auch hier waren ein großer Haushalt und häufig auch ein Gemüsegarten zu versorgen.

Kaum eine Generation zuvor hätte es sich leisten können, die Frauen für die Erziehung der Kinder von der Erwerbsarbeit freizustellen. Mütter und Väter hatten alle Hände voll zu tun, um die Familie zu ernähren und sich womöglich einen gewissen Wohlstand zu erarbeiten. Die Kinder liefen neben dieser Arbeit mit – und ihre Erziehung war keineswegs ausschließlich Aufgabe der Mutter! Im Gegenteil, Vater, Großeltern, Tanten und Onkel mischten ebenso wie ältere Geschwister oder das Gesinde bei der Erziehung kräftig mit. Auf die Kinder gab derjenige Acht, in dessen Gesichtskreis sie sich gerade bewegten.

Die Hausfrauenehe war lange Zeit ein Privileg des wohlhabenden Bürgertums und der Oberschicht, denn nur dieser Kreis konnte es sich leisten, auf den Beitrag der Frauen zum Lebensunterhalt zu verzichten. Zu einem Massenphänomen wurde die Hausfrauenehe in Westdeutschland erst mit dem wachsenden Wohlstand nach dem Zweiten Weltkrieg: Nun erst konnten es sich Arbeiter- und Angestelltenfamilien leisten, dieses Familienmodell vom Bürgertum zu übernehmen. Entsprechend groß war der Stolz: «Meine Frau braucht nicht zu arbeiten!» Das, was wir als traditionelle Rollenverteilung empfinden, ist also noch gar nicht so alt.

Keine Generation zuvor hätte es sich also leisten können, die Mütter für die Erziehung freizustellen – und keine Generation zuvor hätte die Notwendigkeit dafür gesehen. Die Beziehung zwischen Mutter und Kind war eine sehr viel sachlichere Angelegenheit. Sicher wurden die Kinder zumeist geliebt, aber es wurde nicht viel Aufhebens um sie gemacht. Auf den Höfen waren sie vor allem Arbeitskräfte, die je nach Alter und Fähigkeiten bei den anfallenden Aufgaben mit eingespannt wurden. Und auch im Bürgertum sah die Mutter es keineswegs als ihre vornehmste Aufgabe an, viel Zeit mit ihren Kindern zu verbringen und sich auf diese und ihre Bedürfnisse einzustellen. Die Versorgung der Kinder war in der Regel Ammen und Kinderfrauen überlassen, während die Mutter sich wichtigeren Aufgaben widmete. Und dort, wo Zeit und Energie in die Kinder investiert wurden, dort ging es im Wesentlichen um ihre Bildung und um ihre Ausbildung – und nicht um liebevolle Zuwendung.

Das heißt: Unser Verständnis von dem, was Kinder brauchen, um gut, gesund und glücklich aufzuwachsen, ist ein höchst modernes und junges Verständnis. Die Vorstellung, dass Kinder besonderer

Fürsorge und Zuwendung bedürfen, dass sie Individuen mit eigenen Bedürfnissen und Rechten sind, hat sich erst im Lauf der letzten 150 Jahre herausgebildet. Und erst in Zusammenhang damit entwickelte sich auch die Vorstellung, dass die Kindererziehung eine eigenständige Aufgabe von hoher Wichtigkeit ist. Damit hat sich auch das Verständnis davon, was eine «gute Mutter» ist, entscheidend geändert.[55] Eine «gute Mutter» hat früher dafür gesorgt, dass ihre Kinder gut versorgt waren – dass sie genug zu essen hatten, anständig angezogen waren und lernten, sich zu benehmen. Ihr Erfolg erwies sich darin, dass aus ihren Kindern «etwas wurde», dass sie zu respektablen Mitgliedern der Gesellschaft heranwuchsen, sich angemessen verheirateten und eine Rolle fanden und ausfüllten, die den Möglichkeiten ihrer Herkunft entsprach.

All dies reicht heute keinesfalls aus, um als «gute Mutter» durchzugehen. Der Anspruch an die materielle Versorgung der Kinder ist mit wachsendem Wohlstand gestiegen – vor allem jedoch ist der Anspruch an ihre emotionale Versorgung gestiegen. Eine gute Mutter zeichnet sich vor allem dadurch aus, dass sie ihrem Kind Liebe und Geborgenheit gibt. Sie ist die wichtigste Bezugsperson ihres Kindes; sie spürt, was es braucht, und sie sucht das Gespräch mit ihm. Wenn es Probleme gibt, dann ergründet sie deren Hintergründe – und schaut dabei selbstkritisch auch auf ihr eigenes Verhalten. Sie erkennt die Begabungen des Kindes und unterstützt es nach Kräften darin, diese frühzeitig auszubilden (wenn nötig, mit einem hohen Aufwand an Engagement, Zeit und Geld). Auch etwaige Defizite ihres Kindes erkennt sie früh, und sie nutzt die Möglichkeiten unterschiedlicher Fachleute, um diese durch gezielte Förderung auszugleichen. Grenzen setzt sie weniger aus persönlichem Egoismus, also um ihre eigenen Interessen und Grenzen zu schützen, als vielmehr der Kinder wegen – denn Kinder brauchen Grenzen! Sie sucht den Austausch mit anderen Müttern, und ihr Bücherregal ist gut mit Ratgeberliteratur und Büchern zur Entwicklungspsychologie bestückt, und wenn sie spürt, dass sie trotz allem ihren Aufgaben als Mutter nicht recht gewachsen ist, besucht sie Kurse oder geht in eine Erziehungsberatungsstelle.

Ihr Erfolg bemisst sich einerseits am schulischen Erfolg ihres Kindes – und dabei liegt die Messlatte hoch. Schafft es das Gymnasium? Kommt es gut mit? Lernt es gerne? Hat sie ihm genug Selbstvertrauen mitgegeben, sodass es sich behaupten kann? Aber schulischer Erfolg allein reicht nicht. Eine erfolgreiche Mutter erkennt sich auch daran, dass ihr Kind glücklich ist. Hat es gute Freunde, ist es ausgeglichen, heiter und mit sich zufrieden? Kommt es mit seinen Klassenkameraden klar? Hat es interessante Hobbys, oder hängt es womöglich den ganzen Tag am Computer herum? Und schließlich: Hat sie es geschafft, dafür zu sorgen, dass das Kind eine gute und vertrauensvolle Beziehung zu ihr hat? Kommt es zu ihr, wenn es Probleme hat? Kurz, Mütter fühlen sich heute häufig für das gesamte Lebensglück ihrer Kinder verantwortlich – und werden nicht selten auch von anderen dafür verantwortlich gemacht.

Ein hohes Ideal. In einem Forschungsprojekt, in dem wir das Innere Team als Beratungsmethode in der Erziehungsberatung erprobt haben (Leonhardt 2006), war das Ausmaß, in dem Mütter unter Druck stehen, diesem Ideal zu genügen, eine der für mich eindrücklichsten Erkenntnisse. Die Kehr- und Innenseite dieses Ideals ist häufig ein allgegenwärtiges schlechtes Gewissen.

Der Blick über den Zaun: Warum unsere Nachbarn das ganz anders sehen

Zu diesen veränderten Ansprüchen an Mutterschaft haben die Entdeckungen der Psychologie über die Bedeutung früher Beziehungserfahrungen sicherlich sehr viel beigetragen. Die Erkenntnis, wie tief die frühkindlichen Erfahrungen das spätere Vertrauen in sich selber und in die Verlässlichkeit anderer Menschen prägen und wie wichtig diese frühen Erfahrungen für die gesamte spätere Lebens- und Beziehungsgestaltung sind, haben das Bewusstsein dafür geschärft, dass Kinder sehr viel mehr brauchen als nur materielle Versorgung – nämlich Zuwendung und Liebe, sichere Bindungen und Verlässlichkeit.

Gleichwohl haben diese psychologischen Erkenntnisse keineswegs überall das gleiche Bild von Mutterschaft geprägt. In vielen Gebieten Europas (in der ehemaligen DDR ebenso wie in Finnland oder in Frankreich) war und ist es selbstverständlich, dass Mütter Vollzeit-berufstätig sind und ihre Kinder in der Krippe oder in einer Ganztagsschule betreut werden. Und dies wird keinesfalls negativ gesehen; es ist kein Tribut an widrige Umstände, sondern es entspricht den Überzeugungen und Wünschen der Mütter (und Väter).[56]

So sind französische Mütter davon überzeugt, dass es das Beste für ihr Kind ist, wenn es frühzeitig in den Kindergarten oder die Vorschule kommt und dort viel mit anderen Kindern zusammen ist. Denn Kinder brauchen viel mehr Bewegung, Anregungen und Kontakt zu anderen, als die Mutter ihnen zu Hause bieten könnte – gut, dass es die Krippe hat! Eine französische Mutter geht keineswegs davon aus, dass ihr Kind möglichst viel und möglichst lange mit ihr zusammen sein muss, um ein Gefühl von Sicherheit, Geborgenheit und Urvertrauen zu entwickeln. Wichtig ist, dass sie als verlässliche und sichere Bezugsperson da ist und dass sie Zeit für ihr Kind hat – und das hat sie ja, wenn auch nicht immer und ununterbrochen! Und in Krippe und Vorschule hat ihr Kind zudem weitere fürsorgliche und kompetente Ansprechpartnerinnen.

Nicht nur die Mütter selbst sind dieser Ansicht, sie werden darin von französischen Entwicklungspsychologen ebenso bestärkt wie von ihren Männern und der Gesellschaft als Ganzem. Es ist ausgesprochen schwierig, Franzosen zu erklären, was mit dem deutschen Wort «Rabenmutter» gemeint ist. Die Vorstellung, dass es eine Vernachlässigung der Kinder bedeutet, wenn ihre Mutter auch konzentriert an ihrer Karriere arbeitet und die Kinder tagsüber von einer Kinderfrau oder in der Krippe betreut werden, ist für Franzosen vollkommen abwegig. Daher gibt es den Begriff der «Rabenmutter» im Französischen auch nicht. Und ein Dialog wie der oben dargestellte wäre unter Französinnen undenkbar. Was für eine seltsame Vorstellung, dass Kinder und Mütter jahrelang zu Hause bleiben sollen! Ist das nicht für beide Seiten viel zu eng und viel zu langweilig? Und was wird aus den anderen Seiten des Lebens, vor allem aus der beruflichen Perspektive der Mutter?

Franzosen haben also eine deutlich andere Vorstellung davon, was eine gute Mutter ausmacht und was ein Kind braucht. Eine ‹gute Mutter› kann in Frankreich durchaus ganztags berufstätig sein und Karriere machen – in Deutschland kann sie das nur um den Preis des schlechten Gewissens. Die für Westdeutschland charakteristische Frage «Wozu setzt du denn Kinder in die Welt, wenn sie dann von anderen betreut werden müssen?» stellt sich für eine französische Mutter gar nicht, und sie wird auch von anderen nicht mit dieser Frage konfrontiert.

Unser Verständnis davon, was eine ‹gute Mutter› ausmacht, ist also höchst relativ. Sowohl frühere Generationen als auch unsere nächsten Nachbarn haben ein vollkommen anderes Bild als wir. Wer hat denn nun Recht? Brauchen Kinder eine Mutter, die bei ihnen zu Hause bleibt und sich möglichst viel um sie kümmert – oder sind sie viel besser dran, wenn sie frühzeitig in einen Hort kommen? Nehmen Kinder Schaden, wenn beide Eltern voll berufstätig sind?

Diese Frage ist in einer groß angelegten amerikanischen Studie untersucht worden, und die Ergebnisse sind recht eindeutig. Wenn die Betreuung der Kinder qualitativ gut ist, dann nimmt weder die generelle Bindungsfähigkeit der Kinder noch ihre Bindung an die Mutter Schaden. Und selbst wenn die Kinderbetreuung mäßig ist, kann sie der Beziehung zur Mutter nur dann schaden, wenn diese bereits zuvor problematisch war. Ebenso gab es praktisch keine Anhaltspunkte dafür, dass Kinder häufiger sozial auffällig werden, wenn sie besonders früh in die Krippe kommen oder besonders viel Zeit dort verbringen. Auf der anderen Seite kann auch eine besonders gute Krippenbetreuung schwierige Familienverhältnisse nicht ausgleichen. Entscheidend ist also die Qualität der Beziehung zur Mutter. Die Frage, ob, ab wann und wie lange am Tag Kinder von anderen betreut werden, ist demgegenüber zweitrangig.[57]

Die (west-)deutsche Überzeugung, dass Kinder am besten zu Hause von ihrer Mutter erzogen werden, hat also keine Bestätigung gefunden. Unter der Voraussetzung, dass sie in Hort und Kindergarten liebevoll und professionell betreut werden, nehmen Kinder offenbar keineswegs Schaden, wenn beide Eltern arbeiten – vor allem hat sich der Verdacht, dass Krippenkinder ein unsicheres Bindungsverhalten haben, nicht bestätigt.

Ist also die deutsche Vorstellung von Mutterschaft und Familienleben damit als überholt und reaktionär entlarvt? Keineswegs. Erschüttert oder gar widerlegt ist die Überzeugung, dass sie für die Kinder objektiv besser ist und dass alle andere Formen des familiären Zusammenlebens schlechter sind. Aber es geht bei der Frage, wie wir als Familie zusammenleben wollen, nicht nur um die Frage nach der effektivsten Erziehungsmethode, sondern auch und vermutlich noch mehr um die Frage, welche Wünsche wir an unsere Familie haben und welche Bilder wir von Familie und von uns als Mutter oder als Vater in dieser Familie haben. Es geht auch um unsere Identität.

Mütter in (West-)Deutschland bleiben nicht nur deshalb zu Hause, weil sie glauben, dass ihr Kind andernfalls Schaden nimmt. Sie wollen gerade in der ersten Zeit intensiv mit ihren Kindern leben. Sie wollen dabei sein, wenn ihr Kind die ersten Schritte macht und die ersten Wörter spricht – und sie wollen auch diejenige sein, an die sich diese Wörter richten. Sie möchten die Zeit, in der ihr Kind klein ist, intensiv genießen und dabei eine möglichst tiefe Beziehung aufbauen. Insofern verbinden westdeutsche Mütter andere Ziele mit der Mutterrolle, und sie gehen stärker in dieser Rolle auf, während für französische Frauen ebenso wie für ostdeutsche Frauen die Rolle als berufstätige Frau präsenter bleibt und neben der Mutterrolle größere Bedeutung hat.

Können Mütter berufstätig sein?!?

Allerdings zahlen Frauen für dieses Familienideal und für die engagiert übernommene Mutterrolle einen hohen Preis. Denn das Verhältnis der Frauen zur Rolle als Hausfrau und Mutter ist höchst ambivalent. Anders gesagt: Ja, die Frauen wollen bei ihren Kindern zu Hause bleiben – einerseits. Aber andererseits und zugleich wollen sie im Beruf einen guten Platz finden.

Das zeigt sich bereits, wenn man Mädchen und junge Frauen nach ihrer Zukunftsplanung fragt. So wichtig ihnen auch eine eigene Familie ist, sehen sie sich keinesfalls nur als liebevolle Mutter. Ebenso wichtig für ihr Bild von sich selbst und für ihr Bild von ihrem späteren Leben ist ihr Beruf.[58]

Mit Berufstätigkeit verbinden Frauen nicht nur ein eigenes Einkommen und vielfältige Kontaktmöglichkeiten, sondern auch einen wichtigen Bereich von Erfolg und Anerkennung. Wesentlich über den Beruf bekommen wir in unserer Gesellschaft ein Gesicht und eine Rolle – als Postbotin, Ärztin oder Erzieherin, als Juristin, Verkäuferin oder Lehrerin. Der Beruf ist eine wichtige Säule der eigenen Identität und des Selbstbewusstseins, daher investieren Frauen ebenso wie Männer viel in eine qualifizierte Ausbildung und weisen diesem Bereich einen hohen Wert zu.

Beruf und Familie sind nicht immer leicht unter einen Hut zu bringen. Den Alltag so zu organisieren, dass familiäre und berufliche Aufgaben reibungslos zusammenpassen, ist eine logistische Herausforderung. Wenn Kinder jedoch krank werden oder im Beruf Ausnahmesituationen entstehen, dann droht zuweilen das ganze so ausgeklügelte Betreuungssystem schlichtweg zusammenzubrechen.

In diesem Spannungsfeld stehen natürlich auch französische Frauen. Allerdings haben sie es wesentlich leichter, denn das Netz an Kinderbetreuungsmöglichkeiten ist in Frankreich ungleich besser als in Deutschland – kein Wunder, wenn die ganze Gesellschaft davon überzeugt ist, dass sowohl die Mütter als auch die Kinder ein solches Angebot brauchen! Umgekehrt ist es vor dem Hintergrund der (west-)deutschen Vorstellungen von Mutterschaft durchaus nicht erstaunlich, dass es ein solches Betreuungsnetz in Deutschland *nicht* gibt. Denn wenn Kinder unter drei Jahren ohnehin zur Mutter gehören und Mütter darum möglichst zu Hause bleiben sollen, warum sollten dann Betreuungsplätze, gar Vollzeitplätze für kleine Kinder bereitgestellt werden? Würde das Mütter nicht geradezu zur Nestflucht einladen?[59]

Zugleich ist der innere Konflikt zwischen der ‹Karrierefrau› und der ‹Mutter› bei deutschen Frauen sehr viel ausgeprägter, denn die deutschen Vorstellungen von einer «guten Mutter» lassen sich im Gegensatz zu den französischen Bildern von Mutterschaft nur schwer mit einer engagierten Berufstätigkeit in Einklang bringen.

Wenn eine «gute Mutter» sich dadurch auszeichnet, dass sie allzeit bereit und präsent ist, dann kann sie per definitionem nicht berufstätig sein – schon gar nicht ganztags. Wenn sie die Einzige ist, die

Abbildung 42: Das typische Verhältnis von ‹Mutter› und ‹Karrierefrau› im Inneren Team französischer Frauen

wirklich weiß, was für ihr Kind gut ist, und wenn sie die unangefochten wichtigste Bezugsperson ihres Kindes sein sollte, dann ist es schwer, das Kind in die Krippe zu geben. Und dann mischt sich unter Umständen in die Freude darüber, wenn das Kind in der Krippe gut aufgehoben ist, gerne hingeht und die Erzieherinnen abgöttisch liebt, womöglich auch ein leises Unbehagen oder Neid: Gefährden die Erzieherinnen damit nicht ihre Position als Mutter? Stellt es sie nicht als Mutter in Frage, wenn es womöglich eine andere Frau ist, welche stolz von den ersten Schritten des Kindes berichtet, wenn es andere Frauen gibt, von denen ihr Kind sich genauso gut trösten lässt? Wenn Mutter-Sein bedeutet, der unangefochtene Mittelpunkt im Leben der Kinder zu sein, wird es sehr viel schwerer, Verantwortung abzugeben.

Mit dem deutschen Ideal der «guten Mutter» ist im Grunde der Anspruch verbunden, als Mutter perfekt zu sein und sein Kind wunschlos glücklich zu machen. Wenn sie als Mutter in bestimmten Situationen ungeduldig oder ungerecht sind; wenn ihr Kind in der Schule nicht klarkommt oder mit Mitschülern Probleme hat; wenn das Kind grüblerisch und melancholisch ist, sich zurückzieht oder seine Probleme nicht mehr mit ihr bespricht – dann werten Frauen dies häufig als bedrohlichen Hinweis darauf, dass sie ihrer Rolle als Mutter nicht genügen und also eine «schlechte Mutter» sind. Persönliche Grenzen oder schicksalhafte Umstände scheint es nicht mehr geben zu dürfen; die Mutter ist für alles verantwortlich: Die «gute Mutter» hat also im Grunde omnipotent zu sein.

Wir stoßen an dieser Stelle wieder auf den ‹Moralapostel›, den wir bereits als Stammspieler im Inneren Team von Frauen kennen gelernt haben (vgl. Kapitel 2.1). Dieser ‹Moralapostel›, der genau zu wissen meint, was richtig und was falsch ist und der Abweichungen von diesen Normen unnachgiebig ahndet, ist nicht nur anderen gegenüber wirksam. Er wirkt auch nach innen – indem er Frauen häufig die Hölle heiß macht, wenn sie dem unerreichbar hohen Anspruch an eine «gute Mutter» nicht genügen. Um diese quälende innere Anklage zu vermeiden, bemühen sich Mütter häufig mehr, als ihnen gut tut, perfekt zu sein. Damit kann aus dem selbstverständlichen Wunsch, gut für das eigene Kind zu sorgen, eine hochmoralische Forderung und ein innerer Druck werden; aus dem «Ich will» ein «Ich muss».

Der ‹Moralapostel› stellt sich also rigide und streng hinter die Ansprüche der ‹Mutter› im Inneren Team – und belegt die ‹Karrierefrau› mit dem Bann des Egoismus-Vorwurfs. Dadurch wird es

Abbildung 43: Typisch westdeutsches Verhältnis von ‹Mutter› und ‹Karrierefrau› im Inneren Team

schwierig, die Anforderungen der Mutterrolle gegen andere Ziele, vor allem den Wunsch nach Berufstätigkeit, abzuwägen, denn jedes Abweichen vom geraden Pfad der allzeit bereiten Supermama steht im Geruch der Fahnenflucht und des Versagens als Mutter. In (West-)Deutschland steht eine Frau also viel stärker als in Frankreich vor der Notwendigkeit, sich zwischen Kind und Beruf entscheiden zu müssen.

Nicht nur sauber, sondern rein: Perfektionismus als Falle

Dieser innere Druck ist ein wichtiger Grund dafür, warum es Frauen oft schwer fällt, ihren Männern gegenüber Verantwortung abzugeben. Sie als gute Mutter hat letztlich Sorge dafür zu tragen, dass alles perfekt ist – und wenn es das nicht ist, dann fällt es auf sie zurück. Dadurch stehen Frauen unter einem enormen Perfektionsdruck und können sich damit häufig innerlich nicht darauf einlassen, wenn ihre Männer manche Dinge nicht so eng sehen.

Männer finden oft einen niedrigeren Standard völlig ausreichend. Wozu sollen denn Weingläser poliert werden; muss das Essen denn wirklich so bio und vollwertig sein; ist das strenge Allergieprogramm wirklich in diesem Umfang nötig; warum soll das Kind denn nicht mal fernsehen; muss es unbedingt diese teure Musikschule sein? Frauen bekommen es beim Blick auf diesen niedrigeren Standard häufig mit ihrem inneren ‹Moralapostel› zu tun: «Wollen wir es uns wirklich so einfach machen? Was wir jetzt versäumen, das können wir nie mehr aufholen. Wollen wir uns später wirklich vorwerfen lassen, wir hätten nicht alles unternommen?»

Anders gesagt: Unter dem Druck ihres inneren ‹Moralapostels› neigen Frauen im Bereich der Familie häufig zu einer gewissen Verbissenheit. Der Wunsch nach einem perfekten Haushalt, einer perfekten Familie kann dann so wichtig werden, dass Kleinigkeiten ein enormes Gewicht bekommen – und dass die Maßstäbe auch nicht mehr verhandelbar sind. Es *muss* so und nicht anders sein. Die Frage, wie viel Fernsehen Kindern gut tut, oder wie viel Aufwand man in das Putzen stecken will, ist dann keine sachliche Angelegenheit mehr, sondern etwas Hochmoralisches. In diesem Klima ist es schwer, mit dem Partner über gemeinsame Standards zu diskutieren und zu verhandeln.

Für diese Tendenz zur Verbissenheit scheint es mir noch einen weiteren Grund zu geben. Denn auch wenn die Rolle als Mutter und Hausfrau auf der einen Seite sehr hochgehalten und idealisiert wird – sie hat auf der anderen Seite ein ausgesprochen schlechtes Image. Die Rolle der Hausfrau und Mutter ist wenig prestigeträchtig. Die Werbung vermittelt das Bild einer Frau, deren Leben um die Suche nach der Waschmittelmarke und der Margarinesorte kreist, die ihre Lieben glücklich macht. In Frauenzeitschriften beschweren sich kinderlose Frauen darüber, von Vollzeit-Müttern in quälend lange Dialoge über Windelsorten und Kinderkrankheiten gezwungen zu werden, wohingegen diese sich für Dinge, die das Berufsleben oder die Politik betreffen, nicht mehr recht zu interessieren scheinen. Denn diese Bereiche überlassen sie nun ihren Männern. Ganz sicher steht das Bild der Hausfrau *nicht* für eine interessante Gesprächspartnerin, für intellektuelle Brillanz, für einen weiten geistigen Horizont und für eine Person, die man ernst zu nehmen hat. Kurz, das Klischee der Hausfrau entwirft das Bild einer Frau, die in Kleinigkeiten und unwesentlichen Nebensachen gefangen ist und an der das wahre Leben und dessen Herausforderungen in einer gewissen Entfernung vorbeiziehen.

Dieses – zugegebenermaßen überspitzte – Bild findet sich indirekt auch in der umfangreichen Literatur über die Aufgabenverteilung im Haushalt. Denn in der gesamten Literatur erscheint Hausarbeit nahezu ausschließlich als lästige und unangenehme Arbeit, die niemand tun will, die keinen voranbringt, die eigentlich für jeden eine Zumutung ist. In abgeschwächtem Maß scheint dies auch für die alltägliche Sorge für Kinder zu gelten. Auch dies ist offenbar keine besonders schöne Arbeit, sondern eher etwas Unangenehmes. Die Frauen würden diese Arbeit gerne loswerden – die Männer wollen sie aber nicht haben!

Die Arbeit in der Familie wird demnach als ungeliebte Restarbeit der Gesellschaft gesehen – kein Job, um den man sich reißt, kein Job, der besondere Qualitäten verlangt oder der besondere Ansprüche stellt. Kein Job also, für den man jemandem besonderen Respekt zollt. Für Frauen entsteht hier eine seltsame Situation: Einerseits werden sie durch die Idealisierung der Mutterrolle geradezu gedrängt, diese Rolle mindestens für einige Jahre zu ihrem Lebensinhalt zu machen und ihren Beruf aufzugeben. Zugleich jedoch wird ihnen unmissverständlich zu verstehen gegeben, dass man von einer Mutter, die zu Hause bleibt, nicht allzu viel hält.

Es ist daher schwer, aus der Rolle der Mutter, die zu Hause bleibt und sich ganz ihrem Kind oder ihren Kindern widmet, Selbstbewusstsein zu ziehen. Anerkennung und Respekt erwirbt man sich in unserer Gesellschaft immer noch im Wesentlichen über den Beruf: darüber, einen Arbeitsplatz zu haben, über beruflichen Erfolg und ein eigenes Einkommen. Und so berichten Frauen häufig, dass mit dem Verlust der beruflichen Anerkennung, des eigenen Einkommens und der beruflichen Kontakte auch ihr Selbstwertgefühl einbricht.

Eine Strategie, mit dieser Situation umzugehen, besteht darin, die Arbeit in der Familie besonders ernst zu nehmen und diese gewissermaßen zum Beruf zu machen – also die innere ‹Karrierefrau› in diesem Feld auszuleben. Denn wenn deutlich würde, dass diese Arbeit ebenso viel Engagement und Kompetenz erfordert wie die Berufstätigkeit, und wenn sich diese Bemühungen auch im Erfolg spiegelten – nämlich darin, dass die Familie besonders gut funktioniert und die Kinder erkennbar profitieren –, müsste dann nicht als Ernte auch die fällige Anerkennung eingefahren werden können?

In dieser Strategie liegt jedoch die Gefahr, dass die Maßstäbe erfolgreicher Berufsarbeit (nämlich gute Leistung und die Fähigkeit, sich mit der eigenen Arbeit und den eigenen Produkten gegen die Konkurrenz durchsetzen zu können) auf die Familie und auf die Erziehung übertragen werden. Diese Maßstäbe sind der Familie fremd – und sie sollten es auch bleiben. Wenn es für die Mütter zu wichtig ist, dass alles wunderbar läuft, dann geraten alle Beteiligten unter Druck. Kinder sind manchmal melancholisch oder introvertiert, haben Probleme mit Klassenkameraden oder ihre Leistungen sacken ab, sie können sich zuweilen selbst nicht leiden oder finden sich zu dick. Das meiste davon ist völlig normal – wer ist schon immer glücklich! Und der eine hat eben ein sonniges Temperament, der andere ist eher in sich gekehrt.

In dem Augenblick, wo Frauen dies als Anzeichen dafür sehen, dass sie als Mutter versagt haben, und ein schlechtes Gewissen bekommen, können sie ihren Kinder gerade das nicht mehr geben, was diese am nötigsten brauchen: nämlich liebevolle Begleitung unter der Prämisse «Du bist schon richtig, so wie du bist». Nur wenn Eltern es zunächst einmal aushalten, dass ihr Kind nicht dem Bild des sozialen, ausgeglichenen, kreativen, leistungsbereiten, glücklichen, sportlichen Idealkinds entspricht, können sie es wirklich dabei unterstützen, mit seinen Problemen umzugehen – und seinen eigenen Weg zu finden. Ansonsten spüren die Kinder, dass sie eigentlich keine Probleme haben dürften, und der Leistungsdruck der Mütter (oder der Eltern) geht auf die Kinder über. Die Maßstäbe der Berufswelt schaffen also kein gutes Klima für das, was zwischen Eltern und Kindern am wichtigsten ist – nämlich eine verlässliche und tragende Beziehung, die nicht an Bedingungen geknüpft ist.

Auch von dieser Seite her kann also die ‹Perfektionistin› im Inneren Team Nahrung bekommen. Wenn die Arbeit im Haushalt unter dem Druck geschieht, zu beweisen, dass ich etwas leiste und dass meine Leistung etwas wert wird, dann kann es sein, dass Kleinigkeiten eine zu große Bedeutung bekommen und dass über dem Wunsch, perfekt zu sein, die Frage nach der Angemessenheit der Maßstäbe in den Hintergrund zu geraten droht.

Hausarbeit ist dazu da, einen Rahmen für das Familienleben bereitzustellen. Wenn sie wichtiger genommen wird, als sie ist, dann kann sie im Extremfall zu einem Störfaktor für das Familienleben werden. Die skurrilen Blüten, welche der Perfektionismus zuweilen treibt, lassen sich schön in der Werbung studieren. So wirbt bei-

Abbildung 44: Die ‹Perfektionistin› und ihre Antreiberinnen

spielsweise «Meister Proper» seit vielen Jahren mit dem Hinweis, dass der angepriesene Reiniger Fußböden so sauber putzt, «dass man sich drin spiegeln kann». Im Grunde eine furchtbare Vorstellung! Fußböden sind für alles Mögliche da – um Möbel draufzustellen, um drüberzulaufen, um darauf zu spielen oder zu sitzen –, aber ganz bestimmt nicht dazu, sich darin zu spiegeln! Wenn man das erreichen wollte, dann müsste man hinter jedem einzelnen Menschen und hinter jedem Staubkorn direkt hinterherwischen – eine Sisyphos-Arbeit, die sicher nicht dazu beiträgt, ein Zuhause zu einem wohnlichen Ort zu machen.

Seit neuestem gibt es eine konsequente Weiterentwicklung dieser Werbung. Eine weiß gekleidete Frau poliert ihre strahlend weiße Küche mit weißem Küchenpapier hingebungsvoll auf Hochglanz. Ab und zu kommt ihr (farbig gekleideter) Mann herein und tut die Dinge, für die eine Küche üblicherweise da ist: Er läuft herum, nimmt sich etwas zu essen oder gießt sich etwas zu trinken ein. Und dabei beschmutzt er die weiße Küche jedes Mal mit bunten Spuren, die seine Frau hinterher in Windeseile wieder beseitigt. Und irgendwann wird es ihr – im durchaus wörtlichen Sinne – zu bunt: Sie nimmt ihr Küchentuch und wischt den Mann weg.

Ist eine Wohnung dazu da, entspannt in ihr zu leben (wozu es durchaus dienlich ist, sie gelegentlich aufzuräumen und staubzusaugen), oder soll sie vor allem ein Ausweis der Tüchtigkeit sein? Dieser Konflikt scheint mir hier inszeniert zu werden – und die reinliche Hausfrau entscheidet sich für die Perfektion und gegen das bunte Leben. Der Perfektionismus ist in Gefahr, sich zu verselbständigen. Die Putzstandards in deutschen Haushalten sind inzwischen so hoch, dass allen Ernstes die These diskutiert wird, ob die enorme Zunahme von Allergien bei Kindern etwas damit zu tun hat, dass die Kinder zu wenig mit Schmutz in Kontakt kommen, weil sie in einer fast keimfreien Welt aufwachsen. Derweil bringen die Waschmittelfirmen antibakterielle Waschmittel auf den Markt, um auch noch dem letzten Bazillus den Garaus zu machen. Im Grunde eine abwegige Situation! Es mag Frauen geben, denen Putzen Spaß macht, aber sie sind ganz gewiss nicht in der Mehrheit. Wieso also sind solche Werbespots erfolgreich?

Der Perfektionismus der Frauen kann zu einem wirklichen Hindernis bei einer Veränderung der Aufgabenteilung im Haushalt werden. Denn eine Veränderung der Rollen würde bedeuten, Verantwortung abzugeben – an den Partner, aber auch an die Kinder. Und das wiederum würde bedeuten, es auszuhalten, wenn Partner und Kinder die Aufgaben weniger perfekt erledigen, als den Frauen vorschwebt. Das zu ertragen fällt Frauen häufig schwer.

SIND VÄTER ANDERS ODER FAUL? ZWEI PERSPEKTIVEN AUF MÄNNER

Erste Perspektive: Männer als Rosinenpicker auf Kosten der Frauen

Übergroßer Perfektionismus in Haushaltsdingen und Erziehungsfragen ist im Allgemeinen nicht das Problem von Männern. Ganz im Gegenteil, die Klagen über die mangelnde Beteiligung der Männer am Haushalt sind eine beständige Leitmelodie vieler Partnerschaften. Und dabei geht es nicht nur darum, dass er *zu wenig* tut (das auch!) – er sucht sich außerdem für sein Engagement auch noch die angenehmen und netten Bereiche aus und ignoriert die lästigen Alltagspflichten mit fast schon beeindruckender Renitenz.

Frau Krüger kreidet ihrem Mann an, dass er sich auf ihre Kosten ein schönes Leben mache. «Papa spielt, Papa tobt, Papa organisiert Ausflüge – aber spült nicht, er wickelt fast nie und schon gar nicht, wenn die Kinder richtig voll geschissen sind! Und er räumt nicht auf! Und wenn er es schon einmal übernommen hat, das Klo zu putzen, dann findet er es nicht nötig, auch den Boden zu wischen, weil dieser angeblich ‹fast noch gar nicht schmutzig› war! Er inszeniert sich als der tolle Spielpapi, und ich darf hinter der ganzen Familie herräumen. Kein Wunder, dass die Kinder total auf ihn abfahren und ich die graue Alltagsmutti bin!» Herr Krüger hält dagegen: «Aber wenn ich nach Hause komme und die Kinder dann mit mir spielen wollen – soll ich sie dann wegschicken, weil ich erst das Klo putzen muss?!? Ich sehe sie doch nur abends und am Wochenende, und dann will ich auch Zeit für sie haben!»

Väter engagieren sich heute wesentlich stärker als früher – der Ruf nach dem «neuen Vater», der für seine Kinder da ist, hat Gehör gefunden. Väter sind heute nicht mehr damit zufrieden, das Geld nach Hause zu bringen, sie wollen ebenso wie die Mütter eine intensive Beziehung zu ihren Kindern aufbauen und die Zeit mit ihnen bewusst erleben und genießen. Sie sind von Anfang an dabei, bei den Geburtsvorbereitungskursen ebenso wie bei der Geburt selber; sie nehmen sich Zeit für ihre Kinder, füttern und wickeln sie zumindest gelegentlich, interessieren sich für die kleinen und großen Ereignisse im Leben der Kinder, hören ihnen zu und spielen mit ihnen.

Allerdings sind Väter eher in den Bereichen von Spiel, Spaß und Abenteuer präsent. Sie spielen zwar gerne und ausgiebig mit ihren Kindern, kümmern sich aber wesentlich weniger als die Mütter um die alltägliche Versorgung – wie Wickeln, Füttern und Waschen. Und ihr Engagement für die Kinder geht auf Kosten der Hausarbeit. Väter tun weniger im Haushalt als Nicht-Väter, obwohl natürlich in größeren Haushalten mehr Arbeit anfällt. Die Frage, wer diese anfallende Arbeit tut und für die Familie einkauft, kocht und putzt, ist in den meisten Fällen leicht zu beantworten: die Partnerin.

Dies ist nicht nur der Eindruck der Frauen, sondern auch einmütiges Ergebnis zahlloser Studien zu diesem Thema. Nach der Geburt des ersten Kinds kann in den weitaus meisten Familien von einer partnerschaftlichen Aufgabenteilung keine Rede mehr sein.[60] Der frisch gebackene Vater wird immer mehr und immer ausschließlicher zum Familienernährer – und die Zuständigkeit für Haushalt und alltägliche Kinderversorgung wird immer mehr zur Aufgabe der Frau. Und selbst wenn man den Anteil an Hausarbeit und Kinderpflege mit der Zeit vergleicht, die Mütter und Väter zu Hause verbringen, zeigt sich, dass Väter einen erheblich größeren Anteil der Zeit, die sie mit ihren Kindern haben, mit Spielen und Toben verbringen als die Mütter.

Bei den Frauen will sich darum die Freude über die «neuen Väter» häufig nicht so recht einstellen. Zwar sehen sie, dass ihr Mann viel mehr für die Kinder da ist, als ihr eigener Vater es war – und das freut sie für ihre Kinder. Zugleich jedoch fühlen sie sich von ihren Männern allein gelassen. Diese entdecken zwar immer mehr die schönen und wunderbaren Momente der Elternschaft und genießen diese, ohne sich aber im Gegenzug auch an der vielen Arbeit zu beteiligen, die ebenfalls zum Familienleben gehört! Er pickt sich die Rosinen aus dem Elternkuchen und lässt sie mit dem schwer verdaulichen Rest sitzen!

Zweite Perspektive: Väter sind anders!

In den letzten Jahren melden sich jedoch verstärkt Männer zu Wort, welche dieses Bild von Vätern als einseitig und ungerecht kritisieren.[61] Väter seien keineswegs Rosinenpicker, die sich darauf verlassen, dass ihre Frauen den ungeliebten Teil der Familienarbeit übernehmen. Männer setzen vielmehr andere Schwerpunkte als Frauen: Ihnen ist entspannte Zeit zum Spielen und Toben einfach wichtiger als ein perfekt geführter Haushalt, optimale Förderung und gesundes Essen. Und in der Tat verbringen auch allein erziehende Väter wesentlich mehr Zeit mit Toben und weniger Zeit mit Haushaltsführung als Mütter[62] – so wie auch die Junggesellenbude durchaus mit einiger Berechtigung unter Frauen den Ruf von zweifelhafter Ordnung und Sauberkeit genießt. Männer setzen also keineswegs darauf, dass ihnen jemand anderes hinterherräumt, sondern sie geben sich mit einem niedrigeren Standard in Sachen Haushalt und Pflege zufrieden. Kurz, Väter sind anders als Mütter – und sie sind vor allem anders, als Mütter es von ihnen erwarten.

Väter setzen nicht nur in puncto Haushaltsführung andere Schwerpunkte, sondern sie gestalten auch die Beziehung zu ihren Kindern anders. Das zeigt sich sehr deutlich in der unterschiedlichen Art, wie Mütter und Väter mit ihren Kindern spielen.[63] Mütter spielen sehr viel ruhiger als Väter. Sie sprechen mehr mit den Kindern, lesen ihnen etwas vor oder singen mit ihnen. Oder sie spielen mit dem Kind kleine Szenen, die das Kind in seiner Phantasie entwirft. Kinder verarbeiten nicht nur viele (schöne wie schlimme) Erlebnisse im Spiel, sondern auch ihre eigenen Gefühle und Phantasien. Entsprechend reichhaltig ist ihre Spielwelt. Einkaufen gehen, ein Baby versorgen, mit dem Auto in die Werkstatt gehen, einen Unfall haben, Gespenster oder Tiere suchen, die sich in der Wohnung versteckt haben, Löwen, Drachen und Hexen bekämpfen – Mütter übernehmen Rollen in diesen Phantasiewelten, gestalten sie mit und helfen dem Kind dabei, ein Verhältnis zu diesen Erfahrungen und Gefühlen zu bekommen.

Väter spielen völlig anders. Sie spielen mit wesentlich mehr Körpereinsatz und machen dabei gewissermaßen ihren eigenen Körper zum wichtigsten Spielzeug. Sie reißen ihre Kinder überraschend von den Füßen und wirbeln sie herum; sie lassen die Kinder kopfunter baumeln und werfen sie durch die Luft. Die Spiele der Väter sind aufregender, überraschender, herausfordernder und auch anstrengender für die Kinder. Und die meisten Kinder lieben diese wilde Art des Spielens! Wenn der Vater zum Spielen kommt, ist die Mutter in der Regel abgemeldet. Die Mütter bieten ihren Kindern also mit ihrem Spielstil die Möglichkeit, zur Ruhe zu kommen und Erlebtes zu verarbeiten. Dazu passt auch, dass ihre Spielweise ritualisierter ist, also mehr auf Wiederholungen setzt. Väter dagegen verschaffen ihren Kindern neue Erlebnisse, sie fordern sie heraus.

Dieser Unterschied prägt die gesamte Beziehung, die Mütter und Väter zu ihren Kindern haben. Schon Babys reagieren unterschiedlich, je nachdem, ob sich der Vater oder die Mutter nähert: nämlich mit Entspannung auf die Mutter und mit gespannter und freudiger Erwartung auf den Vater.[64] Mutter und Vater sind für Kinder gleichermaßen wichtig, aber sie bevorzugen je nach Situation mal die eine und mal den anderen. Die Nähe der Mutter suchen Kinder, wenn sie sich wehgetan haben oder wenn sie hungrig, müde oder krank sind. Wenn sie toben wollen, laufen sie dagegen zum Vater. Meist entspricht dies durchaus den Vorlieben der Eltern. Männer toben sehr gerne mit ihren Kindern – während viele Frauen diese wilde Art des Spiels eher anstrengend finden. Umgekehrt genießen Frauen durchaus die Nähe, die entsteht, wenn ein Kind sich von ihr trösten lässt – während Männer den Umgang mit einem weinenden Kind (vor allem mit einem weinenden Jungen) häufig nicht leicht finden.

Diese unterschiedliche Beziehung hängt ganz wesentlich damit zusammen, dass die Mutter dem Kind durch Schwangerschaft und Stillzeit vertrauter ist als der Vater und auf sehr viel unmittelbarere Weise mit Trost, Nahrung und Schutz in Verbindung gebracht wird. Auch wenn er sich kümmert, steht der Vater während der Säuglingszeit zunächst in der zweiten Reihe. Das heißt keineswegs, dass er für das Kind unwichtig ist, aber wenn das Kind hungrig ist, und das ist es bekanntlich sehr häufig, dann ist er schlicht abgemeldet. Seine große Stunde schlägt später. Die Psychoanalyse betont unter dem Stichwort «Triangulierung» die große Bedeutung, welche der Vater für das Kind gewinnt, wenn es darum geht, sich aus der engen Bindung zur Mutter abzunabeln.[65] Weil er als zweiter verlässlicher Beziehungspartner da ist, kann sich das Kind von der Mutter wegbewegen, ohne gewissermaßen ins Leere zu laufen. Diese Ablösung ist weitaus schwerer, wenn ein Kind nur eine Bezugsperson hat, weil dann die Abhängigkeit von der Mutter und damit die Angst vor Konflikten und vor dem Verlust dieser einen wichtigen Person sehr viel größer sind. Im Dreieck von Vater, Mutter und Kind ist es leichter, Konflikte durchzustehen, sich abzugrenzen und unabhängig zu werden.

Und auch hier ist der Vater nicht einfach nur als zweite Bezugsperson, sondern gerade in seiner Andersartigkeit wichtig. Er ist ein Mann – und ermöglicht damit seinen Kindern andere Erfahrungen und eine andere Beziehung als die Mutter. Für Söhne ist er als männliches Gegenüber besonders wichtig. Sie nehmen an ihrem Vater gewissermaßen Maß dafür, was und wie ein Mann ist und wie man sich als Mann gegenüber Frauen benimmt und behauptet. Und für Töchter ist er der berühmte «erste Mann» in ihrem Leben; mit ihm entwickeln sie die Erwartungen und die Beziehungsmuster, die ihre späteren Beziehungen zu Männern prägen.

Bei aller Unterschiedlichkeit ist Vätern und Müttern eins gemeinsam: nämlich die Fähigkeit, sich sensibel auf ihre Kinder einzustellen.[66] Väter sind ebenso interessiert an ihren Neugeborenen wie Mütter, und sie verstehen dessen Sprache und die Signale, mit denen es sich ausdrückt, ebenso gut – was die Voraussetzung dafür ist, dass sich eine intensive Beziehung zwischen Vätern und Kindern entwickeln kann und entwickelt.

Väter nehmen gegenüber ihren Kindern also eine andere Rolle ein und bieten diesen eine andere Form von Kontakt an. Auch wenn sie sich häufig intensiv auf ihre Kinder einstellen, stellen sie weniger die Nestwärme in den Vordergrund als die aufregende Aufgabe, die Welt zu entdecken und sich in ihr zu behaupten. In diesem Sinn sind Väter – auch durch ihre Rolle als Familienernährer – eine Brücke zur Welt außerhalb der Familie. Sie bieten weniger Schutz und mehr Herausforderung. Das heißt häufig auch, dass sie höhere Anforderungen an die Kinder (vor allem an die Söhne) stellen und mehr von ihnen erwarten.

Für die Kinder ist diese Andersartigkeit der Väter ausgesprochen positiv. Sie machen mit ihnen andere Erfahrungen als mit ihren Müttern, sie lernen von ihnen andere Dinge. Kurz, sie suchen und finden bei ihnen eine andere Welt. Für die Partnerschaft der Eltern dagegen ist diese Andersartigkeit der Männer häufig ausgesprochen konflikthaft. In den Vorwürfen der Partnerinnen spiegelt sich gewissermaßen die Kehrseite dieser positiven Rolle der Väter. Er tobt mit den Kindern – und fühlt sich weniger zuständig, wenn diese quengelig sind oder versorgt werden wollen. Er findet es viel wichtiger, das Kind dabei zu unterstützen, die Welt zu entdecken, als den Haushalt in Ordnung zu halten.

Die Gretchenfrage

Ist es also lediglich eine Frage der Perspektive, ob man Väter als unzuverlässige Drückeberger und Rosinenpicker sieht oder als wichtigen anderen Pol des Familienlebens? Ja und nein. Einerseits lässt sich aus der Perspektive der Frauen der überaus positive Kern in der Haltung und im Verhalten der Männer leicht übersehen. Andererseits hängt es von klaren Bedingungen ab, ob die Andersartigkeit der Männer für die Partnerschaft zur Bereicherung oder zur Belastung wird.

Wieder einmal lässt sich mit dem Modell des Wertequadrats zeigen, dass sich die Herangehensweisen von Männern und Frauen ergänzen. Beide vertreten einen Wert, der im Familienleben wichtig ist. Frauen haben ein hohes Maß an Verantwortungsbewusstsein. Sie wollen der Familie einen möglichst guten Rahmen und den Kindern optimale Startbedingungen bieten. Daher nehmen sie die Sorge für die Kinder und die Arbeit im Haushalt sehr ernst. Männer dagegen stehen dafür, die Dinge nicht *zu* ernst zu nehmen; sie stehen für Gelassenheit. Ist es nicht letztlich viel wichtiger, so fragen sie, gemeinsam Zeit für die schönen Dinge im Leben zu haben?

Aus diesem Wertequadrat lässt sich zweierlei ableiten. Zum einen ist die Haltung der Männer eine wichtige Ergänzung in den Familien. Frauen sind durchaus in der Gefahr, im Wertequadrat gewis-

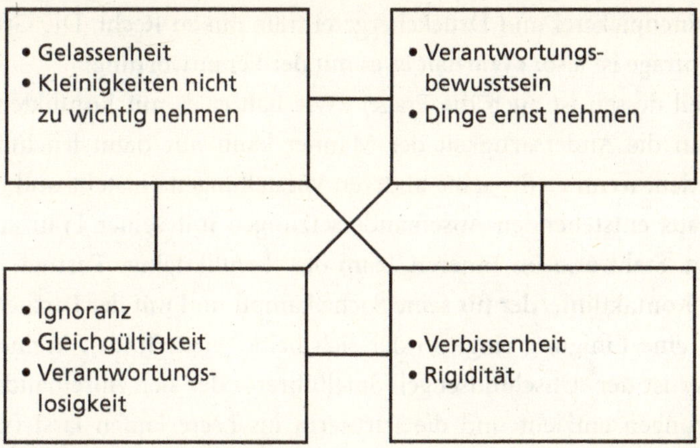

Abbildung 45: Die Haltung von Männern und Frauen im Wertequadrat betrachtet

sermaßen in die untere Ebene abzurutschen, indem sie die Dinge *zu* ernst nehmen und verbissen werden. Hier kann die Haltung der Männer für die Familie, aber auch für die Frauen selbst sehr entlastend sein. Männer können das Maß zurechtrücken und daran erinnern, dass Kleinigkeiten Kleinigkeiten bleiben sollten – und darauf hinweisen, wo vor lauter Anstrengung und Ringen um Perfektion zu wenig Raum für entspannte gemeinsame Zeit bleibt. In diesem Sinne könnten die Frauen hier von ihren Männern einiges lernen.

Auf der anderen Seite wird aber auch deutlich, unter welcher Voraussetzung diese größere Gelassenheit der Männer für die Familie fruchtbar werden kann – nämlich dann, wenn er sich zugleich *zuständig* fühlt und Verantwortung übernimmt. Andernfalls hat er sich schlicht aus der Zuständigkeit für die Familie verabschiedet und seiner Frau die Gestaltung des Familienlebens überlassen. Dann wäre er im Wertequadrat abgerutscht, und der Vorwurf von

Rosinenpickerei und Drückebergerei träfe ihn zu Recht. Die Gretchenfrage ist also: «Wie hält er es mit der Verantwortung?»

Teil dessen ist auch die Frage: «Wie hält er es mit Konflikten?» Denn die Andersartigkeit der Männer kann nur dann fruchtbar werden, wenn er für seine anderen Vorstellungen einsteht und die daraus entstehenden Auseinandersetzungen mit seiner Frau austrägt. Steht also im Inneren Team der ‹konfliktfähige Partner› an der Kontaktlinie, der für seine Sache kämpft und mit der Partnerin um eine Einigung ringt, in der sich beide wiederfinden können? Oder ist der ‹Unschuldsengel› Spielführer – der sich Auseinandersetzungen entzieht und die Partnerin ins Leere laufen lässt (vgl. Kapitel 2.1)? Soll sie es doch selbst machen, wenn es ihr so wichtig ist!

Je nach Vorzeichen kann also die geringere Wichtigkeit, welche Männer den Routinearbeiten in Haushalt und Familie geben, sehr unterschiedliche Gesichter haben. Einerseits kann es ein Alternativentwurf für die Organisation der Familie sein, den Männer als gleichberechtigte Partner vertreten und mit ihrer Frau verhandeln. Andererseits kann es eine billige Ausflucht sein, um sich vor unangenehmen Arbeiten zu drücken. Aus der Perspektive der Transaktionsanalyse geht es um die Frage, ob die alternative Sichtweise aus der Erwachsenenposition vertreten wird oder aus der Position des rebellischen Kindes. Kennzeichnend für die Erwachsenenhaltung ist es, dass die Vorschläge aus der Position eines gleichwertigen Partners vertreten werden, der für seine Positionen einsteht, diese verhandelt und der für die daraus resultierenden Vereinbarungen dann auch Verantwortung übernimmt. Das rebellische Kind dagegen übernimmt keinerlei Verantwortung.

3.2 Breadwinner und Cakewinner

WANN IST EIN MANN EIN MANN? ZUR UNTRENNBARKEIT VON ERFOLG UND MÄNNLICHKEIT

Sind Männer also gelassener als Frauen, neigen sie generell weniger als diese zur Verbissenheit? Keineswegs! Männer sind dort gelassen, wo es nicht um ihr Heimspiel geht. Im Auswärtsspielbereich ist Gelassenheit sehr viel einfacher. Denn Männer identifizieren sich sehr viel weniger als Frauen mit einer aufgeräumten Wohnung, sauberen Fensterscheiben und einer optimalen Förderung von Kindern – und sie werden damit auch von anderen weniger in Verbindung gebracht. Es ist die Frau, die von der konservativen Nachbarin spitz gefragt wird, ob man durch diese Fensterscheiben eigentlich noch sehen könne – und sie ist es auch, die von anderen Müttern besorgt darauf angesprochen wird, wenn ihr Kind tatsächlich oder vermeintlich in seiner Entwicklung hinterherhinkt.

Auch wenn Männer sich in der Familie engagieren, bleibt in aller Regel ihre Frau die Hauptverantwortliche und Hauptansprechpartnerin. Für sie sind Haushalt und Familie Pflicht, für ihn Kür. Männer haben es daher leichter, zu den Aufgaben in der Familie eine gesunde Distanz zu wahren und abzuwägen: Ist das Ergebnis Aufwand und Preis wert? Sind nicht andere Dinge, zum Beispiel Zeit für die Kinder, viel wichtiger? Diese Distanz und diese Gelassenheit haben Männer in ihrem Heimspielbereich, also dem Beruf, ganz und gar nicht.

Berufstätigkeit als Kern männlicher Identität

Nach wie vor sind Beruf und Karriere für Männer in weitaus größerem Maß als für Frauen identitätsstiftend; Beruf und Männlichkeit scheinen zwei Seiten derselben Medaille zu sein. Ein Mann ohne

Beruf ist entweder arbeitslos (also zu bemitleiden) oder aber eine gescheiterte Existenz. Frauen können ihren Beruf durchaus der Familie zuliebe aufgeben und vom Einkommen ihres Partners leben – aber ein Mann, der sich von seiner Frau «aushalten» lässt? Frauen *können*, Männer *müssen* berufstätig sein. Insofern hat der Beruf für Männer eine andere Bedeutung und eine andere Wertigkeit als für Frauen. An Erfolg und Versagen im Beruf bemisst sich ihr Erfolg und ihr Versagen als Mann.[67]

Sind wir über ein solch plattes Bild von Männlichkeit nicht allmählich hinaus? Offenbar nicht. Nach wie vor rangieren Karriere und der Stolz auf eigene Leistungen ganz oben, wenn man fragt, was «typisch männlich» sei. Der typische Mann ist im Beruf erfolgreich – kann aber nach wie vor nicht zuhören, ist wenig einfühlsam, und wenn er denn Gefühle hat, so zeigt er sie jedenfalls nicht.

	... ist typisch männlich	**... ist typisch weiblich**
Karriere machen	67,5 %	3,0 %
Auf die eigene Leistung stolz sein	40,1 %	3,8 %
Zuhören können	5,7 %	47,1 %
Einfühlungsvermögen	3,1 %	66,1 %
Gefühle zeigen	1,9 %	72,4 %

Abbildung 46: Was wird für typisch männlich und für typisch weiblich gehalten? Quelle: IfD-Umfrage 5059/5060, 1992

Diesem Bild von Männlichkeit steht der Wunsch nach dem «neuen Mann» gegenüber. Heute sind keine erfolgsfixierten Machos gefragt, sondern sensible, partnerschaftliche Männer, die nicht nur im Beruf, sondern vor allem zu Hause ihren Mann stehen. Oder?

In einer Studie wurden Frauen und Männer befragt, was sie an Männern sympathisch finden und was ihrer Meinung nach zu Männern gut passt. Dabei zeigte sich, dass Frauen wie Männer zwar viele Eigenschaften des «neuen Mannes» durchaus sympathisch finden – aber zugleich meinen, dass diese Eigenschaften oder Verhaltensweisen wenig zu Männern passen. So galt es zwar als sympathisch, wenn Männer ihren Beruf aufgeben und Hausmann werden oder wenn es ihnen nichts ausmacht, weniger als ihre Frauen zu verdienen – aber zugleich als eher unpassend für Männer. Und diese Kluft war bei den Frauen interessanterweise noch größer als bei den Männern selbst. Frauen fanden den neuen Mann noch sympathischer, sie waren jedoch noch deutlicher als die Männer der Ansicht, dass ein solches Verhalten aber eigentlich nicht zu Männern passt.

Dieser Widerspruch zieht sich durch die ganze Umfrage. Frauen finden offenbar, dass viele Dinge, die sie an Männern sympathisch finden (beispielsweise Erziehungsurlaub nehmen oder der Kinder wegen nur Teilzeit arbeiten), wenig zu Männern passen. Ein durchaus überraschendes Ergebnis! Dass Frauen dem «neuen Mann» mehr abgewinnen können als die Männer – damit war ja zu rechnen. Aber zugleich haben Frauen offenbar ein konservativeres Männerbild als diese selbst!

Wie kann man dieses Ergebnis verstehen? Es sind mindestens zwei vollkommen unterschiedliche Deutungen denkbar. Zum einen könnte es sein, dass Frauen den Männern viele Dinge, die sie sympathisch finden, nicht recht zutrauen, nach dem Motto: «Es wäre ja schön, wenn Männer so wären – aber alle Erfahrung zeigt, dass sie

Wenn es Männern nichts ausmacht, weniger zu verdienen als ihre Frauen, dann ...

	Männer	Frauen
... ist das sympathisch.	49 %	63 %
... passt das gut zu einem Mann.	41 %	29 %

Wenn ein Mann Hausmann ist, dann ...

	Männer	Frauen
... ist das sympathisch.	36 %	54 %
... passt das gut zu einem Mann.	32 %	31 %

Abbildung 47: Passt es zu einem Mann, Hausmann zu sein oder weniger zu verdienen als seine Frau? Quelle: IfD-Umfrage 5078, 1993

nicht so sind!» Nach dieser Lesart hätten sich die Frauen also enttäuscht und resigniert damit abgefunden, dass Männer eben nicht so sind, wie sie es gerne hätten. Kurzum, Männer sind eben nicht sympathisch!

Die andere Möglichkeit ist, dass in dieser Diskrepanz zum Ausdruck kommt, dass Frauen unterschiedliche und widersprüchliche Erwartungen und Wünsche an Männer haben. Das Motto wäre hier: «Ich fände es zwar sympathisch, wenn Männer so wären – aber zugleich finde ich (vielleicht sogar zu meinem eigenen Erstaunen), dass es eigentlich nicht zu einem Mann passt.» Hier ginge es also um den Widerstreit zwischen dem Wunsch nach einem partnerschaftlichen Mann und dem Wunsch nach einem *richtigen* Mann.

Und «richtige» Männer sind nun einmal keine Softies und Frauenversteher, die in der Sorge für ihre Familie aufgehen!

Welche dieser Deutungen liegt uns Frauen näher? Zu unserem Selbstbild passt sicherlich die erste Sichtweise besser. Natürlich wünschen wir uns Männer, die zu Hause präsent sind und uns nicht mit Haushalt und Kindern alleine lassen. Nur sind die neuen Männer, welche das Land dringend bräuchte, leider nicht in Sicht! Gleichwohl scheint mir von dem Wunsch nach dem «richtigen», dem starken Mann mehr mitzuschwingen, als uns häufig bewusst und auch lieb ist. Die neuen Wünsche an Männer – also die Wünsche nach dem gefühlvollen, partnerschaftlichen, sensiblen Mann – sind echt, dringend und ernst gemeint. Aber sie haben das alte Männerbild nicht außer Kraft gesetzt, sondern lediglich ergänzt. Auch wenn wir die starke Schulter heute weniger nutzen und die Unterstellung, wir könnten sie brauchen, mit Empörung zurückweisen, für schwache Stunden ist es doch gut, zu wissen, dass sie da ist. Womöglich gilt unsere Sehnsucht also heute einem John Wayne, der im Beruf souverän und erfolgreich ist und seine Familie unbeirrt und sicher durch die Stürme des Lebens führt – und der daneben seinen gerechten Anteil am Haushalt übernimmt und sich zu Hause sensibel und verletzlich zeigt.

Aber wie dem auch sei und wie immer man diese bemerkenswerte Kluft auch deutet, es ist schwer vorstellbar, dass diese Diskrepanz keine Rückwirkung auf die Männer hat. Denn die Männer treffen hier auf eine doppelte Botschaft: «Es wäre wunderbar, wenn du all das tun würdest – allerdings wärest du dann kein richtiger Mann mehr!» Selbst wenn Frauen hinzusetzen, dass dieses Weniger an Männlichkeit eher ein Gewinn als ein Verlust sei und dass das alte Männerbild sowieso eher für Dinosaurier tauge als für moderne Menschen – dies ist eine Kröte, die Männer kaum schlucken können. Denn natürlich wollen Männer männlich sein und auch so wahrgenommen werden! (Ebenso wie ja auch Frauen höchst empfindlich auf die Unterstellung reagieren, dass sie ihre Weiblichkeit verlieren, wenn sie ehrgeizig sind und dominant auftreten.)

Männer stoßen also nach wie vor auf die klare Erwartung, dass richtige Männer im Beruf erfolgreich sind und ihre Frauen ihnen beruflich nicht das Wasser reichen können. Diese Erwartung trifft innerlich auf einen gut vorbereiteten Boden: Jungen lernen früh, dass von ihnen erwartet wird, erfolgreich zu sein und nach Möglichkeit keine Schwächen zu zeigen. Der Druck, sich durch Erfolg als Mann beweisen zu müssen, ist also kein neues Thema für sie, sondern höchst selbstverständlich (vgl. Kapitel 1.2). Entsprechend wichtig ist es Männern, im Beruf voranzukommen.

Der Druck der Familienernährerrolle

Der Erfolgsdruck verschärft sich noch, wenn Kinder kommen. Denn auch hier zeigt sich, dass die neuen Wünsche an die Männer die alten Erwartungen nicht abgelöst, sondern ergänzt haben. So laut auch der Ruf nach dem «neuen» Vater ist – auch die «neuen» Väter sind ganz selbstverständlich für die Sicherung des Familieneinkommens zuständig. Sowohl die Männer selbst als auch die Frauen sehen dies nach wie vor als die mit Abstand wichtigste Aufgabe des Vaters an.[68] In dieser Verknüpfung von Vater- und Berufsrolle ist das Herzstück der alten Vaterrolle also erhalten geblieben.

Durch diese Verknüpfung wird beruflicher Erfolg noch wichtiger, wenn ein Mann zum Vater wird. Denn nun muss er sich nicht nur als Mann, sondern auch noch als Vater beweisen. Als Familienernährer muss er die Familie nicht nur satt bekommen, sondern ist auch derjenige, der für den sozialen Status sorgt. Geht es der Familie gut, kann sie sich eine schöne Wohnung oder gar ein Haus leisten, kann man gemeinsam in Urlaub fahren (und wohin?)? Kann man sich etwas gönnen – oder ist Schmalhans Küchenmeister? Der Vater sorgt für den Lebensstandard, und gerade in unserer heutigen Konsumgesellschaft bedeutet das auch: Er sorgt dafür, dass die Familie am sozialen Leben teilnehmen kann. Kann man mit den Freunden ausgehen – oder muss man bedauernd verzichten? Können sich die Kinder die angesagte Markenkleidung, ein Handy und all die anderen teuren Trends leisten, die heute dazugehören – oder müssen die Eltern zusehen, wie ihr Kind mangels Kaufkraft zum Außenseiter wird?

Natürlich kann (und sollte!) man diese Verbindung von Zugehörigkeit, Glück und Kaufkraft ausgesprochen kritisch sehen. Gleichwohl prägt sie unsere Lebenswelt, und es ist kaum möglich, sich dem vollkommen zu entziehen. Die Familie lebt in dieser Welt – und in dieser Welt hat der Familienernährer die Aufgabe, den Lebensrahmen zu sichern und für die Familie zu sorgen. Das kann er umso besser, je mehr Geld er nach Hause bringt. Er muss also im Beruf Erfolg haben, um als Vater erfolgreich sein zu können. Das ist eine hohe Verantwortung und ein existenzieller Druck – und genauso empfinden Väter das auch (ebenso wie Mütter, welche in ihrer Familie die Rolle der Familienernährerin übernehmen).

Damit ergibt sich für Männer nach der Geburt ihrer Kinder ein Dilemma. Einerseits orientieren sie sich am Bild eines «neuen», engagierten Vaters – und wünschen sich, Zeit für ihr Kind zu haben. Ebenso haben sie das Ideal einer partnerschaftlichen Beziehung vor Augen – und sehen sich meist auch mit entsprechenden Erwartungen ihrer Partnerinnen konfrontiert. Andererseits stehen sie nun vor der Aufgabe, mit ihrem Einkommen eine Familie absichern zu müssen – und stehen daher im Beruf unter einem ganz anderen Druck. Das Problem der Vereinbarkeit von Familie und Beruf betrifft daher nicht nur die Frauen, sondern (in anderer Weise, aber ähnlicher Schärfe) auch die Männer.

Vom Standpunkt der Männer aus gesehen ist also ihre Berufstätigkeit ebenso eine Form der Fürsorge wie die Arbeit der Frauen in Familie und Haushalt. Früher war die Rolle als Familienernährer denn auch hoch geachtet, und sie gab dem Vater häufig eine sehr herausgehobene Position in der Familie. Papa muss arbeiten gehen – und bekommt daher das größte Stück Fleisch, damit er bei Kräften bleibt! Wenn er sich ausruht, dann müssen alle auf Zehenspitzen gehen und er darf mit familiärem Kleinkram nicht allzu sehr belastet werden, weil er sich zu Hause von seiner harten Arbeit ausruhen muss. Und der Satz «Schließlich mache ich das alles ja für euch!» war anerkannt, hatte Geltung und sorgte für Respekt, wenn nicht sogar für Dankbarkeit.

Heute dagegen erntet der Familienernährer statt Dankbarkeit häufig Vorwürfe. Die traditionelle männliche Form der Fürsorge wird nicht mehr selbstverständlich als solche wahrgenommen; eher erscheint es als Privileg, dass der Mann berufstätig sein kann. Früher *musste* Papa arbeiten gehen und verdiente Anerkennung dafür, dass er gut für seine Familie sorgte – heute *darf* er arbeiten gehen und hat dankbar zu sein, dass seine Frau ihm zu Hause den Rücken freihält und dass er im Gegensatz zu ihr seine Karriere nicht der Kinder wegen aufgeben muss.

Aus diesem Grunde wird der Beitrag als Ernährer in der familiären Arbeitsbilanz oft nur wenig mit eingerechnet. Häufig existieren in der Familie gewissermaßen zwei Arbeitskonten: das Konto «Berufsarbeit» und das Konto «Haushalt und Familie». Und diese Konten werden kaum gegeneinander verrechnet. Wenn der Mann tagsüber berufstätig war, dann ist abends sein familiäres Arbeitskonto leer – aus Sicht seiner Frau hat er heute für die Familie noch nichts getan. Während also die Arbeit als Familienernährer früher fast zur Heldentat stilisiert und überwertig gesehen wurde, scheint sie heute zuweilen eher als Privatvergnügen und kaum mehr als Arbeit im Dienst der Familie zu gelten.

Vor allem taugt sie nicht als Argument in den häufigen partnerschaftlichen Auseinandersetzungen um die Frage, ob er im Haushalt genug tut. Wenn Männer an dieser Stelle ihr berufliches Engagement anführen, dann fliegt ihnen dieses Argument häufig förmlich um die Ohren.

Herr Jäger: «Wenn ich nach Hause komme, dann hältst du mir direkt die Kinder entgegen und findest, jetzt sei ich mal dran. Was glaubst du eigentlich, was ich den ganzen Tag über tue! Däumchen drehen?!? Verdammt, ich arbeite den ganzen Tag über wirklich hart, und wenn ich nach Hause komme, dann brauche ich erst mal Zeit zum Abschalten!»

Frau Jäger: «Und was glaubst du denn, was ich den ganzen Tag über tue!?! Ich wäre doch froh, wenn ich mal die Möglichkeit hätte, in Ruhe arbeiten zu gehen und mich nur auf eine einzige Sache konzentrieren zu müssen, statt immer auf siebenundzwanzig Dinge gleichzeitig! Ich war früher selbst berufstätig, und ich kann dir sagen, im Vergleich zu dem, was ich jetzt zu tun habe, war das erholsam! Und du kannst weiter arbeiten, du erntest die Erfolge, während ich dir hier zu Hause den Rücken freihalte und die Putzfrau spiele! Dann tu wenigstens dann, wenn du da bist, deinen Teil!»

Für Frauen ist das Argument, dass er ja schließlich berufstätig ist, deswegen so empörend, weil sie den Eindruck haben, dass damit die «niederen» Arbeiten für sie übrig bleiben, während er sich – wieder einmal – die Rosinen aus dem Kuchen pickt. Das wäre ja wohl noch schöner, wenn er nur noch die angesehene und erfolgsträchtige Arbeit übernehmen würde und der ganze ungeliebte Rest an ihr hängen bliebe!

Männer treffen also auch hier auf eine Doppelbotschaft: einerseits auf die eindeutige Erwartung, die Rolle als Familienernährer

Abbildung 48: Doppelbotschaft von Frauen an ihre Männer

zu übernehmen, und andererseits auf den Vorwurf, dass sie, indem sie das tun, auf Kosten ihrer Frauen Karriere machen. Diese Doppelbotschaft erklärt sich leicht, wenn wir uns an die Zerrissenheit der Frauen zwischen Familie und Beruf erinnern: Der Auftrag kann der engagierten ‹Mutter› zugeordnet werden und der Vorwurf der neidischen und zu kurz gekommenen ‹Karrierefrau›.

Arbeit: Lust oder Last?

Ist Erwerbstätigkeit denn nun ein Weg zum Glück oder harter Frondienst? Ist sie ein Privileg oder ein Opfer im Dienste der Familie? Diese Frage ist gar nicht so einfach zu beantworten – jedenfalls nicht im Sinne eines Entweder-Oder. Berufstätigkeit hat beide Seiten.

Heute stehen vor allem die positiven Seiten im Mittelpunkt. Berufstätigkeit steht für Kompetenz, Erfolg und Selbstverwirklichung. Mit dem Beruf sind nicht nur vielfältige Kontakte verbunden, sondern auch Anregungen und Herausforderungen und damit Anreize, sich weiterzuentwickeln. Sichtbare Erfolge, die das eigene Können unter Beweis stellen, sind im Berufsleben sehr viel leichter zu erzielen als in der Familie – und Erfolge stärken das Selbstbewusstsein, zumal dann, wenn sie sich in einer entsprechenden Position und in einem angemessenen Gehalt ausdrücken. Der Gehaltszettel ist nicht nur ein Ausweis von Erfolg, sondern auch von Unabhängigkeit: Wer über eigenes Geld verfügt, ist weniger abhängig vom Partner. Und eigentlich gilt auch nur Berufstätigkeit als wirkliche «Arbeit». Im alltäglichen Sprachgebrauch wird «Arbeit» mit Berufsarbeit geradezu gleichgesetzt. Frauen berichten oft, dass sie «nicht gearbeitet» haben, solange die Kinder klein waren – die Arbeit in Haushalt und Familie scheint nicht recht zu zählen. Entsprechend hat die Arbeit im Beruf ein deutlich höheres Ansehen als Hausarbeit.

Und so finden Männer wie Frauen, dass Erwerbstätige es besser haben als Hausfrauen oder Hausmänner.[69] Hausfrauen werden nicht mehr in erster Linie darum beneidet, dass sie «nicht arbeiten müssen», eher werden sie bemitleidet, weil sie von einer wichtigen Quelle von Anregung und Anerkennung abgeschnitten sind. Wenn Frauen auf Berufstätigkeit und die Möglichkeit zur Karriere verzichten, dann ist das ein Opfer für die Familie.

Im Vergleich von Beruf und Familienarbeit scheint es also eindeutig zu sein, dass der Beruf das Feld ist, das ein Mehr an Freiheit, sinnvoller Arbeit und Selbstverwirklichungsmöglichkeit bietet. Diese Sicht der Dinge ist nicht selbstverständlich.

Denn Erwerbsarbeit ist keineswegs selbstbestimmter als die Arbeit in der eigenen Familie. In aller Regel bedeutet Erwerbsarbeit, dass man sich in einen größeren Rahmen einfügen muss und sich nach Regeln, Zeitrhythmen und Vorgaben richten muss, die andere setzen. Und dieser Rahmen ist nicht selten so eng gesteckt, dass er empfindliche Einbußen in anderen Lebensbereichen zur Folge hat – weil plötzlich anfallende Überstunden immer wieder das Familienleben durcheinander werfen, weil insgesamt zu wenig Zeit für die Familie bleibt, weil die Schichtarbeit es schwer macht, am Leben der Freunde und der Familie teilzunehmen. Häufig bleibt wenig Zeit, Kraft und Muße für andere Dinge und für Erholung übrig.

Auch die Arbeit selbst dient durchaus nicht immer der Selbstverwirklichung. Es ist nicht selbstverständlich, eine Arbeit zu haben, die man selbst als sinnvoll empfindet. Häufig bedeutet Berufstätigkeit einfach, ein kleines Rad im Getriebe zu sein, und es ist nicht immer leicht, die Frage nach dem Sinn der eigenen Arbeit zu beantworten (es sei denn, man ist bereit, die Tatsache, dass man das Bruttosozialprodukt vermehrt und zum Kreislauf der Wirtschaft beiträgt, als Ziel an sich anzusehen). Der Platz im Beruf muss durch Leistung erarbeitet und verteidigt werden, was je nach Lage der Dinge mit mehr oder weniger Konkurrenz und Druck verbunden sein kann. Daher ist es auch nur die eine Seite der Medaille, Berufstätigkeit mit Selbstverwirklichung zu verbinden. Die andere Seite ist die Abhängigkeit vom Chef und von der Marktlage, die in Konfliktsituationen oder in wirtschaftlich schlechten Zeiten sehr drückend werden kann.

Ebenso bedeutet Berufstätigkeit keineswegs zwangsläufig Erfolg und Karriere. Eine höchst banale Erkenntnis. Gleichwohl scheinen wir häufig «Berufstätigkeit» und «Karriere machen» geradezu gleichzusetzen – zum Beispiel in den sehr geläufigen Wendungen, dass Frauen der Familie zuliebe «auf ihre Karriere verzichten», während Männer der Kinder wegen selten «ihre Karriere zurückfahren». Wie viele Väter machen tatsächlich Karriere – und wie viele Mütter haben eine Karriere, auf die sie verzichten könnten? Meist geht es nicht um Karriere, sondern um die Gelegenheit zur Berufstätigkeit.

Gleichwohl scheint die Erwartung zu sein, dass sich aus dieser Möglichkeit, berufstätig zu sein, gerade für Männer automatisch auch eine «Karriere» ergibt; dass sie die «Karriereleiter» erklimmen und Schritt für Schritt immer bessere und höhere Positionen, immer bedeutsamere Aufgaben und immer mehr Verantwortung – und nicht zuletzt auch immer mehr Geld – bekommen. Karriere machen bedeutet, dass die Erfolgskurve stetig und steil nach oben weist, dass jemand Spannendes zu erzählen hat und dass er zu Recht die Anerkennung und die Bewunderung der anderen erntet. Die Männer, die Tom Cruise und Harrison Ford in amerikanischen Filmen spielen, zeigen uns, wie es aussieht, wenn jemand Karriere macht. Auch die Werbung spielt mit dem Bild des viel beschäftigten Vaters oder neuerdings auch der viel beschäftigten Mutter, die sich via Bildhandy vom Flugplatz aus vergewissern, dass es ihren Lieben daheim gut geht, während sie auf Erfolgsmission in der weiten Welt sind.

Hand aufs Herz – wessen Berufsbiographie passt schon in dieses Muster?! Auch wenn wir gelernt haben, unseren Lebenslauf in Bewerbungssituationen an das Muster einer stetigen und logischen Erfolgsstory anzupassen, die Realität sieht meist sehr viel brüchiger aus. Der Beruf ist in aller Regel eine bunte Folge von Erfolgen und Niederlagen und selten so spannend und herausfordernd wie in Hollywoodfilmen. Meist endet die Laufbahn irgendwo unspektakulär im Mittelfeld – als Mitarbeiter in einem Büro oder einem Geschäft, einem Lehrerzimmer, einer Praxis oder einem Labor. Was ja ein Erfolg ist! Denn damit ist nicht nur ein Platz in der Gesellschaft verbunden, sondern auch die Möglichkeit, sich und seine Familie zu ernähren. Ebenso sind mit diesen Arbeitsbereichen vielfältige Möglichkeiten zu befriedigender Arbeit verbunden. Aber ist das eine Karriere?

Im strengen Sinne machen die wenigsten von uns Karriere – und zwar schon per definitionem. «Karriere» bedeutet, dass hier jemand über die breite Masse und das Mittelfeld herausragt, und das können naturgemäß nur wenige. Gleichwohl prägt das Bild von der «Karriere» unseren Erwartungshorizont – nicht umsonst gelingt es charismatischen Motivationstrainern mit eher schlichten Botschaften, für teures Geld riesige Hallen zu füllen. Das Versprechen, den «Adler» in uns hervorzulocken und uns zu zeigen, wie man mühelos die höchsten Ziele erreicht, scheint auf eine große Sehnsucht zu treffen. Wer will schon im Hühnerhof leben … Und das heißt auch: Mit einem Platz im Mittelfeld ist gerade für Männer häufig eine latente Unzufriedenheit verbunden. Auch im Heimspielbereich der Männer verbindet sich mit der Heimspielrolle also ein Erwartungsdruck, der kaum zu erfüllen ist. So wie es Frauen kaum gelingen kann, das Ideal der «guten Mutter» zu erreichen, die ihre Kinder wunschlos glücklich macht, so gelingt es auch nur sehr wenigen Männern, im wörtlichen Sinne «Karriere zu machen».

Berufstätigkeit bietet auf der einen Seite also einen ganz erheblichen Gewinn an Selbstbewusstsein, Erfolg und Geld. Auf der anderen Seite ist sie mit einem erheblichen Druck verbunden und mit beruflichen Realitäten, welche den Vorstellungen von Selbstverwirklichung und Karriere keineswegs immer entsprechen oder ihnen auch nur nahe kommen. Diese mühsame und frustrierende Seite der Erwerbsarbeit wird heute sehr viel weniger betont als früher. Gleichwohl spiegelt sie sich im Erleben sowohl der Männer als auch der Frauen durchaus wider.

So bedeutet es für Frauen keineswegs immer einen Verzicht, der Kinder wegen eine berufliche Pause einzulegen. Häufig sind sie dankbar dafür, nach einigen Jahren Berufstätigkeit eine Auszeit nehmen zu können und dem schlechten Arbeitsklima, dem Druck oder der allmählich aufkommenden Langeweile erst einmal zu entkommen. Nicht selten ist eine Schwangerschaft die Gelegenheit, aus einem unbefriedigenden Job – auf Zeit oder generell – auszusteigen.

Diese Möglichkeit haben Männer nicht; sie sind «im Prokrustesbett lebenslanger Berufstätigkeit eingeklemmt»[70] – und das gilt umso mehr, wenn sie Familie haben.

A poor lonesome cowboy
a long way from home

Vor allem männliche Autoren weisen in den letzten Jahren verstärkt darauf hin, welche Anstrengung die Rolle als Familienernährer für die Männer bedeutet und welchen Preis sie dafür zahlen. Dieser Preis liegt in einer Entfremdung von ihrer Familie und sich selbst.

Das liegt zum einen daran, dass die Berufswelt nach vollkommen anderen Regeln funktioniert als das Familienleben. Vom Bild des Inneren Teams her gesehen, brauchen Männer tagsüber im Beruf eine völlig andere Mannschaftsaufstellung als abends in der Familie. Während im Beruf die konkurrenzerprobte, sachliche und leistungsbereite Profimannschaft gefordert ist, geht es in der Familie darum, sich aufeinander einzulassen, sich gegenseitig Raum zu geben und auch Schwächen zu zeigen. Diese Umstellung ist für Männer häufig ein Spagat. Dies spiegelt sich in der Paarberatung wider, wenn Frauen ihren Männern vorwerfen, sie seien emotional nicht an ihrer Familie interessiert. Dann schildern die Männer oft sehr emotional und verzweifelt, wie anstrengend ihre Arbeit sei, wie sehr sie das Gefühl hätten, kämpfen zu müssen, und wie ausgelaugt sie seien, wenn sie nach Hause kommen. Auch wenn Männer besser als Frauen dafür gerüstet sind, mit Konkurrenzsituationen umzugehen, spüren sie sehr wohl die Anstrengung, die damit verbunden ist.

Diese Anstrengung ist umso größer, als Männer dazu tendieren, ihre eigenen Grenzen auszublenden. Damit sind wir beim zweiten Grund dafür, warum das berufliche Engagement der Männer häufig zu einer Entfremdung von ihrer Familie führt. Weil Männer unter dem Eindruck stehen, sich durch beruflichen Erfolg als Mann erst beweisen zu müssen, stehen sie im Beruf häufig nicht nur äußerlich, sondern auch innerlich unter einem enormen Druck. Der ‹Karrieremann› und der ‹Familienernährer› im Inneren Team sind so stark, dass die Frage nach dem Preis der Karriere und nach möglichen Grenzen des beruflichen Engagements kaum noch zu stellen ist. Wenn erst der Erfolg den Mann und den erfolgreichen Vater macht,

Abbildung 49: Typische Dynamik im Inneren Team von Vätern

dann ist kaum ein Preis zu hoch dafür, dann darf Scheitern nicht sein, dann ist ein Mann ohne Arbeit oder ohne beruflichen Erfolg ein klägliches Mängelwesen!

Männer neigen demnach ebenso wie die Frauen in ihrem Heimspielbereich zur Verbissenheit. In Beratung und Coaching zeigt sich dies oft darin, wie selbstverständlich für viele Männer die Anforderungen des Berufs sind. Es ist oft kaum hinterfragbar, ob all die kurzfristig anberaumten Überstunden notwendig sind, ob es wirklich das Aus bedeuten würde, wenn er beruflich kürzer treten würde, oder ob die Familie wirklich auf keinen Fall mit weniger Geld auskommen könnte. Es fällt Männern ausgesprochen schwer, gewissermaßen einen Schritt zurückzutreten, ihr berufliches Engagement auf den Prüfstand zu stellen und gegen Familienbelange und Beziehungsinteressen abzuwägen. Der innere Druck ist oftmals so groß, dass die sachliche Überlegung, was tatsächlich unveränderbar ist und was nicht, anfangs kaum möglich ist. Daher können Spielräume im Beruf weder entdeckt noch genutzt oder gar gezielt ausgebaut werden.

Der Preis, den sie dafür zahlen, wird Männern oft erst spät bewusst. In diesem Kontext ist die inzwischen schon sprichwörtliche «Midlife-Crisis» zu sehen. Wenn allmählich die Begrenztheit des Lebens ins Bewusstsein rückt, dann stellt sich die Frage, ob dieses Leben eigentlich in die richtige Richtung läuft, noch einmal neu und verschärft. Und allzu häufig müssen Männer dann die Überlegung, ob sich all die Anstrengung eigentlich gelohnt hat und ob sie den richtigen Zielen galt, mit einem Fragezeichen versehen oder gar mit «Nein» beantworten. Im Beruf sind sie ersetzbar – und in der Familie inzwischen womöglich auch. Auch wenn der Beruf auf einmal wegfällt – sei es, weil der Arbeitsplatz verloren geht, sei es weil die Verrentung droht –, stehen Männer häufig vor der Frage, was ihrem Leben eigentlich außer der Arbeit sonst noch Sinn und

Energie gibt. Und häufig gibt es da nicht mehr allzu viel: ein Grund dafür, warum Männer Arbeitslosigkeit oder den Übergang in den Ruhestand deutlich schwerer verkraften als Frauen.

FRAUEN UND DIE ROSINEN DER BERUFSWELT

Berufstätigkeit als Selbstverwirklichung

Frauen gehen vollkommen anders an den Beruf heran als Männer. Sie suchen und finden ihren Beruf vor allem mit der Frage, was sie interessiert und was zu ihnen passt. Ihnen ist es wichtig, eine Arbeit zu haben, die ihnen Spaß macht, die sie sinnvoll und befriedigend finden und in der sie sich als Person wiederfinden und vielleicht auch weiterentwickeln können. Und sie suchen sich Arbeitsbereiche, in denen sie ein angenehmes Miteinander zumindest erwarten.

Daher finden sich Frauen nach wie vor verstärkt in den klassischen «Frauenberufen». Sie gehen in die Kranken- und Altenpflege, sie lernen Erzieherin, sie studieren Sozialpädagogik, Geistes- und Sozialwissenschaften, Grundschullehramt oder Psychologie. All dies sind Bereiche, in denen Frauen bei weitem in der Überzahl sind – und es sind Bereiche, in denen die Frage nach dem Sinn meist leicht zu beantworten ist. Was könnte sinnvoller sein, als sich um andere Menschen zu kümmern? Und was könnte erfüllender und anregender sein, als sich in Geistes- und Sozialwissenschaften mit dem zu beschäftigen, wie Menschen sich selbst sehen, die Hintergründe von Gesellschaft und Kultur zu verstehen oder ein Verhältnis zu Kunst, Musik und Literatur zu bekommen?

Die klassischen Frauenbereiche zeichnen sich allerdings auch durch andere Kriterien aus. Sie sind häufig mit schlechteren Chancen auf dem Arbeitsmarkt verbunden – und sie werden weitaus schlechter bezahlt als die klassischen Männerberufe in Handwerk und Wirtschaft. An diesen Kriterien orientieren sich Mädchen und Frauen bei ihrer Berufswahl erst in zweiter Linie oder überhaupt nicht. Sie fragen wesentlich weniger als Männer danach, wie viel sie in einem Beruf später verdienen können und wie es um Arbeitsplätze und Aufstiegsmöglichkeiten bestellt ist.

Kurz gesagt, Frauen sehen den Beruf in erster Linie als Weg zu einer sinnvollen Tätigkeit und als Möglichkeit zur Selbstverwirklichung und weniger als Weg zu Erfolg, Karriere und Geld.[71] Ihnen geht es

Abbildung 50: Die ‹Idealistin› als Spielführerin im Inneren Team von Frauen

sehr viel weniger als Männern darum, sich im Beruf zu beweisen; sie wollen um der Sache, nicht um des Glanzes willen gut sein. In ihrem Inneren Team ist also nicht die zielorientierte ‹Karrierefrau›, sondern die ‹Idealistin› Spielführerin. Diese fragt weniger nach dem äußeren Erfolg als nach der inneren Mission. Entsprechend ist sie an Strategien, welche das berufliche Fortkommen fördern, wenig interessiert.

Gerade wegen dieser idealistischen Motivation ist der Beruf für Frauen ein bedeutsamer Teil ihrer Identität. Auch wenn sie Familie haben, ist ihre Arbeit ein wichtiges Feld der Selbstverwirklichung, ein ureigener Bereich, den sie der Familie zuliebe nicht aufgeben wollen. Vor allem jüngeren Frauen mit einer guten Ausbildung reicht die Mutterrolle in der Regel nicht. Sie wollen nicht nur Mutter sein und nicht nur mit Kindern und anderen Müttern zusammen sein. Sie wollen auch «unter Menschen kommen» und zeigen, dass sie nicht nur sorgen und trösten können, sondern auch ganz andere Kompetenzen haben.

Dies ist umso wichtiger, als es zunehmend schwierig ist, aus der wenig prestigeträchtigen Rolle Vollzeit-Mutter und Hausfrau Selbstbewusstsein zu ziehen. Gerade Frauen, die vor der Geburt ihrer Kinder berufstätig waren, spüren oft empfindlich, wie viel Anerkennung und wie viel Selbstbewusstsein mit dem Rückzug aus dem Beruf und dem Verlust des eigenen Einkommens verloren geht. Zudem ist es heute nicht mehr selbstverständlich, dass Partnerschaften ein Leben lang halten. Frauen verlassen sich realistischerweise immer weniger darauf, dass ihr Partner lebenslang für sie sorgen wird. Auch darum ist es Frauen wichtig, ihre eigene Berufsperspektive zu erhalten und durch ein eigenes Einkommen ihre Altersversorgung zu sichern: Sie wollen sich nicht zu sehr von ihrem Partner abhängig machen.

Die Rolle der Zuverdienerin

Was Frauen dagegen *nicht* als Motivation für ihre Berufstätigkeit nennen, ist die Notwendigkeit, die Familie zu ernähren.[72] Für das Familieneinkommen sorgen die Väter – und wenn Mütter finanzielle Gründe für ihre Berufstätigkeit anführen, dann meistens den, dass das Einkommen des Mannes nicht reicht und sie daher dazuverdienen müssen. Doch das ändert in aller Regel nichts an der Rollenverteilung zwischen den Partnern: Er sichert die Basis, und sie verdient «dazu»; er ist der «Breadwinner» und sorgt für das tägliche Brot, sie ist die «Cakewinnerin» und ermöglicht einen größeren finanziellen Spielraum.

Diese Rollenverteilung wird häufig damit begründet, dass der Mann mehr verdient. Das ist in aller Regel auch richtig, allerdings greift dieses Argument zu kurz. Denn ein wichtiger Grund dafür, warum Männer mehr verdienen, liegt darin, dass sie bereits bei ihrer Berufswahl die Möglichkeit vor Augen hatten, von ihrem Gehalt später eine Familie zu erhalten. Weil Männer sich von vornherein als spätere Familienernährer sehen, ist für sie die Frage nach dem Verdienst ein wichtiges Kriterium bei ihrer Entscheidung für einen Beruf. Frauen entscheiden nach völlig anderen Kriterien. Sie haben die Möglichkeit, dass sie später einmal die Familienernährerin sein könnten, selten im Blick, dafür achten sie darauf, dass ihr Beruf gute Teilzeitmöglichkeiten bietet. Männer wie Frauen nehmen also bereits bei ihrer Berufswahl die spätere Rollenverteilung vorweg – er bereitet sich auf die Rolle als Ernährer vor und sie auf die Rolle der zuverdienenden Mutter.[73]

Die Rolle als Zuverdienerin hat Vor- und Nachteile. Weil die Familie nicht in erster Linie von ihrem Einkommen lebt, stehen Frauen wesentlich weniger unter dem Druck der finanziellen Verantwortung. Wenn der Familienernährer seinen Job verliert, dann ist dies eine existenzielle Katastrophe, weil damit die Lebensgrundlage der Familie in Frage gestellt wird. Wenn sie als Zuverdienerin ihren Job verliert, dann ist das zwar schlimm (für sie selbst und auch für das Familienbudget), aber dennoch bleibt die finanzielle Basis der Familie in der Regel erhalten. Das ist eine enorme Entlastung! Frauen sind im Beruf auch dadurch entlastet, dass sich meist beide Partner einig sind, dass ihre wichtigste Aufgabe die Versorgung der Kinder ist. Ihren Hauptjob erledigt sie also außerhalb des Berufes. Häufig (wenn auch nicht immer) ist der Beruf für sie Kür und nicht Pflicht – sie *kann*, aber sie *muss* nicht berufstätig sein.

Das führt dazu, dass Frauen im Beruf wesentlich mehr Spielraum haben als Männer. Sie können sich freier entscheiden, wie viel sie arbeiten wollen, und sie können leichter kündigen, wenn sie mit einer Stelle nicht mehr zufrieden sind oder sich unwohl fühlen. Und sie können sich bei der Jobsuche wiederum stärker als ihre Partner daran orientieren, was ihnen Spaß macht, weil sie weniger stark unter dem Druck stehen, möglichst schnell möglichst viel verdienen zu müssen.

Allerdings hat die Rolle als Zuverdienerin auch gravierende Nachteile. Denn diese Rahmenbedingungen führen dazu, dass ihr Beruf weniger ernst genommen wird als seiner. Wenn er der Hauptermährer der Familie ist, dann ist sein Beruf de facto wichtiger als ihrer. Der existenziellen Wichtigkeit seines Einkommens für die Familie steht ihr persönlicher Wunsch nach Teilhabe am beruflichen Leben und nach Anerkennung gegenüber. Die Waagschalen sind ungleich bestückt – und das hat unmittelbare Folgen für ihre beruflichen Möglichkeiten. Spätestens dann, wenn Kinder da sind, wird die Frage interessant, wer wie viel Rücksicht auf familiäre Belange nehmen muss. Wer wird für eine Dienstreise familiär ‹freigestellt›? Wer kann spontan Überstunden machen und selbstverständlich erwarten, dass der Partner einspringt? Wann und wem zuliebe zieht die Familie aus beruflichen Gründen um? Bei all diesen Fragen hat er als Familienernährer deutlich bessere Karten.

Häufig scheint es sich nicht einmal wirklich zu rechnen, dass sie überhaupt berufstätig ist, denn nach Abzug von Steuern, Kinderbetreuung und Fahrtkosten bleibt von ihrem Gehalt zuweilen kaum noch etwas übrig. Und dafür der ganze Aufwand an Kinderbetreuung und Organisation? Finanziell lohnt es sich nicht – und wenn sie trotzdem arbeiten geht, dann erscheint ihr Beruf eher als Hobby und Freizeitvergnügen, als eine Art Spielwiese in seinem Windschatten.

Das ist jedoch aus verschiedenen Gründen eine Milchmädchenrechnung. Zum einen bleibt von ihrem Gehalt auch deswegen so wenig übrig, weil nicht reell gerechnet wird. In aller Regel hat er als Familienernährer die bessere Lohnsteuerklasse, während sie den vollen Abzug der Zuverdienersteuerklasse hat. Zum anderen werden die Kosten für die Kindererziehung allein mit ihrem Gehalt gegengerechnet. Auch dies macht nur dann Sinn, wenn beide sich einig sind, dass er der Familienernährer ist – und dass es eigentlich ihre Aufgabe wäre, für die Kinder zu sorgen. Warum sonst sollte sie allein die Kinderbetreuung zahlen? In dieser Art der Rechnung ist also die Rollenverteilung zwischen Familienernährer und zuverdienender Mutter bereits enthalten. Und zugleich verstärkt diese Rechenweise diese Rollenzuschreibung. Was außerdem dabei nicht in Rechnung gestellt wird, ist die Tatsache, dass die Berufstätigkeit auch für ihre spätere Rente von Bedeutung ist – und dass sie vor allem ein wichtiger Beitrag dazu ist, beruflich im Spiel zu bleiben! Eine lange Kinderpause birgt nach wie vor die Gefahr, beruflich aufs Abstellgleis zu geraten. Insofern ist ihre Berufstätigkeit eine geldwerte Investition in die Zukunft.

Mütter haben als Zuverdienerinnen also eine wesentlich komfortablere Rolle als ihre Männer als Familienernährer, wenn auch um den Preis, dass ihre Berufstätigkeit zweitrangig zu werden droht. An dieser Stelle könnte man den Vorwurf der Rosinenpickerei an die Frauen zurückgeben, denn sie nutzen häufig die Berufstätigkeit als Möglichkeit zur Selbstverwirklichung und überlassen den schwer verdaulichen Rest der finanziellen Verantwortung ihren Männern. Diese stehen beruflich sehr viel stärker unter Druck. Weil die Familie von ihrem Einkommen abhängt, können sie sich sehr viel weniger den Luxus leisten, danach zu fragen, welcher Job ihnen Spaß machen oder sie persönlich befriedigen würde – sie müssen vor allem Geld nach Hause bringen! Und selbst, wenn sie es wollen, ist es für sie schwerer, ihre Arbeitszeit zu reduzieren oder gar für einige Zeit auszusetzen, denn der Verlust an fest eingerechnetem Einkommen wäre für die Familie meist nicht zu verkraften. Und kann er als Familienernährer sich das Risiko leisten, sich nach einer Auszeit womöglich auf dem Abstellgleis wiederzufinden?

Diesem Druck und den Folgen dieses Drucks müssen sich Frauen als Zuverdienerinnen nur in sehr begrenztem Maße aussetzen. Frauen nehmen also ihr Recht auf Berufstätigkeit wahr und picken sich die angenehmen Rosinen aus dem Berufsleben heraus – ohne sich aber im Gegenzug in gleicher Weise in die Pflicht nehmen und vor den Karren der finanziellen Verantwortung spannen zu lassen.

Zugleich ist es zu kurz gegriffen, den Frauen vorzuwerfen, sich hier auf Kosten ihrer Männer ein schönes Leben zu machen. Frauen entwickeln ihr gelasseneres Verhältnis zum Beruf ja nicht erst dann, wenn sie einen Familienernährer im Rücken haben, der im Zweifelsfall für sie aufkommt. Sie gehen von vornherein mit einer anderen Haltung und mit anderen Zielen an den Beruf heran, und sie füllen ihre Berufsrolle mehrheitlich auch dann anders aus, wenn sie alleine leben.

Frauen sind wesentlich weniger bereit, ihr ganzes Leben in den Dienst von Erfolg und Karriere zu stellen. Sie geben Familie und Freunden einen höheren Stellenwert und achten mehr darauf, dass für diese Beziehungen in ihrem Leben genug Platz und auch genug Energie übrig bleibt. Und finanzielle Sicherheit und gute Aufstiegsmöglichkeiten wiegen es für sie nur begrenzt auf, wenn ein Job ihnen keinen Spaß macht und sie sich immer weiter von ihren eigentlichen Zielen im Leben entfernen. Frauen sehen also deutlicher, welchen Preis eine Karriere fordert, und überlegen sorgfältiger, welchen Preis sie zu zahlen bereit sind. Wo ist der Beruf noch Erfüllung – und wo wird er zum Hamsterrad? Der Beruf ist für sie ein wichtiger Teil ihres Lebens, aber keineswegs der Maßstab aller Dinge.

Damit gehen Frauen ähnlich an den Beruf heran wie Männer an Haushalt und Familie. In diesem Bereich haben die Frauen mehr Distanz zu vermeintlichen Zwängen, hier betonen die Frauen, dass Zeit für andere Dinge wichtiger sein kann als Perfektion. Wie die Männer so zeigen also auch die Frauen in ihrem Auswärtsspielbereich eine Gelassenheit, von der sich die verbissenen Heimspieler eine Scheibe abschneiden können.

4. FAZIT

Warum zwischen Männern und Frauen manches beim Alten bleibt

Es gibt also gute Gründe dafür, warum manche Veränderungen zwischen Männern und Frauen so mühsam sind – allen Wünschen und allen veränderten Überzeugungen zum Trotz.

Nicht nur, dass sich Frauen wie Männer nach wie vor stark mit ihrem Heimspielbereich identifizieren, sie haben auch für diesen Heimspielbereich eine gut bestückte und trainierte innere Mannschaft zur Verfügung, die sich durch Fehlschläge und Misserfolge nicht allzu sehr entmutigen lässt. Ganz anders im Auswärtsspiel: Dort würden Mitglieder im Inneren Team gebraucht, die bei Frauen und Männern eher ein Schattendasein führen. So bräuchten Frauen im Beruf ihre kämpferischen und machtbewussten Seiten, die sie nach wie vor eher verstecken und indirekt ausleben. Umgekehrt sind bei Männern häufig die weichen und gefühlvollen Teammitglieder, die im Familienleben von großer Bedeutung sind, eher von der Kontaktlinie verbannt. Daher ist das Auswärtsspiel für beide Geschlechter mühsamer als das Heimspiel. Zugleich treffen Männer und Frauen im Auswärtsspiel auf die Konkurrenz des jeweils anderen Geschlechts, das sehr viel selbstbewusster und selbstverständlicher auftritt – was zusätzlich verunsichernd und entmutigend wirkt.

Und diese Konkurrenten geben auch noch die Regeln vor, nach denen gespielt wird. So gilt im Beruf die implizite Regel «Möge der Stärkere gewinnen!». Diese offene Konkurrenz ist für Frauen höchst befremdlich; sie empfinden ein solches Verhalten als kränkend und rücksichtslos. Und sie machen hier die irritierende Erfahrung, dass sie mit ihrem gewohnten zugewandten und kooperativen Verhalten nicht effektiv sind und den Männern gegenüber den Kürzeren ziehen. Das Gleiche passiert umgekehrt den Männern in der Familie. Hier wird unter dem Banner der Moral gekämpft, es geht um gut und schlecht, um Regeln und um Rücksichtnahme. Auf diesen Kampf mit den Waffen der Moral sind Männer nicht vorbereitet, und wenn sie auf ihre Weise kämpfen, finden sie sich unversehens in der Rolle des Bösewichts wieder. Darauf reagieren sie ebenso wie die Frauen auf offene Konkurrenz – nämlich mit Verunsicherung und Hilflosigkeit. Beide Geschlechter haben also im Auswärtsspiel Mühe, sich gegen die höchst machtvollen Heimspieler zu behaupten.

Dazu kommt: Auch wenn Frauen wie Männer sehr wohl den Wunsch haben, sich mehr im jeweils anderen Bereich zu engagieren, hat für beide das Engagement im Heimspielbereich Priorität – vor allem dann, wenn Kinder da sind. Wenn Frauen Familie haben, dann steht diese für sie meist im Mittelpunkt, und sie organisieren ihre Berufstätigkeit um die Familie herum. Familie ist Pflicht, Beruf ist Kür! Umgekehrt steht für Männer der Beruf im Vordergrund. Auch und gerade, wenn er Familie hat, muss er im Beruf erfolgreich sein und Geld verdienen, denn als Familienernährer sorgt er für den Lebensstandard und die materielle Absicherung. Auch wenn sich das Bild von Vätern stark geändert hat, ist dies ihre wichtigste Aufgabe geblieben. Das Verantwortungsgefühl, das mit den Aufgaben des Heimspielbereichs verbunden ist, setzt also dem Engagement im Auswärtsspiel klare – und häufig sehr enge – Grenzen.

Und nicht zuletzt legen auch die gesellschaftlichen Rahmenbedingungen für Familien nach wie vor eher die traditionelle Rollenteilung nahe. Es kostet häufig erhebliche Mühe, eine verlässliche Kinderbetreuung zu organisieren; Krippenplätze und Ganztagsplätze sind ebenso rar wie Teilzeitarbeitsplätze mit Karriereaussichten.

Mütter und Väter, die sich ein anderes Familienmodell wünschen, brauchen also nicht nur den Willen dazu, sondern auch Improvisationstalent, Hartnäckigkeit, Belastbarkeit und Unterstützung.

Es liegt auf der Hand, dass sich diese Punkte gegenseitig verstärken. Wenn sich das Auswärtsspiel als dermaßen schwierig erweist, dann liegt es nahe, sich dort nur einige Rosinen herauszupicken und sich ansonsten auf den Heimspielbereich zu konzentrieren, wo man (im wahrsten Sinne des Wortes) leichteres Spiel hat und ohnehin seine wichtigste Aufgabe sieht. Und häufig steht der Partner oder die Partnerin bereit, um einem im Auswärtsspiel den Rücken freizuhalten – Frauen entlasten ihre Männer vom Löwenanteil der Familienarbeit und Männer ihre Frauen von der Familienernährerrolle. Im Ergebnis sind Männer wie Frauen in ihrem Heimspielbereich dominant und erfolgreich – und spielen im Auswärtsspiel eher eine Nebenrolle.

Das Zusammenspiel von Frauen und Männern funktioniert also in Beruf und Familie nach parallelen Gesetzen, allerdings mit vertauschten Rollen. Die Rollenverteilung ist in beiden Bereichen spiegelbildlich.[74] Zugleich entwickelt sich in den beiden Bereichen eine völlig andere Dynamik. Zum einen geht es jeweils um vollkommen andere Dinge. Im Beruf stehen Arbeit, Leistung und Konkurrenz im Mittelpunkt – in der Familie Beziehungen und Nähe. Damit sind andere Wünsche und andere Umgangsweisen verbunden, und es bestimmen vollkommen unterschiedliche Mitglieder des Inneren Teams den Kontakt und damit Atmosphäre und Dynamik. Zum anderen sind Männer und Frauen in Partnerschaft und Familie sehr viel stärker aufeinander bezogen als im Beruf.

Männer sind im Beruf auf Frauen nicht angewiesen. Auch wenn sie sicherlich mit manchen Kolleginnen gerne zusammenarbeiten, zunächst einmal sind Frauen Konkurrentinnen um Arbeitsplatz und Karrieremöglichkeiten. Es stellt für Männer daher kein Problem dar, wenn Frauen sich beruflich eher in der zweiten Reihe halten: Im Gegenteil, sie profitieren davon, wenn es weniger ernsthafte Konkurrentinnen gibt. Die Einzigen, die ein Interesse an einer Veränderung der beruflichen Rollenverteilung haben, sind die Frauen selbst.

Das sieht in der Partnerschaft anders aus. Hier treten Frauen und Männer weniger gegeneinander als vielmehr miteinander an. Hier geht es nicht nur um gemeinsame Projekte (die Kinder, den Haushalt, die Gestaltung des gemeinsamen Lebens), sondern auch um das Gelingen der Partnerschaft und den Wunsch nach Nähe und Gemeinsamkeit. Auch hier sind Männer und Frauen durchaus Konkurrenten (Wer bestimmt die Richtung? Wen mögen die Kinder lieber?), aber sie sind auch und vor allem Partner, die ein gemeinsames Leben gestalten wollen. In der Partnerschaft leiden Männer und Frauen auf zwar unterschiedliche Weise, aber in ähnlichem Ausmaß darunter, wenn sich das Ideal von Partnerschaftlichkeit nicht umsetzen lässt und die Kommunikation schwierig ist. Und die Konflikte betreffen hier nicht nur die Frage der Aufgabenteilung, sondern wesentlich auch die Frage, wie mit Nähe umgegangen wird, wie befriedigende Gespräche aussehen können und wie mit Konflikten umgegangen wird – kurz: Sie betreffen den Kern der Partnerschaft.

Frauen und Männer zwischen zwei Welten

Auch wenn Frauen und Männer gleichermaßen dazu beitragen, dass manches beim Alten bleibt – zugleich ist das alte Spiel, die alte Rollenverteilung zwischen Männern und Frauen heute radikal und grundlegend in Frage gestellt.

Frauen sind schon lange nicht mehr damit zufrieden, auf Haushalt und Kinder beschränkt zu sein – und sie wollen auch nicht mehr die Haupt- oder gar Alleinverantwortung dafür übernehmen. Männer übernehmen zwar noch mit großer Selbstverständlichkeit die Rolle des Familienernährers, aber sie möchten für ihre Kinder präsent sein und sich nicht mehr vom Beruf auffressen lassen. Beide haben also sehr deutlich den Wunsch, im Auswärtsspiel präsent zu sein. Dieses ist nicht nur ein angstbesetztes Vermeidungsfeld, sondern auch das Zielgebiet der Sehnsucht – und diese Sehnsucht ist es, die Veränderung in das alte Spiel bringt. Wir befinden uns in einer Übergangszeit: Das Alte trägt nicht mehr, aber es *prägt* sehr wohl noch! Und wohin es jetzt gehen soll, ist durchaus noch nicht klar.

Übergänge sind durch Widersprüche und Ambivalenzen gekennzeichnet. Diese Widersprüche führen zu Doppelbotschaften und zu heftigen Konflikten im Inneren Team. So treffen Männer allerorten auf die Doppelbotschaft: «Engagier dich zu Hause – aber sei dir bewusst, dass erst beruflicher Erfolg den wahren Mann und Vater ausmacht!» Und auch in seinem Inneren Team streiten sich der ‹Vater› und der ‹Karrieremann› heftig um die richtige Balance von Beruf und Familie. Diesen inneren Konflikt kennen auch Frauen, und sie sehen sich auch ähnlichen Doppelbotschaften gegenüber: «Sei ganz für deine Kinder da – aber rechne damit, als Vollzeitmutter eher belächelt zu werden und wenig Anerkennung zu bekommen. Sei berufstätig und mache als moderne Frau Karriere – aber wenn du das tust, bist du eine Rabenmutter.»

Männer und Frauen haben also den Wunsch, in beiden Bereichen mitzumischen, und werden auch von anderen zunehmend mit der Erwartung konfrontiert, im Auswärtsspiel Punkte zu machen. Zugleich sehen sie sich in ihrem Heimspiel mit Erwartungen und Maßstäben konfrontiert, die sie voll in Anspruch nehmen und die sich mit einem verstärkten Engagement im Auswärtsspiel nur schwer in Einklang bringen lassen. Im Gegenteil, die Schere öffnet sich eher noch mehr! Die Ansprüche an eine «gute Mutter» steigen im gleichen Maße wie der Wunsch der Frauen nach Berufstätigkeit. Und auch der berufliche Druck nimmt als Folge von Globalisierung und gesellschaftlicher Umstrukturierung zu.

Übergänge sind unbequem und konflikthaft. Die Chance, zwischen die Stühle von alter und neuer Erwartung an Mütter und Väter, an Frauen und Männer zu geraten, ist groß, und die Widersprüche bringen gerade in den Partnerschaften heftige Konflikte und Schwierigkeiten mit sich. Hier werden die Widersprüche konkret, hier müssen sie gelöst werden, und die Enttäuschung darüber, wenn das nicht gelingt, entzündet sich häufig am Partner, an der Partnerin.

Zugleich bieten dieser Übergang und diese Orientierungslosigkeit einen erheblichen Freiraum. Bei allen Schwierigkeiten haben Paare heute die Möglichkeit, zu wählen – zwischen dem «klassischen» Modell, der Berufstätigkeit beider Eltern mit entsprechender Kinderbetreuung und allen möglichen Zwischenstufen, Varianten und Alternativen. Wir sollten uns von der Vorstellung verabschieden, es gebe nur eine einzige allein selig machende Lebensweise, die für alle Frauen, Männer und Kinder gleichermaßen richtig ist. Womöglich könnte in Zukunft die individuelle ‹Passform› für das einzelne Paar, die konkrete Familie die entscheidende Bezugsgröße werden.

Dabei kommen wir jedoch nicht an der Erkenntnis vorbei, dass keiner der beiden Bereiche den anderen aufwiegen kann. Beruf und Familie sind unterschiedliche und eigenständige Säulen der Identität. Es sind jeweils andere Seiten der Persönlichkeit gefragt und gefordert, und wir suchen und bekommen hier ganz unterschiedliche Dinge. In Familie und Freundeskreis erhalten wir Zuwendung und Zuneigung und können dies umgekehrt auch anderen geben. Gelingende Beziehungen sind eine kaum zu überschätzende Quelle für Zufriedenheit und Glück. Mit dem Beruf ist etwas vollkommen anderes verbunden: nämlich die Zufriedenheit mit der eigenen Kompetenz und den Früchten der eigenen Arbeit, die Anerkennung, die man dafür erntet, und nicht zuletzt die Möglichkeit, jetzt und in Zukunft von der eigenen Arbeit zu leben.

Es geht also um unterschiedliche Dinge, und die beiden Bereiche sind nicht (oder nur mit hohen Kosten) ineinander übersetzbar. Im Beruf kann man sein Bedürfnis nach Nähe und Zuwendung nur sehr begrenzt stillen, und beruflicher Erfolg wiegt Einsamkeit nicht auf. Ebenso ist es schwierig, in der Familie mit dem Bedürfnis nach Erfolg und beruflicher Anerkennung auf seine Kosten zu kommen. Auch eine glückliche Familie kann nur sehr begrenzt das Bedürfnis befriedigen, für die eigene Leistung anerkannt zu werden und beruflich etwas auf den Weg zu bringen und (mit-) zu gestalten. Auch wenn mit einer Familie harte Arbeit verbunden ist, geht es hier nicht primär um Leistung, sondern um Beziehungen. Wenn Eltern in der Familie berufliche Anerkennung suchen, dann wird Erfolg und Glück der Kinder für sie zum Maßstab für Erfolg oder Scheitern. Der Leistungsdruck der Eltern landet dann letztlich bei den Kindern.

So schwer es also sein mag, zu einer guten Balance zwischen Beruf und Familie zu kommen – es lohnt sich, nach ihr zu suchen! Allerdings will die Veränderung der Rollen, die mit dieser Balance verbunden ist, auch verarbeitet und bewältigt werden.

Was bedeutet das für Frauen, für Männer und für Paare? Was kann und müsste jeder dazu beitragen, und welche Hilfestellungen hat die Kommunikationspsychologie dabei anzubieten? Um diese Fragen wird es in den folgenden Kapiteln gehen.

Und was nun? Wege aus den Sackgassen

Wie kann es also gelingen, aus den beschriebenen Sackgassen herauszukommen; welche Ansatzpunkte sind aussichtsreich?

Auf diese Fragen gibt es zwei unterschiedliche Antworten. Die eine lautet: Es geht um Wissen und um Strategien. Nur wenn Männer und Frauen die Sackgassen durchschauen und andere, aussichtsreichere Verhaltensweisen kennen, haben sie die Chance, etwas anders zu machen. Der kommunikative Handwerkskoffer muss also besser bestückt werden, und Frauen und Männer sollten außerdem ihre Fertigkeiten im Umgang mit diesem Werkzeug schulen und ausbauen. Die andere Antwort lautet: Frauen und Männer landen nicht in erster Linie deshalb in den Sackgassen, weil ihnen Wissen fehlt, sondern weil sie so sind, wie sie sind. Eine wirkliche Veränderung des Umgangs miteinander setzt eine Auseinandersetzung mit sich selbst und eine Entwicklung des Inneren Teams voraus. Welche inneren Konflikte müssten gelöst werden, damit überhaupt die Richtung klar ist, in die die Reise gehen soll? Welches Teammitglied bräuchte Grenzen – und wer im Inneren Team könnte diese Grenzen setzen? Welche Mitglieder des Inneren Teams müssten aufgebaut oder gestärkt werden – und wie kann das gehen?

Beide Antworten haben ihre Berechtigung. Wissen und kommunikatives Handwerkszeug können nur dann sinnvoll genutzt werden, wenn Haltung und Verhalten durch eine entsprechende Mannschaftsaufstellung im Inneren Team gewissermaßen innerlich gedeckt sind. Andernfalls bleibt es bei einem Schönwetterverhalten, das sich spätestens beim ersten Konflikt, bei der ersten Krise als wenig tragfähig und untauglich erweisen wird. Zugleich jedoch profitieren gerade neue oder ungeübte Teammitglieder in besonderem Maß von Wissen und von Handwerkszeug. Gerade dort, wo es darum geht, sich im Auswärtsspiel zu behaupten, ist das Wissen über die Spielregeln, die dort gelten, wichtig. Und bei der Suche nach einem eigenen Weg ist es hilfreich, Beispiele vor Augen zu haben, wie man innerhalb dieser Spielregeln erfolgreich sein kann.

Ich werde daher beiden Richtungen folgen. Ich werde einerseits nachzeichnen, welche Entwicklungsrichtungen des Inneren Teams Frauen und Männer aus den beruflichen und partnerschaftlichen Sackgassen herausführen können. Andererseits werde ich auch ganz praktisch Handwerkszeug darstellen, das im Umgang mit dem anderen Geschlecht und den Konflikten in Partnerschaft und Beruf hilfreich ist. Dabei wird es zunächst um den Bereich von Partnerschaft und Familie gehen, anschließend folgt die berufliche Kommunikation zwischen Männern und Frauen.

5. PARTNERSCHAFT UND FAMILIE

Wie können Frauen und Männer also in der Partnerschaft gut miteinander reden? Die erste Antwort auf diese Frage hat noch gar nicht viel mit dem Partner oder der Partnerin zu tun, denn der erste Schritt zu einer konstruktiven Auseinandersetzung besteht häufig in der Auseinandersetzung mit sich selbst.

5.1 Konflikte im Inneren Team klären

Innere Konflikte und ihre Wirkung auf die Partnerschaft

Bei wichtigen Fragen und Entscheidungen, in Konflikten und Schwierigkeiten melden sich in aller Regel viele innere Stimmen zu Wort, die uns vollkommen unterschiedliche Dinge zu fühlen und zu bedenken geben und die sehr verschiedene Vorstellungen davon haben, was wir tun sollen. So alltäglich und normal innere Mehrstimmigkeit also ist – sie hat Folgen für den Umgang mit anderen. Denn ungelöste Konflikte im Inneren Team haben die Tendenz, Konflikte mit dem Partner oder der Partnerin zu schaffen oder aufzuheizen.

Wenn Sie als Frau beispielsweise den Konflikt zwischen der ‹Mutter› und der ‹Karrierefrau› in Ihrem Inneren Team nicht wirklich gelöst haben, dann kann es sein, dass Sie Ihrem Partner oder Ihrer Partnerin höchst widersprüchliche Botschaften senden. So wünschen Sie sich vielleicht (unter dem Einfluss der ‹Mutter›) von Ihrem Partner einerseits, dass er Ihnen als Familienernährer den Rücken freihält – während Sie ihm andererseits sein Berufsengagement übel nehmen, weil er (aus Sicht der ‹Karrierefrau›) auf Ihre

Kosten Karriere macht und Sie mit Kindern und Haushalt alleine lässt. Oder Sie geben als Mann Ihrer Partnerin unter dem Einfluss des engagierten ‹Familienvaters› (und vielleicht auch des schlechten Gewissens) Zusagen, die Sie später nicht einhalten – weil die berufliche Stammmannschaft sich so breit macht, dass für die Familie wieder einmal kein Platz bleibt oder weil eine trotzige Stimme sich im Nachhinein durch eine Vereinbarung vereinnahmt und bevormundet fühlt.

Innere Unklarheit führt also – wie sollte es auch anders sein – auch zu äußerer Unklarheit. Die daraus resultierenden Konflikte mit dem Partner oder der Partnerin (die begreiflicherweise verunsichert, gekränkt oder verärgert reagieren) wären vermeidbar oder würden zumindest in konstruktiveren Bahnen verlaufen, wenn der innere Konflikt geklärt wäre. Und natürlich betrifft dies nicht nur die typischen Konfliktfelder zwischen Männern und Frauen, auf die sich dieses Buch konzentriert, sondern alle Fragen und Probleme des Familienlebens: Wollen Sie ein (weiteres) Kind? Wollen Sie (und wenn ja, wie?) für die pflegebedürftige Schwiegermutter sorgen? Wie weit sind Sie bereit, sich für ein eigenes Haus zu verschulden? Wie reagieren Sie innerlich und äußerlich auf Arbeitslosigkeit oder Krankheit? All diese Dinge rufen unterschiedlichste Mitglieder des Inneren Teams auf den Plan und können nicht nur Anlass für Konflikte zwischen Ihnen und Ihrem Partner sein, sondern auch Auslöser innerer Konflikte bei jedem von Ihnen.

Selbstklärung und die Auseinandersetzung mit den Konflikten im eigenen Inneren Team sind daher häufig der erste Schritt zu einer konstruktiven Auseinandersetzung mit dem Partner. Je klarer Sie sich über sich selber sind, desto klarer können Sie auch Ihrem Partner begegnen, und desto weniger werden Sie sich in Doppelbotschaften, Unklarheiten oder Selbstsabotage verstricken.

Wer sich übergangen fühlt, neigt dazu, mit Stänkereien und Sabotage auf sich aufmerksam zu machen: Das gilt im Inneren Team ebenso wie im Umgang mit anderen Menschen. Daher empfiehlt es sich, allen inneren Stimmen, die sich zu Wort melden, Gehör zu schenken, auch den nicht linientreuen, netten und sozialverträglichen Teammitgliedern. Wir werden sie ohnehin nicht los – anders als in äußeren Teams haben wir nicht einmal die Möglichkeit, uns von ihnen durch Kündigung zu trennen.

Auch und gerade die Teammitglieder, die uns im Alltag wenig bewusst sind, die wir vielleicht auch nicht mögen oder die uns sogar peinlich sind, spielen bei inneren Konflikten häufig eine große Rolle. So ist die ‹Haushaltschefin›, welche die Richtlinienkompetenz in Familie und Haushalt beansprucht und die keineswegs Verantwortung an den Partner abgeben möchte, Frauen meist wenig bewusst. Und sie finden diese Stimme häufig auch unangenehm und peinlich! Riecht das nicht geradezu nach Hausdrachen?! Ebenso wenig ist Männern klar, wie viel Trotz und Verweigerung hinter dem ‹Unschuldsengel› stecken. Meist sind sie ehrlichen Herzens davon überzeugt, dass wirklich allein äußere Gründe sie daran gehindert haben, Vereinbarungen pünktlich einzuhalten. Und auch hier ist es oft nicht leicht und schon gar nicht angenehm, diese heimliche Rebellion vor sich selbst oder gar vor anderen zuzugeben. Entlarvt man sich hier nicht selbst als falscher Fünfziger, der sich überdies offenbar gegen die eigene Frau nicht durchsetzen kann?

Solange diese wichtigen Stimmen im seelischen Untergrund bleiben und damit auch mit ihren Anliegen nicht gehört werden, ist die Wahrscheinlichkeit groß, dass sie Vereinbarungen sabotieren werden. Bei der Suche nach tragfähigen Lösungen sollten sie möglichst von vornherein mit einbezogen werden. So macht es wenig Sinn, Aufgaben abzugeben, bei denen Ihre innere ‹Haushaltschefin› sehr genaue Vorstellungen hat, wie diese zu erledigen sind, wenn Ihr Partner diese Vorstellungen nicht teilt. Ebenso gibt der hinter dem ‹Unschuldsengel› verborgene Ärger wichtige Hinweise darauf, wo Sie mit einer Vereinbarung eigentlich nicht einverstanden sind, weil Sie sich womöglich übergangen oder bevormundet fühlen. Wenn daher die ‹Chefin› oder der ärgerliche ‹Autonomiewächter› nicht von vornherein Raum bekommen, werden Sie sich im Nachhinein mit Kontrolle oder Verweigerung diesen Raum nehmen.

Bei schwierigen Themen oder Konflikten lohnt es sich daher, das eigene Innere Team dazu zu erheben. Wer meldet sich hier mit welchen Anliegen, Wünschen und Gefühlen zu Wort? Welche Art Familienleben wünscht sich beispielsweise die ‹Mutter› oder der ‹Vater› in Ihrem Inneren Team, und was würde es aus Sicht dieses Teammitglieds bedeuten, den Kindern gerecht zu werden? Wie viel Zeit möchte es mit Ihren Kindern (oder vielleicht auch mit Ihrem Partner oder Ihrer Partnerin) verbringen? Und wie viel Raum beansprucht auf der anderen Seite die ‹Karrierefrau› oder der ‹Karrieremann› für den Beruf? Woran bemisst dieses Teammitglied beruflichen Erfolg? Wie viel Geld sollten Sie aus Sicht dieser Stimme verdienen, welche beruflichen Ziele visiert sie an und welche Schritte müsste man dafür heute schon tun?

Auf diesem Wege können also innere Konflikte deutlich werden – und es ist wichtig, diese zunächst einmal zu spüren und zuzulassen, also Streit zuzulassen! Das ist nicht immer angenehm, denn auch im Inneren Team geht es bei Auseinandersetzungen nicht nur gesittet zu – ebenso wie in Partnerschaften können auch hier Konflikte mit heftigem Ärger und gegenseitiger Abwertung verbunden sein. So sind aus Sicht der ‹Mutter› oder des ‹Vaters› in Ihrem Inneren Team die Vorstellungen der Karrierestimme womöglich nicht nur höchst egoistisch, sondern auch dumm. Dieser elende Ehrgeiz, der dazu führt, dass man sich freiwillig in ein Hamsterrad begibt und darüber die wirklich wichtigen Dinge im Leben vernachlässigt! Als wenn Erfolg wirklich glücklich machen könnte! Umgekehrt ist die Sorge der ‹Mutter› aus Sicht der ‹Karrierefrau› häufig nichts als Gluckengehabe. Glaubt sie denn wirklich, dass die Kinder sie rund um die Uhr brauchen? Ist ihr denn wirklich nicht klar, dass auch ein Zuviel an Mutter für Kinder fatal ist? Und sieht sie denn nicht, wie wichtig auch ein eigenes Leben ist und dass ein Horizont, der durch Kinderzimmer und Küche begrenzt wird, der blanke Horror wäre?! Den Wunsch des ‹Vaters›, mehr Zeit zu Hause mit den Kindern verbringen zu können, sieht der berufsorientierte ‹Karrieremann› vielleicht als naiven Traum von einem Wolkenkuckucksheim. Im Beruf ist Einsatz gefordert, mein Lieber, sonst ist man weg vom Fenster! Und wer um fünf den Bleistift fallen lässt, landet nicht nur ganz schnell auf dem Abstellgleis, sondern heutzutage auch schneller als man denkt auf dem Arbeitsamt!

Erst wenn diesem gegenseitigen Ärger und diesem inneren Streit Raum gegeben wird, kann im nächsten Schritt eine Annäherung möglich werden. Auch hier folgt die seelische Realität im Inneren Team den gleichen Gesetzmäßigkeiten wie Konflikte in Partnerschaften. Es ist schwer möglich, auf jemanden zuzugehen, auf den man wütend ist! Erst wenn jeder loswerden konnte, was ihm auf der Seele liegt, und damit auch gehört worden ist, wird es möglich, wieder aufeinander zuzugehen, anzuerkennen, dass womöglich auch der Kontrahent Wichtiges und Bedenkenswertes zu sagen hat, und Möglichkeiten einer Einigung auszuloten. Was sind die Minimalvorstellungen beider? Wie viel Raum sollte mindestens für die Familie reserviert bleiben und wie sollte dieser aussehen? Welche Anforderungen müsste eine akzeptable Kinderbetreuung erfüllen? Und umgekehrt: Was ist das Minimum dessen, was beruflich möglich sein müsste, und welche Kriterien sind dabei besonders bedeutsam? Welche Abstriche und Schritte aufeinander zu wären denkbar? Und welche Hilfe und Unterstützung durch andere wäre nötig und möglich und wie könnte diese organisiert werden?

Nicht immer findet sich eine Lösung, mit der beide Seiten vollkommen zufrieden sind. Sie als ‹Chef› oder ‹Chefin› Ihres Inneren Teams werden meist nicht umhinkommen, eine Entscheidung zu treffen und sich dabei auch mit den verschiedenen Teammitgliedern auseinander zu setzen. Welchem Teammitglied geben Sie an welcher Stelle Recht? Welche Ansprüche an eine gute ‹Mutter› oder einen guten ‹Vater› finden Sie realistisch, welche können und wollen Sie erfüllen – und welche auch nicht? Wie beurteilen Sie die Befürchtungen der Karrierestimme, dass es unweigerlich das berufliche Aus bedeuten würde, beruflich kürzer zu treten? Wo wollen Sie also welche Schwerpunkte setzen; wo und wie weit soll der Beruf, wo die Familie Vorrang haben?

Aber auch, wenn Abstriche nötig sind, haben Entscheidungen auf diesem Wege häufig eine gute Basis.[75] Wer gehört wurde und sich ernst genommen fühlt, ist eher bereit, auch eine Entscheidung mitzutragen, die nicht zu seiner vollsten Zufriedenheit ausfällt. Dies gilt im Inneren Team ebenso wie im Umgang mit anderen Menschen. Ebenso ist es leichter, Abstriche hinzunehmen, wenn man sich mit anderen wichtigen Anliegen berücksichtigt sieht.

Teamentwicklung braucht Zeit

Zugleich gilt auch, dass sich viele innere Konflikte nicht von heute auf morgen lösen lassen. Gerade dort, wo es um grundlegende Lebensfragen oder tief eingekerbte Verhaltensmuster geht, ist eine schnelle Lösung nicht möglich. Das Gleiche gilt, wenn es wichtig ist, im Sinne einer Teamentwicklung besonders dominanten Mitgliedern Ihres Inneren Teams Grenzen zu setzen oder Stimmen, die bislang eher ein Schattendasein führen, aufzupäppeln. Solche Prozesse brauchen Reife- und Entwicklungszeit und gelegentlich auch Unterstützung von außen.

Aber mit Blick auf konstruktive Auseinandersetzungen in der Partnerschaft ist es auch nicht nötig, unbedingt zu einer *Lösung* des inneren Konflikts zu kommen – auch eine *Klärung* des Konflikts, also Klarheit über die verschiedenen Teammitglieder und den derzeitigen Stand der Auseinandersetzung, ist erleichternd und entlastend für Sie selber wie für die Partnerschaft. Denn die Wahrscheinlichkeit, dass Sie einen inneren Konflikt als Doppelbotschaft nach außen tragen, ist wesentlich geringer, wenn Sie sich dieses Konflikts bewusst sind. Auf dieser Basis kann es möglich werden, gemeinsam nach Lösungen zu suchen, die Ihrer inneren Uneinigkeit gerecht werden können. Nicht selten sind das Gespräch mit dem Partner und das gemeinsame Ausprobieren verschiedener Wege und Möglichkeiten wichtige Entwicklungsschritte auf dem Weg zu einer tragfähigen inneren und äußeren Einigung.

5.2 Vom Grabenkampf zur offenen Auseinandersetzung: Entwicklungsrichtungen für Frauen und Männer

Konflikte und Kämpfe zwischen Frauen und Männern finden in vielen Partnerschaften weniger als offene Auseinandersetzungen denn als unterschwellige Macht- und Grabenkämpfe statt. Das macht es nicht nur unmöglich, diese Konflikte zu lösen, sondern das verspielt auch das Entwicklungspotenzial, das Konflikten innewohnt. Denn Konflikte sind nicht nur lästige Komplikationen, sondern auch wichtige Entwicklungshelfer.

Partner sind unterschiedlich, und daher ist es nahezu zwangsläufig, dass sie immer wieder unterschiedliche Ansichten, Wünsche und Interessen haben und sich keineswegs immer einig darüber sind, wie Probleme und Veränderungen am besten bewältigt werden können. Konflikte sind nötig, um sich immer wieder neu aufeinander einzustellen und gemeinsam nach dem besten Weg zu suchen. Wer Konflikte vermeiden will, ist darauf angewiesen, möglichst wenig Unterschiede zwischen den Partnern und möglichst wenig Veränderungen zuzulassen – oder sollte dafür sorgen, dass jeder Partner möglichst in seiner eigenen Welt lebt, in die der andere nicht allzu sehr hineinregiert.

Insofern ermöglichen und befördern Konflikte Lebendigkeit und Kontakt, Entwicklungen und Wachstum. Allerdings nur dann, wenn sie als offene Auseinandersetzung konstruktiv ausgetragen werden! Für eine solche Auseinandersetzung müssten Frauen wie Männer ihre typischen Konfliktstrategien ändern. Dafür wären nicht nur veränderte Verhaltensweisen, sondern auch andere Spielführer in der inneren Mannschaftsaufstellung nötig.

Vom ‹Moralapostel› zur ‹Anwältin der eigenen Bedürfnisse und Interessen›

In Auseinandersetzungen und Machtkämpfen mit dem Partner steht im Inneren Team von Frauen oft der ‹Moralapostel› in vorderster Front. Seine Strategie des Kampfes ist der Versuch, den Partner mit Argumenten davon zu überzeugen, dass er sich sachlich und moralisch auf dem Holzweg befindet, und ihn gleichzeitig durch Kontrolle und Ermahnungen auf den rechten Weg zu führen.

Diese Strategie hat Nachteile, denn sie trägt viel zu den Teufelskreisen bei, in die sich Frauen und Männer bei ihrem Streit um die häusliche Aufgabenteilung verstricken. Unter dem Einfluss des ‹Moralapostels› laden Frauen ihre Wünsche und Vorstellungen gewissermaßen moralisch auf und setzen sie absolut. Es geht dann womöglich nicht mehr darum, dass Sie sich mehr Nähe wünschen und gerne mehr mit Ihrem Mann unternehmen würden – sondern darum, dass man sich in einer guten Ehe Zeit füreinander nimmt. Aus Ihrer Sorge vor den Risiken des Motorradurlaubs, den er mit einem Freund machen will, wird vielleicht der empörte Hinweis darauf, dass er angesichts seiner Verantwortung als Partner und Vater einen solchen Plan nicht einmal in Erwägung ziehen dürfte! Oder Ihr Wunsch, er möge beim Putzen des Bades den Fußboden nicht nur fegen, sondern auch wischen, kleidet sich in den Hinweis, dass alles andere auch unhygienisch wäre.

Kurz, es geht nicht mehr um Gefühle und Interessen, sondern um den Kampf zwischen Richtig und Falsch, zwischen Gut und Böse. Dieser Kampf ist nicht auf einer partnerschaftlichen Ebene zu lösen, sondern nur durch Sieg und Unterwerfung. Der ‹Moralapostel› sieht die Lösung des Problems darin, dass der andere zur Vernunft kommt und sich ändert. Beim Partner löst dieses Beziehungsangebot meist Rückzug und Verweigerung aus – womit sich der Teufelskreis aus moralischen Vorhaltungen, Kontrolle und Verweigerung (vgl. Abb. 26, S. 120) schließt.

Der ‹Moralapostel› spielt deswegen eine so wichtige Rolle im Inneren Team von Frauen, weil er die verbannte und zurückgedrängte ‹Kämpferin› zu vertreten hat. Mädchen lernen früh, dass ihre vitale, angriffslustige und durchsetzungsfähige innere ‹Kämpferin› bei anderen nicht gern gesehen ist. Wenn sie sich von dieser Seite zeigen, riskieren sie, als dominant und wenig mädchenhaft abgelehnt zu werden. Der Kampf unter dem Banner der Moral ist für Mädchen und Frauen daher ein Weg, wie sie ihre Interessen vertreten und einflussreich und machtvoll sein können, ohne mit diesem Aggressionsverbot in Konflikt zu geraten. Und das bedeutet: Sie können (und sollten!) die Strategie des ‹Moralapostels› nur dann aufgeben, wenn sie zugleich andere Wege finden, für sich einzutreten.

Es wäre ein wichtiges Ziel für Frauen, offen und direkt für die eigenen Wünsche und Interessen einzutreten. Das würde bedeuten, die ‹Kämpferin› aus ihrem inneren Exil zu befreien und sie gewissermaßen nach vorne an die Kontaktlinie zu holen. Auf diesem Weg muss die ‹Kämpferin› an der ‹Gouvernante› und an ‹Kassandra› vorbei. Vor allem diese beiden sorgen ja als Wächterinnen dafür, dass die energische ‹Kämpferin› innerlich und äußerlich nicht zu viel Raum bekommt. Und so ist der erste Schritt zur Entwicklung dieser ‹Kämpferin› eine Auseinandersetzung mit den beiden Wächterinnen.

Dabei geht es nicht darum, diese beiden auszuschalten und nun ihrerseits in die Wüste zu schicken – auch wenn beide Frauen arg zusetzen können, geben sie Wichtiges zu bedenken. Die Befürchtung, durch ein Übermaß an Ruppigkeit und Egoismus bei anderen anzuecken, ist ja durchaus nicht abwegig! Ebenso ist der Hinweis, den Kampf für die eigenen Wünsche und Vorstellungen nicht zu übertreiben und die Gefühle und Interessen der anderen nicht zu vergessen, wichtig und sinnvoll.

Es geht also darum, die ‹Kämpferin› und ihre Wächterinnen zu einem wirklichen Inneren *Team* zu integrieren, in dem jede ihren Platz hat – und keine das absolute Übergewicht gewinnt. Ziel wäre eine gesunde Balance zwischen dem Kampf für sich selbst und der Rücksicht auf andere. Vielleicht kann dabei zuweilen aus der ungestümen ‹Kämpferin› eine erwachsene ‹Anwältin der eigenen Interessen› werden.

Die Suche nach einer solchen neuen Balance bringt eine Konfrontation mit Gefühlen mit sich, die nicht nur angenehm sind. Vielleicht treffen Sie auf Ihre Angst, sich unbeliebt zu machen, wenn Sie sich deutlicher und energischer gegen Zumutungen anderer abgrenzen, weniger hilfsbereit sind und klar sagen, was Sie wollen und was Sie ärgert. Häufig ist diese Angst unbegründet,

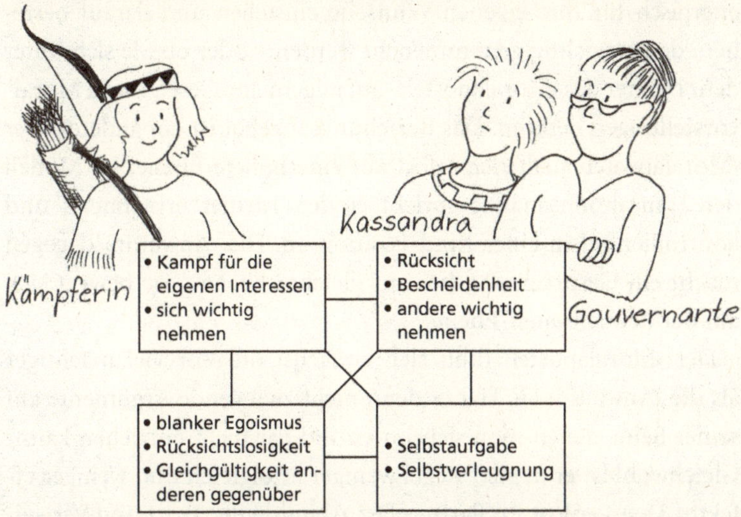

Abbildung 51: Die ‹Kämpferin› und ihre Wächterinnen als Teil eines Werte- und Entwicklungsquadrats

und die Erfahrung, dass andere durchaus nicht immer ablehnend reagieren, kann ein wichtiges Korrektiv für die Befürchtungen Ihrer inneren ‹Kassandra› sein. Zugleich hat diese nicht immer Unrecht! Zuweilen reagieren andere tatsächlich enttäuscht und verärgert, wenn Sie weniger Rücksicht auf sie nehmen und auf einmal Grenzen setzen, wo bisher freie Bahn war. Diese Enttäuschung und diesen Ärger gilt es dann auszuhalten. Das fällt Frauen oft schwer. Aber die Erfahrung, dass dies auszuhalten *ist* und dass damit selten die Beziehung und niemals die Welt zusammenbricht, kann sehr erleichternd sein.

Für die Partnerschaft und auch für Sie selbst hat es enorme Vorteile, wenn Sie Ihre Belange nicht über den Umweg der Moral, sondern offen und direkt vertreten. Es ist ein Unterschied, ob Sie energisch für Ihre eigenen Wünsche einstehen und darauf bestehen, damit wichtig genommen zu werden – oder ob Sie sich unter dem Banner des ‹Moralapostels› auf allgemeine Gesetze und Moralvorstellungen berufen. Das Beziehungsangebot ist ein anderes. Der ‹Moralapostel› stellt sich selbst auf eine höhere Ebene; im Modell der Transaktionsanalyse spricht er den Partner ermahnend und kontrollierend in einer Kind-Position an. Die ‹Anwältin› dagegen macht ein Gesprächsangebot auf gleicher Ebene – sie bewegt sich auf der Erwachsenen-Ebene.

Der ‹Moralapostel› fühlt sich zunächst oft sehr viel mächtiger als die ‹Anwältin› an. Hat er denn nicht zwingende Argumente auf seiner Seite, denen man sich im Grund gar nicht entziehen kann? Gleichwohl ist er in aller Regel weniger erfolgreich und weniger effektiv. Denn er löst im Partner fast zwangsläufig Trotz und Verweigerung aus. Und was er keinesfalls erreichen kann, sind tragfähige Vereinbarungen und eine wirklich gemeinsam getragene Verantwortung. Dies ist der Erwachsenen-Ebene vorbehalten. Denn nur,

Abbildung 52: Das Gesprächsangebot von ‹Moralapostel› und ‹Anwältin der eigenen Interessen›

wenn sowohl Sie als auch Ihr Partner Ihre Vorstellungen zum Thema machen und offen verhandelt und auch gekämpft wird, können Verabredungen gefunden werden, die für Sie beide passend sind, hinter denen Sie beide wirklich stehen und für die daher auch Sie beide gemeinsam die Verantwortung übernehmen.

Mit dem Wechsel auf die Erwachsenen-Ebene sind die Konflikte natürlich nicht aus der Welt. Im Gegenteil, nun kommen sie erst richtig auf den Tisch! Aber immerhin können sie jetzt an der richtigen Stelle ausgetragen werden: nicht als Diskussion über Regeln oder Werte, sondern als Gespräch und Auseinandersetzung über unterschiedliche Gefühle und Wünsche, Interessen und Vorstellungen.

Vom ‹Unschuldsengel› zum ‹(Mit-)Gestalter der Familie›

Auch Männer treten ihren Frauen im Konflikt nur selten als Fordernde mit selbstbewusst vertretenen eigenen Vorstellungen gegenüber. In aller Regel versuchen sie, Konflikte dadurch zu ‹lösen›, dass sie ihnen aus dem Weg gehen. Sie geben den Forderungen ihrer Partnerinnen grummelnd nach und lassen sich auf Vereinbarungen ein, die für sie unbefriedigend sind, um sie anschließend zu unterlaufen. Den anschließenden Gardinenpredigten des ‹Moralapostels› stellen sie einen harmlos blickenden ‹Unschuldsengel› entgegen, der leider, leider nicht dazu gekommen ist, die Verabredung einzuhalten und der sich dem Griff der Kontrolle mit der Wendigkeit und Ungreifbarkeit eines Aals entwindet.

Dies ist ihr Beitrag zum Machtkampf in Partnerschaften und zum Teufelskreis aus Kontrolle und Verweigerung, in den dieser immer wieder hineinführt. Und dies ist ihr Anteil daran, dass Konflikte nicht offen ausgetragen werden, sondern in unterschwelligen Grabenkämpfen vor sich hin schwelen. Für Männer wäre es daher von zentraler Bedeutung, sich den Konflikten in der Partnerschaft zu stellen, für das einzustehen, was sie wollen und nicht wollen, und sich nur auf solche Verabredungen einzulassen, denen sie innerlich wirklich zustimmen können. Das würde dann auch bedeuten, für die so ausgehandelten Kompromisse die volle Verantwortung zu übernehmen – statt sich darauf zu verlassen, dass im Zweifelsfall die Frau schon einspringen wird.

Ebenso wie für die Frauen ginge es also auch für die Männer darum, den inneren ‹Kämpfer› aus der Deckung zu holen. Nur wenn dieser aus der Deckung des ‹Unschuldsengels› hervortritt, kann der «kalte» Konflikt in einen «heißen» verwandelt werden – und nur dann besteht die Chance darauf, die Konflikte in der Partnerschaft konstruktiv auszutragen und womöglich zu lösen. Auch für Männer ist dies ein innerer Entwicklungsprozess. Wenn Sie als Mann diesen Weg gehen wollen, werden Sie aller Voraussicht nach auf Hindernisse stoßen. Männer spüren nicht ohne Grund ein großes Unbehagen davor, sich Konflikten mit ihrer Partnerin zu stellen, denn sie sehen sich hier einer doppelt und dreifach überlegenen Kontrahentin gegenüber. So hat Ihre Frau vielleicht die besseren Argumente – wenn sie bislang die Federführung für Haushalt und Familie hatte, kennt sie sich in der Familie vermutlich einfach besser aus als Sie! Sie kennt die Abläufe und Rituale, die Stolpersteine und Notwendigkeiten besser, ebenso den Alltag der Kinder und die Bedingungen in Kindergarten und Schule. Da kann es schwer sein, sich zu behaupten, wenn Ihre Partnerin jedem Ihrer Vorschläge und Wünsche drei Argumente entgegenhält, warum das keinesfalls geht! Die unterschiedlichen Vorstellungen vermischen sich hier schnell mit dem Kompetenzunterschied.

Und womöglich steht auch die Moral auf Seiten Ihrer Frau. Hat sie nicht Recht damit, dass Sie sich viel zu lange viel zu wenig gekümmert haben? Haben Sie da nicht noch einiges gutzumachen?

Und können Sie angesichts dieser Vorgeschichte jetzt ehrlich sagen, dass Sie es womöglich keineswegs nötig finden, jeden zweiten Tag zu saugen (und dass Sie dazu, ehrlich gesagt, auch keine Lust haben)? Mit welchem Recht dürfen Sie jetzt auf einmal fordern, alles anders zu machen? Und wenn Ihre Frau nach wie vor den Hauptanteil der Arbeit in Haushalt und Familie macht, kommt vielleicht noch die Frage hinzu, wie sehr Sie ihr da eigentlich hineinreden dürfen. Wie sehr dürfen und sollten Sie als Partner fordern, bei der Gestaltung des Familienlebens gleichberechtigt mitzureden – und wo hat Ihre Frau alles Recht der Welt, ihren Job auf ihre eigene Art und Weise zu machen?

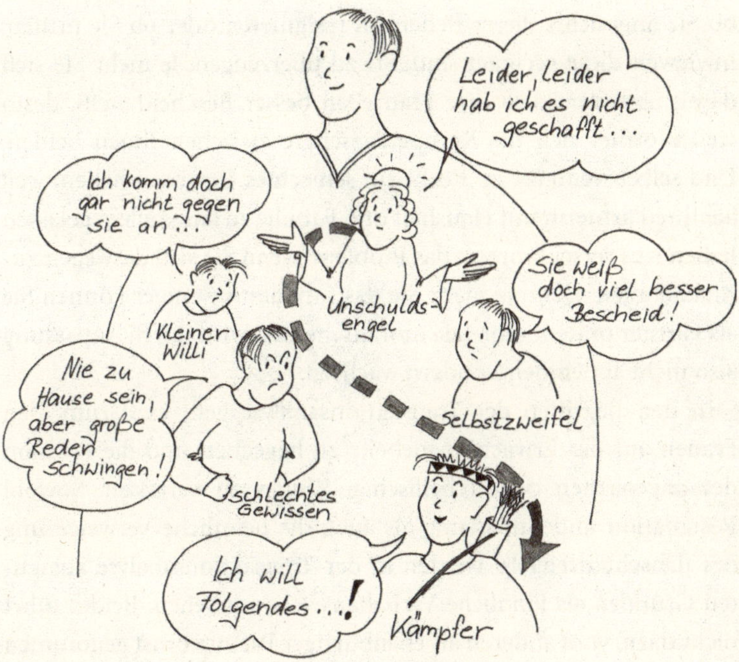

Abbildung 53: Der Entwicklungsweg des ‹Kämpfers›

Nicht zuletzt fühlen sich Männer ihren Partnerinnen im Gespräch oft nicht gewachsen. Sie kann einfach viel besser reden als er – zumindest dort, wo es um die Familie geht. Auch dort, wo Männer keineswegs der Ansicht sind, dass ihre Frauen Recht haben, fühlen sie sich häufig geradezu an die Wand geredet und geben auf.

Die Partnerin ist also häufig moralisch, rhetorisch und von ihrer Kompetenz her überlegen – und das kann es schwer machen, ihr als ebenbürtiger Partner gegenüberzutreten. Gleichwohl geht es genau darum. Auch wenn Ihre Partnerin sich in manchen Punkten besser auskennt, sollten Sie darauf bestehen, mit Ihren Vorstellungen ernst genommen zu werden – was ja keinesfalls ausschließt, die Bedenken der Partnerin ernst zu nehmen! Aber es macht einen Unterschied, ob Sie angesichts dieser Bedenken resignieren oder ob Sie prüfen, inwieweit diese geeignet sind, Sie zu überzeugen. Je mehr Sie sich damit abfinden, dass Ihre Frau eben besser Bescheid weiß, desto weiter öffnet sich die Kompetenzschere zwischen Ihnen beiden. Und selbst wenn Sie zu Recht ein schlechtes Gewissen haben, weil Sie Ihre Partnerin mit Haushalt und Familie zu lange allein gelassen haben – es verschlimmert das Problem, wenn Sie sich deswegen zurücknehmen. Denn je mehr Sie das tun, desto weniger können Sie als Partner präsent sein. Die moralische Last wird durch Anpassung also nicht abnehmen, sondern wachsen.

In den Begriffen der Transaktionsanalyse geht es darum, den Frauen auf der Erwachsenenebene zu begegnen und die Position des angepassten oder rebellischen Kindes zu verlassen. Sowohl Resignation und Anpassung als auch die heimliche Verweigerung des ‹Unschuldsengels› werden in der Transaktionsanalyse aus guten Gründen als kindliche Verhaltensweisen gesehen. Beides führt nicht dazu, vom anderen als ebenbürtiger Partner ernst genommen zu werden, und beides hat nichts damit zu tun, Verantwortung zu übernehmen. Um aus den Teufelskreisen herauszukommen, wäre

Abbildung 54: Die Beziehungsangebote von ‹Unschuldsengel› und ‹(Mit-)Gestalter der Familie›

ein anderes Mitglied im Inneren Team vonnöten – nämlich ein ‹(Mit-)Gestalter der Familie›, gewissermaßen die erwachsene Ausgabe des ‹Kämpfers›.

Auch im Umgang mit Gefühlen kann ein solches Teammitglied von Bedeutung sein. Männer gehen anders mit Gefühlen um als Frauen. Sie zeigen Gefühle sparsamer, indirekter und lakonischer und sie sprechen weniger darüber. Das kann in der Partnerschaft zum Problem werden, weil Frauen andere Erwartungen haben. Sie wünschen und erwarten häufig, dass Männer die gleiche Gefühlssprache sprechen wie sie selbst, und fühlen sich von der sparsamen Sprache der Männer auf Schmalkost gesetzt. Männer stehen damit vor einer doppelten Schwierigkeit, wenn sie den Wunsch ihrer Partnerin nach mehr Austausch und mehr Nähe ernst nehmen wollen. Einerseits müssen sie dieses fremde Feld der Gefühle überhaupt erst einmal entdecken und erobern – und können dabei viel von den Frauen lernen, denen dieser Bereich sehr viel vertrauter ist. Wenn sie aber zu einem Umgang mit Gefühlen finden wollen, der für sie passend und stimmig ist, müssen sie sich zugleich auch von den Frauen abzugrenzen lernen und sich womöglich auch dagegen wehren, durch ihre Art, Gefühle auszudrücken, abgewertet zu werden.

Auch hier ist es also sinnvoll, aktiv und offensiv mitzugestalten, statt sich den Forderungen der Frauen anzupassen oder zu entziehen – und eine Weise des Umgangs mit Nähe zu suchen und zu entwickeln, welche für beide Partner angemessen und schön ist.

Männer haben häufig die Befürchtung, ihre Partnerinnen zu verprellen, wenn sie hartnäckig auf ihren eigenen Vorstellungen beharren. Diese Bedenken sind nicht unbegründet – natürlich sind Frauen oft wenig begeistert, wenn der Haushaltsassistent auf einmal aufbegehrt! Zugleich jedoch wollen die wenigsten Frauen wirklich einen Mann haben, der sich von ihnen in die Tasche stecken lässt. Und wenn ihr Mann ihnen mit klaren Vorstellungen und einer klaren Haltung entgegentritt und damit als Partner greifbar und präsent ist, dann ist das für Frauen häufig nicht nur eine große Erleichterung, sondern auch sehr attraktiv. Frauen wünschen sich ein Gegenüber – und leiden darunter, dass ihre Partner das häufig nur sehr begrenzt sind. Männer können also damit rechnen, dass ihre Frauen mit sehr unterschiedlichen Gefühlen darauf reagieren, wenn sie auf einmal Flagge zeigen, die Familie mitgestalten wollen und offene Auseinandersetzungen riskieren. Und in der Regel können sie davon ausgehen, dass sie sich damit nicht nur Ärger einhandeln, sondern auch Respekt erwerben.

Ein weiterer Ansporn dabei könnte sein, dass Männer es leichter haben, an diesem Punkt etwas an der Partnerschaft zu verändern, als Frauen. Auch wenn Männer und Frauen gleich viel zum Teufelskreis aus Kontrolle und Verweigerung beitragen und beide ebenso viel Verantwortung für diese Art des Machtkampfs tragen, scheint es mir für die Männer leichter zu sein, aus diesem Teufels-

Abbildung 55: Frauen reagieren häufig ambivalent auf Initiativen ihres Partners

kreis auszusteigen. Denn in dem Augenblick, wo Männer die Initiative übernehmen, Vorschläge machen oder ein Gespräch eröffnen, ist der Teufelskreis per definitionem durchbrochen. Initiative ist das Gegenteil von Rückzug und Verweigerung – und daher verlassen Männer augenblicklich ihre gewohnte Rolle im Teufelskreis, wenn sie aktiv werden. Dagegen ist jede Initiative der Frauen in Gefahr, wieder zur Verstärkung des Kreislaufs beizutragen, weil ihr Mann (sei es zu Recht oder zu Unrecht) alles, was sie versucht, als besonders perfiden neuen Kontrollversuch versteht oder missversteht.

Auch wenn es sich für Sie vermutlich nicht so anfühlt: In diesem

Sinne haben Sie es unter Umständen leichter, den Teufelskreis zu verlassen, als Ihre Frau!

5.3 Gesellschaftliche Rahmenbedingungen

Die Kommunikation zwischen Frauen und Männern und die Suche nach einer partnerschaftlichen Beziehung findet nicht im luftleeren Raum statt, sondern ist abhängig von gesellschaftlichen Bedingungen. Es ist leichter, Berufstätigkeit und Familie zu verbinden, wenn es gute Betreuungsmöglichkeiten für Kinder gibt und wenn diese auch in ausreichender Zahl vorhanden sind. Davon kann gerade im Westen Deutschlands meist keine Rede sein. Ebenso sind Teilzeitarbeitsplätze nicht gerade reichlich gesät – noch seltener sind Teilzeitstellen, die auch einen beruflichen Aufstieg ermöglichen. Diese Rahmenbedingungen haben einen unmittelbaren Einfluss auf die Partnerschaft, denn je schwieriger es ist, Elternschaft und Beruf zu verbinden, desto härter muss in den Partnerschaften um Lösungen verhandelt und gerungen werden, die für beide Partner gut oder zumindest akzeptabel sind.

Und nicht nur die Rahmenbedingungen, sondern auch gesellschaftliche Normen und Bilder haben einen gewichtigen Einfluss auf die Familien. Was zeichnet beispielsweise eine «gute Mutter» und einen «guten Vater» aus? Was ist ein «richtiger Mann», eine «richtige Frau»? Wie auch immer Sie diese Fragen für sich beantworten, Ihre Antwort ist nicht unabhängig von der Gesellschaft, in der Sie leben. Selbst wenn Sie den Vorstellungen, mit denen Sie aufgewachsen sind, sehr kritisch gegenüberstehen, ist es höchst unwahrscheinlich, dass Sie sich davon vollkommen frei machen können.

Umgekehrt verändert sich auch die Gesellschaft als Ganzes, wenn sich die Art verändert, wie Männer und Frauen sich selber sehen und wie sie ihr Zusammenleben gestalten. Es ist inzwischen vollkommen selbstverständlich, dass Frauen studieren und berufstätig sind – was noch in der Generation unserer Großmütter eine Ausnahme war. Eine Frauenquote wäre damals eine vollkommen abwegige Vorstellung gewesen. Und noch vor einer Generation war es ungewöhnlich, wenn ein Vater mit dem Kinderwagen durch die Gegend schob – niemand wäre auf die Idee gekommen, ernsthaft Erziehungszeiten für Väter zu propagieren oder gar zu fordern. Wir sind also den gesellschaftlichen Rahmenbedingungen nicht nur ausgeliefert, sondern wir prägen sie durch die Art, wie wir leben – wenn auch mit einer zeitlichen Verzögerung.

Entsprechend prägen die Fragen, wie sich Beruf und Familie für Frauen und Männer vereinbaren lassen und wie heute Elternschaft aussehen sollte, nicht nur die Auseinandersetzung zwischen Partnern, sondern auch die gesellschaftliche Diskussion. Welche Familienform wollen wir als Gesellschaft mit den knapper werdenden finanziellen Ressourcen fördern? Wollen wir im Zuge einer Aufwertung von Haus- und Familienarbeit Müttern ein Erziehungsgehalt zahlen und ihnen so die Entscheidung erleichtern, zu Hause zu bleiben? Oder wollen wir es Frauen erleichtern, möglichst schnell und unkompliziert wieder berufstätig sein zu können, indem wir für alle Kinder bezahlbare Betreuungsmöglichkeiten schaffen – in ausreichendem Umfang, mit qualifiziertem Personal in vernünftig ausgestatteten Räumen? Wollen wir durch Ehegattensplitting und die verschiedenen Lohnsteuerklassen die Rolle des Familienernährers stärken – oder wollen wir sicherstellen, dass Kinderbetreuung im vollen Umfang von der Steuer abgesetzt werden kann?

Diese Fragen werden zurzeit heiß diskutiert. Mir scheint noch offen zu sein, in welche Richtung die Entwicklung letztlich gehen wird. So wie die einzelnen Mütter und Väter, so sind auch wir als Gesellschaft ambivalent und hin- und hergerissen zwischen verschiedenen Bildern von Familie, Elternschaft und dem, was neudeutsch «Work-life-balance» genannt wird. Die gesellschaftlichen Rahmenbedingungen sind also nicht nur ein Hindernis auf dem Weg zu einer partnerschaftlichen Aufgabenteilung, sondern auch Spiegelbild der Ambivalenzen, welche die Partnerschaften selbst prägen.

5.4 Teufelskreise: Wie man sie erkennt und wie man sie verlassen kann

Wenn Paare sagen, dass sie nicht mehr miteinander reden können und sich beide bitter über das Verhalten des anderen beschweren, dann liegt das in der Regel daran, dass sich zwischen ihnen Teufelskreise entwickelt haben. Es ist daher wichtig, Teufelskreise durchschauen zu lernen und Ideen zu entwickeln, wie man aus ihnen aussteigen kann.

Merkmale von Teufelskreisen

Kennzeichen von Teufelskreisen ist, dass beide Partner mit aller Kraft versuchen, ein Problem zu lösen – und gerade dadurch dafür sorgen, dass es immer schlimmer wird. Denn das Verhalten der Partner verstärkt sich gegenseitig. Jeder *reagiert* scheinbar nur auf das, was der andere tut, und merkt nicht, wie er selber unbewusst und ungewollt das Verhalten des Partners geradezu herausfordert.

Beide Partner sind völlig davon überzeugt, im Recht zu sein, und sehen die Ursache des Problems ganz eindeutig beim anderen. Wenn dieser sich so ignorant, aggressiv oder verletzend benimmt, dann bleibt mir doch gar nichts anderes übrig, als mich zurückzuziehen oder zu verteidigen oder ihn immer energischer darauf hinzuweisen, wie unmöglich sein Verhalten ist! Aber egal, was ich versuche, der andere ist weder aufzuhalten noch zur Vernunft zu bringen. Im Gegenteil, sein Verhalten wird immer schlimmer! Je länger sich ein Teufelskreis dreht, desto mehr sind die Partner davon überzeugt, dass der andere dumm, bösartig oder psychisch nicht ganz normal ist – wie sonst wäre es zu erklären, dass er sich dermaßen danebenbenimmt? Beide Partner spüren sehr genau, wie verletzt, gekränkt und bedroht sie sich selber fühlen. Beim anderen jedoch sehen sie allein das Verhalten – nicht aber die dahinter stehenden Gefühle. Keiner von beiden kommt auf die Idee, dass hinter dem machtvollen und aggressiven Verhalten des anderen Kränkung und Angst stecken könnten.

Das liegt daran, dass beide im Teufelskreis vor allem die robusten, wehrhaften und aggressiven Mitglieder ihres Inneren Teams in Stellung bringen und ihre verletzlichen Seiten immer weniger zeigen. Entsprechend fühlt sich der Partner (völlig zu Recht!) immer stärker angegriffen und sieht sich geradezu gezwungen, auch selbst immer mehr aufzurüsten (vgl. Abbildung 31, S. 142). Das Verhalten des Partners zeigt doch in aller Deutlichkeit, dass ich gar keine andere Wahl habe! Dieses Gefühl der Notwehr führt dazu, dass beide immer heftiger zuschlagen.

Keiner von beiden kommt mehr auf die Idee, ein alternatives Verhalten auszuprobieren. Obwohl also meine Strategie das Problem keinesfalls löst, sondern verschlimmert, halte ich daran fest. Ich kann es mir doch gar nicht leisten, aus meiner Burg herauszukommen und mir eine Blöße zu geben! Teufelskreise leben ganz wesentlich vom Prinzip des «Mehr desselben»: Beide Partner verstärken in der Eskalation des Teufelskreises immer mehr genau jenes Verhalten, welches den Teufelskreis am Leben hält. Hieraus erklärt sich die enorme Eigendynamik von Teufelskreisen.

Nicht immer, aber häufig kommt ein weiterer Punkt dazu. Teufelskreise sind besonders explosiv, wenn das Verhalten des Partners

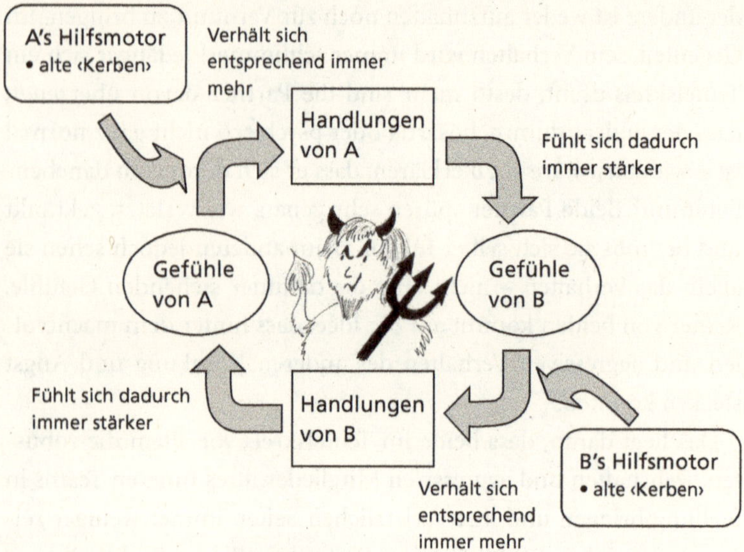

Abbildung 56: Das Teufelskreis-Modell
(Nach Thomann & Schulz von Thun 2003, S. 327)

in alte Kerben schlägt. Jeder von uns hat in seiner Lebensgeschichte auch schmerzhafte Erfahrungen gemacht, und so hat jeder einige wunde Punkte, wo er dünnhäutig ist und besonders empfindlich reagiert. Wenn Sie das Gefühl, allein gelassen zu werden, aus anderen Situationen bereits kennen, werden Sie auf den Rückzug Ihres Partners besonders verzweifelt und wütend reagieren. Ebenso werden Sie sich umso stärker wehren und abschotten, je mehr Sie bereits früher die Erfahrung gemacht haben, bedrängt und vereinnahmt zu werden. Je stärker Ihr Partner bei Ihnen solche wunden Punkte berührt, desto heftiger sind die Gefühle, die bei Ihnen ausgelöst werden, und desto heftiger wird Ihre Reaktion sein. Im Modell des Teufelskreises tauchen diese alten Wunden als «Hilfsmotoren» auf, welche die Eskalationsdynamik zusätzlich anheizen.

Teufelskreise – was zeichnet sie aus und was trägt zur Eskalation bei?

- *Klare Ursachenzuschreibung:* «Das Problem ist der andere – ich reagiere nur!»
- *Gefühlsblindheit:* Jeder sieht nur das Verhalten des anderen und nicht die Gefühle, die zu diesem Verhalten führen.
- *Rüstungsspirale:* Jeder zeigt nur noch seine wehrhaften Seiten, beide rüsten auf.
- *Prinzip des «Mehr desselben»:* Jeder verstärkt im Zuge der Eskalation genau jenes Verhalten, welches zur Eskalation führt.
- *«Hilfsmotoren»:* Je stärker die Partner gegenseitig wunde Punkte berühren, desto heftiger die Eskalation.

Wie und woran man Teufelskreise erkennt

Es gibt ein untrügliches Indiz dafür, in einem Teufelskreis gefangen zu sein. Dieses Indiz ist das Gefühl, das Drehbuch eines Streits bereits zu kennen, ohne daraus aussteigen zu können. Häufig wissen Paare bereits nach den ersten Stichworten, wie es weitergehen wird. Sie wissen, was ihr Partner als Nächstes sagen wird, sie wissen schon vorher, wie sie sich selbst dann fühlen werden, sie kennen die Stationen, welche die Eskalation durchläuft, und sie wissen, wie der Streit enden wird. Dieses Ende ist meistens höchst unangenehm. Beiden ist dann zum Beispiel klar, dass es am Ende wieder zu Gewalt kommen wird oder zu tief verletzenden Sätzen, die sich nicht mehr zurücknehmen lassen und die beide hinterher bereuen. Aber obwohl dieses Ende beiden klar vor Augen steht, scheint es keinen Weg zu geben, den Zug aufzuhalten und die Eskalationsspirale zu beenden.

Ganz im Gegenteil, das Ende scheint von Mal zu Mal schlimmer zu werden! In einem Teufelskreis gefangen zu sein, bedeutet gewissermaßen sehenden Auges und mit einem Gefühl großer Hilflosigkeit auf einen Abgrund zuzugehen.

Es ist per definitionem nicht einfach, einen Teufelskreis zu durchschauen, an dem man selbst beteiligt ist – das gilt übrigens auch für Profis. Denn Teufelskreise zeichnen sich ja gerade durch die Überzeugung aus, dass der andere das Problem ist und ich mich in einer Notwehrsituation befinde, in der mir nur die Verteidigung bleibt. Es ist also bereits der erste Schritt aus dem Teufelskreis hinaus, wenn ich überhaupt auf die Idee komme, dass ich mich mit meinem Partner in einen Teufelskreis verstrickt habe. Denn das bedeutet, dass ich beginne, nach meinem eigenen Beitrag zu fragen, und damit die Möglichkeit einräume, dass nicht allein der andere das Problem ist.

Der nächste Schritt ist es, diesem Teufelskreis auf die Spur zu kommen und ihn zu durchschauen. Dabei ist es meist am einfachsten, mit dem Verhalten des Partners zu beginnen. Was ist es, womit Ihre Partnerin oder Ihr Partner Sie trifft, kränkt, ärgert, auf die Palme bringt? Und was löst er damit in Ihnen aus – welche Gefühle melden sich in Ihnen als Reaktion auf sein Verhalten? Diese beiden Stationen des Teufelskreises sind meist leicht zu benennen, denn dies sind die Punkte, die uns bewusst sind. Wie reagieren Sie nun nach außen, was tun Sie also als Reaktion auf Ihre Gefühle? Das heißt auch: Mit welchem Verhalten tragen Sie selbst zur Aufrechterhaltung des Teufelskreises bei? Das kann schwer zu erkennen sein. Eine Möglichkeit ist es, sich die Vorwürfe zu vergegenwärtigen, die Ihr Partner Ihnen macht. Was könnte deren sachlicher und wahrer Kern sein? Welches Verhalten beschreibt er damit? Und welche Ihrer Verhaltensweisen könnten zu seinem Eindruck beitragen?

Der schwierigste Punkt ist meist die letzte Station des Teufelskreises. Welche Gefühle mag Ihr Verhalten in Ihrem Partner auslösen – und welche Gefühle bringen ihn dazu, so zu reagieren, wie er es tut? Wie könnte die Situation also aus der Perspektive Ihres Partners aussehen? Wie würden Sie sich an seiner Stelle fühlen, wenn Sie so behandelt würden? Oder wie müsste es Ihnen gehen, damit Sie so reagieren wie Ihr Partner in solchen Situationen? Und wenn Ihnen dieses Verhalten vollkommen fern zu liegen scheint: Wie müsste sich ganz generell jemand fühlen, der zu so einem Verhalten greift? Welche Gefühle könnten ein solches Verhalten wenn nicht akzeptabel, so doch verständlich machen?

Wie man aus Teufelskreisen aussteigen kann

Einen Teufelskreis als solchen zu durchschauen, ist bereits ein großer Schritt aus diesem Kreislauf hinaus. Denn in diesem Augenblick nehmen Sie einen wichtigen Perspektivwechsel vor. Ihr Partner erscheint nun nicht mehr in erster Linie als bösartiger oder rücksichtsloser, beschränkter oder emotional behinderter Gegner, den man nur bekämpfen kann, sondern als ein ebenfalls verletzbares und verletztes Gegenüber. Dieser Perspektivwechsel ist die Voraussetzung dafür, dass wieder ein Gespräch entstehen kann. Mit einem bösartigen oder dummen Gegner lohnt es sich nicht, zu sprechen – gegen ihn kann man sich nur schützen oder aggressiv zur Wehr setzen. Erst Verständnis schafft die Möglichkeit zum Kontakt. Aus diesem Grund ist es auch in der Beratung häufig sehr hilfreich, gemeinsam den Teufelskreis zu erarbeiten, der sich in einer Beziehung entwickelt hat.

Gleichwohl reicht das Verständnis allein nicht aus. Wenn ein Teufelskreis sich erst einmal etabliert hat, dann wirkt die enorme Eigendynamik wie ein Sog. Immer, wenn das alte Reizthema berührt wird, ist der Weg in das alte Muster vorgebahnt, der Teufelskreis droht einzurasten, und es ist schwer, nicht einzusteigen – oder wieder auszusteigen. Um Teufelskreise verlassen zu können, benötigt man daher Wegweiser und Handwerkszeug: Also braucht es einerseits Ideen davon, in welche Richtung man überhaupt gehen kann, und andererseits konkrete Schritte, die in diese Richtung führen können.

Es gibt zwei Wegweiser, welche die Richtung markieren, die aus Teufelskreisen hinausführen. Der erste heißt: *waagerechte statt senkrechte Kommunikation,* der zweite: *etwas anderes statt «mehr desselben» machen.*

«Waagerechte» Kommunikation

Wenn Paare in einem Teufelskreis befangen sind, dann werfen sie sich gegenseitig ihr Verhalten vor. Sie wirft ihm vor, dass er chronisch unzuverlässig ist und sie mit dem gesamten Haushalt alleine lässt, und er kontert, dass er ihr ja ohnehin nichts recht machen könne und sie felsenfest glaube, alles besser zu können. Er beschwert sich, dass sie ihn ständig kritisiert und belagert, und sie antwortet gereizt, dass sei ja auch kein Wunder, wenn er allen Gesprächen konsequent aus dem Weg gehe und immer nur abhaue. Wenn die Richtung dieser Kommunikation in das Teufelskreismodell eingetragen wird, dann verläuft sie senkrecht. Es geht um das jeweilige Verhalten. Dagegen werden die Gefühle, welche hinter diesem Verhalten stehen, ebenso wenig Thema wie die Gefühle, welche das Verhalten beim anderen auslöst. Ich versuche also, den anderen zur Vernunft zu bringen – und spreche nicht darüber, was sein Verhalten für mich bedeutet und warum ich mich so verhalte, wie ich es tue.

Genau dies mache ich zum Thema, wenn ich «waagerecht» kommuniziere (Schulz von Thun, 1989, S. 31). Ich erzähle dem anderen, was sein Verhalten in mir auslöst. Damit ist der Streit nicht aus der Welt, und es ist auch keineswegs garantiert, dass das Gespräch einen guten Verlauf nimmt. Aber es ist zumindest die Möglichkeit geschaffen, den anderen zu erreichen. Nur wenn ich ihm er was die Situation für mich bedeutet, ermögliche ich es ihm, zu verstehen. Dieses Verstehen erleichtere ich ihm auch dad dass ich ihn weniger angreife. Wer angegriffen wird, hat meist Hände voll zu tun, sich zu verteidigen, und kommt gar nicht a die Idee, dass sich auch der mächtige Angreifer ohnmächtig, verlassen und gekränkt fühlen könnte.

Etwas anderes machen

Teufelskreise leben vom Prinzip des «Mehr desselben». Daher ist die Ausstiegsrichtung theoretisch ganz einfach zu bestimmen. Sie lautet: einfach etwas anderes machen. Nicht mehr das vermeintlich Naheliegende tun, denn genau dies ist ja schon lange ein Teil des Problems geworden! Es bringt nichts, dem Partner wie bisher Druck zu machen, dem Streit wie immer auszuweichen oder zu versuchen, dem Partner ein weiteres Mal in aller Deutlichkeit vor Augen zu führen, wie unmöglich er sich benimmt. Das hat bislang nicht zu dem erwünschten Ergebnis geführt – und wird es auch in Zukunft nicht. Also ist es nahe liegend, damit aufzuhören und etwas anderes auszuprobieren!

Das könnte zum Beispiel bedeuten, nicht mehr darauf zu warten, dass der Partner den ersten Schritt tut, sondern ihn selber zu machen. Häufig wissen Paare ganz genau, was der andere sich wünschen würde – aber das wäre ja noch schöner, jetzt klein beizugeben! Dann denkt er ja auch noch, er hat gewonnen! Der Schritt auf sie oder ihn zu ist ein Schritt aus dem Teufelskreis hinaus (es sei denn, Ihr Beitrag zum Teufelskreis besteht darin, dass Sie ohnehin immer nachgeben!).

Dieser Schritt auf den anderen zu bringt nicht allzu viel, wenn Sie sofort zurückzucken, wenn der andere nicht ebenfalls sofort aus dem Teufelskreis aussteigt und wenn Sie daraufhin vielleicht sogar selbst mit vermehrter Wucht wieder einsteigen – nach dem Motto: «Ich habe es ja gleich gewusst, dass das nichts bringt!» Realistischerweise sollten Sie davon ausgehen, dass der andere es nicht unbedingt gleich merken wird, wenn Sie auf ihn zugehen, und dass er dem Braten nicht unbedingt traut, wenn er etwas merkt. Wer in einer Rüstung steckt, ist nicht besonders sensibel, wer viele Verletzungen eingesteckt hat, wird tunlichst vorsichtig sein und nicht seine Rüstung sofort ablegen, wenn der andere mit einer weißen Fahne winkt. Es kann daher sinnvoll sein, dem Partner gewissermaßen zwei Schläge freizugeben, ohne es ihm mit gleicher Münze heimzuzahlen – und ihm so Zeit einzuräumen, sich auf Ihren Versuch überhaupt einzulassen. Sonst entsteht häufig ein geradezu tragisches Wechselspiel. Beide berichten dann, immer wieder auf den anderen zugegangen zu sein – und beide haben auch Recht! Aber immer dann, wenn der eine Partner zögernd begann, sich auf das Angebot einzulassen, hatte der andere sich bereits wieder in seine Burg zurückgezogen: «Der will ja gar nicht!»

Umgekehrt ist es natürlich hilfreich, Schritte, die Ihr Partner auf Sie zu macht, als solche zu erkennen und zu würdigen. Wenn der Partner für ein Entgegenkommen eine positive und ermutigende Reaktion von Ihnen bekommt, ist es sehr viel wahrscheinlicher, dass er solche Schritte öfter gehen wird, als wenn er sich eine Abfuhr holt. Insofern kann es sich hier lohnen, über den Schatten des eigenen Stolzes zu springen und ihn nicht bei dieser Gelegenheit auflaufen zu lassen.

Ein Schritt aus dem Teufelskreis hinaus ist es auch, dem anderen einmal wirklich zuzuhören. Was meint er eigentlich mit seinen Vorwürfen? Was ärgert oder kränkt ihn an Ihrem Verhalten? Es ist nicht einfach, sich darauf wirklich einzulassen, denn das Bild, das Sie aus diesem Spiegel ansieht, wird vermutlich sehr hässlich sein, und meist wird es Ihnen als Zerrbild erscheinen. Zugleich liegt in diesem Zuhören die Chance, den Partner zu verstehen – und vielleicht sogar die Chance, dass auch er eher bereit ist, Ihnen zuzuhören, wenn er sich zunächst verstanden fühlt. Dabei gilt: Verstehen ist nicht gleichbedeutend mit Zustimmen! Es geht darum, die Sichtweise des Partners zu verstehen – und nicht darum, dann auch alles so zu sehen wie er.

Auf der anderen Seite kann es auch wichtig sein, dass Sie bei Ihrem Thema bleiben – also darauf beharren, dass Ihr Partner Ihnen zuhört. In einem Streit reden Paare meist über viele Themen gleichzeitig. Es geht um den aktuellen Anlass, aber auch um die Geschichten von gestern und vorvorgestern, es geht um die Frage, wer eigentlich damals angefangen hat, und darum, dass er in seiner Familie nicht gelernt hat, über Gefühle zu sprechen, und dass ihre Familie ihn von Anfang an abgelehnt habe und so weiter. Natürlich ist es bei diesem Themenwirrwarr nicht möglich, ein Thema wirklich zu klären. Wenn Ihnen ein Thema wichtig ist, dann sollten Sie dabei bleiben. Eine Hilfe kann dabei die so genannte Blumentechnik sein.[76] Sie besteht darin, dass Sie zwar auf Themen, die der andere anspricht, kurz eingehen und das Thema damit als wichtig anerkennen, aber dann zügig wieder zu Ihrem Thema zurückkommen: «Ja, das ist auch ein wichtiges Thema und darüber sollten wir auch sprechen – trotzdem möchte ich *jetzt* mit dir über … sprechen.» Diesen Gesprächsverlauf können Sie sich bildlich als Blume vorstellen: Sie kommen in Schlaufen immer wieder zum Mittelpunkt zurück.

Diese Technik erleichtert es, sich von einem Thema nicht abbringen zu lassen. Ein weiterer Vorteil ist, dass Sie dabei die Themen des anderen nicht abqualifizieren müssen, denn oft sind diese wirklich wichtig. Wenn Sie mit Ihrem Partner darüber sprechen wollen, dass Sie sich immer wieder von ihm entwertet fühlen, und er antwortet, dass er sich umgekehrt auch von Ihnen entwertet fühlt, dann ist das

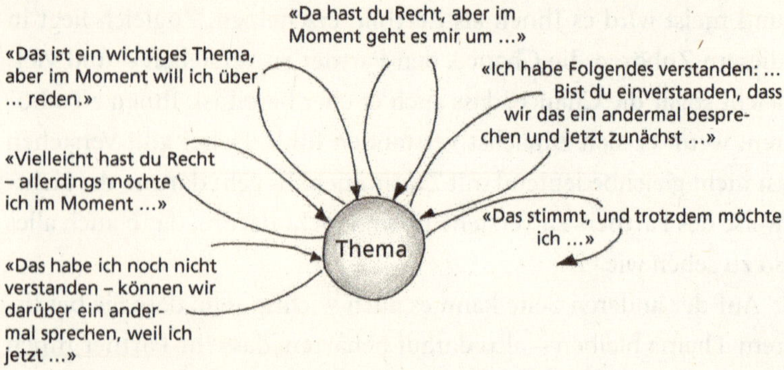

Abbildung 57: Die Blumentechnik

natürlich ein höchst wichtiges Thema! Allerdings können Sie nicht beide Themen gleichzeitig besprechen. Außerdem ist es keineswegs so, dass sich diese beiden Themen gewissermaßen aufheben und Sie nunmehr «quitt» sind. Es kommt nicht null heraus, sondern ergibt auf beiden Seiten ein dickes Minus. Sie sollten über beides sprechen – aber nicht gleichzeitig. Ein Schritt auf den Partner zu könnte auch die Bereitschaft sein, zunächst über *sein* Gefühl der Entwertung zu sprechen – wenn er Ihnen zusichert, dass es anschließend um Ihr Thema gehen wird.

Sie wissen selbst am besten, was es bedeuten würde, in Ihrem speziellen Teufelskreis etwas «anders» zu machen. Probieren Sie es aus!

Bislang ging es darum, statt einer weiteren Runde «Mehr desselben» andere Dinge *zu tun*. Ebenso wichtig kann es sein, Dinge anders *zu sehen*. Dazu gehört zum Beispiel der Verzicht auf die Illusion, der Partner müsse und könne alle Ihre Bedürfnisse erfüllen. Manche Dinge, nach denen Sie sich sehnen, werden Sie von Ihrem Partner nicht bekommen, und das kann schwer zu akzeptieren sein. Vielleicht kann er das Maß an Nähe, Austausch und Geborgenheit, das Sie sich wünschen, nicht geben. Oder sein Bedürfnis nach Sexualität ist geringer als Ihres. Oder Sie wünschen sich nichts sehnlicher als eine harmonische, ruhige Familie – während der Partner stets zu neuen Ufern aufbricht und immer wieder neue Themen und damit auch neue Konflikte in die Partnerschaft hineinbringt.

Wir haben heute hohe Ansprüche an eine Partnerschaft. Eigentlich erwarten wir, dass der andere zu uns passt wie der sprichwörtliche Deckel auf den Topf und dass er all unsere Beziehungswünsche erfüllt. Zu akzeptieren, dass er das nicht kann, ist nicht immer leicht. Zugleich bedeutet der Abschied von dieser Erwartung und dieser Illusion eine große Entlastung von Beziehungen: Dann muss ich nicht mehr darum kämpfen, ihn dazu zu bringen, mir endlich das zu geben, was mir (vermeintlich) zusteht.

Eine überhöhte Erwartung ist übrigens auch die Hoffnung, dass sich solche hässlichen Streits «nie wieder» ereignen werden und dass sich der andere «nie wieder» so benehmen wird. Sie können als Paar lernen, besser mit Situationen umzugehen, die teufelskreisgefährdet sind, seltener in Eskalationen hineinzugeraten und diese schneller zu beenden. Aber Sie werden es kaum schaffen, Ihr altes Streitmuster vollkommen zu vermeiden. Ebenso sollten Sie realistischerweise nicht damit rechnen, dass aus Ihrem Partner oder Ihnen selbst ein neuer Mensch wird. Sie selbst wie auch Ihr Partner werden sich immer wieder «daneben»benehmen – kontrollieren, nörgeln oder bevormunden, eine wichtige Aufgabe liegen lassen, zu spät kommen oder sich im Ton vergreifen. Wenn jeder dieser Fälle dazu führt, dass die Welt zusammenbricht und Sie beide finden, dass Sie sich die Mühe hätten sparen können, weil dieser Zusammenstoß beweist, dass alles umsonst war – dann wird es mühsam. Aus diesem Grunde sind auch Besserungsversprechen meistens kontraproduktiv, denn sie können im Alltag selten durchgehalten werden und schüren nur die Enttäuschung. Kurz, ein wichtiger Punkt beim Ausstieg aus Teufelskreisen sind realistische Erwartungen aneinander.

Für den Abschied von unrealistischen Erwartungen wird es häufig hilfreich oder sogar nötig sein, Ihre eigenen ‹Hilfsmotoren› zu erkunden. Auf welchen wunden Punkt trifft das Verhalten Ihres Partners, an welche alte Kränkung rührt er? Und warum kämpfen Sie gerade um diesen Punkt mit solcher Erbitterung? Je heftiger Sie reagieren, desto naheliegender ist die Vermutung, dass Sie nicht nur auf die aktuelle Situation reagieren, sondern dass auch «alte» Gefühle hinzukommen. Es ist entlastend für die Partnerschaft, wenn Sie beides trennen können. Dafür wäre es wichtig, zu verstehen, warum Sie beispielsweise gerade diesen Tonfall nicht ertragen können, warum es Ihnen förmlich den Boden wegzieht, wenn Ihr Partner oder Ihre Partnerin Sie einfach stehen lässt, warum bei Ihnen sofort die Klappe fällt, wenn er oder sie Sie kritisiert.

Etwas anderes zu *denken* heißt auch, den positiven Kern im Verhalten des anderen zu sehen und zu würdigen. Das ist zunächst meist eine abwegige Vorstellung. Es geht doch gerade darum, dass sich der andere absolut unmöglich verhält! Das mag auch durchaus sein. Gleichwohl vertreten häufig beide Partner einen wichtigen und positiven Grundsatz – allerdings in starker Übertreibung. Im Modell des Wertequadrats spricht man von *Polarisierung* (Schulz von Thun 1989, S. 52 f. & 1998, S. 153). Jeder ist davon überzeugt, doch nur das Beste zu wollen, und sieht sich selbst auf der oberen, der positiven Ebene des Wertequadrats – und den anderen auf der unteren Ebene, gewissermaßen abgerutscht in den moralischen Keller.

Sehr schön lässt sich dies daran illustrieren, wie Männer und Frauen mit Konflikten umgehen. Frauen vertreten meist die Haltung, dass man Probleme ernst nehmen und besprechen muss. Männer dagegen finden es wichtig, dass man Dinge auch mal auf sich beruhen lassen und über Kleinigkeiten gelassen hinwegsehen sollte. Diese beiden Haltungen stehen im Sinne des Wertequadrats in einem positiven Spannungsverhältnis: Sie ergänzen sich gegenseitig. Beide Werte sind wichtig – und beide können übertrieben werden. Entsprechend werfen Frauen den Männern vor, dass sie Probleme bagatellisieren und vor Konflikten einfach davonlaufen – und sie haben häufig nicht ganz Unrecht. Umgekehrt finden die Männer, dass Frauen in quälender Weise dazu neigen, aus einer Mücke einen Elefanten zu machen und Probleme in endlosen Diskussionen zu zerreden und immer komplizierter zu machen – und auch daran ist etwas Wahres. Eine gute Gesprächskultur sollte beide Werte in eine

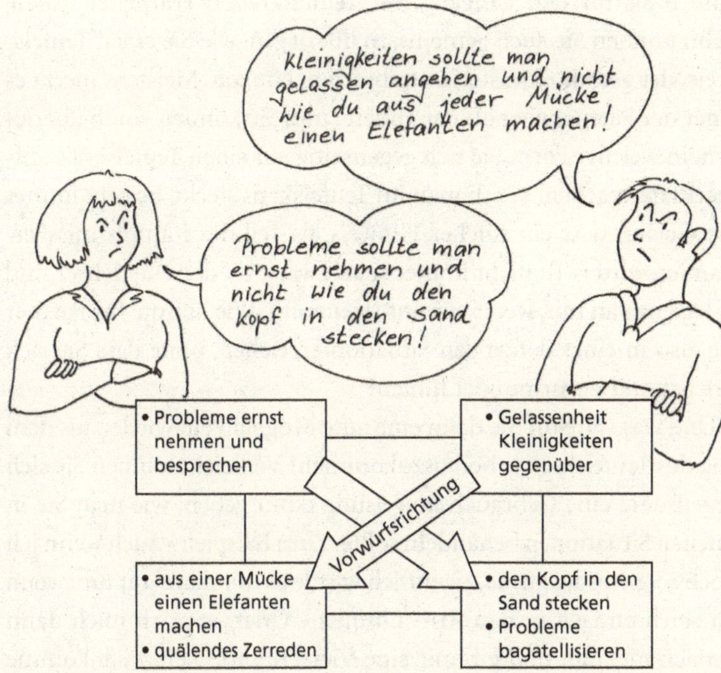

Abbildung 58: Polarisierung im Umgang mit Konflikten

Balance bringen. Und das bedeutet: Männer und Frauen können hier gegenseitig etwas voneinander lernen.

Aus einer Polarisierung auszusteigen bedeutet also, den positiven Kern im Verhalten des anderen zu finden und zu erkennen, wo seine Haltung eine wichtige Ergänzung meiner eigenen darstellt. Dies kann ein wichtiger Schritt auf dem Weg zu einer konstruktiven Auseinandersetzung sein – denn nur, wenn Sie unterstellen, dass der Partner etwas Wertvolles zu sagen hat, lohnt es sich, ihm oder ihr überhaupt zuzuhören! Bei dieser Suche nach dem positiven Kern kann das Wertequadrat gute Hilfe leisten.

Wenn Sie und Ihr Partner oder Ihre Partnerin sich bereits eine gute Basis für den Umgang mit Teufelskreisen erarbeitet haben, dann können Sie auch gemeinsam überlegen, wie Sie einen Teufelskreis, der gerade einrastet, unterbrechen können. Meistens merkt es einer der Partner eher als der andere; und Sie können vorab überlegen, in welcher Form Sie sich gegenseitig auf einen Teufelskreis aufmerksam machen. Wenn man im Teufelskreis steckt, besteht immer die Gefahr, dass ein solcher Hinweis als Teil des Kampfs missverstanden wird («Tu nicht immer so, als wärst du der Oberlehrer und es läge nur an mir, wenn wir uns streiten!»). Wie könnte Ihr Partner Sie also in einer derartigen Situation erreichen, ohne dass Sie sich belehrt und bevormundet fühlen?

Und was wäre für Sie dann eine gute Möglichkeit, wieder aus dem Sog des Teufelskreises herauszukommen? Vielleicht können Sie sich gegenseitig eine Gebrauchsanweisung dafür geben, wie man Sie in solchen Situationen behandeln sollte. Zum Beispiel: «Auch wenn ich noch so grimmig gucke, eigentlich würde es mir dann gut tun, wenn du mich einfach in den Arm nimmst.» Oder: «Sprich mich dann einfach nicht an und gib mir eine Viertelstunde Zeit – ich komme schon wieder, wenn ich so weit bin.» Wir neigen dazu, andere so zu behandeln, wie wir selbst in einer solchen Situation behandelt werden möchten. Aber was für uns selbst genau das Richtige wäre, kann für den Partner eine Zumutung sein. Wer selbst Nähe braucht, rückt dem Partner womöglich viel zu nah auf die Pelle – und wer selbst Abstand braucht, lässt den Partner allein. Wenn Sie voneinander wissen, was der jeweils andere braucht, um wieder «auszusteigen», erhöht das die Wahrscheinlichkeit, dass Sie es ihm oder ihr auch geben können.

Möglichkeiten, aus Teufelskreisen auszusteigen:

etwas anderes tun, z. B. …

- den ersten Schritt tun
- dem Partner zwei Schläge freigeben
- auf Angebote des Partners eingehen
- ihm oder ihr wirklich zuhören
- sich nicht vom Thema abbringen lassen

andere Denkweisen ausprobieren

- Abschied von der Illusion, vom Partner alle Bedürfnisse erfüllt zu bekommen
- realistische Erwartungen aneinander
- ‹Hilfsmotoren› erkunden: alte und neue Gefühle trennen
- den positiven Kern im Verhalten des anderen erkunden

Dinge, die man als Paar gemeinsam tun kann:

- Notfallmaßnahmen für den Streit erarbeiten
- dem Partner eine Gebrauchsanweisung für den Streitfall geben

Trennung

Eine letzte Möglichkeit, aus einem quälenden Teufelskreis auszusteigen, der sich nicht mehr auflösen lässt, ist schließlich auch die Trennung. Manchmal hat sich das Positive und Verbindende in einer Partnerschaft in langen Jahren des Kampfes und der gegenseitigen Verletzungen schlicht verbraucht. Zuweilen ist der Kampf etwas so Selbstverständliches geworden, dass sich die Frage, ob man nicht auch damit aufhören und gehen könnte, gar nicht mehr zu stellen scheint. Dann kann es sinnvoll sein, dieser Frage einmal nachzugehen: Was hält mich eigentlich? Gibt es noch etwas, das mich bindet? Wenn ja: Was ist das – und wie könnte man dies wieder ausbauen? Und wenn nein: Was hindert mich daran, zu gehen?

5.5 Hilfen zum konstruktiven Gespräch

Wie kann man nun die Weichen so stellen, dass Gespräche möglichst gar nicht erst in Teufelskreise hineinführen und konstruktiv verlaufen? Wie kann es gelingen, Konflikte auszutragen und fruchtbar werden zu lassen? Wie kann man Lösungen finden – und wie kann man damit umgehen, dass sich manche Konflikte nicht aus der Welt schaffen und manche Dinge nicht lösen lassen?

Einen guten Rahmen für Gespräche schaffen

Gute Gespräche brauchen einen guten Rahmen. Eine höchst banale Erkenntnis, die jedoch im Alltag von Partnerschaften leicht untergeht. Häufig werden Gespräche über wichtige Themen dann geführt, wenn man gerade über einen Anlass stolpert. Wieder einmal kommt er zu spät zum Essen – er ist mitten in einer Auseinandersetzung mit den Kindern, und sie redet ihm hinein – sie empfängt ihn abends mit dem Vorwurf, dass er schon wieder nicht geputzt hat – er kommt von der Arbeit und beschwert sich als Erstes über das

Chaos in der Wohnung. In solchen Situationen ist ein konstruktives Gespräch, das über gegenseitige Vorwürfe und Selbstverteidigung hinausgeht, kaum möglich. Meist fehlt schon die Zeit dafür, oft ist auch mindestens einer der Partner viel zu müde, zu gestresst oder zu genervt dafür, um in Ruhe zuzuhören und sich auf den Partner und das Thema einzulassen.

Wenn es also darum geht, über ein wichtiges Thema oder ein wiederkehrendes Problem zu sprechen, dann ist es sinnvoll, dafür einen Rahmen zu schaffen. Dazu gehört als Erstes, sich dafür genügend Zeit zu nehmen und dafür zu sorgen, dass man ungestört ist. Die Kinder sollten versorgt oder im Bett sein und Telefonate dem Anrufbeantworter überlassen werden. Zu einem guten Rahmen gehört auch, dass der Zeitpunkt beiden Partnern passt. Das ist oft leichter gesagt als getan. Frauen möchten häufig am liebsten dann über ein Problem sprechen, wenn es einen aktuellen Anlass gibt – wenn er wieder einmal sein Geschirr stehen gelassen hat, wenn er wieder einmal einen Satz sagt, der sie bis ins Mark trifft. Dann sind die Gefühle akut, und für Frauen ist es nahe liegend, diesen Zusammenstoß auch gleich zum Thema zu machen. Warum diese Gefühle erst lange mit sich herumtragen? Das fällt Frauen nicht nur schwer, es leuchtet ihnen auch nicht ein.

Für Männer sind dies oft die ungünstigsten Situationen überhaupt. Sie sind dann gerade mit etwas ganz anderem beschäftigt, hatten sich vielleicht auch auf einen entspannten Nachmittag gefreut – und wenn ihre Frau auf einmal über ein Problem reden will und sie mit heftigen Gefühlen konfrontiert, fühlen sie sich überrumpelt und oft geradezu um den schönen Nachmittag betrogen. In ihrem Inneren Team gibt es dann eine ganze Reihe von Teammitgliedern, die sich überfahren, gestört und um ihre Erwartungen geprellt fühlen – und die Mannschaft, welche für ein schwieriges Gespräch gebraucht würde, steht überhaupt nicht zur Verfügung.

Männer können sich in solchen Situationen offenbar schwerer umstellen als Frauen, was daran liegen mag, dass sie sich hier auf ein Auswärtsspiel einstellen müssen. Gespräche über Gefühle und Beziehungen fallen ihnen schwerer als Frauen. Wenn ihre Frau dann gleichwohl darauf besteht, dieses Gespräch hier und jetzt zu führen (oder einfach Fakten schafft, indem sie nicht aufhört, darüber zu sprechen), fühlen Männer sich häufig bedrängt und geradezu tyrannisiert – und machen dicht. Dies führt mitten in den Teufelskreis hinein: Natürlich sind die Frauen gekränkt und verärgert, wenn sie dermaßen vor die Wand laufen. Also hakt sie nach – damit soll er nicht durchkommen!

Um diesen Teufelskreis zu vermeiden, haben sich zwei Regeln bewährt. Die erste Regel (die vor allem für die Männer wichtig ist) lautet: Niemand muss ein Gespräch in einer Situation und zu einem Zeitpunkt führen, zu dem er es nicht will. Jeder hat jederzeit das Recht zu sagen: «Jetzt nicht!» Die zweite Regel (die für die Frauen besonders wichtig ist) lautet: Wenn einer von beiden etwas besprechen will, dann wird dies auch in naher Zukunft zum Thema gemacht, und zwar mit genügend Zeit und Ruhe. Wenn also ein Streit aufbricht und einer von beiden jetzt nicht darüber sprechen will, dann wird das Thema beendet – aber zugleich wird ein Termin vereinbart, an dem darüber gesprochen wird. Wenn die Situation dafür schon zu aufgeheizt ist, kann es sinnvoll sein, sich erst am nächsten Tag auf einen entsprechenden Termin zu einigen. Entscheidend ist, dass beide sich darauf verlassen können, mit ihrem Gesprächswunsch ernst genommen zu werden – wenn nicht sofort, so doch bald. Dieses Ritual kann es erleichtern, einen Zeitpunkt zu finden, zu dem beide Partner gesprächsbereit sind.

Streitphasen

Die Suche nach dem geeigneten Zeitpunkt für ein Gespräch macht bereits darauf aufmerksam, dass ein konstruktives Gespräch nicht zu jedem Zeitpunkt «dran» ist. Vor allem kommt es manchmal zu früh.

Wenn Partner aneinander geraten, dann geht es häufig um heftige Gefühle. Kaum jemand kann uns so sehr kränken, enttäuschen oder zur Weißglut bringen wie der Partner! Und solange Sie stocksauer, zutiefst gekränkt oder abgrundtief genervt sind, ist es kaum möglich, dem anderen zuzuhören, ihm geduldig zu erklären, was sein Verhalten in Ihnen auslöst, und nach Lösungen zu suchen. Es ist nicht möglich – und es ist auch nicht dran! Es widerspricht der seelischen Reihenfolge. Erst wenn Ärger, Enttäuschung und Kränkung ihren Raum bekommen haben, wird es möglich, wieder auf den anderen zuzugehen. Im Bild des Inneren Teams gesprochen: Die kooperativen und konstruktiven Teammitglieder stehen gewissermaßen hinter den aufgebrachten und verletzten. Und erst wenn diese sich äußern konnten und damit ein wenig beiseite treten, bekommen die sachlichen und ruhigen Teammitglieder die Chance, das Heft zu übernehmen. Ein guter Streit hat daher zwei Phasen: die heiße Phase des «Getümmels» und die Phase der anschließenden Nachklärung (Schulz von Thun 1989, S. 135 ff.).

Beide Streitphasen sind wichtig. Häufig bevorzugen Paare jedoch eine dieser Phasen. Gerade psychologisch geschulte Paare versuchen oft, die explosive und beängstigende Phase des Getümmels zu überspringen, und steigen direkt in die Klärung ein. Sie streiten sich nicht, sondern tauschen sich sachlich und vernünftig über die Situation aus. Da beide gelernt haben, dass es wichtig ist, «Ich-Botschaften» zu senden, machen sie sich keine Vorwürfe, sondern erzählen sich gegenseitig, wie es ihnen gerade geht und was das Verhalten des anderen in ihnen auslöst. Wer laut wird oder «Du-Botschaften» sen-

Phase des Getümmels

Phase der Klärung

Abbildung 59: Die seelische Reihenfolge im Streit

det («Es geht mir so auf die Nerven, dass du immer dicht machst!», «Warum kannst du dich nicht einfach mal raushalten, wenn ich mit den Kindern rede?!», «Du nutzt mich aus!»), riskiert eine Zurechtweisung. Haben wir nicht gelernt, dass es eine Anmaßung ist, dem anderen zu sagen, wie er ist, und dass ich andere nicht für meine Gefühle verantwortlich machen kann?

Ein solches verfrüht kooperatives Gesprächsverhalten verhindert, dass die Gefühle auf den Tisch kommen. Damit gären sie unterschwellig weiter. Es ist hochwahrscheinlich, dass das kooperative, vernünftige und sachliche Gespräch so kooperativ und vernünftig nicht werden wird, sondern dass sich die gekränkten und wütenden Mitglieder des Inneren Teams heimlich einmischen. Wer sich übergangen fühlt, schafft sich auf anderem Wege Raum – das gilt auch für Mitglieder des Inneren Teams. Wenn also heftige Gefühle und damit der wirkliche Streit vermieden werden, dann ist ein häufiges Ergebnis die Vermischung von Sach- und Beziehungsebene. Scheinbar verhandeln die kooperativen und konstruktiven Mitglieder des Inneren Teams – aber unterschwellig bestimmen Gereiztheit und Misstrauen das Geschehen.

Daher gilt: Erst einmal muss Raum für den emotionalen Streit sein – dann kann man miteinander überlegen, was eigentlich passiert ist und wie man das Problem vielleicht lösen kann. Wer Streit verhindert, verhindert wirklichen Kontakt. Wenn die leidenschaftlichen Gefühle in ein starres Gerüst aus Gesprächsregeln gesperrt werden, führt dies zu einer eigentümlichen Unlebendigkeit. Die Partner sind dann höflich und möglicherweise sogar freundlich, aber sehr distanziert. Meist gelingt es nicht, nur die «hässlichen» Gefühle einzusperren. Die unterschiedlichen Gefühle hängen eng zusammen, und wer die einen verbannt, verliert auch die anderen. Wer Wut und Enttäuschung nicht haben will, sperrt auch die Liebe aus.

Abbildung 60: Ein Gespräch auf der Sachebene wird durch einen ungeklärten Konflikt auf der Beziehungsebene torpediert

Die Phase des Getümmels hat also einen wichtigen Stellenwert. Ärger und Kränkung sind nicht nur eine seelische Realität, die Raum fordert, sondern enthalten häufig auch wichtige Mitteilungen an den Partner. Meine Kränkung, mein Ärger und meine Enttäuschung haben ja auch etwas mit ihm zu tun! Daher haben Vorwürfe und die in der Psychologie lange verpönten «Du-Botschaften» hier durchaus Wert und Wichtigkeit (Schulz von Thun 1989, S. 132f. & 1990). Auch wenn sie unangenehm zu hören sind, enthalten sie eine seelische Wahrheit. Und die Forderung nach lupenreinen «Ich-Botschaften» ignoriert diesen Teil an Wut und Enttäuschung, der zu engen Beziehungen zwangsläufig auch dazugehört. Es mag sein, dass hinter dem wütenden «Du nutzt mich aus!» (Du-Botschaft) auch ein «Ich komme zu kurz!» (Ich-Botschaft) steht und hinter dem Vorwurf «Du bist so verdammt unzuverlässig!» ein verzweifeltes «Ich fühle mich überfordert und allein gelassen!». Aber sind nicht beide wichtige und unterschiedliche Botschaften? Beide spiegeln unterschiedliche Teile der zwischenmenschlichen Realität, und es würde heißen, mein Gegenüber in Watte zu packen, wenn ich ihm meine Vorwürfe per se erspare. Umgekehrt ist es eine Form, den anderen auflaufen zu lassen, wenn ich mir Vorwürfe von vornherein verbitte. In Vorwürfen ist häufig ein wahrer Kern enthalten – mindestens konfrontieren sie mich damit, wie ich auf andere (oder zumindest auf diesen besonderen anderen) wirke. Und die Frage, wie das kommt und was das möglicherweise auch mit mir und meinem Verhalten zu tun hat, kann in einer Partnerschaft von großer Wichtigkeit sein. Sich dieser Frage zu stellen, hat viel damit zu tun, den anderen ernst zu nehmen.

Manche Paare vermeiden das Getümmel – andere bleiben darin stecken. Sie stolpern von Streit zu Streit und geraten immer wieder aus aktuellem Anlass in heftige Konflikte, ohne sich jemals die Zeit zu nehmen, noch einmal mit Ruhe und Distanz über diese zu sprechen. Sie bleiben im Austausch von Vorwürfen stecken. Ärger und Enttäuschung kommen in aller Deutlichkeit und oft mit höchst verletzender und abwertender Schärfe auf den Tisch – aber die Kränkung hinter der Wut wird ebenso wenig zum Thema wie die auf den anderen gerichteten Sehnsüchte und Wünsche. Damit gibt es kaum eine Chance, sich gegenseitig zu verstehen, sich womöglich sogar anzunähern und andere Wege des Umgangs miteinander zu finden. Ohne ein nachträgliches Gespräch über den Streit kann man aus Konflikten nichts lernen – weder darüber, wie der andere «tickt» und warum er so und nicht anders reagiert, noch darüber, wie man diesen Konflikt lösen könnte.

Auch die Phase der Klärung ist also wichtig – vor allem dann, wenn es um ein wiederkehrendes Streitmuster geht, bei dem es sich lohnen würde, zu verstehen, wie es immer wieder dazu kommt, und bei dem auch die gemeinsame Suche nach Lösungsansätzen sinnvoll wäre. Meist ist es sinnvoll, zwischen der heißen Streitphase und einem anschließenden Gespräch darüber erst einmal eine Pause zu machen, um wieder einen klaren Kopf und etwas Abstand zu bekommen.

Sich gegenseitig zuhören

Das Gespräch über einen Konflikt ist jedoch auch mit einem gewissen zeitlichen Abstand nicht leicht. Nicht selten scheint der Partner eine völlig andere Geschichte erlebt zu haben als man selbst – und es ist zuweilen kaum nachvollziehbar, wie er darauf kommt! Manchmal fühlt man sich so unfair und falsch gesehen, dass es schwer ist, sich das in aller Ruhe anzuhören. Die Versuchung, ihm oder ihr direkt zu erzählen, wie es «wirklich» war und wo er oder sie ganz einfach falsch liegt, ist groß! Und das macht es schwer, sich gegenseitig zuzuhören – auch wenn wir natürlich alle wissen, wie wichtig das ist.

Zuhören fällt leichter mit dem Wissen, dass es immer zwei Wahrheiten gibt: nämlich meine und deine. Und diese beiden Wahrheiten können sich ganz beträchtlich unterscheiden. Jeder sieht die Wahrheit aus seiner Perspektive – und meistens hat jeder von beiden auf seine Weise Recht. In dem Maß, in dem Paare diese Erkenntnis verinnerlicht haben, können sie aufhören, darum zu kämpfen, welche Wahrheit die «richtige» ist und wer «Recht» hat – und können beginnen, sich über ihre verschiedenen Wahrheiten auszutauschen und sich gegenseitig (wieder) zu verstehen. Dies ist der erste Schritt zur Annäherung.

Eine besondere Herausforderung stellt dies dort dar, wo es nicht bloß um unterschiedliche Sichtweisen geht, sondern um «harte Fakten». Sie sind sich sicher, dass Sie erst verletzend geworden sind, nachdem Ihr Partner diese überaus gemeine Bemerkung über Ihre Familie gemacht hat – und Ihr Partner beharrt darauf, dass diese Bemerkung erst sehr viel später (oder gar überhaupt nicht!) gefallen ist. Erst nachdem Sie verletzend geworden seien, habe er dann auch zurückgeschlagen. Zuweilen scheint es, als hätten beide verschiedene Realitäten erlebt. Sofern Sie nicht Anlass zu der Vermutung haben, dass Ihr Partner oder Ihre Partnerin Sie bewusst und gezielt hintergeht, ist es sinnvoll, sich diese unterschiedlichen Wahrheiten schlicht zu lassen. Der Versuch, zu klären, wie es «wirklich» war, ist meist wenig aussichtsreich – und meist ist es im Sinne eines konstruktiven Gesprächs auch in diesen Fällen wichtiger, die jeweils subjektive Wahrheit des anderen zu verstehen, als detektivisch die «objektive» Wahrheit zu klären.

Den anderen mit seiner Wahrheit zu verstehen heißt dabei noch lange nicht, ihm auch zuzustimmen! Auch wenn ich zuhöre und verstehe, wie mein Partner etwas erlebt, bedeutet das ganz und gar nicht, dass ich das auch so sehe. Und zu verstehen, warum der Partner gelegentlich ausfallend und verletzend wird, besagt keineswegs, dass ich mit diesem Verhalten auch einverstanden bin. Aus der Lehre von den zwei Wahrheiten folgt ja auch, dass ich dem Partner meine eigene Wahrheit zumuten darf und muss – und die kann sehr anders aussehen!

Es gibt eine einfache Gesprächstechnik, welche den Austausch über diese beiden Wahrheiten erleichtern und befördern kann: den «kontrollierten Dialog». Dieser Gesprächsform liegen zwei Gedanken zugrunde. Zum einen zeigt die Erfahrung, dass wir häufig fest davon überzeugt sind, unseren Partner verstanden zu haben (weil wir ihn ja kennen, weil es doch auf der Hand liegt) – und damit ganz erheblich danebenliegen. In der Paarberatung zeigt sich oft, wie hartnäckig solche Überzeugungen sein können und wie sehr Paare zuweilen über viele Jahre aneinander vorbeireden. Es lohnt sich also, zu überprüfen, ob ich meinen Partner tatsächlich richtig verstehe! Zweitens reicht es nicht, dass ich meinen Partner richtig verstehe. Mindestens ebenso wichtig ist es, dass er sich von mir auch verstanden *fühlt*. Und das kann er nur, wenn er mitbekommt, dass ich ihn verstehe – was bedeutet, dass ich dies zeigen sollte.

Im kontrollierten Dialog geht es daher darum, dem Partner explizit zu sagen, was Sie von ihm verstanden haben – und ihm die Gelegenheit zu geben, Sie zu bestätigen oder zu korrigieren. Was haben Sie davon gehört, wie er die Sache sieht und wie er Sie sieht? Was hat er darüber erzählt, warum er sich so verhalten hat oder was er sich wünschen würde? Und was haben Sie davon verstanden, wie er sich gefühlt hat oder fühlt? Vielleicht hat er zu diesen Punkten ausdrücklich etwas gesagt, vielleicht haben Sie aber auch bestimmte Dinge zwischen den Zeilen erspürt und in Tonfall und Gesichtsausdruck gelesen. All dies, was Sie verstanden haben, teilen Sie nun Ihrem Partner mit – und zwar nach Möglichkeit in eigenen Worten.

Anschließend hat Ihr Partner die Gelegenheit, Stellung zu beziehen. Fühlt er sich richtig verstanden oder gibt es Punkte, die nicht stimmen? Fehlen wichtige Dinge? So hören wir oft nur ganz bestimmte Gefühle: Wir verstehen zwar beispielsweise, dass unser Partner wütend ist, überhören aber konsequent die Kränkung oder die Demütigung. Dann ist es wichtig, dass der Partner diesen Punkt korrigiert und ergänzt. Erst dann, wenn Sie sich sicher sind, richtig verstanden zu haben und wenn Ihr Partner Ihnen dies auch bestätigt, geht das Gespräch weiter. Nun sind Sie an der Reihe zu erzählen, was Ihnen wichtig ist, und es ist an Ihrem Partner, zuzuhören und Ihnen rückzumelden, was er verstanden hat – so lange, bis Sie sich in den wesentlichen Punkten verstanden fühlen. Sie erleichtern sich gegenseitig das Zuhören, wenn Sie nicht zu viel auf einmal erzählen, gerade dann, wenn es um Wichtiges geht. Es ist leichter, intensiv zuzuhören, wenn der andere Ihnen nur einen Punkt auf einmal erzählt und Ihnen dann erst einmal die Gelegenheit zur Reaktion gibt.

Diese Gesprächstechnik führt zu einer Verlangsamung des Gesprächs – und das ist auch gewollt. Denn im Eifer des Gefechts fallen oft wichtige Dinge unter den Tisch, nämlich leise Töne und verletzlichere Gefühle. Paare berichten häufig, dass sie diese Art, sich zu unterhalten, anfangs als sehr künstlich empfinden. Mit vollem Recht – natürlich ist das eine sehr künstliche Situation! Zugleich jedoch zeigt sich, wie hilfreich dieses Ritual sein kann, um wirklich miteinander ins Gespräch zu kommen. Streitmuster sind häufig sehr eingefahren – und so passiert es bei allem gutem Willen schnell, dass beide ungewollt wieder in den alten Bahnen landen. Die vorgegebene und künstliche Struktur zwingt zur Selbstdisziplin und erleichtert es damit, im Gespräch über Konfliktthemen aus diesen alten Mustern herauszukommen. Daher begünstigt diese ritualisierte Form des Gesprächs den Übergang zu einer anderen Streitkultur. Viele Paare behalten diese Technik auch später als hilfreichen Rahmen für wichtige oder heikle Gespräche im Repertoire.

Passive und aktive Fremdsprachenkompetenz

Männer und Frauen sprechen an vielen Punkten unterschiedliche Sprachen. In der Partnerschaft spielt die unterschiedliche Art und Weise, wie sie Gefühle ausdrücken, eine besondere Rolle. Frauen zeigen ihre Gefühle sehr viel deutlicher als Männer. Sie zeigen und erzählen mehr davon, wie es ihnen geht und was sie beschäftigt, sie zeigen auch Zuneigung deutlicher und ausdrücklicher. Männer sind verschlossener. Sie zeigen Gefühle eher sparsam und zurückhaltend und oft eher zwischen den Zeilen als ausdrücklich. Auf das Kommunikationsquadrat bezogen heißt das: Frauen gestalten in der Kommunikation die Selbstkundgabe und die Beziehungsseite sehr viel umfangreicher, farbiger und ausdrücklicher. Männer pflegen demgegenüber einen minimalistischen Stil.

Diese unterschiedlichen Gefühlssprachen haben erhebliche Bedeutung für das Gespräch zwischen Partnern. Frauen wünschen sich häufig mehr Nähe. Sie spüren wenig Zuneigung, fühlen sich allein gelassen, und nicht selten fragen sie sich, wie viel ihrem Partner eigentlich noch an ihnen liegt. Die Männer dagegen fühlen sich

Abbildung 61: Männer und Frauen gestalten Selbstkundgabe und Beziehungsseite der Kommunikation unterschiedlich

bedrängt und geradezu erschlagen von der (aus ihrer Sicht) emotionalen Wucht ihrer Frauen und von deren Bedürfnis nach Gespräch und Nähe.

Das Gespräch gelingt leichter, wenn Männer und Frauen lernen, sich auf die Sprache des anderen einzustellen und gewissermaßen passive und aktive Fremdsprachenkompetenz zu erwerben. Passive Fremdsprachenkompetenz bedeutet, die Hör- und Sprechgewohnheiten des anderen zu kennen. Ich kann meinen Partner besser verstehen, wenn ich weiß, wie er sich ausdrückt – und wie sich seine Sprache von meiner unterscheidet. Umgekehrt entsteht ein besserer Kontakt, wenn ich mich – im Sinne aktiver Fremdsprachenkompetenz – zugleich auch etwas mehr in seiner Sprache ausdrücken kann und ihm damit gewissermaßen ein Stück weit entgegenkomme. Es kann eine wichtige Aufgabe von Paarberatung sein, diese unterschiedlichen Sprachen in der Beratungssituation erfahrbar und verstehbar zu machen und die Fremdsprachenkompetenz beider Seiten zu fördern.

Für Männer bedeutet Fremdsprachenkompetenz, zu verstehen und ernst zu nehmen, wie wichtig für Frauen das Gespräch und der Ausdruck von Gefühlen ist. Die Art von Nähe, die Männer untereinander pflegen, reicht Frauen nicht. Nähe besteht für Männer sehr viel mehr als für Frauen darin, sich gemeinsam mit etwas zu beschäftigen – seien es Computerprobleme oder das neue Auto, die Bundesliga oder gemeinsam betriebener Sport, Renovierungsprobleme oder Politik. Männergespräche drehen sich eher um sachliche Themen und viel weniger als Frauengespräche um Gefühle und Beziehungsprobleme. Und Männer halten es nicht nur für überflüssig, sondern es ist ihnen häufig auch peinlich, Zuneigung direkt zu zeigen. Oft gehen sie gerade dann, wenn sie sich sehr verbunden fühlen, eher ruppig miteinander um («Na, alter Junge, jünger wirste auch nicht!»). Sie können sich darauf verlassen, dass die Verbundenheit zwischen den Zeilen deutlich wird – jedenfalls für andere Männer.

Nicht aber für Frauen. Frauen wollen manche Dinge ausdrücklich hören, die für Männer klar sind und mitschwingen. Deswegen beschweren sie sich bei ihren Männern darüber, dass diese zu wenig Gefühl zeigen, und fordern sie mehr oder weniger deutlich dazu auf, stärker aus sich herauszugehen. Für Männer könnte passive Fremdsprachenkompetenz bedeuten, diese Unzufriedenheit ihrer Frauen nicht in erster Linie als Misstrauensvotum zu verstehen («Ich zweifle an deiner Liebe!») oder als abwertende Nörgelei («Du reichst mir nicht, du bist ein schlechter und kaltherziger Partner!»), sondern als Ausdruck davon, dass Frauen ein anderes Bedürfnis nach Nähe haben. Und es kann die Partnerschaft nicht nur entlasten, sondern auch bereichern, wenn Sie als Mann Ihrer Partnerin an diesem Punkt mehr entgegenkommen können – indem Sie nicht voraussetzen, dass diese doch wissen müsse, woran sie bei Ihnen sei, sondern ihr Ihre Gefühle auch zeigen und sagen. Kurz, indem Sie lernen, sich etwas mehr in der Sprache der Frauen auszudrücken.

Für Frauen bedeutet passive Fremdsprachenkompetenz, sich darauf einzustellen, dass Männer Gefühle sehr viel sparsamer zeigen, und dies nicht zwangsläufig für einen Ausdruck von Desinteresse oder Gefühlskälte zu halten. Sich mehr in der Gefühlssprache der Männer auszudrücken, könnte für Sie als Frau heißen, ihn mit Gefühlen – gerade mit schwierigen Gefühlen – in kleineren Portionen zu konfrontieren und zu akzeptieren, dass er das möglicherweise auch erst einmal verdauen muss. Er ist eben auf kleinere Portionen eingestellt. Oft ist es sinnvoller, ihm nur eine einzige Frage zu seinem Befinden zu stellen und nicht noch viermal nachzuhaken – und bei seiner Antwort auf die Zwischentöne zu hören. Manchmal hat er mit den wenigen Sätzen viel von sich gezeigt, aber wir Frauen neigen dazu, das zu überhören, weil Männer sich so viel nüchterner und für unsere Verhältnisse geradezu spartanisch ausdrücken. Nähe kann dann entstehen, wenn es uns gelingt, uns auf diese Art einzustellen und nicht darauf zu warten, dass Männer wie Frauen sprechen. Er kann umso mehr von sich zeigen, je weniger er sich bedrängt fühlt.

Mit Unterschieden leben lernen

Die Wichtigkeit von passiver und aktiver Fremdsprachenkompetenz weist bereits darauf hin, dass ein wesentlicher Teil gelingender Partnerschaft darin besteht, sich auf Unterschiede einzustellen und mit ihnen klarzukommen. Das ist häufig alles andere als leicht. Einerseits wissen wir alle, dass es gerade die Unterschiede sind, die eine Partnerschaft interessant und bereichernd, lustvoll und fruchtbar machen. Und häufig verlieben wir uns ja gerade deswegen, weil der Partner oder die Partnerin so wunderbar anders ist! Seine Lebenslust, Herzlichkeit oder Gelassenheit, ihre Verlässlichkeit, Unabhängigkeit oder ihr kritischer Geist sind gerade deswegen so faszinierend, weil uns selbst diese Seite womöglich eher fehlt.

Allerdings ist dies nur die eine Seite der Medaille. Auf der anderen Seite ist die Andersartigkeit des Partners auch eine Zumutung. Sie wird so empfunden – und sie ist es auch! Der Partner mutet uns zu, dass wir uns mit einer vollkommen anderen Sicht auf die Welt und auch auf uns auseinander setzen. Oftmals konfrontiert er uns mit einem Bild von uns selbst, das schwer erträglich ist, und mit Seiten in uns, die schmerzhaft und ängstigend sind. Er hat Vorstellungen und Wünsche, die zu unseren eigenen nicht passen, und fordert von uns, auf Dinge zu verzichten, die uns wichtig sind. Natürlich ist dies alles auch eine Gelegenheit zu Wachstum und Reife! Gleichwohl sollten wir nicht übersehen und uns (und unseren Klienten) zugestehen, wie anstrengend das häufig ist. Es kann frustrierend und mühsam sein, sich damit abzufinden, dass der Partner uns das, was wir uns in einer Partnerschaft wünschen, nur zum Teil geben kann oder geben will. Mir scheint, dass es eine wichtige, aber keine leichte Aufgabe ist, mit diesen Unterschieden leben zu lernen. Wenn es darüber hinaus gelingt, diese immer mehr zu schätzen oder sogar zu genießen – umso besser.

Im Umgang mit Unterschieden in der Partnerschaft sind wiederum realistische Ansprüche aneinander von großer Bedeutung. Viele Unterschiede werden bestehen bleiben. Wenn einer ein größeres Bedürfnis nach Nähe oder nach Sexualität hat als der andere; wenn der eine als Stubenhocker seinen Fernseher liebt und der andere am liebsten jeden Tag ausgehen würde; wenn der eine ordentlich bis zur Pedanterie ist und der andere ein Chaot – dann wird sich dieser Unterschied aller Voraussicht nach nicht in Luft auflösen. Das Ziel sollte dann sinnvollerweise nicht in der *Auflösung* des Problems liegen, sondern in einem entspannteren Umgang damit. Es geht um die Frage, was beide brauchen, um mit dieser Situation umgehen zu können – und welche Schritte auf den anderen zu jeder von beiden zu gehen bereit und in der Lage ist. Häufig geht es ganz wesentlich um den Abschied vom Bild des Traumpartners, der mich in allen Bereichen wunschlos glücklich macht.

Paradoxerweise bringt es häufig Bewegung ins Spiel, wenn Partner aufhören, sich gegenseitig verändern zu wollen, und sich mehr lassen können. Es ist leichter, sich zu verändern, wenn man sich akzeptiert fühlt, und es ist leichter, auf den anderen zuzugehen, wenn dieser nicht mehr an einem zieht. Geradezu paradigmatisch zeigt sich dies im Umgang mit unterschiedlichen Nähebedürfnissen. Wenn ein Partner mehr Distanz braucht als der andere, dann bringt es wenig, ihn mit Druck, Tränen und Vorwürfen dazu bringen zu wollen, etwas näher zu rücken. Je mehr an ihm gezogen wird, desto mehr wird er seinen Freiraum verteidigen und sich zurückziehen.

Und je mehr er sich verteidigen muss, desto weniger spürt er sein eigenes Bedürfnis nach Nähe. Erst dann, wenn er seinen Rückzugsraum sicher weiß und sein Bedürfnis nach Ruhe und Allein-Sein befriedigen konnte, kann und wird er sich aus freien Stücken wieder annähern.[77] Wenn Partner darum kämpfen, sich gegenseitig zu verändern, dann landen sie unweigerlich in Teufelskreisen, in denen jeder verbissen seine Eigenarten und Bedürfnisse verteidigt. In dem Maße, in dem dieser Kampf aufgegeben werden kann, können sich beide entspannen. Erst damit gewinnen sie den inneren Freiraum, wieder auf den Partner zuzugehen – und zwar aus freien Stücken.

Im Umgang mit den Unterschieden und den unvermeidlichen großen und kleinen Zusammenstößen in Partnerschaften gibt es eine Wunderwaffe, fast eine Art Stein der Weisen – nämlich Humor. So wie der Stein der Weisen aus wertlosen Erzen Gold macht, so kann Humor aus einem Problem, das die Partner voneinander trennt, etwas Verbindendes machen. Je mehr Paare gemeinsam über ihre Scharmützel und Macken lachen können, desto einfacher ist es, auch diese Dinge als Teil des gemeinsamen Lebens zu begreifen und anzunehmen. Humor entdramatisiert, und das gemeinsame Lachen signalisiert gewissermaßen, dass die Tragödie so groß nun auch wieder nicht ist – oder dass sie mindestens komödiantische Züge hat.

Aber wie das so ist mit dem Stein der Weisen – es hat noch keiner ein Rezept dafür gefunden, das man weitergeben könnte. Manchmal habe ich den Eindruck, dass es reichen würde, wenn Paare sich häufiger erlauben würden, über die ganze Misere zwischendurch auch zu lachen. Oft hindert sie die Angst vor dem Gesichtsverlust oder die Angst, dass mich der Partner nicht mehr ernst nimmt, wenn ich mir selbst oder gar ihm erlaube, über mich zwischendurch (auch) zu lachen. (Allerdings darf an dieser Stelle ein Warnhinweis nicht fehlen. Humor beruht ganz wesentlich auf der Souveränität, *über sich selbst* zu lachen. Witze auf Kosten des anderen und die beleidigte Forderung, dieser möge doch nicht so «humorlos» reagieren, sind dagegen Zündstoff für die Partnerschaft.)

5.6 Tragfähige Einigungen finden

Eine gute Gesprächsbasis ist die Voraussetzung dafür, als Paar Probleme miteinander klären zu können. Wenn Sie sich diese Basis gemeinsam geschaffen haben, werden sich manche Dinge wie von selbst erledigen und klären lassen. Manche – aber keineswegs alle! In Partnerschaften gibt es handfeste Interessenkonflikte, die sich nicht allein dadurch erledigen, dass man gut miteinander sprechen kann. Für diese Fälle ist es hilfreich, Verhandlungstechniken zu kennen.

Eine Bestandsaufnahme machen

Wenn ein Konflikt chronisch geworden ist, dann kann es sinnvoll sein, sich zunächst einmal auf eine realistische Bestandsaufnahme zu einigen. Dies gilt zum Beispiel dann, wenn Paare in einem Dauerstreit über die Aufgabenverteilung im Haushalt liegen: Wie viel tut er denn nun wirklich im Haushalt – und wie viel bleibt an ihr hängen? Das beurteilen Partner oft sehr unterschiedlich. Während sie findet, dass «mindestens 95 Prozent, eher mehr» an ihr hängen bleibt, ist er der festen Überzeugung, dass sie einfach gar nicht sieht, was er alles tut. In so einem Fall kann es sinnvoll sein, eine Zeit lang Listen zu führen. Jeder schreibt detailliert auf, was er für die Familie tut und wie viel Zeit das kostet.

Eine kleinkarierte Verhaltensweise? In der Tat! Allerdings sind Paare, die sich in diesem Streit festgebissen haben, sowieso schon kleinkariert: Sie führen diese Liste ohnehin im Hinterkopf. Der Vorteil, diese Listen aufzuschreiben, besteht darin, dass sie dann besprechbar werden. Häufig zeigt sich dabei, dass beide nicht wirklich wissen, was der andere alles tut. Meist legen Partner auch unterschiedliche Maßstäbe an. Für Frauen geht es häufig nicht nur um die bloße Zeit, die sie mit Hausarbeit verbringen – anstrengend ist vor allem, dass sie an tausend Sachen gleichzeitig denken müssen! Und dieses ständige Hin- und Herspringen zwischen verschiedenen Aufgaben empfinden sie als besonders zermürbend. Manche Aufgaben sind auch besonders unangenehm, sodass sie gefühlsmäßig besonders schwer ins Gewicht fallen, obwohl sie vielleicht gar nicht so lange dauern. Wer putzt schon gerne die Toiletten? Um unterschiedliche Maßstäbe kann es auch bei der Frage gehen, in welcher Weise es bei der Verteilung der Hausarbeit ins Gewicht fallen soll, wenn einer von beiden sehr viel mehr Zeit im Beruf verbringt.

Erst in dem Moment, in dem diese Fragen auf den Tisch kommen, können sie besprochen und verhandelt werden. Das Ziel dabei wäre, sich auf eine gemeinsame Bestandsaufnahme zu einigen – oder zumindest zu verstehen, warum der Partner oder die Partnerin zu einer vollkommen anderen Bewertung kommt. Ein wichtiger Nebeneffekt ist dabei die Erfahrung, dass der andere meistens gute Gründe für seine Sicht der Dinge hat.

Die niederlagelose Methode der Konfliktklärung nach Gordon

Gute Lösungen und tragfähige Einigungen zeichnen sich dadurch aus, dass beide Partner damit zufrieden sind und davon profitieren und sich nicht einer von beiden als Verlierer fühlt. Bei der Suche nach solchen Lösungen hat sich die niederlagelose Methode der Konfliktklärung von Gordon (1972) bewährt, die durch ihre strukturierte Vorgehensweise einen sehr klaren und praktikablen Rahmen bietet.

1. Den Kern der Sache finden

Im ersten Schritt geht es darum, herauszufinden, worum es genau geht. Woran stören Sie sich – und vor allem: Was genau ist in dieser Situation wichtig für Sie, was wollen Sie erreichen? Dabei geht es nicht darum, dass Sie sich gegenseitig Ihre Lieblingslösungen für den Konflikt präsentieren. Diese Lösungen schließen sich in der Regel aus, sonst hätten Sie ja kein Problem. Auf dieser Ebene kommen Sie daher nicht weiter. Darum ist es wichtig, den Blick zu weiten und sich zu fragen, was eigentlich Ihre Lieblingslösung für Sie so attraktiv macht. Was genau ist Ihnen daran wichtig, welche Ihrer Interessen würden bei dieser Lösung in besonderer Weise berücksichtigt und befriedigt? Ziel in dieser Phase ist es, diese Interessen und Ziele auf beiden Seiten aufzuspüren, um anschließend nach Wegen zu suchen, wie sich diese abseits der bereits bekannten Lösungswege befriedigen und vereinbaren lassen.

Beide Partner sollen also die Gelegenheit bekommen, ihre Sicht der Dinge dem anderen darzustellen, und sich umgekehrt für die Sichtweise und das Anliegen des Gegenübers interessieren. Diese Phase ist beendet, wenn beide Partner den Eindruck haben, aus ihrer Sicht die wesentlichen Dinge formuliert zu haben und auch die Sichtweise und die Interessen des anderen verstanden zu haben. Wichtig dabei ist es, die Interessen und Ziele des anderen nicht zu kommentieren oder zu bewerten, sondern sie ohne Vorbehalte ernst zu nehmen.

2. Brainstorming

Wenn das Problem verstanden ist, beginnt die Suche nach einer Lösung. Wie kann es gelingen, die unterschiedlichen Wünsche und Interessen unter einen Hut zu bringen? Wie kann eine Lösung aussehen, bei der alle gewinnen? Der erste Schritt ist ein Brainstorming. Hier geht es darum, möglichst viele verschiedene Lösungsmöglichkeiten zu sammeln. Am besten nehmen Sie sich dazu ein großes Blatt Papier und notieren alle Ideen, die genannt werden. Wichtig dabei ist, die Lösungsideen in dieser Phase weder zu kommentieren noch zu bewerten! Die Stunde der ‹Realisten› im Inneren Team schlägt auch noch – aber später! Hier sind zunächst die ‹Utopisten› und ‹kreativen Spinner› gefragt! ‹Unmögliche› oder ‹abwegige› Lösungsvorschläge sind nicht nur erlaubt, sondern ausdrücklich erwünscht! Denn oft sind solche Vorschläge nicht so abwegig, wie sie zunächst erscheinen, und enthalten einen produktiven Kern. Die Erlaubnis, auch ‹abwegige› Vorschläge zu machen, erweitert den Horizont. Meist sind die ‹nahe liegenden› und ‹vernünftigen› Lösungen nicht die besten – denn wenn sie es wären, hätten Sie diese vermutlich schon lange entdeckt! Je mehr Freiraum Sie sich geben, auch herumzuspinnen, und je mehr Spaß die Sache macht, desto kreativer und ergiebiger kann die Lösungssuche werden.

Lassen Sie sich dabei auch von den Vorschlägen Ihres Partners anregen und denken Sie diese weiter. Oder überlegen Sie ganz im Gegenteil, in welche Richtung noch gar nicht gedacht wurde. Könnte man nicht auch gerade das Gegenteil von dem machen, was gerade vorgeschlagen wurde? Beenden Sie diese Phase nicht zu früh, sondern erst dann, wenn auch nach einer Pause niemandem mehr etwas Neues einfällt.

3. Lösungen kritisch bewerten

Erst jetzt werden die gefundenen Lösungsvorschläge kritisch bewertet. Jeder überprüft bei jedem Vorschlag, ob diese Lösung oder Teile davon für ihn akzeptabel sind. Dabei ist es wichtig, sich selbst und andere ernst zu nehmen: Eine Lösung, bei der einem der Partner unbehaglich zumute ist, ist nicht tragfähig. Erlauben Sie sich und Ihrem Partner also, ehrlich zu sein und auch nicht linientreue Gefühle zu äußern («Ehrlich gesagt, ich hasse es, das Klo zu putzen!»).

Diese Gefühle schaffen sich ohnehin Raum – und besser, sie tun es jetzt, als dass sie später dafür sorgen, dass eine Lösung nicht umgesetzt wird.

Lösungen, die für einen der Beteiligten nicht akzeptabel sind, werden gestrichen. Allerdings lohnt es sich häufig, Alternativen, die «auf gar keinem Fall gehen», noch einmal zu prüfen. Ist zum Beispiel eine Putzfrau wirklich unbezahlbar? Wären der vermiedene Stress und der Zuwachs an Freizeit nicht Einsparungen an anderer Stelle wert?

4. Die beste Lösung auswählen

Die beste Lösung ergibt sich meist im Gespräch, und sie besteht oft in einer Kombination verschiedener Vorschläge. Wenn sie gefunden ist, sollte sie möglichst genau und eindeutig formuliert und möglichst auch aufgeschrieben werden. Dabei sollte klar sein, dass diese Lösung verändert werden kann, wenn sie sich (und sei es auch nur für einen der Partner) nicht bewährt. Die Lösung ist ein Arbeitsinstrument und kein Heiligtum!

Was tun, wenn sich keine annehmbare Lösung findet? Das passiert überraschend selten. Zwar findet sich nicht immer eine Lösung, mit der beide Partner wunschlos glücklich sind, und natürlich sind zuweilen Zugeständnisse nötig – meist aber findet sich eine Lösung, mit der beide Partner zufrieden sind. Ansonsten gibt es zwei Möglichkeiten: Hartnäckigkeit oder eine schöpferische Pause. Entweder sie kehren zum zweiten Schritt zurück und suchen nach weiteren Lösungen, oder sie vertagen die Suche auf einen späteren Zeitpunkt und vertrauen darauf, dass ein wenig Distanz zum Thema neue Ideen bringt.

Zuweilen lohnt es sich auch, zu fragen, ob etwas einer Einigung im Weg stehen könnte. Wenn ein untergründiger Konflikt schwelt, dann macht dies eine sachliche Zusammenarbeit meist unmöglich. Warum sollten Sie Ihrem Partner entgegenkommen, wenn Sie eigentlich wütend auf ihn sind? Auch wenn Misstrauen und Verletzungen das Klima bestimmen, ist Kooperation nur sehr eingeschränkt möglich, denn Kooperation setzt das Vertrauen voraus, dass der andere mit offenen Karten spielt und meine Interessen ernst und wichtig nimmt. Wenn solche Gefühle im Raum stehen, dann ist es meist nötig, zuerst diesen Raum zu geben, weil sie ansonsten jede Zusammenarbeit blockieren. Der von Ruth Cohn geprägte Satz «Störungen haben Vorrang» (Cohn 1975, S. 122) gilt nicht nur für Gruppen, sondern auch für Partnerschaften.

Insofern setzt diese Art des Umgangs mit Konflikten eine gemeinsame Basis und Vertrauen voraus. Umgekehrt gilt jedoch auch, dass die Erfahrung, Konflikte miteinander lösen zu können, diese Basis und das gegenseitige Vertrauen erheblich stärken können. Auch deswegen lohnt es sich, nicht zu früh aufzugeben!

5. Die Umsetzung planen und die Lösung ausprobieren

Anschließend sollte genau besprochen werden, wie die Lösung umgesetzt werden soll. Oftmals steckt der Teufel im Detail, und daher ist es gut, in der Freude über eine Lösung nicht allzu schnell davon auszugehen, dass nunmehr alles klar sei. Was soll konkret passieren? Welche Vorbereitungen sind zu treffen, was muss jeder der Beteiligten tun und bis wann? Woran könnte das Ganze scheitern, welche Stolpersteine tauchen möglicherweise auf und wie könnten Sie mit diesen umgehen? Wenn eine Lösung gefunden wurde, mit der beide zufrieden sind, lassen sich diese Fragen in der Regel relativ leicht klären und aushandeln. Wenn der Lösungsentwurf fertig ist, dann steht es an, ihn auszuprobieren.

6. Bilanz ziehen und eventuell nachbessern

Es ist sinnvoll, nach einiger Zeit noch einmal darüber zu sprechen, ob sich die Lösung bewährt hat. Ein solches Gespräch kann sehr kurz sein («Läuft prima, oder?» – «Ja, finde ich auch!»), es kann aber auch Anlass dazu geben, die Lösung noch einmal auf den Prüfstand zu stellen. Zuweilen zeigt sich erst in der Praxis, ob eine Lösung das leistet, was Sie sich von ihr versprochen haben. Wenn dem nicht so ist, dann sollten Sie nachbessern. Manchmal reicht es, einige Details zu verändern – und manchmal ist es nötig, nach einer neuen Lösung zu suchen.

5.7 Wenn alles nichts hilft

Es gibt Situationen, die sich bei aller Anstrengung alleine nicht lösen lassen. Dafür kann es unterschiedliche Gründe geben. Vielleicht ist die Situation schon so weit eskaliert, dass der Streit chronisch geworden ist. Beide haben sich so ineinander festgebissen und sich gegenseitig schon so viele Verletzungen zugefügt, dass es schwer ist, sich daraus noch alleine zu befreien.

Zudem liegt es in aller Regel nicht nur an den allgemeinen Schwierigkeiten zwischen Männern und Frauen, wenn Paare in eine Krise geraten, sondern auch an höchst persönlichen Verstrickungen. Diese können zum einen in der gemeinsamen Geschichte des Paares wurzeln – weil zum Beispiel Dinge vorgefallen sind, die der eine dem anderen nicht mehr verzeihen kann. Und trotz allem guten Willen und allem Bemühen stolpern beide immer wieder über diese alte Geschichte. Häufig geht es auch um die je persönliche Geschichte der beiden Partner. Jeder von uns trägt alte Wunden aus seiner Lebensgeschichte mit sich – und niemand rührt so sehr an diese wunden Punkte wie der Partner (oder die Kinder), weil uns niemand anderes so nahe kommt. Daher kurbelt auch niemand unsere «Hilfsmotoren» (vgl. Abb. 56, S. 280) mit solcher Macht an wie der Partner oder die Partnerin. Das erklärt die Heftigkeit der Konflikte, weil sich aktueller Anlass und alte, oft unbewusste Gefühle bis zur Unkenntlichkeit miteinander vermischen. Diese Vermischung ist alleine nicht zu durchschauen – und schon gar nicht zu lösen.

Auch äußere Umstände oder gravierende Veränderungen der Lebensumstände können dazu beitragen, dass ein Paar in eine Krise gerät, aus der es alleine nicht mehr herausfindet. Nicht nur Schicksalsschläge (wie der Tod eines Kindes, Arbeitslosigkeit, schwere Krankheiten oder Unfälle), sondern auch die ganz normalen oder sogar heiß ersehnten Veränderungen im Leben können zu einer echten Belastungsprobe für die Partnerschaft werden. Die Geburt eines Kindes, der Übergang vom Studium in den Beruf, der Umzug in eine andere Stadt, der Auszug des jüngsten Kindes, der Übergang ins Rentenalter – all dies erfordert von Paaren ganz erhebliche Anpassungsleistungen. Jeder muss eine andere Rolle finden, die Karten werden neu gemischt, und vieles, was bisher gut funktioniert hat, trägt nicht mehr und muss neu ausgehandelt werden. Darin steckt einerseits die Chance auf einen neuen Aufbruch – und andererseits eine Bewährungsprobe, die häufig mit Angst, Kränkungen und Enttäuschungen verbunden ist.

Übergänge und äußere Krisen sind zuweilen auch darum schwer zu bewältigen, weil Partner unterschiedlich damit umgehen. Der eine will viel darüber reden und sich austauschen – der andere zieht sich erst einmal in seine Höhle zurück und spricht gar nicht mehr. Der eine wird in Krisensituationen jähzornig und aufbrausend – der andere besonders dünnhäutig und empfindlich. Und wiederum gilt: Die Andersartigkeit des Partners ist besonders schwer zu ertragen, wenn er mit seinem Verhalten bei mir ungewollt auf alte Wunden trifft.

Wenn also alle Versuche, die Situation zu klären und zu lösen, immer wieder in Verletzungen und Vorwürfen enden, ist es sinnvoll, professionelle Hilfe in Anspruch zu nehmen. Eine Beraterin oder ein Berater kann Sie dabei unterstützen, die festgefahrenen Konflikte zu durchschauen und wieder Wege zu finden, um miteinander ins Gespräch zu kommen und sich gegenseitig zu erreichen. Ebenso ist Beratung hilfreich bei der Suche nach Wegen, die aus den Problemen oder der Krise herausführen. Und nicht zuletzt kann es eine wahre Wohltat sein, wenn sich jemand die ganze Misere einmal in Ruhe und mit Verständnis anhört.

Nicht selten entsteht dabei die Situation, dass einer der Partner gerne zu einer Beratung gehen will und der andere sich sperrt. Meist sind es die Männer, die nicht mitkommen wollen – und das ist auch nicht weiter verwunderlich. Der Schritt zur Paarberatung ist für Männer sehr viel schwerer, weil sie sich damit in das angestammte Heimatgebiet der Frauen begeben. In der Beratung soll ja über die Beziehung und über Gefühle geredet werden – für Frauen etwas Vertrautes, für Männer im höchsten Maß ein Auswärtsspiel. Es kann daher hilfreich sein, seine Ablehnung nicht mit dem Beziehungsohr zu hören («Unsere Beziehung ist mir das nicht wert!»), sondern mit dem Selbstkundgabeohr, nämlich als Hinweis darauf, dass er skeptisch und unsicher ist.

Wenn Ihr Partner nicht mitkommen will, dann sollten Sie nach Wegen suchen, wie Sie etwas für sich selbst tun können, ohne darauf angewiesen zu sein, dass er sich ändert. Der Schritt zur Beratung ist auch für Sie alleine sinnvoll.

6. BERUFLICHE ENTWICKLUNGSRICHTUNGEN UND STRATEGIEN FÜR FRAUEN

Die Verbesserung der partnerschaftlichen Kommunikation betrifft Männer wie Frauen gleichermaßen und ist daher ein gemeinsames Projekt. Im Beruf dagegen sind wir sehr viel stärker Einzelkämpfer – hier hat zunächst einmal jeder und jede den eigenen Weg zu finden. Daher wird es im Folgenden nicht um gemeinsame Strategien für Frauen und Männer gehen, sondern ich werde die Perspektive von Frauen und Männern getrennt behandeln.

Dabei ist jedoch anzumerken, dass das «Frauenkapitel» durchaus auch für Männer interessant sein kann – ebenso wie umgekehrt das «Männerkapitel» für Frauen! Denn auch wenn die aufgezeigten Problemfelder ‹typisch› sein mögen – das muss für Sie persönlich nicht gelten. Auch viele Männer stehen vor der Frage, wie sie sich im Beruf besser durchsetzen, ihr Potenzial besser zeigen und ausschöpfen können und wie sie es schaffen, sich in Machtkämpfen und Konflikten besser zu behaupten. Umgekehrt sind keineswegs nur Männer, sondern auch zunehmend Frauen in Gefahr, sich im Beruf zu verlieren. Es lohnt sich also, nach den Kapiteln zu suchen, die für Ihre besondere Situation passen.

6.1 Ziel: das Spiel mitspielen!

Wenn Frauen beruflich nach oben kommen wollen, müssen sie nicht nur die Regeln kennen, nach denen die Berufswelt funktioniert, sondern auch eine innere Mannschaft zur Verfügung haben, die in diesem Spiel mitspielen kann. Wie kann die Entwicklung eines Inneren Teams aussehen, das aus der Berufswelt ein Heimspiel macht? Welche Teammitglieder sind von besonderer Bedeutung, welches Verhaltensrepertoire sollten diese zur Verfügung haben und wie können sie gestärkt werden? Und wie kann man auf der anderen Seite mit inneren Bremsen umgehen, ohne von ihnen blockiert und gelähmt zu werden?

Die eigenen Ziele klären

Der erste Schritt auf dem Weg zum Ziel ist die Frage, wohin Sie eigentlich wollen. Was wollen Sie beruflich erreichen, woran machen Sie im Beruf Sinn und Erfolg fest und was wäre Ihr beruflicher Traum? Nicht jede Frau will Karriere machen und Bundeskanzlerin, Top-Managerin oder Professorin werden! Es geht also nicht darum, beruflich möglichst weit nach oben zu kommen, sondern um das Erreichen der eigenen Ziele. Nur wenn Sie diese kennen, können Sie sinnvolle Strategien entwickeln.

Was also ist Ihr berufliches Ziel? Das herauszufinden und zu entscheiden ist nicht immer leicht. Meist meldet sich zunächst ein bunter Chor innerer Stimmen zu Wort, die durchaus nicht immer einer Meinung sind und die vollkommen unterschiedliche Präferenzen, Interessen, Befürchtungen und Einwände haben. Je besser es Ihnen gelingt, diese verschiedenen Stimmen zu Wort kommen zu lassen und diese zu einem wirklichen Team zu integrieren, das im Dienste eines gemeinsamen Ziels an einem Strang zieht, desto energievoller und effektiver werden Sie in der Umsetzung Ihrer beruflichen Ziele und Strategien sein (zum Umgang mit inneren Konflikten vgl. auch Kapitel 5.1).

Die Spielregeln durchschauen: Passive Fremdsprachenkompetenz

Um im Beruf erfolgreich zu sein, sollten Sie zudem wissen, wie sich die ungeschriebenen Kommunikationsregeln im Beruf von den Umgangsregeln in persönlichen Beziehungen unterscheiden: Dass Konkurrenz und Machtsignale eine größere Rolle spielen und dass es wichtig ist, selbst dafür zu sorgen, sich durchzusetzen und gesehen zu werden. Hier geht es gewissermaßen um passive Fremdsprachenkompetenz, also darum, die Spielregeln zu verstehen, die in Ihrem persönlichen Arbeitsfeld gelten. Denn natürlich gelten in einer Unternehmensberatung andere Gesetze als in einem Lehrerkollegium, einer Auto-Werkstatt, einem Kindergarten oder dem Labor einer Pharmafirma – und auch von Firma zu Firma, von Abteilung zu Abteilung unterscheiden sich die ungeschriebenen Spielregeln oft beträchtlich.

Wie kommt man hier beispielsweise zu Wort? Auf wessen Wortbeiträge wird besonders eingegangen, wer wird eher ignoriert? Woran liegt das? Was *tut* jemand dafür, wahrgenommen zu werden? Liegt es an der Selbstverständlichkeit, mit der er seine Meinung äußert («Wir sind uns doch alle einig, dass ...»), redet er besonders laut und deutlich? Kommt er womöglich immer wieder hartnäckig auf seine Ideen zurück, oder ist er besonders geschickt darin, sich Mitstreiter zu suchen? Und umgekehrt: Was *tut* jemand, um ignoriert zu werden? Meldet er sich gar nicht erst zu Wort oder lässt sich schnell von anderen unterbrechen? Redet er besonders leise oder streicht seine Meinung gewissermaßen halb durch, wenn er etwas sagt («Vielleicht ist es eine blöde Idee, aber ...»)? Und wie werden neue Projekte vergeben, wer wird befördert? Hat die Kollegin, die den Zuschlag bekommen hat, den Chef vielleicht frühzeitig darauf angesprochen, dass sie Interesse hat, vielleicht sogar von sich aus Vorschläge präsentiert, wie man das Projekt aufziehen könnte? Hat sie vielleicht auch gute Kontakte zu anderen und ein Netzwerk aufgebaut oder frühzeitig dafür gesorgt, sich fortzubilden?

Vermutlich werden Ihnen nicht alle Strategien gefallen, die Sie beobachten und die vielleicht auch erfolgreich sind. Vielleicht stoßen Sie darauf, dass jemand unverfroren die Arbeitsergebnisse anderer als die eigenen ausgibt oder Kollegen bei anderen oder gar beim Chef schlecht macht. Es kann also nicht darum gehen, alles zu übernehmen, was nach oben führt. Gleichwohl lohnt es sich häufig, auch bei Dingen, die Sie abstoßend finden, noch einmal genauer hinzuschauen, denn häufig ist in diesem Verhalten ein positiver Kern verborgen – und die anderen tun (im Sinne des Wertequadrats) gewissermaßen des Guten zu viel. So kann man von einer Kollegin, die «unerträglich aufschneidet», vielleicht lernen, sich gut zu verkaufen. Und der Kollege, der sich «beim Chef einschleimt», ist womöglich ein Musterbeispiel an Diplomatie! Auch wenn Sie keinesfalls so werden wollen wie diese Kollegen, kann es also Sinn machen, sich davon eine Scheibe abzuschneiden.

Dabei sollten Sie nicht nur die anderen beobachten, sondern auch sich selbst. Nach welchen Regeln spielen Sie selbst; womit sind Sie zufrieden und erfolgreich und womit nicht? Wie kommt es eigentlich, dass es immer wieder Sie sind, die das Protokoll führen oder die nach dem Teamtreffen allein mit dem Abwasch dastehen? Wie kommt es, dass Ihre Vorschläge übergangen werden und dass nicht Sie, sondern Kollegen zu den interessanten Aufgaben kommen?

Auf das Innere Team übertragen bräuchten Sie also eine ‹Wissenschaftlerin›, welche Ihr Arbeitsfeld und Ihr Verhalten darin mit nüchternem Interesse unter die Lupe nimmt und dazu Hypothesen entwickelt: Welche Spielregeln gelten hier und auf welche Weise kann man hier dafür sorgen, als Mitspielerin respektiert und ernst genommen zu werden?

Strategien entwickeln und experimentieren: Aktive Fremdsprachenkompetenz

Im nächsten Schritt geht es darum, anhand Ihrer Hypothesen Strategien zu entwickeln und zu experimentieren. Wie können Sie Ihr Wissen umsetzen, wie können Sie innerhalb dieser Spielregeln erfolgreicher sein? Neben der ‹Wissenschaftlerin› sollte in Ihrem Team jetzt also eine ‹Strategin› zu Wort kommen, die entscheidet, was für Sie ein gutes Entwicklungsprojekt und ein sinnvoller erster Schritt sein könnte.

Dabei ist es sinnvoll, zunächst kleine Schritte auszuprobieren. Zum Beispiel: Was passiert eigentlich, wenn Sie sich nicht unterbrechen lassen, sondern ganz ruhig weiterreden? Wie reagieren die anderen darauf – und wie fühlen Sie sich selbst dabei? Was geschieht, wenn Sie sich nicht melden, wenn nach der Frage, wer heute das Protokoll übernimmt, eine peinliche Pause entsteht? Welche Idee würden Sie gerne umsetzen – und wie könnte es Ihnen gelingen, andere dafür zu begeistern? Wählen Sie sich zum Experimentieren ‹ungefährliche› Gebiete aus, die sich gut als Übungsräume eignen. Beginnen Sie nicht mit Ihrem Herzensanliegen, wenn es sehr wahrscheinlich ist, dass Sie mit dieser Idee heftigen Gegenwind ernten werden, sondern suchen Sie sich ein problemloseres Projekt. Und nutzen Sie nicht das wichtige Kundengespräch, um zu üben, jemanden zu unterbrechen, sondern suchen Sie sich einen viel redenden Bekannten als ersten Sparringspartner.

Bei der Umsetzung dieser Strategien spielen die ‹Kämpferin› und die ‹PR-Expertin› im Inneren Team Schlüsselrollen – sie sind gewissermaßen das Exekutivkomitee, welches die Vorschläge der Planungsmannschaft in die Tat umsetzt. Die ‹Kämpferin› ist gefragt, wenn es darum geht, sich auch gegen Widerstände und Gegenwind Raum zu nehmen, eigene Wünsche anzumelden und sich abzugrenzen.

Und die ‹PR-Expertin› kann dafür sorgen, dass Sie Ihr Licht nicht unter den Scheffel stellen, sondern offen zeigen. Wenn Sie andere überzeugen und begeistern wollen, dann ist es wichtig, dass Sie Ihre Ideen und sich selbst gut verkaufen können.

Ziel dabei ist es nicht, immer zu ‹gewinnen›. Das wäre nicht nur ein unrealistischer Anspruch, sondern dieses Ziel würde auch leicht in Verbissenheit und unproduktive Machtkämpfe münden. Es geht

Abbildung 62: Planungsgruppe und Exekutivkomitee

darum, zu experimentieren und nach und nach den eigenen Spielraum immer mehr zu erkunden und zu erweitern.

6.2 Konkrete Schritte

Wünsche anmelden und dafür kämpfen

Frauen erwarten häufig, dass es gesehen und honoriert wird, wenn sie kompetent und engagiert sind und gute Arbeit leisten. Sie gehen davon aus, dass die Beförderung oder die Gehaltserhöhung, das attraktive neue Projekt oder das Angebot, sich beruflich weiterzuentwickeln, bei entsprechender Leistung von alleine auf sie zukommen. So etwas kann natürlich auch passieren – es ist allerdings keineswegs sicher und insgesamt eher unwahrscheinlich.

Aussichtsreicher ist es, selbst etwas dafür zu tun! Wenn Sie ein Projekt oder eine Aufgabe interessiert, dann sollten Sie Ihren Chef darauf ansprechen. Und wenn Sie bereits Ideen dazu haben, dann macht es Sinn, ihm davon zu erzählen. Denn es ist nicht selbstverständlich, dass er von sich aus darauf kommt, dass Sie Interesse haben könnten – gerade Männer gehen oft davon aus, dass andere ihre Wünsche selber kundtun. Und auch wenn er es merkt, heißt das noch nicht unbedingt, dass er Ihnen auch den Zuschlag gibt. Gerade wenn es um neue Projekte oder um Führungspositionen geht, ist es häufig ein wichtiges Kriterium für die Auswahl, wie viel Interesse und Engagement jemand zeigt und wie viel «Biss» sie oder er hat. Zu zeigen, dass Sie sich für eine Position oder ein Projekt interessieren, dass Sie Ideen dazu haben und auch gegen Widerstände darum kämpfen, macht Sie daher als Kandidatin häufig erst interessant. Dazu kommt, dass Ihre Interessen und Wünsche nicht immer mit den Interessen Ihrer Vorgesetzten übereinstimmen werden – wer gibt schon freiwillig Gehaltserhöhungen? Auch hier führt hartnäckiges Verhandeln eher zum Ziel als geduldiges Warten.

Ebenso wichtig kann es sein, deutlich zu machen, welche Aufgaben Sie nicht (mehr) übernehmen möchten. Vielleicht sind Sie aus manchen Ihrer Aufgaben herausgewachsen, und sie stellen keine Herausforderung mehr dar. Oder manche Projekte bringen Sie mit Blick auf Ihre beruflichen Ziele nicht weiter. Oder Sie haben irgendwann langweilige Routinearbeiten übernommen und drohen jetzt darauf sitzen zu bleiben, weil alle anderen froh sind, diese Tätigkeiten los zu sein. Verlieren Sie sich nicht in Nettigkeiten und Hilfsbereitschaft, in der Hoffnung, dass sich das eines Tages auszahlen wird! Wenn Ihre Bereitschaft, unangenehme Arbeiten zu übernehmen, zu groß ist, dann empfiehlt Sie das nicht unbedingt für herausfordernde und spannende neue Aufgaben, sondern lädt eher dazu ein, Sie weiterhin als Mädchen für alles einzuspannen.

Sich Gehör verschaffen

Die eigenen Ansprüche anzumelden und dafür zu kämpfen, setzt voraus, sich mit seinen Ideen, Vorschlägen und Wünschen Raum nehmen zu können. Das fällt Frauen im Beruf schwerer als Männern – sie machen hier immer wieder die Erfahrung, dass sie seltener zu Wort kommen und dass weniger auf ihre Wortbeiträge eingegangen wird.

Unter dem Einfluss ihrer inneren ‹Selbstzweiflerin› tragen Frauen häufig ungewollt dazu bei, dass ihre Beiträge weniger ernst genommen werden. Einleitungen wie «Ich weiß nicht, aber …» oder «Vielleicht ist es eine dumme Idee …» entwerten die eigenen Gedanken und Vorschläge und führen dazu, dass diese weniger Aufmerksamkeit und Durchsetzungskraft bekommen. Ähnliches gilt, wenn Frauen sehr leise sprechen und sich beim Sprechen körperlich gewissermaßen in sich selbst verkriechen, indem sie den Kopf einziehen, die Schultern nach vorne ziehen und die Beine übereinander schlagen – eine Körperhaltung, die Frauen sehr viel häufiger einnehmen als Männer. Auf diesen Ebenen meldet sich die innere ‹Selbstzweiflerin› zu Wort und signalisiert: «Ist eigentlich auch gar nicht so wichtig, was ich sagen will – und vermutlich auch eine dumme Idee!» Die Idee mag so genial sein, wie sie will, mit dieser Begleitbotschaft sinkt die Chance, dass ihre Genialität von anderen wahrgenommen wird, ganz beträchtlich.

Eine starke innere ‹Selbstzweiflerin› oder ‹Selbstentwerterin› lässt sich nicht ohne weiteres von der inneren Bühne verbannen und meist nicht einmal ganz verstecken. Es ist sinnvoll, sich das nicht allzu übel zu nehmen, denn der Versuch, sich dieses Verhalten zu verbieten, kann der ‹Selbstabwerterin› neue Nahrung geben («Du hast schon wieder ganz leise gesprochen und ‹vielleicht› gesagt – kein Wunder, dass dir keiner zuhört! Du bist einfach eine Versagerin!»). Dennoch lohnt der Versuch, die selbstabwertenden Signale zu reduzieren, indem man innerlich die ‹PR-Expertin› neben die ‹Selbstzweiflerin› stellt. Wie würde die ‹PR-Expertin› die gleiche Idee darstellen – und was davon wäre im Moment umsetzbar?

Auch um zu Wort zu kommen, sollten Sie nicht darauf warten, dass andere für Sie sorgen, sondern selbst aktiv werden. Frauen neigen zu der Erwartung, dass jemand anderes ihnen das Wort erteilt. In Seminaren warten sie häufig, bis sie drangenommen werden, und in Gesprächen warten sie darauf, dass der Partner eine Pause macht und sie auffordernd anschaut. Für Frauen ist dies Höflichkeit – in einer männlich geprägten Gesprächskultur gilt dies eher als Signal dafür, dass jemand sich unterordnet oder nicht stark genug dazu ist, sich Gehör zu verschaffen. Sich selbst das Wort zu nehmen heißt hier, sich Respekt zu verschaffen!

Wenn Frauen zu Wort kommen wollen, müssen sie lernen, sich

‹dazwischenzudrängen› und andere notfalls zu unterbrechen. Und da Männer und (glücklicherweise!) auch viele Frauen die Fähigkeit, andere zu unterbrechen, durchaus beherrschen, müssen sie auch lernen, sich das Wort nicht ohne weiteres entreißen zu lassen. Der einfachste Weg dazu ist, unbeeindruckt weiterzureden und dem anderen freundlich zu signalisieren, dass jetzt Sie dran sind. Je selbstverständlicher Sie das tun, desto größer ist die Wahrscheinlichkeit, dass Sie sich durchsetzen können. Natürlich ist hier Augenmaß gefragt und nicht die Brechstange! Denn das Ziel ist nicht, nun in einen verbissenen und zähen Machtkampf um das Rederecht einzutreten. Und da es ein Machtsignal ist, jemand anderen zu unterbrechen, kann es durchaus heikel sein, dem Chef oder einem Kunden ins Wort zu fallen.

Ein anderer Weg, jemanden zu stoppen, der längere Zeit monologisiert, ist paradoxerweise das aktive Zuhören. Es kann sehr effektiv sein, das, was der andere gesagt hat, mit eigenen Worten noch einmal zusammenzufassen. («Ich habe verstanden, dass es Ihnen sehr wichtig ist, dass wir bis Montag unser Angebot abgeben, weil Sie befürchten, dass uns der Kunde wieder abspringt, wenn wir zu lange zögern.») Wer lange und viel redet, hat häufig das Gefühl, mit seiner Botschaft noch nicht ‹angekommen› zu sein – und wenn Sie deutlich machen, dass Sie zugehört und verstanden haben, dann ist das häufig eine Erleichterung für den anderen. Zugleich hat es auch eine taktische Bedeutung: Wenn Sie die Position des anderen zutreffend wiedergeben, setzen Sie gewissermaßen einen Punkt hinter ein Kapitel des Gesprächs. Und das kann Ihnen die Gelegenheit geben, nun mit einem neuen Thema, nämlich Ihrem eigenen, weiterzumachen.

Scheuen Sie sich nicht, immer wieder hartnäckig auf Punkte zurückzukommen, die Ihnen wichtig sind und die im Gespräch verloren zu gehen drohen. Suchen Sie Anknüpfungspunkte (oder schaffen Sie solche, indem Sie die Diskussion zusammenfassen und von dort aus zu Ihrem Thema überleiten) und geben Sie Ihren Gedanken erneut ins Gespräch. Dabei kann es hilfreich sein, sich auf andere zu beziehen und sich Verbündete zu suchen – vor allem solche Verbündete, die in der Gruppe Gehör finden. Und sorgen Sie nach Möglichkeit dafür, dass ein Thema oder das Gespräch nicht beendet wird, ohne dass die Punkte besprochen worden sind, die Ihnen wichtig sind. Bleiben Sie notfalls sitzen, wenn Ihr Gesprächspartner aufsteht und damit signalisiert, dass das Gespräch zu Ende ist: «Bevor wir schließen, würde ich gerne noch klären …»

Auch hier gilt: Experimentieren Sie und entwickeln Sie ein Gefühl dafür, wie die anderen reagieren und was zur Situation und zu Ihnen passt! Was wirkt und was nicht, worauf sprechen Ihre Kollegen oder Kunden und Ihr Chef an und womit laufen Sie eher gegen eine Wand? Wo sollten Sie mögliche Irritationen der anderen über Ihr verändertes Verhalten schlicht aushalten – und wo gibt es Hinweise darauf, dass Sie Ihre Strategie ändern sollten?

Auch verlieren will gelernt sein!

Hartnäckigkeit und die Bereitschaft, die eigene Strategie zu wechseln, sind also von großer Wichtigkeit! Das bedeutet auch, dass es wichtig ist, gut verlieren zu können – denn nur dann können Sie die unvermeidlichen Fehlschläge und Misserfolge gelassen hinnehmen und sie als Hinweis darauf nutzen, wo und wie Sie Ihre Strategie verändern sollten. Da Frauen oft gelernt haben, Fehlschläge als Beweis für ihre Inkompetenz zu sehen, reagieren sie darauf häufiger als Männer mit Selbstzweifeln und Entmutigung. Sie gehen eher als Männer davon aus, dass der Misserfolg vor allem an ihnen selbst lag und dass er nicht mit ihrem momentanen *Verhalten*, sondern mit ihren Eigenschaften als Person zu tun hat.

Natürlich kann ein Misserfolg sowohl im eigenen Verhalten als auch in ungünstigen Umständen begründet sein. Manchmal sind andere dafür verantwortlich, und zuweilen weist ein Misserfolg auf eigene Schwächen hin. Um aus Fehlschlägen lernen zu können, muss ich sie also analysieren. An dieser Stelle sind wieder die ‹Wissenschaftlerin› und die ‹Strategin› im Inneren Team gefragt. Was habe ich mir selbst zuzuschreiben, mit welchem Verhalten habe ich zu diesem Fehlschlag beigetragen? Was liegt an anderen oder an der Situation – und wie kann ich diese Faktoren beim nächsten Mal besser berücksichtigen? Gibt es vielleicht auch typische Fallen, in die ich immer wieder laufe – zum Beispiel, zu schnell aufzugeben oder mich ganz im Gegenteil zu sehr in etwas zu verbeißen und dann den Wald vor lauter Bäumen nicht mehr zu sehen und andere unnötig gegen mich aufzubringen? Und schließlich: Wie wichtig oder unwichtig ist dieser Fehlschlag überhaupt? Kann ich ihn nicht auch einfach unter «shit happens» verbuchen und vergessen?

Gut verlieren zu können bedeutet, alle diese Perspektiven zur Verfügung zu haben und nutzen zu können – und sich nicht zu sehr von der eigenen «Lieblingserklärung» für Misserfolge verführen zu lassen («War ja klar, dass ich das mal wieder nicht hinbekomme!» Oder: «Ich bin eben von Idioten umgeben!»). Für Frauen geht es häufig vor allem darum, den Einfluss der inneren ‹Selbstzweiflerin› durch die nüchterne Analyse der Gründe für den Misserfolg zu reduzieren – der ‹Selbstzweiflerin› also gewissermaßen die ‹Wissenschaftlerin› entgegenzustellen.

6.3 Umgang mit Machtgesten: Von der ‹Kämpferin› zur ‹Leibwächterin›

Die Notwendigkeit eines abgestuften Arsenals

Die ‹Kämpferin› ist eines der wichtigsten Teammitglieder in der beruflichen Profi-Mannschaft. Besondere Bedeutung bekommt sie dort, wo es um den Umgang mit Machtgesten oder gar um Angriffe und Entwertung geht. Hier heißt die Aufgabe, sich abzugrenzen, sich zu behaupten – und zuweilen auch, sich schlicht seiner Haut zu wehren! All das geht nur mit einer vitalen und energievollen inneren ‹Kämpferin›.

Dabei ist es sinnvoll und wichtig, dass diese über ein breites Arsenal an Instrumenten und Waffen verfügt. Sie sollte einerseits ein leichtes Florett parat haben, damit sie nicht immer gleich zur Keule greifen muss («So wie Sie sich hier benehmen, disqualifiziert Sie das nicht nur für die weitere Zusammenarbeit, sondern auch ganz grundsätzlich als Mensch!») und damit womöglich schon bei kleinen Anlässen einen großen Beziehungsschaden anrichtet. Zugleich ist es gut, wenn sie auch über schwere Waffen verfügt und sich auch dort wirksam abgrenzen und schützen kann, wo Grenzüberschreitungen entwürdigend und unverschämt werden, wo mit harten Bandagen gekämpft und die Regeln der Fairness verletzt werden. Sie sollte also ein großes Spektrum an Reaktionsmöglichkeiten besitzen – und ein geschärftes Bewusstsein dafür, wann sie welche wem gegenüber einsetzt.

Irritationen auf der Beziehungsebene wahrnehmen und ernst nehmen

In den Situationen, um die es hier geht, steht die Beziehungsseite der Kommunikation im Mittelpunkt. In jedem Gespräch wird auch die Frage verhandelt, wie wir zueinander stehen. Ist dies eine vertraute

Beziehung, in der auch persönliche Fragen gestellt werden dürfen, oder eher eine distanzierte und förmliche Beziehung? Stehen beide auf gleicher Ebene, oder darf einer dem anderen Anordnungen geben oder ihn belehren? Kooperieren wir oder konkurrieren wir eher?

All diese Fragen werden selten ausdrücklich besprochen, sondern durch die Art geklärt, wie wir miteinander umgehen. Durch die Art, wie jemand mit Ihnen spricht, macht er deutlich, wie er Sie und die Beziehung zu Ihnen sieht. Das ist in vielen Fällen vollkommen unproblematisch, nämlich dann, wenn Sie sich über diese Beziehungsdefinition einig sind. Wenn Sie als junge neue Kollegin in ein Team kommen, dann sind Sie vielleicht dankbar dafür, wenn eine ältere Kollegin Sie unter Ihre Fittiche nimmt, Ihnen erzählt, wie der Hase läuft, und Sie gelegentlich auch korrigiert, wenn sie sieht, dass Sie einen Fehler machen. In diesem Fall wären Sie sich einig über die Beziehungsdefinition «alte Häsin führt Grünschnabel ein».

Anders könnte die Sache aussehen, wenn Sie als junge Führungskraft neu in das Team kommen und die ältere Mitarbeiterin sich Ihnen gegenüber genauso benimmt. In diesem Fall würden Sie vermutlich von der Beziehungsdefinition «Chefin und Mitarbeiterin» ausgehen und stünden vor der Frage, wie Sie auf das Beziehungsangebot Ihrer Mitarbeiterin reagieren. Wie können Sie deutlich machen, dass Sie mit Ihrer Beziehungsdefinition, die Ihre Mitarbeiterin Ihnen anbietet, nicht einverstanden sind? Schwierig und spannend wird es also, wenn es auf der Beziehungsebene zu Irritationen kommt.

Ein Kollege oder Kunde duzt Sie ungefragt. – Eine Kollegin weist Sie in unfreundlichem Ton darauf hin, dass man hier seine Kaffeetassen immer noch selber abwäscht. – In ihrem Seminar kommen immer wieder Teilnehmer deutlich zu spät. – Ein Kollege macht Ihnen Kom-

plimente über Ihre Figur. – Eine neue Kollegin erzählt Ihnen bereits bei Ihrer ersten Zusammenkunft, wo hier etwas besser laufen könnte. – Ein Klient empfiehlt Ihnen ein Buch, in dem «neue Mediationsmethoden» dargestellt werden. – Während Sie einen Vortrag halten, unterhalten sich einige Ihrer Zuhörer angeregt. – Ihr Chef kritisiert Sie in Anwesenheit von Kollegen und schließt mit den Worten: «Das sollten Sie wirklich allmählich wissen!» – Ein Kollege erklärt Ihnen immer wieder umständlich Dinge, über die Sie mindestens genauso gut Bescheid wissen wie er. – Eine Kollegin, mit der Sie gemeinsam eine Präsentation gestalten, mischt sich gegen die Absprache in Ihren Teil der Präsentation ein. – Ein Teilnehmer in Ihrem Seminar fragt Sie, woher eigentlich all diese «bedeutenden Erkenntnisse kommen, die Sie da vorstellen». – Ein Kunde erzählt mit einem kleinen Seitenblick auf Sie frauenfeindliche Witze. – Ein Kollege verkauft dem Chef Ihre Idee als seine.

Wovon fühlen Sie sich «angepikst», und was wäre für Sie vielleicht auch vollkommen unproblematisch? Jeder hat unterschiedliche Schmerzgrenzen, und was für den einen eine Unverschämtheit ist, ist für die andere eine amüsante Petitesse. Natürlich hängt es auch von der Beziehung insgesamt und ihrer Vorgeschichte ab, wie wir eine Bemerkung empfinden. Das Kompliment des sympathischen und vertrauten Kollegen freut Sie womöglich – während das gleiche Kompliment von einem anderen Kollegen unangenehm, geradezu widerlich sein kann. In einer guten Beziehung können Provokationen und kleine Witzchen auf Ihre Kosten das Salz in der Suppe sein – während Sie innerlich zu kochen beginnen, wenn der unangenehme Kollege Müller zu witzeln beginnt. Kurz, entscheidend sind Ihr eigenes Unbehagen und Ihr Ärger, denn diese Gefühle zeigen an, dass Ihre persönliche Grenze berührt oder überschritten ist.

Es ist sinnvoll, diese eigene Grenze ernst zu nehmen und nicht zu glauben, Sie müssten darüber erhaben sein. Wenn Sie sich wirklich über etwas ärgern, dann ist es nicht nur aus Gründen der eigenen Psychohygiene, sondern auch im Dienste der Arbeitsbeziehung wichtig, zu reagieren. Es ist schwer, mit jemandem gut zusammenzuarbeiten, auf den man ärgerlich ist. Und je mehr Ärger Sie innerlich gespeichert haben, desto eher droht dieser in der Zusammenarbeit zur Belastung zu werden. Zudem ist das eigene Unbehagen häufig auch ein wichtiger Hinweis dafür, dass in der Situation etwas nicht stimmt und dass Sie auch von daher reagieren sollten.

Die Diagnose: Worum geht es hier eigentlich?

Um einschätzen zu können, welche Reaktion sinnvoll wäre, ist es wichtig, die Situation zu verstehen, denn Irritationen können vollkommen unterschiedliche Hintergründe haben.

Zum einen kann durch spitze Bemerkungen, Unfreundlichkeit oder Provokationen ein Konflikt deutlich werden. Reagiert die Kollegin vielleicht deswegen so empfindlich auf Ihre schmutzige Tasse, weil die Atmosphäre zwischen Ihnen beiden ohnehin angespannt ist? Fühlt Sie sich von Ihnen vielleicht ausgenutzt oder übergangen? Und wie kommt ein Klient darauf, Ihnen ein Buch über Mediationsmethoden anzubieten? Womöglich ist er unzufrieden mit der gemeinsamen Arbeit und macht auf diese Weise deutlich, dass er sich von Ihnen nicht verstanden fühlt oder das Gefühl hat, auf dem bisher eingeschlagenen Weg nicht weiterzukommen. Wenn Sie vermuten, dass es um einen Konflikt geht, dann ist es sinnvoll, nachzufragen und diese Vermutung zu überprüfen. Denn in solchen Fällen ist es wichtig, diesen dahinter liegenden Konflikt anzusprechen und nach Möglichkeit zu klären.

Auch die Frage, in was für einer Gruppenkultur Sie sich bewegen, kann von Bedeutung sein. Manche Verhaltensweisen oder Bemerkungen haben in unterschiedlichen Gruppen eine unterschiedliche

Bedeutung. Während es an der Universität (leider) fast Normalität ist, zu Seminaren zu spät zu kommen oder sich in Vorlesungen mit dem Nachbarn zu unterhalten, kann dies auf der Fortbildung einer Unternehmensberatung eine deutliche Provokation darstellen. Im Gewerkschaftskontext gehört es zum normalen Umgangston, andere umstandslos zu duzen, unter anderen Bedingungen kann dies einen sehr herablassenden Beigeschmack haben. Der Umgangston unter Polizisten ist erheblich ruppiger als beispielsweise unter Sozialpädagogen. Es kann daher sinnvoll sein, die Gruppenkultur mit im Blick zu haben, um die Situation angemessen zu bewerten (was nicht bedeutet, dass Sie dann auch jegliches Verhalten, das der jeweiligen Gruppenkultur entspricht, akzeptieren müssen).

Gerade in neuen Situationen kann es auch um einen Test gehen. Wir alle testen (bewusst und häufig auch unbewusst) aus, woran wir bei jemandem sind und wie weit wir bei jemandem gehen können. Schulz von Thun spricht von einem «Vier-Zähne-Test», den jeder Seminarleiter am Anfang von Seminaren zu bestehen hat. Seminarleiter sollten damit rechnen, dass die Teilnehmer ihnen in vierfacher Hinsicht auf den Zahn fühlen werden: Sie wollen wissen, ob der Seminarleiter kompetent und souverän ist oder ob er umfällt, wenn er Gegenwind oder schwierige Fragen gestellt bekommt. Kann er etwas wegstecken und auch auf schwierige Situationen reagieren? Ist er als Person echt und glaubwürdig, oder zeigt er lediglich eine nichts sagende Fassade? Und schließlich: Wie behandelt er die Teilnehmer? Nimmt er sie ernst und wichtig oder behandelt er sie von oben herab und führt sie im schlimmsten Falle sogar vor?

Es kann durchaus anstrengend sein, auf solche Weise getestet zu werden – zugleich sind solche Tests wichtig und unvermeidlich, und zwar nicht nur in Seminaren. Wir alle wollen wissen, mit wem wir es zu tun haben und worauf wir uns bei jemandem einstellen können oder müssen. Sie können also davon ausgehen, in ähnlicher

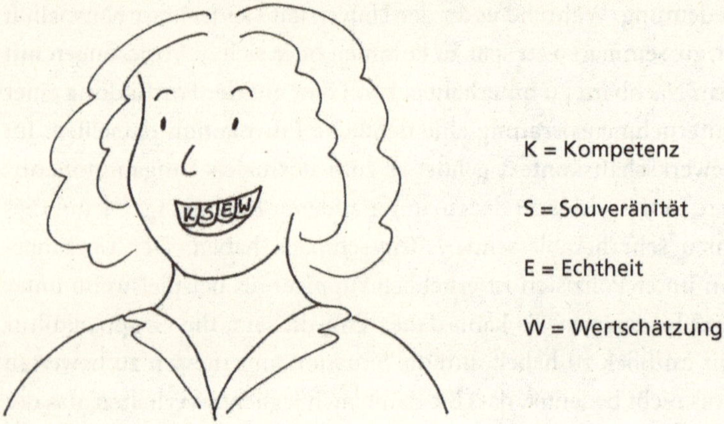

Abbildung 63: Der Vier-Zähne-Test
(Nach Schulz von Thun 2004, S. 226)

Weise getestet zu werden, besonders dann, wenn Sie eine neue Stelle oder eine neue Position antreten oder mit jemandem das erste Mal zusammenarbeiten. Dann geht es nicht nur um die Frage, wie kompetent Sie sind, sondern auch um Ihre Souveränität und um die Frage, wie Sie Beziehungen gestalten. Was kann man sich Ihnen gegenüber erlauben? Kann und muss man Sie auf gleicher Ebene akzeptieren, verdienen Sie Respekt oder lassen Sie sich in die Tasche stecken? Gerade in neuen Situationen können Sie Provokationen also häufig im Sinne eines solchen Tests verstehen: Wen habe ich da vor mir und wie stehen wir zueinander?

Und schließlich kann es auch um eine Machtprobe gehen. Der andere will nicht unbedingt wissen, woran er bei Ihnen ist, sondern er will Ihnen demonstrieren, dass er Ihnen überlegen oder übergeordnet ist, er will Ihnen gegenüber an Boden gewinnen, vielleicht sogar in Ihrem Gebiet wildern. Sein Beziehungsangebot an Sie lautet also: «Ich groß, du klein.» Wenn Sie diese Beziehungsdefinition nicht akzeptieren wollen, dann bleibt Ihnen nichts anderes übrig, als den Fehdehandschuh aufzunehmen und zu kämpfen! Häufig zeigt sich erst allmählich, ob es um einen Test oder einen Machtkampf geht. Während Tests irgendwann aufhören, wenn Sie sich ‹bewährt› haben, sind Machtkämpfe sehr viel hartnäckiger.

Auch wenn es wichtig ist, die eigenen Grenzen ernst zu nehmen, schließt das nicht aus, einen Blick auf die eigenen Empfindlichkeiten zu werfen. Wenn andere bei Ihnen immer wieder im selben Fettnäpfchen landen und Sie gleichzeitig sehen, dass andere an diesem Punkt sehr viel gelassener reagieren als Sie, dann kann es Sinn machen, sich einmal mit diesem Fettnäpfchen zu beschäftigen. Wie kommt es, dass Sie hier so empfindlich sind? Und wäre es womöglich ein sinnvolles Ziel, hier mehr Gelassenheit zu entwickeln?

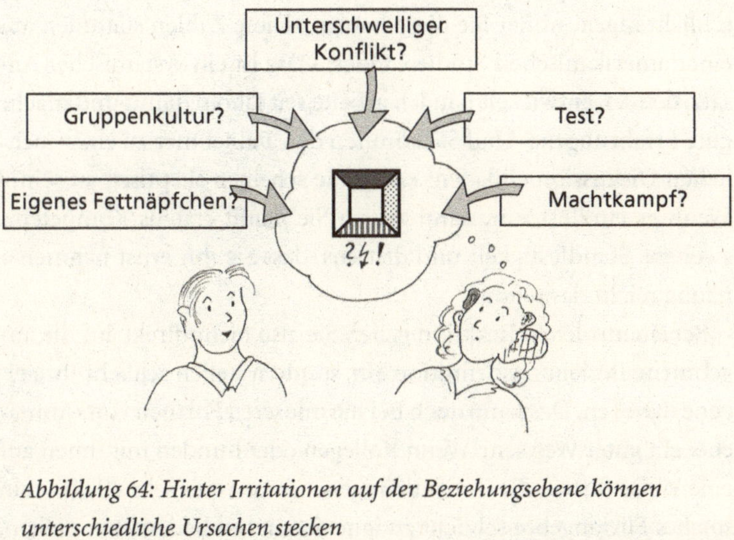

Abbildung 64: Hinter Irritationen auf der Beziehungsebene können unterschiedliche Ursachen stecken

Im Folgenden steht der Umgang mit Tests und Machtkämpfen im Mittelpunkt. Wie können Sie auf Tests reagieren, und wie können Sie reagieren, wenn Sie mit der Beziehungsdefinition, die Ihnen jemand anbietet, nicht einverstanden sind? Die Kunst besteht darin, hinreichende Deutlichkeit mit größtmöglicher Beziehungsverträglichkeit zu verbinden. Denn es geht um das doppelte Ziel, sich einerseits in aller Klarheit abzugrenzen und zu behaupten und dabei gleichzeitig nach Möglichkeit eine gute Arbeitsbeziehung zu erhalten oder erst zu schaffen.

Die sportliche Ebene: Der Florettkampf

Auf der Sachebene reagieren

Nicht auf jede Provokation oder jeden Schuss auf der Beziehungsebene muss man explizit reagieren. Gerade wenn es das erste Manöver dieser Art ist, empfiehlt es sich häufig, auf der Sachebene zu reagieren. So könnten Sie auf die Frage des Teilnehmers, woher die «bedeutenden Erkenntnisse» stammen, die Sie gerade vorstellen, schlicht sagen, woher Sie diese haben: «Diese Zahlen stammen aus einer amerikanischen Studie.» Oder: «Das ist ein systemischer Ansatz, den XY entwickelt hat. Ich arbeite seit Jahren damit und mache gute Erfahrungen.» Und Sie könnten den Teilnehmer zu einer sachlichen Diskussion einladen: «Aber Sie scheinen skeptisch zu sein?» Wenn es ein Test war, dann zeigen Sie damit erstens Kompetenz, zweitens Standfestigkeit und drittens, dass Sie ihn ernst nehmen – häufig reicht das schon.

Bei einer solchen Reaktion gehen Sie also nicht direkt auf die angebotene Beziehungsdefinition ein, sondern stellen schlicht Ihre eigene daneben. Das kann auch bei harmloseren Formen von ‹Anmache› ein guter Weg sein. Wenn Kollegen oder Kunden mit Ihnen auf eine Weise flirten, die Ihnen unangenehm ist, ist es sehr effektiv, ein solches Flirtangebot schlicht zu ignorieren. Das bedeutet vor allem, nicht zu lächeln, denn durch Lächeln bestätigen Sie die Flirtebene. Sie können beispielsweise auf Komplimente schlicht «Danke» sagen und das Gespräch auf der Sachebene weiterführen.

Wenn der andere seine Manöver wiederholt oder seine Provokationen sogar steigert, kommen Sie nicht umhin, direkt zu reagieren, denn er fordert gewissermaßen eine Reaktion auf der Beziehungsebene ein. Wenn Sie das ignorieren, weil es Ihnen «zu blöd» ist oder weil Sie nicht wissen, was Sie machen sollen, dann riskieren Sie, dass er Sie immer stärker provozieren und irgendwann in Bedrängnis bringen wird. Das ist besonders ungünstig in Gruppensituationen, in denen auch andere gespannt sind, wie Sie reagieren und was Sie sich bieten lassen.

Dann ist der Zeitpunkt gekommen, den Fehdehandschuh aufzunehmen und in den Ring zu steigen – und zwar zunächst zum Florettkampf, also zum Kampf mit leichten Waffen!

Humor und Schlagfertigkeit

Die elegantesten Waffen im Bereich des Florettkampfes sind Humor und Schlagfertigkeit. Humor eignet sich hervorragend zur Konfrontation, weil er der Konfrontation die Schärfe nimmt, sodass Sie sehr deutlich werden können, ohne verletzend zu wirken. So berichtete eine Kollegin von einem Teilnehmer, der mit viel Kompetenz und noch größerem Selbstbewusstsein auftrat und sie als Seminarleiterin immer wieder herausforderte und austestete. In einer Übung zum Wertequadrat sollten die Teilnehmer ein Wertequadrat zu einer eigenen Schwäche entwerfen, mit dem Ziel, eine eigene Entwicklungsrichtung herauszufinden. Der Teilnehmer meldete sich: «Und was macht man, wenn man keine Schwächen hat?» Ihre Antwort: «Dann schreiben Sie ‹Selbstüberschätzung›!»

Ich selbst hatte in einem Seminar einen Teilnehmer, der sich grundsätzlich und immer nach einer theoretischen Einheit mit kritischen Nachfragen zu Wort meldete. Es ging ihm sehr offensichtlich weniger um inhaltlichen Widerspruch als vielmehr um Konkurrenz mit mir. Die Gruppe reagierte zunehmend genervt darauf, dass er sich auf diese Weise profilierte. Ich begann damit, seinen Widerspruch vorwegzunehmen: «Herr Müller, *Sie* haben doch bestimmt noch eine Frage!» Der Effekt war, dass er zunehmend auf diese Rolle verzichtete. Zum einen war damit deutlich benannt, dass es ihm weniger um inhaltliche Fragen als vielmehr um eine bestimmte Rolle zu tun war. Zum anderen bekam er jetzt auf andere Weise Aufmerksamkeit.

Humor ermöglicht also deutliche Kommentare auf der Beziehungsebene. Durch die humorvolle Verpackung sind diese meist gut annehmbar und können die Beziehung sogar stärken, weil damit viel Aufmerksamkeit für den anderen und intensiver Kontakt verbunden ist. Die Voraussetzung dafür ist, dass der Kontakt einigermaßen gut und tragfähig ist. Wenn Sie merken, dass der andere sich vorgeführt fühlt und selbst nicht mitlachen kann, sollten Sie die Finger davon lassen, denn dann geht der Schuss nach hinten los. Das Gleiche gilt, wenn Ihnen selbst der Humor schon lange abhanden gekommen ist, weil Sie schon viel zu genervt sind, als dass Sie der Situation noch komische Seiten abgewinnen könnten. Sprich: Humor ist eine Wunderwaffe, solange beide Seiten darüber lachen können!

Direkte Konfrontation

Wenn die Atmosphäre zunehmend frostig und der Humor immer schärfer wird, ist es höchste Zeit, die Ebene zu wechseln und Klartext zu reden – also klar und direkt zu sagen, was Ihnen nicht passt und was Sie wollen. Klartext ist auch dann angesagt, wenn der andere mit seinem Verhalten eindeutig Ihre Grenze überschreitet und Sie ihm deutlich machen wollen, dass Sie damit nicht einverstanden sind. Das kann etwa folgendermaßen klingen:

- *«Es stört mich, wenn Sie zu spät kommen, bitte seien Sie in Zukunft pünktlich!»*
- *«Danke für das Angebot, aber im Beruf (Kunden gegenüber, Vorgesetzten gegenüber, …) ist mir eine gewisse professionelle Distanz sehr wichtig. Ich würde darum gerne beim ‹Sie› bleiben.»*
- *«Ich möchte, dass du dich heraushältst, wenn ich meine Präsentation halte! Bitte fahre mir nicht wieder vor dem Kunden in die Parade!»*
- *«Ich bin empört, dass Sie meine Idee Herrn Franzen gegenüber als Ihre eigene ausgegeben haben, und ich erwarte, dass Sie solche unfairen Manöver in Zukunft unterlassen!»*

Hier ist die Botschaft nicht mehr humorvoll verpackt, sondern kommt direkt auf den Tisch. Das Ziel ist hier nicht, die Beziehung als solche zum Thema zu machen oder den anderen zu fragen, wie er die Situation erlebt oder was ihn zu seinem Verhalten bringt, sondern eine klare, explizite und unmissverständliche Grenzsetzung.

Generell gilt bei Grenzen: Sie sind umso wirksamer, je klarer nicht nur die Worte, sondern auch Tonfall, Gesichtsausdruck und Körperhaltung sind. Eine klare Grenzsetzung, die in sanftem Tonfall und mit einem zauberhaften Lächeln vorgetragen wird, büßt viel von ihrer Wirkung ein!

Aikido-Technik

Viele asiatische Kampfsportarten basieren darauf, dass der Kämpfer nicht gegen die Energie des Gegners arbeitet, sondern dessen Angriff umlenkt und damit die Kraft des Angreifers für sich selber nutzt. Diese Technik könnten Sie auch im Gespräch einsetzen, vor allem im Umgang mit Abwertung. Wenn jemand Ihnen in einem Konflikt vorhält, dass Sie ja «richtig zickig werden können», oder Sie auffordert, doch nicht so «übersensibel» zu sein, dann ist es wenig sinnvoll, ihn davon überzeugen zu wollen, dass er Sie und die Situation vollkommen falsch wahrnimmt («Nein, ich bin überhaupt nicht zickig, aber …»). Denn in dem Augenblick, wo Sie beginnen, sich zu rechtfertigen, widersprechen Sie zwar inhaltlich, setzen sich aber doch auf die angebotene Anklagebank und bestätigen so die Beziehungsdefinition. Damit ist er in der stärkeren Position – und es geht dann nicht mehr in erster Linie um das eigentliche Thema, sondern um Ihre Persönlichkeitsstruktur.

Dazu kommt, dass der Vorwurf häufig inhaltlich nicht unbedingt falsch ist! Oft stimmt die Zuschreibung, zumindest dann, wenn man die negative Bewertung abzieht. Ihr Gegenüber wird Recht haben, dass Sie in irgendeiner Weise wütend oder gekränkt reagiert haben. Die Kunst besteht daher darin, die Abwertung aufzugreifen und umzuinterpretieren – nach dem Muster: «Ja, das stimmt – es ist allerdings kein Grund für einen Vorwurf (sondern vielleicht sogar eine Auszeichnung)!» Indem Sie auf diese Weise die richtige Rückmeldung von der Abwertung trennen, nehmen Sie dem Angreifer den Wind aus den Segeln. Sie könnten beispielsweise antworten: «O ja, ich kann zickig werden, und ich glaube, Ihnen gegenüber brauche ich das auch!» Oder: «Ja klar, und ich glaube, zahnlose Tiger sind hier auch fehl am Platze!» Oder: «Ja, Sie haben Recht, dass ich sensibel bin, und darum bestehe ich darauf, dass Sie …»

Diese Gesprächstechnik ist sehr wirksam – so wirksam, dass es nötig ist, auf Risiken und Nebenwirkungen hinzuweisen. Denn sie eignet sich hervorragend als rhetorische Oberhandtechnik, weil man sich auf diese Weise sehr gut gegen Kritik immunisieren kann. Sie können auf diesem Wege mühelos jede Kritik zurückspielen und es anderen damit unmöglich machen, Sie zu erreichen. Das wäre kaum sinnvoll und das kann Beziehungen erheblich schaden. Dennoch kann die Methode im Umgang mit Machtgesten und Abwertung sehr gute Dienste leisten.

Kontakt suchen und anbieten

Je deutlicher Sie jemandem Grenzen setzen, desto wichtiger wird es, auf anderen Ebenen Kontakt zu suchen und anzubieten, zumindest dann, wenn Sie weiterhin mit jemandem zusammenarbeiten wollen oder müssen. Die Botschaft dabei wäre gewissermaßen: «So nicht – aber anders gerne!» Sie machen es Ihrem Gegenüber damit leichter, eine Grenze zu akzeptieren, weil Sie indirekt deutlich machen, dass es nicht um die Ablehnung seiner Person geht, sondern um bestimmte Verhaltensweisen.

Sie bieten damit die Möglichkeit zu einer anderen Art der Beziehung und eröffnen damit unter Umständen einen Weg, der aus den bisherigen Schwierigkeiten oder dem Machtkampf herausführt. Das kann auch und gerade dann sinnvoll sein, wenn Sie selbst den betreffenden Kollegen, Teilnehmer oder Chef auch als Person durchaus schwierig finden, denn eine andere Art von Kontakt kann es auch Ihnen ermöglichen, andere Seiten seiner Person wieder in den Blick zu bekommen und damit aus möglichen Teufelskreisen herauszukommen.

Knüpfen Sie also daran an, wenn Sie Bemerkungen oder Vorschläge des anderen interessant oder hilfreich finden. Ebenso dienlich sind kleine Gespräche am Kopierer (und sei es über das Wetter), schlichter Blickkontakt, Fragen zu seinen Fachgebieten oder eine Bitte um Hilfe.

Klärungsgespräche: Die Situation zum Thema machen

Wann ist es sinnvoll, auf eine Metaebene zu gehen und Irritationen, Reibereien und Kränkungen anzusprechen und die Beziehung als solche zum Thema zu machen? Das hängt stark von der Gesprächskultur ab, in der Sie sich bewegen. Wenn es in Ihrem Arbeitsfeld selbstverständlich ist, Irritationen und Konflikte in der Zusammenarbeit unter Kollegen früh anzusprechen, dann ist das eine gute Möglichkeit, um zu verhindern, dass sich Ärger und Kränkungen anstauen und die Beziehung belasten. Man kann besser zusammenarbeiten und schwierige Situationen meistern, wenn man miteinander im Reinen ist, und Missverständnisse, unterschiedliche Sichtweisen und Konflikte können leichter besprochen und geklärt werden, wenn sie noch nicht chronisch geworden sind. Insofern sind frühzeitige Klärungsgespräche durchaus empfehlenswert und können geradezu Teil der Professionalität werden!

Dabei gibt es jedoch einige Einschränkungen. Zum einen sollte das Gespräch über die Beziehung nicht die unmittelbare Reaktion auf Provokationen und Machtmanöver ersetzen. Gerade wenn es um einen Test oder ein Machtgerangel geht, dann ist es wichtig, zu reagieren und Standfestigkeit und Zähne zu zeigen! Wenn Sie das vermeiden und stattdessen ein Gespräch führen, in dem Sie dem anderen mitteilen, dass Sie auf solche Machtspiele keine Lust haben, dann signalisieren Sie ihm, dass Sie nicht gewillt oder nicht fähig sind, in den Ring zu steigen und sich Respekt zu verschaffen. Statt Ihre Grenze selbst zu verteidigen, fordern Sie Rücksicht ein und bitten den anderen, Ihre Grenze von sich aus zu respektieren. Es kann durchaus Sinn machen, über Reibereien im Nachhinein noch einmal zu sprechen, aber dieses Gespräch sollte Ihre Reaktion auf Machtgesten nicht *ersetzen*, sondern *ergänzen*!

Zum anderen gibt es in unterschiedlichen Arbeitsfeldern sehr unterschiedliche Klärungskulturen. Einigkeit darüber, dass das Gespräch über Gefühle und Konflikte zur Zusammenarbeit dazugehört, ist keineswegs selbstverständlich! Ganz im Gegenteil, in vielen Arbeitsfeldern ist das ein ungewohnter und befremdlicher Gedanke. Ihr Gesprächsangebot sollte also stimmig sein – und nicht nur zu Ihnen selbst passen, sondern auch zur Gesprächskultur und zu Ihrer Beziehung zum anderen. Das bedeutet nicht, dass Sie auf klärende Gespräche verzichten sollten, wenn diese in Ihrem Umfeld unüblich sind. Ganz im Gegenteil, bei anhaltenden und schwerwiegenden Störungen kommen Sie um ein solches Gespräch gar nicht herum. Aber je ungewohnter dieses Gespräch für Sie selbst oder für Ihr Umfeld ist, desto gründlicher sollten Sie sich darauf vorbereiten.

Wie Sie Klärungsgespräche vorbereiten können

Eine gute Möglichkeit der Vorbereitung besteht darin, das eigene Innere Team aufzumalen. Welche inneren Stimmen melden sich in Ihnen, wenn Sie an dieses Thema und das bevorstehende Gespräch denken? Und welche Anliegen und Befürchtungen haben diese Stimmen? Auf diesem Wege können Sie sich vergegenwärtigen, was Ihnen in diesem Gespräch wichtig ist, und sich überlegen, wie es Ihnen beispielsweise gelingen kann, das Anliegen der ‹Kämpferin› («In aller Deutlichkeit klar machen, dass ich mir das nicht mehr bieten lasse!») mit den Bedenken der ‹Diplomatin› («Aber tritt ihm bloß nicht zu sehr auf die Füße! Du weißt, wie empfindlich er auf Kritik reagiert!») unter einen Hut zu bringen. Was sollte also bedacht werden, und mit welchem Ziel und welcher Haltung wollen Sie in dieses Gespräch hineingehen?

Wenn diese Selbstklärung abgeschlossen ist, dann können Sie das Kommunikationsquadrat dazu nutzen, um genauer aufzuschlüsseln, was Sie zur Sprache bringen wollen. Auf der *Sachebene* stellt sich die Frage, um welche Themen es gehen soll. Was sind die Anlässe und Situationen, über die Sie sich geärgert haben, und welche Konflikte und Unstimmigkeiten möchten Sie klären? Und was möchten Sie dem anderen auf der *Beziehungsebene* sagen? An welchen seiner Verhaltensweisen nehmen Sie Anstoß, wie fühlen Sie sich von ihm behandelt? Was läuft vielleicht auch gut zwischen Ihnen und sollte erwähnt werden? Was möchten Sie ihm auf der *Selbstkundgabeseite* über Ihre eigene innere Reaktion mitteilen? Was wäre wichtig zu sagen, weil es ihm helfen könnte, Sie zu verstehen – und was sollten Sie besser für sich behalten, weil es zu persönlich wäre oder nicht zur Situation passt? Auf der *Appellseite* schließlich geht es um Ihre Forderungen und Wünsche: Was wünschen Sie sich für die Zukunft? Was genau sollte der andere tun oder lassen? Was könnte er tun, um die Situation zu entspannen?

Zur Vorbereitung eines solchen Gesprächs gehört auch die Suche nach einem günstigen Zeitpunkt und einem Rahmen, der genügend Zeit und Ruhe bietet.

Abbildung 65: Das Kommunikationsquadrat als Vorbereitung auf Klärungsgespräche

Wenn es hart auf hart kommt: Die ‹Leibwächterin›

Es gibt Situationen, in denen alle Kontakt- und Gesprächsangebote und alle moderaten Grenzen nichts nützen – nämlich dann, wenn es um unfaires Spiel und Unverschämtheiten, um Angriffe unter der Gürtellinie und Entwertungen geht. An diesen Punkten brauchen wir nicht mehr nur eine ‹Kämpferin›, sondern geradezu eine innere ‹Leibwächterin› (Schulz von Thun 1998, S. 293 ff.). Manchmal wird mit harten Bandagen gekämpft, und manchmal sind die Voraussetzung und der gute Glaube, dass der andere uns im Grunde nichts Böses will, schlicht falsch. Das ist glücklicherweise nicht die Regel, und den meisten von uns passiert das nicht alle Tage. Dennoch ist es wichtig, dafür gerüstet zu sein, um sich zu schützen und zu verteidigen. Für mich gab es ein Schlüsselerlebnis, bei dem mir bewusst wurde, wie wichtig eine solche innere ‹Leibwächterin› ist.

Ich leitete damals ein Seminar zum Thema «Konkurrenz» – und dieses Thema prägte auch das Klima in der Gruppe. Immer wieder fielen sich Teilnehmer ins Wort und werteten sich gegenseitig ab. Auch ich als Trainerin bekam mein Fett ab: Einige Teilnehmer gaben mir immer wieder unterschwellig zu verstehen, dass sie mein Konzept und meine Art der Leitung nicht gut fanden. Inhaltlich war diese Kritik zum Teil nicht unberechtigt, unangenehm wurde sie dadurch, dass sie nur indirekt geäußert und dementiert wurde, wenn ich nachfragte («Wie kommen Sie darauf, dass ich unzufrieden bin? Ich wollte nur in aller Bescheidenheit darauf hinweisen, dass …»).

Diese Atmosphäre machte ich am zweiten Seminartag zum Thema – und erntete heftigen Gegenwind: «Also das ist wohl Ihr Problem – ich merk hier gar nichts von Abwertung!», «Sie sind aber empfindlich, vielleicht sind Sie einfach den Umgang mit anspruchsvollen Teilnehmern nicht gewohnt.» Auf meine Frage, ob andere die Atmosphäre ähnlich empfinden würden wie ich, reagierte niemand – und ich ging verunsichert und verstört zur Tagesordnung über.

Die aggressive Gruppenatmosphäre prägte den ganzen Rest des Seminars und verschärfte sich immer mehr. Die abendlichen Abschlussrunden gerieten zum Schlachtfest voller unterschwelliger Abwertung des Seminars und meiner Person – was ich über mich ergehen ließ, weil es mir wichtig war, ‹Raum für Kritik› zu geben, und weil ich überdies Angst hatte, erneut allein dazustehen und bloßgestellt zu werden, wenn ich die Situation zum Thema machte. Ich überstand die vier Tage mit zusammengebissenen Zähnen und war unglaublich erleichtert, als das Seminar vorbei war. Im Rausgehen gab mir eine Teilnehmerin noch eine letzte bissige Bemerkung mit auf den Weg – mit der Folge, dass ich (endlich!) aus der Haut fuhr. Es kam zu einer heftigen und lautstarken Auseinandersetzung mit den übrig gebliebenen Teilnehmern – und dabei zeigte sich zu meinem größten Erstaunen, dass ich mit meinem Eindruck keineswegs alleine dastand! Auf einmal sprangen mir Teilnehmer zur Seite und unterstützten nicht nur meine Wahrnehmung, sondern auch mich als Person.

Ich habe in diesem Seminar gelernt, dass es Situationen gibt, in denen es zuallererst darum geht, sich seiner eigenen Haut zu wehren. Schauen wir uns einige Prinzipien der inneren ‹Leibwächterin› an diesem Beispiel einmal genauer an.[78]

Eigene Grenzen ernst nehmen

Wichtig ist es, die eigene Grenze und die eigene Gürtellinie ernst zu nehmen – und zwar auch dann, wenn Sie wissen oder glauben, dass Ihre Arbeit kritikwürdig war oder dass Sie einen Fehler gemacht haben. Auch dann müssen und sollten Sie sich nicht entwerten lassen!

Früh genug reagieren und Erstreaktionssätze parat haben

Dabei ist es von großer Bedeutung, auf Entwertungen möglichst früh zu reagieren. Je länger Sie warten, desto mehr Oberwasser bekommt der andere, desto mehr lernt er (ebenso wie die Zuschauer), dass man Sie offenbar entwerten darf, und desto größer ist die Gefahr, dass die Situation eskaliert. Je länger Sie den Kopf in den Sand stecken, desto schlimmer wird es – und desto schwieriger wird es, das Blatt noch zu wenden.

Zugleich ist es nicht immer leicht, spontan zu reagieren, denn unerwartete und heftige Angriffe haben oft den Effekt, uns zu überrumpeln und sprachlos zu machen. Häufig sind wir erst einmal eine Weile hauptsächlich damit beschäftigt, uns innerlich zu sortieren und zu verhindern, dass der Gefühlstumult aus Kränkung, Ärger und Verunsicherung unsortiert nach außen platzt. Im Handwerkskoffer Ihrer inneren ‹Leibwächterin› sollte daher eine Erste-Hilfe-Ausrüstung vorhanden sein, also einfache Möglichkeiten der Erstreaktion, damit Sie auch dann handlungsfähig sind, wenn Sie für einen Moment innerlich überrumpelt und außer Gefecht gesetzt sind. Die einfachste Möglichkeit dafür ist der Satz «Jetzt bin ich erst mal sprachlos». Indem Sie Ihre Sprachlosigkeit benennen, gewinnen Sie Ihre Handlungsfähigkeit zurück und sind genau genommen gar nicht mehr sprachlos. Zugleich markieren Sie damit bereits eine erste Grenze, weil Sie deutlich machen, dass das harter Tobak war und dass Sie keineswegs einfach zur Tagesordnung übergehen werden. Auch Sätze wie «Darüber muss ich erst einmal einen Moment nachdenken.», «Das war harter Tobak!» oder «Sie schießen ganz schön scharf!» eignen sich als erste Signale und verschaffen Ihnen eine Atempause, in der Sie sich Ihre nächsten Schritte überlegen können.

Sach- und Beziehungsebene trennen

Eine wichtige Reaktionsmöglichkeit ist die Trennung von Sach- und Beziehungsebene. Vielleicht haben Sie auf der Sachebene durchaus Verständnis für die Kritik oder sind interessiert daran, diese zu verstehen – empfinden aber den *Ton*, in dem sie geäußert wurde, als ungebührlich oder gar unverschämt. Dann ist es gut, beide Seiten getrennt anzusprechen: «Inhaltlich bin ich durchaus interessiert, Ihre Kritik zu hören, und würde gerne verstehen, was Sie meinen. Allerdings möchte ich zuerst etwas zu Ihrem Ton sagen, denn Ihren Ton empfinde ich als unangemessen (unverschämt, beleidigend ...), und so möchte ich nicht mit mir reden lassen!» Beide Seiten sind wichtig, keine sollte unter den Tisch fallen. Daher ist es gut, wenn Sie trotz Ihres Ärgers ein Ohr für die inhaltliche Kritik Ihres Gegenübers haben und das auch deutlich machen. Aber Abwertung und Kritik sind zwei unterschiedliche Paar Schuhe, und bei aller Offenheit für Kritik sollten Sie sich nicht abwerten lassen!

Zudem ermöglicht Ihnen diese Trennung, gleichzeitig eine klare Grenze zu setzen («So nicht!») und ein Alternativangebot zu machen («In anderem Ton aber gerne!»). Damit hat der andere die Möglichkeit, gewissermaßen abzubiegen und die Kontaktbrücke, die Sie ihm anbieten, zu nutzen und so ohne größeren Gesichtsverlust aus der Sache herauszukommen. Das kann deeskalierend wirken, denn je mehr Ihr Kontrahent den Eindruck hat, sein Gesicht zu verlieren, wenn er einlenkt, desto schwerer wird es ihm oder ihr fallen, aus der Konfrontation wieder auszusteigen.

In den Konflikt hineingehen

Wenn Ihr Kontrahent nach diesen ersten Interventionen nachlegt, dann steht es an, in den Konflikt hineinzugehen – und dabei wenn nötig auch hartnäckig zu bleiben. In meinem Fall hätte sich das etwa so anhören können: «Ja, ich reagiere auf Abwertung sensibel und das gehört auch zu meinem Job! Meine Aufgabe ist es, dafür zu sorgen, dass hier im Seminar eine Atmosphäre entstehen kann, die es möglich macht, Fragen zu stellen und etwas von sich zu zeigen. Und meine Aufgabe ist es auch, dafür zu sorgen, dass ich selbst gut arbeiten kann. In dieser Atmosphäre kann ich das nicht. Und ich finde Ihren Ton auch jetzt wieder sehr hart und abwertend.»

Und ich hätte mehr dafür tun können, eine Reaktion von den anderen zu bekommen, indem ich sie direkt anspreche: «Und jetzt interessiert es mich, wie die anderen hier die Atmosphäre und den bisherigen Verlauf des Seminars sehen. Ich möchte eine Runde machen, in der jeder aus seiner Sicht kurz etwas dazu sagt. Bitte fangen Sie an, Frau Meier.» Auf diese Weise wäre die Gefahr geringer gewesen, dass wieder die dominanten und aggressiven Teilnehmer das große Wort führen und alle anderen den Kopf einziehen.

Entscheidend ist in diesem Stadium der Eskalation, dass Sie den Stier bei den Hörnern packen, Ihre eigene Wahrnehmung ernst nehmen und Ihre Grenzen deutlich machen. Natürlich ist es günstig, wenn es Ihnen zugleich gelingt, weiter zuzuhören. Das ist nicht immer leicht, und zuweilen kann es sinnvoll und nötig sein, zwischendurch eine Pause zu machen, um wieder einen klaren Kopf zu bekommen.

Sich Ärger erlauben

Wenn Sie unter der Gürtellinie angegriffen werden, dann sollten Sie sich auch Ärger erlauben! Natürlich ist es im beruflichen Kontext besonders wichtig, seine Gefühle nicht unkontrolliert herausplatzen zu lassen. Zur beruflichen Rolle gehört ein professioneller Umgang mit Gefühlen. Aber was heißt an dieser Stelle eigentlich Professionalität? Zur Professionalität gehört auch die Fähigkeit, sich Respekt zu verschaffen; es ist nicht sehr professionell, sich wie ein Putzlumpen behandeln zu lassen. Und um sich Respekt zu verschaffen, brauchen Sie in manchen Situationen Ihren Ärger. Freundlichkeit, Offenheit und kooperative Gesprächsbereitschaft reichen nicht aus, wenn es um verächtliches Verhalten, Abwertung und persönliche Angriffe geht. Insofern kann es sehr professionell sein, in manchen Situationen ärgerlich zu reagieren oder sogar aus der Haut zu fahren – etwa in dem Sinne: «Jetzt reicht es mir! Ich finde Ihren Ton nach wie vor unverschämt, und es ärgert mich, wenn Sie mir immer wieder unterschwellig Inkompetenz unterstellen und dann ironische Bemerkungen machen, wenn ich Sie darauf anspreche! Wir können gerne versuchen, diesen Konflikt zu klären – aber nicht so!» Natürlich sollte man auch in dieser Situation gewisse Grenzen wahren und vor allem nicht selber zu Entwertungen anderer greifen. Aber wenn Sie persönlich angegriffen werden, dann dürfen und sollten Sie sich wehren!

Die eigene Schmerzgrenze definieren

Wenn es hart auf hart kommt, kann es Sinn machen oder sogar wichtig werden, über seine persönliche Schmerzgrenze nachzudenken. Wenn sich der Konflikt mit den Mitteln, die ich derzeit zur Verfügung habe, trotz allen Bemühens nicht klären lässt – wo wäre die Grenze, ab der ich nicht mehr bereit wäre, diese Situation zu ertragen? Welche Möglichkeiten hätte ich, diese Situation notfalls zu verlassen, und was könnten die Konsequenzen sein? Wie wahrscheinlich wären diese Konsequenzen und welche wäre ich bereit, in Kauf zu nehmen? Unter welchen Umständen würde ich riskieren, ein Projekt oder ein Seminar abzubrechen, einen Kunden oder einen Auftrag zu verlieren, mich zu weigern, einen Patienten, Schüler oder Klienten weiter zu betreuen, die Zusammenarbeit mit einem Kollegen aufzukündigen oder gar meine Stelle zu kündigen?

Die eigene Schmerzgrenze zu definieren hat den Vorteil, dass Sie Handlungsfreiheit gewinnen. Wenn Sie wissen, dass Sie die Situation im Notfall verlassen können, dann können Sie mit weniger Angst in die Konfrontation gehen. Wäre ich bereit gewesen, das Seminar notfalls abzubrechen, dann hätte ich die innere Freiheit gehabt, mit den Teilnehmern darüber zu sprechen und zu verhandeln, unter welchen Bedingungen sie und auch ich zu einer weiteren Zusammenarbeit bereit und in der Lage sind. Durch diesen Gewinn an Handlungsfreiheit kann es daher paradoxerweise zu einer Lösung des Konflikts beitragen, wenn Sie die innere Freiheit haben, notfalls zu gehen.

Natürlich sollte das nur die letzte Möglichkeit sein, aber diese Möglichkeit haben wir häufig gar nicht im Blick. In Extremsituationen entwickeln wir häufig einen Scheuklappenblick, fühlen uns wie das sprichwörtliche Kaninchen vor der Schlange und sehen keine Handlungsmöglichkeiten mehr. Dieses Gefühl, gar keine Wahl zu haben, und die übermächtige Angst vor Konsequenzen wirken überaus lähmend. In aller Regel gibt es einen Handlungsspielraum, und häufig sind die Konsequenzen nicht so katastrophal, wie wir sie uns ausmalen. Vor allem ist häufig nicht eindeutig, ob nicht die Konsequenzen des ‹Aushaltens› ebenso schlecht wären. Wiederum auf meinen Fall übertragen: Ein Seminar, das so schlecht läuft, schadet dem Ruf als Trainerin vermutlich ebenso sehr oder sogar noch mehr als ein Seminar, das ich aus guten Gründen abbreche. Denn im letzten Fall zeige ich zumindest Rückgrat und eine klare Haltung – und wie ich dann mit dem Auftraggeber verbleibe, ob ich das Seminar beispielsweise in Rechnung stelle oder nicht, wäre dann noch zu überlegen und zu verhandeln.

Wer eine ‹Leibwächterin› hat, braucht sie seltener!

Generell zeigt die Erfahrung: Wenn Sie eine innere ‹Leibwächterin› zur Verfügung haben, kommen Sie deutlich seltener in Situationen, die den Einsatz einer solchen ‹Leibwächterin› nötig machen!

Denn die Existenz oder das Fehlen einer inneren Leibgarde zeigt sich bereits frühzeitig im Umgang mit den kleinen Provokationen und Machtgesten. Wenn von Anfang an deutlich wird, dass Sie sich zu wehren und sich Respekt zu verschaffen wissen, dann kommt es sehr viel seltener zu Situationen, in denen Sie offen angegriffen und entwertet werden. Hier funktioniert die Logik der Abschreckung: Sie müssen seltener beißen, wenn Sie frühzeitig und in aller Freundlichkeit zeigen, dass Sie Zähne haben! Genau darin besteht die wichtigste Funktion einer ‹Leibwächterin›: Auch wenn sie für alle Fälle schweres Geschütz zur Verfügung haben sollte, ist es viel wichtiger, dass sie dafür sorgt, dass diese Geschütze möglichst selten gebraucht werden.

Sich entschuldigen können

Zugleich gehört es zum Berufsrisiko einer ‹Leibwächterin›, gelegentlich über das Ziel hinauszuschießen. Gerade wenn dieses Mitglied in Ihrem Inneren Team eher neu ist und noch nicht über die Souveränität einer alten Häsin verfügt, kann es sein, dass Sie gelegentlich zu früh oder zu scharf schießen. Es bricht Ihnen kein Zacken aus der Krone, wenn Sie sich nach einer Auseinandersetzung dafür entschuldigen, dass Sie im Eifer des Gefechts zu scharf geworden sind und dabei Ihren Kontrahenten oder Ihre Kontrahentin verletzt haben. So etwas kommt vor und ist meist kein Grund dafür, sich übermäßig Asche auf das eigene Haupt zu streuen. Sich in einem solchen Fall zu entschuldigen, ist nicht nur ein Zeichen von Souveränität, sondern kann auch als versöhnliche Geste einen Neuanfang auf einer anderen Ebene einleiten.

Der Aufbau einer inneren ‹Leibwächterin› ist eine höchst persönliche Entwicklungsaufgabe. Auch wenn es gut und wichtig ist, sich von Beispielen anderer anregen zu lassen – es gibt keine Patentrezepte. Was zu anderen passt, muss noch lange nicht zu Ihnen passen! Ebenso muss Ihre innere Leibgarde an Ihre persönliche berufliche Situation angepasst sein: Denn je nach Berufsfeld und je nach Position muss sie unterschiedlich ausgestattet sein und unterschiedlich agieren. Handwerkskoffer und Auftreten Ihrer ‹Leibwächterin› sollten also für Sie selbst und für Ihre persönliche Situation maßgeschneidert sein. Und das bedeutet: Sie müssen sich diese selber erarbeiten und aufbauen.

6.4 Innere Stimmen aufbauen

Nicht jedes Teammitglied, das Sie für Ihre innere Profi-Mannschaft bräuchten, werden Sie von vornherein zur Verfügung haben. Wenn Ihnen eine ‹Kämpferin›, eine ‹Leibwächterin› oder eine ‹PR-Expertin› fehlt oder diese eher ein zartes Pflänzchen in Ihrem Inneren Team ist, wie können Sie diese stärken und aufbauen?

Interne und externe Stellenausschreibung

Der erste Schritt ist es, zu überlegen, ob Sie dieses Teammitglied bei sich grundsätzlich kennen. Machen Sie also gewissermaßen eine interne Stellenausschreibung: Gibt es in Ihrem Inneren Team bereits jemanden, der für diesen Posten in Frage kommt? Wenn Ihnen beispielsweise im Beruf und vor allem dem arroganten Kollegen Friedrich Oberwasser gegenüber eine ‹Kämpferin› fehlt – gibt es andere Situationen, in denen Sie sehr wohl eine solche ‹Kämpferin› zur Verfügung haben? Vielleicht können Sie sich Ihrem Partner oder einer Freundin gegenüber sehr gut behaupten! Hier fällt es Ihnen womöglich leicht, Ihre Anliegen energisch zu vertreten und notfalls auch auf den Tisch zu hauen, wenn es zum Konflikt kommt. Dann können Sie an diese Situationen anknüpfen und sich fragen, wie Sie diese ‹Kämpferin› auch dem schwierigen Kollegen gegenüber aktivieren könnten.

Wenn Sie eine solche ‹Kämpferin› bei sich selbst nicht kennen, dann sollten Sie die vakante Stelle in Ihrem Inneren Team extern ausschreiben – also nach jemand anderem suchen, der Ihnen als Modell dienen kann. Wen kennen Sie, der ein solches Teammitglied zur Verfügung hat? Vielleicht gibt es eine Kollegin, die sich besonders gut durchsetzen kann und dies in einer Weise tut, von der Sie sich gerne eine Scheibe abschneiden würden. Oder Ihr pubertierender Sohn ist ein Musterbeispiel für kämpferische Abgrenzung, auch wenn es sich vielleicht nicht empfiehlt, seinen Wortschatz unmittelbar auf den Beruf zu übertragen! Oder Ihre Tante Hilde ließ sich auf wunderbar verbindliche und zugleich unmissverständliche Weise von niemandem die Butter vom Brot nehmen. Egal, wo Sie fündig werden, suchen Sie sich ein Modell für das Teammitglied, das Sie bei sich selbst stärker aufbauen wollen!

Visionen entwickeln

Nun geht es darum, dieses Modell für sich in Besitz zu nehmen. Wenn Sie beispielsweise Tante Hilde fragen würden, wie sie die Situation findet und wie sie Ihr Verhalten dem Kollegen gegenüber beurteilt – was würde sie sagen? Vielleicht fände sie, dass Sie ihn viel zu oft nach seiner Meinung fragen und ihn damit geradezu einladen, Sie zu bevormunden? Oder würde sie darauf hinweisen, dass Sie selber aber auch wirklich abweisend und schnippisch sind, sodass es kein Wunder ist, wenn der Kollege auch umgekehrt eher kühl reagiert? Und zu welchem Verhalten würde sie raten; was würde *sie* tun? Ziel ist es also, in einen inneren Dialog mit dem Modell einzutreten und dessen Kompetenz zu nutzen, um Ideen für neue Verhaltensweisen zu entwickeln.

Diesen Prozess kann man als Berater oder Coach durch Rollenspieltechniken erleichtern und befördern, indem man die Klientin beispielsweise dazu anleitet, im Rollenspiel in die Haut der Tante hineinzuschlüpfen und sie dann als Tante Hilde interviewt.[79] Wenn man eine Gruppe zur Verfügung hat, dann bietet es sich auch an, die Gruppenteilnehmer in Form eines «Act-Storming» als Ideengeber einzubeziehen. So wie beim «Brain-Storming» Ideen gesammelt werden, so werden beim Act-Storming Verhaltensmöglichkeiten gesammelt und erprobt. Dazu wird eine Schlüsselszene zwischen der Klientin und Herrn Oberwasser im Seminar aufgebaut, und alle Anwesenden sind eingeladen und aufgefordert, im Rollenspiel eigene Ideen auszuprobieren, wie man dem Kollegen in dieser Situation begegnen könnte. Es wird also nicht über die Situation geredet, sondern es werden verschiedene Varianten durchgespielt und hinterher ausgewertet.

Ebenso ist es hilfreich, den eigenen Phantasien und Wünschen Raum zu geben. Wie würden Sie am liebsten reagieren – auch wenn das vielleicht ganz undenkbar zu sein scheint? Wenn Sie kein Blatt vor den Mund nehmen würden, wie würde sich das anhören? Und wenn Sie keinerlei Konsequenzen zu fürchten hätten – was würden Sie tun? Ziel ist es in dieser Phase, den Blick zu erweitern und möglichst viele Ideen zu sammeln, was man theoretisch auch noch tun könnte. Daher sollten Sie sich hier erlauben, auch ‹abwegigen› und ‹absurden› Ideen zu folgen!

Konkrete und realistische Schritte entwickeln

Wenn Sie Visionen und Ideen für alternative Verhaltensweisen entwickelt haben, dann ist der nächste Schritt, zu überprüfen, welche davon für Sie in Frage kommen. Was passt für Sie in dieser Situation? Welche dieser Ideen möchten Sie umsetzen, was können Sie für sich abwandeln und anpassen? Was wäre ein sinnvoller und realistischer erster Schritt für Sie?

Gar nicht selten stellt man bei diesen Überlegungen fest, dass in Dingen, die vollkommen abwegig erscheinen oder die man «niemals sagen könnte», ein sehr produktiver Kern verborgen ist. Vielleicht wäre es durchaus angemessen, dem Kollegen zu sagen, dass Sie sein Verhalten ärgert – wenn auch vielleicht in anderer Wortwahl, als es Ihrem unmittelbaren Gefühl entspräche. Und es mag sinnvoll sein, ein Gespräch an einem bestimmten Punkt zu beenden, wenn es sich festgefahren hat und Sie im Moment nicht mehr weiterwissen – auch wenn es sich vermutlich nicht empfiehlt, türenknallend den Raum zu verlassen. Insofern lohnt es sich, über Verhaltensweisen aus der Rubrik «Am liebsten würde ich ja, aber …» noch einmal nachzudenken: Gibt es Varianten dieser Verhaltensweisen, die möglich und vielleicht sogar sehr sinnvoll sein können?

Der nächste Schritt besteht darin, es auszuprobieren. Muten Sie sich dabei nicht zu viel auf einmal zu! Mit einem kleinen Schritt, der realistisch und umsetzbar ist, ist mehr gewonnen als mit einem riesigen Projekt, das Sie überfordert und das Sie daher entweder gar nicht erst in Angriff nehmen oder entmutigt abbrechen. So kann es beim Aufbau einer inneren ‹Kämpferin› leichter sein, klar zu sagen, was Sie wollen, und Wünsche für die Zukunft zu äußern, als einen Konflikt anzusprechen. Wenn Sie üben wollen, mit Konflikten offensiver umzugehen, dann können Sie auch hier dosieren und nicht mit dem Konflikt beginnen, der Ihnen am meisten Angst macht. Welche kleineren Konfliktpunkte würden sich als Testlauf eignen; wer wäre ein guter Sparringspartner? Und ein guter erster Schritt dazu, Ihr eigenes Licht nicht mehr unter den Scheffel zu stellen, wäre es vielleicht, sich darin zu üben, Komplimente und Anerkennung anzunehmen, statt diese bescheiden und mit dem Hinweis «Ich hatte eben Glück!» oder «Nicht der Rede wert!» abzuwehren.

6.5 Die Auseinandersetzung mit inneren Bremserinnen

Wenn Sie sich auf neue Wege begeben und neue Mitstreiter in Ihrem Inneren Team zu entwickeln beginnen, dann werden Sie vermutlich auch auf innere Bremserinnen treffen. Meist liegt es nicht nur an mangelnder Übung, wenn Sie sich bislang nicht energisch abgegrenzt oder selbstbewusst in Ihren Erfolgen gesonnt haben, sondern es gibt auch Mitglieder in Ihrem Inneren Team, die gegen ein solches Verhalten deutliche Bedenken haben.

Je lauter und eindringlicher sich beispielsweise die ‹Gouvernante› oder die ‹Kassandra› mit der Forderung nach bescheidener Zurückhaltung und der Angst, als starke, dominante und aggressive Frau abgelehnt zu werden, zu Wort meldet, desto schwieriger ist es, eine ‹Kämpferin› oder ‹PR-Expertin› aufzubauen. Denn die mahnenden und ängstlichen Mitglieder des Inneren Teams fungieren als Wächterinnen der offensiven und selbstbewussten Stimmen und verhindern oft sehr effektiv, dass diese innerlich oder gar im Kontakt mit anderen zu Wort kommen. Der erste Schritt zur Entwicklung des Inneren Teams ist daher oft, Kontakt mit diesen Bremserinnen aufzunehmen.

Innere Bremserinnen aufspüren

Ein Indiz für innere Bremserinnen ist es, wenn Sie sich immer wieder Projekte vornehmen, zu denen es irgendwie nie kommt. Eigentlich würden Sie sich gerne einen neuen Job suchen, vielleicht lesen Sie sogar regelmäßig die Stellenanzeigen – aber Sie schicken niemals eine Bewerbung los. Der Zeitpunkt, an dem Sie nach der Kinderpause wieder in den Beruf einsteigen wollen, verschiebt sich immer weiter nach hinten. Es stünde eigentlich schon lange ein Gespräch mit Ihrem Chef über eine Gehaltserhöhung, eine Beförderung oder Ihren Wunsch nach neuen Aufgaben an – aber es scheint nie den passenden Zeitpunkt zu geben, ihn anzusprechen. Meist finden wir gute Gründe dafür, warum der Zeitpunkt jetzt wirklich nicht dafür geeignet ist, ein Projekt in Angriff zu nehmen – aber wenn Sie merken, dass Ihr Aufschieben Methode hat, dann lohnt die Frage, wer in Ihrem Inneren Team etwas gegen dieses Projekt einzuwenden haben könnte.

Dann geht es zunächst darum, diese Bremserinnen und ihre Botschaft dingfest zu machen. Dafür lohnt es sich, Ihr Inneres Team zu diesem Projekt aufzumalen. Wer meldet sich in Ihnen, wenn Sie daran denken, sich zum Beispiel wirklich zu bewerben oder das ausstehende Gespräch mit Ihrem Chef zu führen? Wer sorgt dafür, dass Sie es sich immer wieder vornehmen – und wer verhindert letztlich, dass Sie es wirklich tun?

Bremserinnen würdigen und begrenzen

Und was nun? Häufig ist die Versuchung groß, diese Bremserinnen einfach beiseite zu schieben. Haben diese Sie nicht schon lange genug ausgebremst und behindert, wäre nicht endlich einmal etwas anderes dran?! Auch als Berater und Coach sind wir immer wieder in der Gefahr, uns mit den offensiven, selbstbewussten und veränderungswilligen Stimmen gegen die lästigen und entwicklungsverhindernden Bremsen zu verbünden.

Gleichwohl führt dieser Weg in die Irre – und das aus mehreren Gründen. Zum einen, weil er schlichtweg nicht funktioniert. Die ängstlichen, zweifelnden und mahnenden Stimmen sind in der Regel tief verwurzelt und haben eine lange Geschichte, und sie lassen sich nicht so einfach von der Bildfläche verbannen. Wer das ignoriert, hat mit hartnäckigem Widerstand und mit Sabotageakten zu rechnen! Zum anderen haben diese Stimmen oft Wichtiges zu sagen und sollten auch darum nicht übergangen werden. So können die ‹Selbstzweiflerin› oder ein innerer ‹Angsthase› zwar sehr hinderlich sein, wenn es darum geht, sich neuen Aufgaben und Herausforderungen zu stellen. Zugleich jedoch geben sie wichtige Hinweise darauf, wo Sie tatsächlich in Gefahr sind, sich zu überfordern oder zu schnell und unbedacht voranzustürmen. Häufig zeigt sich im Dialog mit ihnen, wo tatsächlich Vorsicht am Platze oder Unterstützung sinnvoll wäre und welches Tempo der Situation und Ihnen selbst angemessen wäre. Ebenso kann Sie eine innere ‹Kassandra›, die Sie warnend auf die möglichen Reaktionen anderer hinweist, darauf aufmerksam machen, wo Sie in Gefahr sind, unnötig schroff aufzutreten. Gäbe es nicht auch eine verbindlichere, freundlichere oder humorvollere Weise, das gleiche Ergebnis zu erreichen, mit weniger Begleitschäden auf der Beziehungsebene?

Auf keines dieser Teammitglieder sollte man also verzichten. Allerdings ist es wichtig, ihnen Grenzen zu setzen und sich nicht innerlich und äußerlich von ihnen beherrschen und blockieren zu lassen. Der wichtigste Schritt dazu ist, ihre Gegenspielerinnen zu entwickeln. Wer in Ihrem Inneren Team könnte zum Beispiel ein gutes Gegengewicht zu Ihrem ‹Angsthasen› sein? Wer hätte auf seine Botschaft («Bloß nicht, das klappt nie!!!») eine passende Erwiderung? Vielleicht die ‹selbstbewusste Karrierefrau›, die ihre Kompetenzen und die Liste der Herausforderungen kennt, die sie bereits gemeistert hat? Oder eine nüchterne ‹Strategin›, die darauf verweist, dass auch das schlimmste denkbare Ergebnis durchaus verkraftbar und keine Katastrophe wäre, oder eine ‹Abenteurerin›, die zu viel Sicherheit als Tod der Lebendigkeit sieht?

Ziel einer Teamentwicklung ist es, jeweils *beide* Stimmen in sich zur Verfügung zu haben und zu Wort kommen zu lassen; Ziel wäre eine Balance dieser beiden Seiten. Denn beide Seiten führen in die Irre, wenn sie verabsolutiert werden. Eine innere Stimme wie der ‹Angsthase› wird zur lähmenden Bremse, wenn ihr im Inneren Team eine selbstbewusste, energievolle und abenteuerlustige Ge-

Abbildung 66: Teamentwicklung durch Stärkung innerer Gegenspieler

genspielerin fehlt. Umgekehrt brauchen aber auch die dynamischen und selbstbewussten Mitglieder des Inneren Teams den warnenden ‹Angsthasen› als Gegengewicht – weil sie ohne dessen Bedenken und Zweifel in Gefahr geraten, vor lauter Energie und kraftstrotzendem Selbstbewusstsein blind für reale Gefahren und Grenzen zu werden.

Vor allem dann, wenn innere Bremserinnen sehr mächtig sind und wenn es nicht gelingt, neben diesen die Gegenspielerinnen überhaupt zu Wort kommen zu lassen, kann es wichtig sein, sich mit der Vorgeschichte dieser Bremserinnen zu beschäftigen. Warum ist dieses Teammitglied so stark geworden? Dafür gibt es immer einen guten Grund in der Lebensgeschichte, und oftmals muss man diese Vorgeschichte verstehen, um einen besonders mächtigen Bremser in das Innere Team integrieren zu können. Eine solche Erkundung wird häufig auf professionelle Unterstützung in Form von Beratung oder Therapie angewiesen sein.

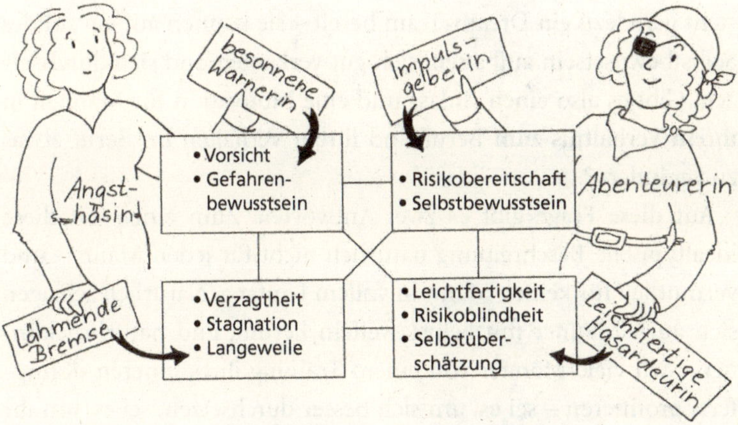

Abbildung 67: Bremserin und Gegenspielerin ergänzen und brauchen sich gegenseitig

7. BERUFLICHE ENTWICKLUNGSRICHTUNGEN FÜR MÄNNER

Nun zu den Männern! Haben Männer überhaupt Anlass, in der beruflichen Kommunikation etwas zu verändern? Eigentlich könnte man doch erwarten, dass für sie alles wunderbar läuft, denn im Beruf haben sie alle Vorteile auf ihrer Seite! In ihrem Inneren Team steht geradezu ein Dream-Team bereit – sie können auf ein solides Selbstbewusstsein aufbauen, sich gut verkaufen und sich durchsetzen. Gibt es also einen Anlass und eine Motivation für Männer, in ihrem Verhältnis zum Beruf und ihrem Verhalten im Beruf etwas zu verändern?

Auf diese Frage gibt es zwei Antworten. Zum einen gilt diese idealtypische Beschreibung natürlich nicht für jeden Mann – und vermutlich für keinen Mann in vollem Umfang. Natürlich schlagen sich auch Männer mit Selbstzweifeln herum, und natürlich können auch viele Männer von einem Training ihres inneren ‹Kämpfers› profitieren – sei es, um sich besser durchsetzen, sei es, um ihr Repertoire zu erweitern und zu verfeinern. Insofern können viele Hinweise aus dem ‹Frauenkapitel› in gleicher Weise für Männer hilfreich sein.

Zum anderen hat die erfolgsverwöhnte innere Mannschaftsaufstellung, mit der Männer an den Beruf herangehen, auch ihre Schattenseiten. Auch wenn Männer im Gegensatz zu Frauen keineswegs massenhaft deutlich machen, dass sie mit ihrer Situation unzufrieden sind, gibt es viele Hinweise darauf, dass Männer in sehr typischer Weise unter ihrer Lebensgestaltung leiden. Sie sind in Gefahr, sich im Beruf zu verlieren und dabei sowohl den Kontakt zu ihrer Familie als auch den Kontakt zu sich selber einzubüßen. Der Beruf nimmt einen so großen Raum ein, dass kaum mehr Zeit, Energie und Raum für andere Dinge bleibt. Und unmerklich drohen daneben selbst Kinder und Partnerin zur Nebensache zu werden. Wenn Männer sich daher eine wichtigere Rolle in ihrer Familie wünschen, dann besteht ein wichtiger Schritt in einer Auseinandersetzung mit ihrer Berufsrolle und der Frage, welchen Stellenwert der Beruf für sie hat und haben soll.

Aber auch im Beruf selber bringt die typische innere Mannschaftsaufstellung der Männer durchaus Probleme mit sich. Denn so gut sich diese für den Umgang mit Konkurrenzsituationen eignet, was mit dieser Mannschaft erheblich schwerer fällt, sind Teamarbeit, Kooperation und ein konstruktiver Umgang mit eigenen Grenzen, Schwächen und Fehlern. Der Ruf nach «sozialer Kompetenz», der heute in aller Munde ist, gilt vor allem den Männern! Ein Kommunikationsverhalten, das allein auf Konkurrenzfähigkeit und Kompetenz setzt, reicht immer weniger aus, um beruflich erfolgreich zu sein.

Um diese Schattenseiten einer sehr leistungs- und konkurrenzbetonten Mannschaftsaufstellung wird es im folgenden Kapitel gehen. Wie kann es gelingen, zu einer besseren Balance zwischen Beruf und Familie zu finden? Welche Stolpersteine und Fallen drohen, was wären sinnvolle und wichtige Lernfelder?

7.1 Die Auseinandersetzung mit inneren Antreibern

Nicht selten fühlen Männer sich geradezu eingesperrt zwischen den Selbstverständlichkeiten und Zwängen, die mit ihrem Beruf und der Rolle als Familienernährer verbunden sind. Zwischen all den Anforderungen, Notwendigkeiten und Erwartungen scheint sich häufig kaum Spielraum zu bieten, eigenen Wünschen nachzugehen.

Es bleibt schlicht keine Zeit für Partnerin, Kinder, Muße, Hobbys. Im vertrauten Gespräch oder in der Beratung wird häufig deutlich, dass Männer unter dieser Situation leiden – auch wenn sie das selten vor sich her tragen. Denn die Situation ist nun einmal, wie sie ist, und was soll es bringen, herumzujammern und sich den Kopf zu zerbrechen! Das würde es doch bloß schwerer machen, den Karren weiter zu ziehen!

Die Hindernisse sind häufig sehr real: Der Druck in der Berufswelt ist nicht selten stark. Wer der Familie zuliebe im Beruf kürzer tritt, läuft Gefahr, auf das berufliche Abstellgleis geschoben zu werden. Wer Überstunden ablehnt, riskiert nicht nur Konflikte mit dem Chef, sondern auch Auseinandersetzungen mit Kollegen («Und was glaubst du, wer dann einspringen soll?»). Auch die Rolle als Familienernährer begrenzt den Veränderungsspielraum ganz erheblich – denn solange Männer ganz selbstverständlich das Familieneinkommen sichern, sind ihre Möglichkeiten, beruflich kürzer zu treten, nicht allzu groß.

Dabei fällt jedoch auf, dass sich Männer nur selten wirklich mit der Frage nach Veränderungsmöglichkeiten auseinander setzen. Häufig setzen sie von vornherein voraus, dass sich ohnehin nichts ändern lässt. Die unerschütterliche Überzeugung, dass die Situation unveränderbar ist, ist oft keineswegs das Ergebnis einer nüchternen und gründlichen Analyse und der hartnäckigen, aber leider erfolglosen Suche nach Lösungsmöglichkeiten. Ganz im Gegenteil, diese Überzeugung verhindert von vornherein, dass mögliche Spielräume überhaupt erkundet und Veränderungsmöglichkeiten ausgelotet werden. Damit wird es schwer, die *tatsächlichen* Notwendigkeiten und Zwänge (die es natürlich gibt) von den *vermeintlichen* zu trennen.

Innere Antreiber aufspüren

Wie kommt es, dass Männer den äußeren Druck oft so selbstverständlich übernehmen und gar nicht auf die Idee kommen, sie könnten etwas ändern? Es liegt daran, dass der äußere Druck im Inneren Team von Männern machtvolle Verbündete findet. Männer haben früh gelernt, dass erst beruflicher Erfolg, Stärke und Unerschütterlichkeit den wahren Mann ausmachen. Wenn sie daher berufliche Abstriche ins Auge fassen, sich von der Familienernährerrolle distanzieren oder Kontakt zu den ängstlichen, unsicheren und gefühlvollen Hinterbänklern in ihrem Inneren Team aufnehmen, dann bekommen sie es häufig mit inneren Stimmen zu tun, die heftige Einwände gegen eine solche Entwicklung haben.

So wie im Inneren Team von Frauen bremsende Wächterinnen vor den selbstbewussten und kämpferischen Stimmen postiert sind, so sorgen bei Männern innere Antreiber dafür, dass die gefühlvollen, erschöpften und unsicheren Stimmen innerlich und äußerlich nicht zu viel Einfluss gewinnen. Sie halten gewissermaßen die Fahne von Erfolg, Stärke und Souveränität hoch und treiben Männer (und auch viele Frauen) dazu an, diesem Bild zu entsprechen. Das hat keineswegs nur Nachteile – denn diese Stimmen tragen viel zu Erfolg und Lebenstüchtigkeit bei. Zugleich jedoch neigen solche Antreiber dazu, das Regiment im Inneren Team zu übernehmen und alle anderen Teammitglieder zu übertönen. Neben dem auf Erfolg drängenden Ehrgeiz haben dann müde Stimmen oder der ‹Vater› im Inneren Team erhebliche Mühe, überhaupt zu Wort zu kommen, geschweige denn, Gehör zu finden (vgl. Abb. 49, S. 238).

Der Weg zu Veränderungen führt daher häufig über die Auseinandersetzung mit diesen Antreibern. Ziel dieser Auseinandersetzung ist es, ihren Einfluss auf ein sinnvolles Maß zurechtzustutzen, um anderen Mitgliedern des Inneren Teams wieder mehr Luft zu verschaffen. Es geht darum, die innere Handlungsfreiheit zurückzugewinnen und sich nicht mehr in größter Selbstverständlichkeit von den Ansprüchen und der Sichtweise der Antreiber unter Druck setzen und durchs Leben hetzen zu lassen.

Indizien für Antreiber können es sein, wenn wichtige Teile Ihres Lebens dauerhaft zu kurz kommen und es sich gar nicht zu lohnen scheint, überhaupt darüber nachzudenken, ob Sie daran etwas ändern können. Oder wenn alle Versuche, etwas zu ändern, regelmäßig nach kurzer Zeit versanden. Oder wenn Sie heimlich wissen, dass Sie eigentlich schon viel zu lange viel zu viel arbeiten (auch wenn Sie dies nie zugeben würden) – und womöglich nicht einmal ein dringender ärztlicher Rat, kürzer zu treten, Sie zu einer Veränderung bewegen kann.

Sie können sich Ihren Antreibern annähern, indem Sie sich vorstellen, Sie würden einfach genau das tun, was Sie sich manchmal wünschen, und sich mehr Raum für das nehmen, was in Ihrem Leben momentan zu kurz kommt. Wer in Ihrem Inneren Team meldet sich bei dieser Vorstellung mit heftigen Einwänden zu Wort und welcher Art sind seine Bedenken?

Eine Schwierigkeit dabei besteht darin, dass Antreiber sich häufig zunächst mit sehr rationalen Einwänden zu Wort melden – zum Beispiel als ‹Realist›, der mit dem Anspruch auftritt, einfach nur die objektiven Fakten des Lebens zu Protokoll zu geben. Die Botschaften kommen mit dem Anspruch auf absolute Objektivität und Autorität daher: So ist es! Diesen Anspruch sollten Sie keiner Stimme Ihres Inneren Teams einfach so glauben! Denn im Inneren Team gilt ebenso wie in Konflikten zwischen Menschen, dass es niemals nur eine einzige Wahrheit gibt und selten Situationen, in denen keinerlei Veränderung möglich ist. Wenn also eine Stimme in Ihrem Inneren Team keinerlei Raum für Zweifel lässt und verhindert, dass andere Mitglieder des Inneren Teams überhaupt zu Wort kommen können, dann spricht dies nicht dafür, dass diese Stimme allein von rationalen Argumenten geleitet wird! Ansonsten könnte man ja in aller Ruhe die verschiedenen Seiten zusammentragen und in Ruhe abwägen und überlegen.

Es ist daher wichtig, neben den richtigen und wichtigen rationalen Einwänden und Argumenten, welche diese Stimme vorbringt, auch die Wünsche, Ziele und Befürchtungen in den Blick zu bekommen, welche mit diesem Mitglied Ihres Inneren Teams verbunden sind. Welche Befürchtungen hat dieses Teammitglied für den Fall, dass Sie tatsächlich etwas verändern? Welchem Lebensmotto folgt es? Welche seiner Argumente und Einwände sind vernünftig, rational und wichtig – und welcher Teil ist vielleicht auch höchst emotional, auch wenn er sich mit objektiv klingenden Wahrheiten bewaffnet hat? Manchmal kann man die irrationalen Anteile in Form von Merk- und Glaubenssätzen zu fassen bekommen: «Wer Schwäche zeigt, hat schon verloren!», «Gut ist nicht gut genug!», «Erst Erfolg macht den Mann!», «Der Mann ist der Ernährer seiner Familie!»

Die Wünsche und Befürchtungen in den Blick zu bekommen, die mit einem Antreiber verbunden sind, ist ein erster wichtiger Distanzierungsschritt, denn damit wird klar, dass der Antreiber nur *eine* mögliche Sicht der Dinge und nur einen *Teil* von Ihnen selbst vertritt. Und das heißt: Damit kann der Blick auf andere Mitglieder Ihres Inneren Teams wieder freier werden.

Antreiber würdigen und begrenzen

Dabei gilt jedoch: Die Botschaft von Antreibern ist nicht nur falsch, und ihre Wirkung ist nicht nur negativ. Womöglich geht ein wesentlicher Teil Ihrer bisherigen Erfolge auf das Konto dieser ehrgeizigen und anstachelnden Teammitglieder, und wenn es Ihnen gelungen ist, einen guten Platz im Leben zu finden, dann werden diese einiges dazu beigetragen haben, indem sie dafür gesorgt haben, dass Sie sich von Unsicherheit und Misserfolgen nicht haben blockieren lassen und dass Sie neue Projekte in Angriff genommen haben, anstatt sich auf Ihren Lorbeeren auszuruhen. Dies gilt es zu würdigen! Es kann und soll also nicht darum gehen, diese Teammitglieder nunmehr in die Wüste zu schicken (was ohnehin nicht funktionieren würde). Es geht um Begrenzung.

Das bedeutet vor allem, anderen Mitgliedern Ihres Inneren Teams wieder mehr Luft zu verschaffen. Wer kommt unter dem Einfluss dieses Antreibers zu kurz? Welche Stimmen in Ihrem Inneren Team haben völlig andere Wünsche und Vorstellungen vom Leben, wer hat seinen Ansichten und Vorgaben etwas entgegenzusetzen? Wie bei der Auseinandersetzung mit inneren Bremsen (vgl. Kapitel 6.5) geht es also auch hier um die Stärkung der inneren Gegenspieler. Der erste Schritt dazu besteht darin, diesen überhaupt erst einmal Raum und Stimme zu verschaffen. Oft haben sie lange ein Schattendasein geführt, und es braucht Zeit, Geduld und einige Mühe, wieder Zugang zu diesen Seiten in sich zu gewinnen. Um welche Sehnsucht und um welche konkreten Wünsche geht es überhaupt? Wie würde Ihr Leben aussehen, wenn es nur nach diesen Teammitgliedern ginge?

Das Ziel besteht in einer Integration der unterschiedlichen Stimmen, ihrer Ziele und Wünsche. Wie kann es gelingen, für die anderen Seiten in Ihrem Leben mehr Raum zu bekommen – ohne dafür das vollkommen aufgeben zu müssen, was Ihnen bislang wichtig war? Wie können die verschiedenen Bereiche verbunden, die unterschiedlichen Teammitglieder unter einen Hut gebracht werden? Welche Vision ist denkbar und wie könnten erste kleine Schritte in diese Richtung aussehen?

Dieser Weg ist leicht zu skizzieren und nicht leicht zu gehen. Denn ebenso wie innere Bremsen haben Antreiber häufig tiefe Wurzeln in der eigenen Lebensgeschichte. Nicht selten sind sie so mächtig, dass sie etwaige Gegenspieler schon im Ansatz zu ersticken drohen; und auch wenn ihre Wirkung deutlich zu spüren ist, ist es ohne professionelle Hilfe oft nicht einfach, sie überhaupt dingfest zu machen.

7.2 Vom Einzelkämpfer zum Teamspieler

Nicht selten kommt der Anstoß, sich mit inneren Antreibern und deren Wirkung auseinander zu setzen, auch von außen – und gilt dann weniger den Wirkungen dieser Antreiber auf das eigene Innere Team, als vielmehr ihrem Einfluss auf die Kommunikation mit anderen. Ein solcher Anstoß verbindet sich häufig mit dem Stichwort «soziale Kompetenz», denn unter dieser Überschrift wurde in den letzten Jahren zunehmend das Übermaß männlich geprägter Kommunikationsweisen im Beruf kritisiert und in Frage gestellt.

Die zwei Seiten sozialer Kompetenz

Soziale Kompetenz ist heute zur Schlüsselkompetenz geworden. In der Wirtschaft ist sie ebenso gefordert wie im Gerichtssaal, in der Politik oder in Lehrplan und Lehrwirklichkeit der Schulen. Gemeint ist damit, dass jemand nicht nur mit sachlichen Aufgaben und Termindruck, sondern auch mit anderen Menschen klarkommt; dass er «teamfähig» ist. Dazu gehört, dass er zuhören und sich auf andere einstellen kann, dass er bereit ist, sich mit Kritik auseinander zu setzen und dass er Konflikte konstruktiv lösen kann. Nicht zuletzt meint soziale Kompetenz auch, seine eigenen Fähigkeiten nicht nur in den Dienst des eigenen Fortkommens zu stellen, sondern auch und in erster Linie in den Dienst der Gruppe und der gemeinsamen Aufgabe.

Meist wird unterstellt oder festgestellt, dass Frauen diese Fähigkeiten in höherem Ausmaß mitbringen als Männer: Dies wird häufig gewissermaßen als weibliche Trumpfkarte im Beruf angesehen. Der Befund kann kaum überraschen. Denn was hier unter sozialer Kompetenz gefasst wird, sind Fähigkeiten, die dem Heimspielbereich von Frauen entstammen. Genau genommen ist diese Definition von sozialer Kompetenz zu eng, denn auch Durchsetzungs- und Konkurrenzfähigkeit, ein sicheres Auftreten und gute Selbstdarstellung sind wichtige soziale Kompetenzen! Diese hat also im Grunde zwei Seiten – deren eine (nämlich die Teamspielerqualitäten) eher durch die Frauen und deren andere (nämlich die Kämpferqualitäten) eher durch die Männer repräsentiert wird.

Auch hier ergänzen sich die unterschiedlichen Kommunikationsstile von Männern und Frauen. Es ist eine Stärke, selbstbewusst und offensiv für die eigene Überzeugung einzutreten und dafür auch die Verantwortung zu übernehmen – auch dort, wo andere womöglich Zweifel haben oder ihre Interessen bedroht sehen. Wenn jedoch diese Kämpferqualitäten übertrieben werden, dann kommt der Blick darauf zu kurz, wo andere womöglich die bessere Idee oder zumindest berechtigte Einwände haben. Und es droht ein durch Ellbogenmentalität und Rücksichtslosigkeit geprägtes Einzelkämpfertum. In einem solchen Klima ist Kooperation, zu der immer ein gewisses Maß an Vertrauen und Bereitschaft, sich aufeinander einzustellen, gehört, schwer möglich.

Für eine gute Zusammenarbeit sind dagegen die Teamspielerqualitäten von zentraler Bedeutung. Aber auch diese können übertrieben werden. Wenn die Orientierung am Gemeinwohl und der Wunsch nach einvernehmlichen Lösungen zu groß wird, dann wird es schwer, unpopuläre Entscheidungen zu treffen – oder überhaupt Entscheidungen zu treffen! Dann besteht die Gefahr, dass die beständige Suche nach Konsens und der Wunsch, es allen recht zu machen, dazu führen, dass alle sich in der Gruppe verstecken, kei-

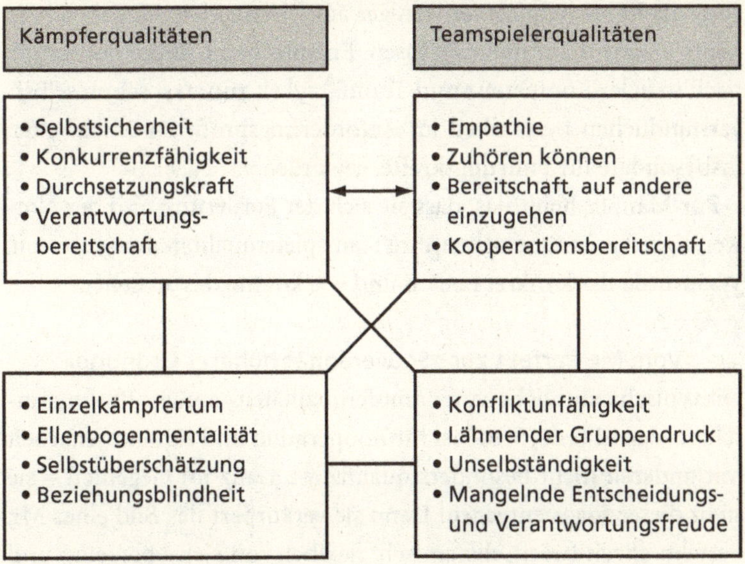

Abbildung 68: Die zwei Seiten sozialer Kompetenz im Wertequadrat

ner mehr Vorschläge macht, die anderen gegen den Strich gehen und sich keiner mehr berufen fühlt, Verantwortung zu übernehmen (denn es hat ja die Gruppe entschieden!).

Auch wenn also beide Seiten wichtig sind, macht es vor allem in der Welt von Wirtschaft und Politik Sinn, den Fokus auf die Teamspielerqualitäten zu legen – denn diese sind lange Zeit in der durch männliche Spielregeln geprägten Berufswelt zu kurz gekommen. Erst nach und nach rückte ins Bewusstsein, welche Bedeutung auch diese ‹weichen› Formen sozialer Kompetenz für Erfolg, Effektivität und Ökonomie haben. Je schnelllebiger unsere Zeit wird und je komplexer und komplizierter die Aufgaben, desto mehr sind wir auf eine funktionierende Zusammenarbeit angewiesen. Fachliche Kompetenz und Engagement, Selbstbewusstsein und Erfahrung allein reichen immer weniger aus – denn viele Aufgaben sind heute alleine nicht mehr zu lösen. Entsprechend ist die Forderung nach sozialer Kompetenz und Teamfähigkeit zum fast schon selbstverständlichen Bestandteil im Anforderungsprofil für Mitarbeiter, insbesondere für Führungskräfte, geworden.

Für Männer heißt das, dass sie sich der Forderung und der Notwendigkeit gegenübersehen, ihre Teamspielerqualitäten auszubauen. Was würde das konkret heißen und wie könnte das aussehen?

Vom Mr. Perfekt zur «Souveränität höherer Ordnung»

Die typisch männliche, von Kämpferqualitäten geprägte Profimannschaft (vgl. Abb. 10, S. 61) ist für Kooperation und Zusammenarbeit mit anderen nicht besonders qualifiziert. Ganz im Gegenteil – sie steht dieser sogar entgegen! Denn sie verkörpert das Bild eines Mr. Perfekt: allzeit bereit, dynamisch, flexibel, von sich überzeugt und erfolgreich. Eine solche innere Mannschaft lädt nicht zur Kooperation ein, sondern zur Konkurrenz. Warum sollten Sie mit anderen zusammenarbeiten, wenn Sie selbst glauben und nach außen ausstrahlen, eigentlich alles besser zu wissen und besser zu können als andere? Wäre es da nicht naheliegender und sicherer, alles lieber selbst zu machen? Warum also sollte Mr. Perfekt kooperieren?

Zusammenarbeit macht dann Sinn, wenn jeder Vorschläge macht – aber zugleich auch offen ist für Vorschläge anderer; wenn jeder beiträgt, was er zu bieten hat – aber auch deutlich macht, wo er Anregung, Unterstützung oder Hilfe gebrauchen könnte. All dies wird schwierig, wenn die Atmosphäre davon geprägt ist, dass jeder nur seine starken Seiten und seine Hochleistungsmannschaft präsentiert. Aber genau dazu lädt die berufstypische männliche Teamaufstellung ein. Weil jeder unter dem inneren Druck steht, stärker, selbstbewusster, kompetenter und besser gelaunt zu erscheinen, als er ist, präsentieren alle nur ihre überlegene Hochglanzseite. Umso schwerer wird es für jeden Einzelnen, auch andere Seiten, beispielsweise Zweifel oder Unsicherheit, zu zeigen. Hier zeigt sich die fatale Wirkung innerer Antreiber auf die Kommunikation mit anderen und auf die Zusammenarbeit. Die Wirkung innerer Antreiber ist nach außen die gleiche wie nach innen: Jeder spürt, dass er sich zusammenzureißen hat und dass es weder erwünscht noch angebracht ist, Schwächen zu zeigen – schließlich tun es die anderen auch nicht! Ein solches Klima ist nicht nur anstrengend, sondern erschwert auch eine effektive Zusammenarbeit ungemein.

Wenn Sie sich auf wirkliche Zusammenarbeit mit anderen einlassen, bedeutet das, dass diese auch Schwächen bei Ihnen erkennen: Weil deutlich wird, wo andere etwas besser können oder besser wissen; weil andere mitbekommen, wie Sie an manchen Punkten unsicher sind oder zweifeln. Wenn Sie das um jeden Preis vermeiden wollen, dann sollten Sie sich gut überlegen, wie weit Sie mit anderen zusammenarbeiten – und vor allem sollten Sie die Zusammenarbeit auf die Bereiche beschränken, wo Sie sich besonders sicher fühlen! Das schränkt natürlich die Möglichkeit, von anderen zu lernen und sich von ihnen anregen, beraten und helfen zu lassen, stark ein.

Eine berufliche Kommunikation, in der neben der glänzenden Profimannschaft des Inneren Teams auch andere Seiten Raum haben können, hätte also Chancen nicht nur für das Arbeitsklima, sondern auch mit Blick auf eine effektive und sachdienliche Zusammenarbeit. Dabei geht es weder darum, die angemessene Distanz unter Kollegen aufzugeben, noch um den Abschied von der Souveränität, die im Berufsleben ja mit vollem Recht gefordert ist. Aber es geht um ein anderes Verständnis von Souveränität und Professionalität.

Ist jemand, der sorgsam darauf achtet, keine Fehler und keine Schwächen erkennen zu lassen, wirklich souverän? Wäre ein gelassener Umgang mit Fehlern und Grenzen und die Bereitschaft, sich von anderen unterstützen zu lassen, nicht sehr viel souveräner? Schulz von Thun hat in diesem Zusammenhang den Begriff einer «Souveränität höherer Ordnung» geprägt (2004, S. 58). Souveränität in diesem Sinne besteht in einem gelassenen, vielleicht sogar humorvollen Umgang mit der Tatsache, dass niemand alles kann und (glücklicherweise) keiner unerschütterlich ist, dass wir alle (hoffentlich) beständig dazulernen, häufig von Wissen, Kompetenz und Kreativität anderer profitieren und zuweilen auch darauf angewiesen sind.

Natürlich wissen wir alle, dass wir Schwächen haben und dass ein souveräner Umgang mit dieser Tatsache zur Professionalität dazugehört! Daher ja auch die im Vorstellungsgespräch so beliebte Frage nach eigenen Schwächen – auf die Bewerber, wenn sie klug sind, auch eine Antwort wissen. Allerdings nennt diese Antwort meist eher eine verkappte Stärke («Ich neige dazu, zu hohe Ansprüche an mich und meine Arbeit zu stellen.»). Die Nagelprobe besteht darin, das Ideal einer ‹Souveränität höherer Ordnung› wirklich umzusetzen.

Das würde bedeuten, weniger Kraft und Energie darauf zu verwenden, allzeit alles im Griff zu haben und in jeder Situation unangreifbar und perfekt zu erscheinen. Das kann zum Beispiel bedeuten, als Trainer unverblümt zu sagen, wenn Sie eine Frage im Moment nicht beantworten können, und diese Frage in die Gruppe zu geben: Vielleicht ist man gemeinsam schlauer? Es heißt, sich als Ausbilder nicht als jemand zu präsentieren, der schon immer alles gewusst und gekonnt hat, sondern als jemand, der Fehler gemacht und (vielleicht manchmal schmerzhaft) gelernt hat und der weiter Fehler macht und lernt. Oder Kollegen ganz selbstverständlich in Angelegenheiten um Rat zu fragen, in denen diese sich besser auskennen als Sie selbst, oder sie um Unterstützung in einer Sache zu bitten, die schief gelaufen ist. Oder nach einem Konflikt noch einmal auf den Kollegen zuzugehen, wenn Sie finden, dass Sie überreagiert haben, und ihm das zu sagen. Nicht zuletzt hieße es auch, gnädiger auf die Fehler anderer zu schauen. Wer sich selber zugestehen kann, Fehler zu machen, kann auch Fehlern anderer gelassener begegnen.

Ein solches Verhalten wird häufig nicht nur als ungewohnt und befremdlich empfunden, sondern ist auch mit der Angst vor Bloßstellung verbunden. Wie werden die anderen darauf reagieren? Mache ich mich nicht lächerlich, wenn ich mich in dieser Weise zeige? Unterminiere ich damit nicht den Glauben an meine Kompetenz? Häufig sind diese Befürchtungen unbegründet. Fragen Sie sich selbst: Kennen Sie jemanden, der souverän und gelassen zu seinen Grenzen steht? Und welches Ansehen genießt derjenige bei Ihnen und in seinem Arbeitsumfeld? Sofern derjenige zugleich auch Kompetenz und Durchsetzungsfähigkeit hat, wird er meist mehr respektiert, geschätzt und geachtet als Kollegen, die ängstlich und verbissen ihre Perfektion und Unangreifbarkeit vor sich her tragen. Denn im Allgemeinen spürt man sehr wohl die Anspannung und die Anstrengung, welche hinter dem strahlenden Bild von ‹Mr. oder Mrs. Perfekt› steckt.

Die Entwicklung einer solchen Art von ‹Souveränität höherer Ordnung›, die nicht auf der glanzvollen Ausstrahlung eines unangreifbaren Mr. Perfekt beruht, ist ein wichtiger Schritt auf dem Weg zum Teamspieler. Denn diese Haltung erleichtert es, Unterstützung und Kritik anzunehmen und gemeinsam nach Lösungen zu suchen, die keiner von beiden alleine zustande gebracht hätte.

Teamspielerqualitäten trainieren

Damit bereitet dieses Verständnis von Souveränität dem inneren ‹Teamspieler› das Feld. Ein solches Teammitglied ist eine wichtige Ergänzung zur leistungs- und konkurrenzbetonten beruflichen

Stammmannschaft von Männern, die vor allem darauf gepolt ist, sich Raum zu nehmen, die eigenen Rechte zu verteidigen und Gelegenheiten zur positiven Selbstdarstellung zu nutzen. Ein ‹Teamspieler› hat in dieser inneren Mannschaft die wichtige Aufgabe, das Prinzip der Kooperation zu vertreten – also die Zusammenarbeit mit anderen in den Blick zu nehmen und konkret zu fördern.

Welche Fähigkeiten und Fertigkeiten braucht ein solcher ‹Teamspieler›? Um welche Qualitäten sollte er die berufliche Profimannschaft ergänzen?

Zuhören

Eine seiner Schlüsselqualifikationen sollte das Zuhören sein. Nur wer zuhören kann, ist in der Lage, sich auf jemanden einzustellen, die Gedanken seines Gegenübers zu verstehen und dessen Argumente zu würdigen. Nur wer zuhören kann, kann Konflikte verstehen oder gar klären. Nicht gerade eine bahnbrechend neue Erkenntnis. Gleichwohl fällt Männern wirkliches Zuhören häufig nicht leicht. Denn der Kommunikationsstil, der ihnen vertraut ist und der ihren beruflichen Umgangsstil prägt, besteht eher darin, sich selber Raum zu nehmen, und weniger darin, sich auf den anderen einzustellen und ihm von sich aus Raum zu geben.

Dabei bedeutet Zuhören mehr, als den anderen bloß ausreden zu lassen und ihm nicht ins Wort zu fallen. Auch wenn ich warte, bis mein Gegenüber zu Ende geredet hat, heißt das keineswegs, dass ich ihm wirklich zuhöre. Ich kann die Zeit, während er redet, auch dazu nutzen, meine Gegenargumente bereitzulegen, um anschließend umso gezielter und schlagkräftiger meine Sicht der Dinge gegen seine zu stellen. Natürlich achte ich auch dann in gewisser Weise darauf, was mein Gegenüber sagt – damit ich seine Worte als Anknüpfungspunkte für meine Gegenargumente nutzen kann. Deswegen habe ich aber noch lange nicht verstanden, worum es dem anderen eigentlich geht. Dieser bleibt dann auf dem Gefühl sitzen, gegen eine Wand zu reden und mit seiner Sicht der Dinge nicht recht zu landen – ein Gefühl, das wir vermutlich alle kennen.

Wirklich zuhören bedeutet, die Welt für die Dauer des Zuhörens mit der Brille des anderen zu sehen und die eigene Sicht der Dinge für diese Zeit hintanzustellen. Ziel ist hier, wirklich zu verstehen, was der andere meint, und so lange nachzufragen, bis mir klar ist, wie er zu seiner Sichtweise kommt, was ihm daran wichtig ist und welchen Sinn seine Sicht der Dinge ergibt. Pointiert gesagt: Solange ich innerlich mit «Ja, aber» reagiere, bin ich noch nicht wirklich auf Zuhören eingestellt. Zuhören geht von der Unterstellung aus, dass die Sichtweise des anderen Sinn macht – und wenn dieser Sinn sich mir noch nicht erschlossen hat, dann bin ich mit dem Zuhören noch nicht am Ende.[80]

Dabei ist «zuhören» und «verstehen» keineswegs gleichbedeutend mit «zustimmen»! Dieser Hinweis ist an dieser Stelle besonders wichtig, weil er den ungeschriebenen Kommunikationsregeln widerspricht, nach denen Männer sich richten (vgl. Abb. 34, S. 164). Männer deuten interessierte Nachfragen und verständnisvolle Reaktionen sehr viel schneller als Frauen als Zeichen von Zustimmung – was es ihnen schwerer macht, sich gewissermaßen probeweise einmal auf eine ganz andere Perspektive einzulassen. Gutes Zuhören steht also gewissermaßen unter dem unausgesprochenen Motto: «Jetzt möchte ich erst einmal verstehen, was du dazu zu sagen hast – und wenn ich das verstanden habe, möchte ich mit dir über meine Sicht der Dinge sprechen.»

Diese Art des Zuhörens verträgt sich übrigens durchaus damit, den anderen gelegentlich zu unterbrechen! Wenn Sie einen monologisierenden Vielredner vor sich haben, bleibt Ihnen vielleicht gar nichts anderes übrig, weil er Ihnen ansonsten viel mehr erzählt, als Sie auf einmal verarbeiten können, und Sie sich regelrecht überflutet fühlen. Das Gleiche mag gelten, wenn Ihr Gegenüber sehr aufgebracht oder sehr gekränkt ist und Sie sich von seiner Wucht geradezu erschlagen fühlen. Gerade wenn Sie Ihr Gegenüber ernst nehmen und verstehen wollen, kann es sehr wichtig sein, ihn oder sie zu unterbrechen, wenn Ihre momentane Verarbeitungskapazität erschöpft ist («Entschuldigung, aber das ist im Moment für mich zu viel auf einmal. Ich würde mir gerne mehr Zeit dafür nehmen und erst einmal sagen, was ich bislang verstanden habe. Ist Ihnen das recht?»).

Können Sie in diesem Sinne zuhören? Wenn nicht, dann sollten Sie es üben – und wenn Sie sich nicht sicher sind, können Sie es ausprobieren. Suchen Sie sich eine Person und eine Gelegenheit, fünf Minuten lang jemandem ausschließlich zuzuhören. Der Kollege, der einen Projektbericht vorstellt, eignet sich ebenso gut dafür wie die neue Mitarbeiterin, die über Probleme mit dem Team klagt, oder Ihre Frau, die Ihnen von einem anstrengenden und nervenaufreibenden Tag erzählen möchte. Halten Sie für fünf Minuten jeden eigenen Kommentar, jede Wertung, jeden hilfreichen Ratschlag, jeden Hinweis auf eigene Erfahrungen vollkommen zurück und beschränken Sie sich alleine darauf, zu verstehen, was Ihr Gegenüber gerade erzählt. Rückfragen sind erwünscht und erlaubt – aber nur, solange Sie dabei nicht heimlich Kommentare einschmuggeln («Haben Sie schon mal daran gedacht, dass Sie ja auch …» «Aber findest du nicht, dass …»). Hören Sie so lange zu und fragen Sie so lange nach, bis Sie wirklich verstanden haben, was der andere meint und was für ihn an diesem Punkt wichtig ist. Wenn Zuhören bislang nicht zu Ihren Stärken zählt, dann kann das eine echte Rosskur sein!

Anschließend sollten Sie dem anderen in Ihren eigenen Worten mitteilen, was Sie verstanden haben («Ich habe gehört, dass Ihnen

Folgendes wichtig ist … Vor allem beunruhigt Sie … Und ich habe den Eindruck, Sie wünschen sich von mir dabei vor allem … Ist das richtig?»). Damit machen Sie Ihrem Gegenüber nicht nur deutlich, womit er bei Ihnen gelandet ist, sondern Sie geben ihm auch die Gelegenheit, Sie gegebenenfalls zu korrigieren oder zu ergänzen.

Wenn Sie verstanden haben, worum es dem anderen geht, geht es nunmehr um Ihre Resonanz: Wie reagieren Sie auf das, was Sie verstanden haben? Wo stimmen Sie zu, was sehen oder bewerten Sie ganz anders? Welche Wünsche können oder wollen Sie erfüllen und welche nicht?

Wenn Sie Ihr Repertoire weiter verfeinern wollen, können Sie dazu das Kommunikationsquadrat nutzen. Hier geht es darum, bewusst mit «vier Ohren» zuzuhören und auf diese Weise die vier Ebenen der Kommunikation in den Blick zu bekommen und zu trennen.

Abbildung 69: Der vierohrige Zuhörer

Alle vier Ebenen sind wichtig. Auf der Sachebene geht es darum, den Sachverhalt und die Argumente und Vorschläge Ihres Gegenübers wirklich zu verstehen. Nur dann können diese wirklich gewürdigt und entweder einbezogen oder begründet abgelehnt werden. Aber auch im Beruf ist es von zentraler Bedeutung, ein Ohr für die Selbstkundgabe Ihres Gegenübers zu haben: Was geht in ihm vor und wie fühlt er sich in dieser Situation? Wie kommt es, dass er so und nicht anders reagiert? Ein Verständnis für die Hintergründe seines Verhaltens erleichtert sowohl den Kontakt als auch eine konstruktive Reaktion.

Und wie fühlt Ihr Gegenüber sich auf der Beziehungsebene von Ihnen be- oder misshandelt? Wie sieht er Sie und Ihre gemeinsame Beziehung, was schätzt er daran, worunter leidet er und woran stößt er sich? Wer zusammen arbeitet, tritt sich gelegentlich auch auf die Füße. Irritationen, Verärgerung und Kränkungen gehören daher zur Zusammenarbeit unweigerlich dazu. Daher ist es wichtig, entsprechende Signale und Botschaften zu registrieren und ernst zu nehmen und sie nicht (nach dem Motto «Das gehört nicht hierher! Wir wollen doch sachlich bleiben!») unter den Tisch zu kehren. Wenn ernsthafte Konflikte ignoriert und ausgeklammert werden, ist die Gefahr groß, dass sie unterschwellig weitergären und die sachliche Arbeit torpedieren. Oberhalb des Tisches geht es dann um Sachfragen und Argumente, aber unterhalb des Tisches werden mit harten Bandagen Machtkämpfe ausgetragen und Kränkungen vergolten. Eine konstruktive und effektive Zusammenarbeit wird damit schwer oder unmöglich (vgl. Abb. 60, S. 300). Daher muss in der Zusammenarbeit nicht nur die Sachebene, sondern auch die Beziehungsebene beachtet und angemessen gestaltet werden – und der erste Schritt dazu ist ein gut ausgebildetes Beziehungsohr.

Die Appellebene schließlich hilft dabei, gute Wege in die Zukunft und Lösungsmöglichkeiten zu finden. Selbst wenn Sie nicht alle

Wünsche und Forderungen erfüllen wollen oder können, die der andere an Sie und Ihr Verhalten hat, ist es gut, diese zu kennen und damit auch dazu Stellung nehmen zu können. Wozu sind Sie bereit und in der Lage und wozu nicht?

Als ersten Übungsschritt dazu, die vier Ebenen zu trennen und auf vier Ohren zu hören, können Sie sich auf eine Situation besinnen, die Sie als schwierig erlebt haben. Suchen Sie sich einen Schlüsselsatz heraus, den jemand anders zu Ihnen gesagt hat, und legen Sie diesen Satz unter die Lupe des Kommunikationsquadrates. Welche unterschiedlichen Botschaften finden Sie auf den vier Ebenen? Wenn es Ihnen sehr schwer fällt, auf einer Ebene etwas zu finden, kann dies ein Hinweis darauf sein, welches Ohr bei Ihnen eher schwächer ausgebildet ist. Auf welche Botschaften und auf welche Seite der Äußerung haben Sie reagiert? Und ist dies für Sie eher eine typische oder eine untypische Reaktion? Auch dies kann ein Hinweis auf Ihre ‹Lieblingsohren› sein, auf denen Sie besonders leicht anspringen. Auf diese Weise können Sie das Kommunikationsquadrat dazu nutzen, um einerseits schwierige Situationen im Nachhinein zu analysieren und zum anderen ein Gefühl für Ihre ‹Ohrenausstattung› zu bekommen, also für die Art, wie Sie hören und überhören.

Ein nächster Schritt kann darin bestehen, die Ohren, die Ihnen weniger liegen, in bestimmten Situationen gezielt auf Empfang zu schalten, um diese Ebenen besser in den Blick zu bekommen. Wenn Sie beispielsweise dazu neigen, die Selbstkundgabe Ihres Gegenübers zu überhören, könnten Sie in einem Gespräch gezielt darauf achten, was der andere explizit oder implizit darüber mitteilt, wie ihm zumute ist und wie er an die Sache herangeht. Ziel ist es nicht, nunmehr in jeder Situation die vier Ebenen auseinander zu sortieren und jede Äußerung kunstgerecht zu sezieren. Sinn der Sache ist vielmehr, alle Ohren zur Verfügung zu haben und diese in wichtigen, komplizierten oder schwierigen Gesprächen gezielt einsetzen zu können.

Unterstützung suchen

Zu einem guten Teamspieler gehört auch die Fähigkeit, Unterstützung annehmen oder gar anfordern zu können. Damit tun sich Männer häufig schwer! Es ist inzwischen fast zu einem Treppenwitz geworden, dass Männer sich lieber zigmal verfahren, als einmal nach dem Weg zu fragen. Was hier noch lustig sein mag (vor allem dann, wenn man nicht selbst mit im Auto sitzt …), ist im Beruf anstrengend, frustrierend und ineffektiv. Männer bitten selten um Unterstützung und schlagen auch ernst gemeinte Hilfsangebote sehr viel häufiger aus als Frauen, weil sie es «auch alleine schaffen», weil der andere «doch nur reinredet», weil der andere denken könnte, dass er etwas besser weiß. Damit machen Männer sich nicht nur die Arbeit schwerer als nötig, sondern sie isolieren sich auch von anderen. Auch wenn sie alleine nur sehr mühsam weiterkommen, schmoren Männer häufig lieber im eigenen Saft, als Rückmeldungen, Kompetenz und Unterstützung von Kollegen zu nutzen. Ein vitales Team und eine vertrauensvolle, fruchtbare und effektive Zusammenarbeit kommen auf diesem Wege schwerlich zustande!

Was macht es Männern so schwer, Rat, Hilfe und Unterstützung anzunehmen? Die Antwort liegt auf der Hand: Dies verträgt sich weder mit ihrer typischen inneren Mannschaftsaufstellung noch mit den ungeschriebenen Gesetzen, die in der Kommunikation zwischen Männern gelten. Unterstützung kann man nicht aus der überlegenen Position dessen annehmen oder gar erfragen, der immer schon alles (besser) kann und weiß. In dem Augenblick, wo ich andere um Rückmeldung, Rat oder Hilfe bitte, trete ich aus der Konkurrenzposition heraus. Das ist eine Chance – und ein Risiko! Denn wer weiß, wie der andere reagiert! Womöglich nutzt er dies als Gelegenheit, um zu zeigen, was für ein toller Hecht er ist! Und wie denkt er hinterher über mich? Habe ich nicht unnötigerweise Terrain preisgegeben, das ich mir hinterher nur mühsam zurückerobern kann? Dies sind häufig die Bedenken der konkurrenzorientierten inneren Stammspieler – die ja keineswegs aus der Luft gegriffen sind. Der innere ‹Teamspieler›, der sehr wohl auch die Chancen von mehr Zusammenarbeit sieht und sich diese häufig auch wünscht, hat es gegen diese Bedenkenträger schwer.

Wenn Sie sich in dieser Beschreibung wiederfinden, dann kann es ein sinnvolles Ziel sein, an dieser Stelle Ihr Verhaltensrepertoire zu erweitern und zu lernen, die Unterstützung anderer mehr zu nutzen. Wo gibt es eine Aufgabe, bei der Sie Unterstützung gebrauchen können, und wer käme dafür in Frage? Gibt es jemanden in Ihrem Inneren Team, der Bedenken hat, denjenigen zu fragen? Und wie beurteilen Sie diese Bedenken, für wie realistisch halten Sie diese? Was können Sie auf der anderen Seite gewinnen – und wie wertvoll wäre dieser Gewinn für Sie? Würde er ein gewisses Risiko lohnen? Und welche Möglichkeiten gibt es, dieses Risiko zu begrenzen und erst einmal einen Testballon auf den Weg zu schicken? Hier wie überall gilt: Der beste Weg zur Veränderung ist das Experimentieren mit kleinen Schritten!

Unterstützung geben

Ein Grund dafür, dass Männer selten um Unterstützung bitten, besteht auch darin, dass Männer oft nicht gut darin sind, sich gegenseitig zu unterstützen. Die Befürchtung, dass der andere die Gelegenheit als Steilvorlage nutzen wird, um seinen ‹PR-Experten› an die Front zu schicken und mit Begeisterung die eigene Kompetenz und Überlegenheit zu demonstrieren, ist nicht aus der Luft gegriffen. Unter Konkurrenzgesichtspunkten ist diese Versuchung groß! Das Ergebnis ist dann möglicherweise ein kleiner Vortrag, wie man dieses Problem (das übrigens eine Kleinigkeit für jemanden wie mich ist!) effektiv angeht und es am besten von vornherein vermeidet. Wenn man richtig an die Sache herangeht, dann passiert so etwas doch gar nicht erst – am besten zeige ich Ihnen direkt einmal, wie man das von vornherein vernünftig auf den Weg bringt, und eine Literaturempfehlung hätte ich auch für Sie!

Bei einer solchen Reaktion ist die Wahrscheinlichkeit, dass ein Kollege ein zweites Mal Unterstützung erfragt, vermutlich eher gering. Was hier überspitzt gezeichnet sein mag, ist in milderer Form Alltag. Männer geben häufig sehr viel mehr, als angefragt wird. Sie bieten gleich eine Komplettlösung an, ohne sich zu vergewissern, ob diese überhaupt gewollt ist – und schlimmstenfalls nehmen sie dabei ihrem Gegenüber das Problem auch aus der Hand und übernehmen die Regie über das weitere Vorgehen. Und sie verbinden Hilfe und Unterstützung oft damit, mehr oder weniger deutlich zu machen, dass diese Angelegenheit ganz einfach und schnell gelöst ist! Kein Problem für jemanden wie mich! Eine solche Reaktion macht den anderen natürlich klein – was für eine Pfeife muss er sein, dass er überhaupt ein solches Problem hat! Auf der Beziehungsebene wird ihm hier also mitgeteilt, dass er erstens inkompetent und zweitens unterlegen ist – ein sehr deutliches Konkurrenzsignal, auch wenn es (zumindest bewusst) nicht so gemeint sein mag.

Hilfreiche Unterstützung sieht anders aus. Und eine wichtige Teamspielerqualität besteht dementsprechend darin, andere unterstützen zu können, ohne in diese Konkurrenzfalle zu tappen und den anderen zu degradieren. Der erste Schritt ist, überhaupt in Ruhe zuzuhören, um das Problem zu verstehen und sich anzuhören, was der andere schon alles versucht hat. Allein das ist oftmals sehr hilfreich, weil es das Gegenüber dabei unterstützt, sich zu klären! Die eigenen Gedanken werden im Gespräch mit anderen oftmals klarer als im stillen Brüten – und das gilt umso mehr, wenn der andere interessiert zuhört und womöglich auch noch kluge Fragen stellt. Männer bieten oft viel zu schnell Lösungen an – und gehen damit über die eigentliche Frage hinweg, weil das Problem noch gar nicht wirklich klar geworden ist und eher häppchenweise in den Reaktionen auf mögliche Lösungen nachgereicht wird («Das geht nicht, weil ...»).

Und was ist eigentlich die Frage oder das Anliegen an Sie? Wenn jemand sich mit einer Bitte an sie wendet, dann hören Männer häufig den Appell «Sei mein Retter und löse dieses Problem für mich!» und reagieren entsprechend. So ist das selten gemeint. Daher ist es wichtig, herauszufinden, worum es dem anderen überhaupt geht. Wünscht er sich einen konkreten Lösungsvorschlag? Will er vielleicht einfach jemanden, mit dem er das Ganze einmal durchsprechen kann? Möchte er eine Rückmeldung zu einer ganz konkreten Idee? Oder braucht er lediglich die Bestätigung, dass er hier wirklich vor einer schwierigen Situation steht und dass es kein Wunder ist, wenn er daran zu knacken hat?

Entscheidend ist, dass Sie dem anderen sein Problem nicht aus der Hand nehmen und die Regie über das Gespräch oder das weitere Vorgehen an sich ziehen. Geben Sie dem anderen also die Form der Unterstützung, die er anfragt – und nicht mehr. Und Sie sollten nicht den Eindruck vermitteln, dass dieses Problem im Grunde eine Petitesse ist, die Ihnen niemals passieren würde. Selbst wenn Sie es so sehen – wenn Sie Ihrem Gegenüber das unter die Nase reiben, dann tun Sie das sicherlich nicht im Dienste des anderen, sondern bedienen dabei ausschließlich Ihr eigenes Selbstwertgefühl.

Wir leben in einer Konkurrenzgesellschaft – nur gut, wenn Sie eine konkurrenzerprobte und starke innere Mannschaft zur Verfügung haben! Der ‹Teamspieler›, der zuhören und sich auf andere einstellen kann, der um Unterstützung bitten und kollegiale Unterstützung geben kann, ohne das Gegenüber zu degradieren, kann eine gute Ergänzung und Unterstützung dieser Mannschaft sein. Ersetzen soll er sie nicht. Ziel ist nicht, die bewährte Mannschaft abzulösen und in die Wüste zu schicken, sondern die Integration neuer Möglichkeiten und eine Erweiterung des Repertoires. Kurz: Das Ziel ist für Männer wie für Frauen eine innere Mannschaft, die zu kollegialer Zusammenarbeit ebenso in der Lage wie für Konkurrenzsituationen gerüstet ist und die flexibel zwischen beidem wechseln kann.

Epilog

Am Ende dieses Buchs steht zunächst eine gute Nachricht: Die Sackgassen zwischen Männern und Frauen sind keineswegs ausweglos und die Wege zu einer besseren Kommunikation, die Frauen und Männer alleine oder gemeinsam beschreiten können, können an vielen Stellen konkret beschrieben werden.

Und wir sind dabei – das ist die zweite gute Nachricht – nicht auf Appelle an den guten Willen angewiesen, sondern können darauf setzen, dass diese Veränderungen in vielen Fällen im ureigenen Interesse sowohl der Frauen als auch der Männer liegen. Auch wenn beide Seiten einiges dafür tun müssen, damit die Kommunikation mit dem anderen Geschlecht besser klappt – wir müssen weder hoffen noch erwarten, dass Männer und Frauen die Anstrengungen, die damit verbunden sind, lediglich anderen zuliebe auf sich nehmen. Dies gibt Anlass zu Hoffnung und Zuversicht. Denn Veränderungen, die durch moralischen Druck angestoßen oder anderen zuliebe unternommen werden, sind selten tief greifend oder von Dauer – wirkliche Veränderungen gelingen nur dann, wenn wir selber an ihnen interessiert und zu ihnen motiviert sind.

Allerdings gibt es auch eine schlechte Nachricht. Die Haltung und das Verhalten, die für eine bessere Kommunikation zwischen Frauen und Männern nötig sind, werden uns nicht geschenkt – und zwar weder den Männern noch den Frauen. Einsicht, die Lektüre eines Buches, ein ernsthaftes Gespräch oder gute Vorsätze reichen nicht aus. Diese Veränderungen wollen erarbeitet werden. Das setzt die Bereitschaft zur Auseinandersetzung mit sich selber ebenso voraus wie Offenheit für die ganz andere Sprache und Streitkultur des anderen Geschlechts oder die Fähigkeit, sich durch unvermeidliche Rückschläge nicht allzu sehr und vor allem nicht allzu nachhaltig entmutigen zu lassen. Kein leichter Weg also!

Gleichwohl: Es lohnt sich, sich auf dieses Unternehmen einzulassen! Mir scheint, dass die Begegnung mit dem anderen Geschlecht nach wie vor eines der spannendsten Abenteuer ist, die unsere Lebenswelt zu bieten hat. Nicht nur deswegen, weil wir viel voneinander lernen können, sondern auch, weil die Andersartigkeit des anderen Geschlechts keineswegs nur eine Anstrengung, Zumutung oder lästige Komplikation ist. Sie ist auch eine bereichernde, wachstumsträchtige und häufig auch lustvolle Herausforderung. Sollte Ihnen dieses Buch beim Umgang mit dieser Herausforderung eine Ermutigung, eine Anregung oder gar eine Hilfe sein, dann hätte es seinen Zweck erfüllt und das würde mich freuen.

DANK

Die Idee zu diesem Buch und die Arbeit daran haben mich sehr lange begleitet. Die Frage, wie man die Schwierigkeiten zwischen Männern und Frauen angemessen verstehen kann und wie man von diesem Verständnis aus zu einem lebendigen und konstruktiven Verhältnis zwischen Frauen und Männern kommen kann, zieht sich wie ein roter Faden durch mein berufliches Leben als Paarberaterin und Trainerin. Und natürlich war und ist diese Frage auch für mich persönlich von Bedeutung – im Verhältnis zu den Männern, mit denen ich beruflich und privat zu tun habe, und nicht zuletzt im Verhältnis zu meinem Mann. Ich freue mich, mit der Arbeit an diesem Thema zu einem mindestens vorläufigen Abschluss gekommen zu sein!

An diesem Ergebnis haben viele Menschen Anteil. Dieses Thema hatte den Vorteil, dass sich viele Kollegen und Freunde dafür interessiert haben. Ich habe spannende, bereichernde und hilfreiche Gespräche geführt und möchte allen, die auf diesem Wege etwas beigetragen haben, herzlich danken! Besonderer Erwähnung bedarf dabei Christoph Simon, mit dem ich vor nunmehr über zehn Jahren in gemeinsamen Seminaren zum Thema «Männer und Frauen im Gespräch» heiße Diskussionen über die Machtverteilung zwischen Männern und Frauen geführt habe. Die Auseinandersetzung mit seinen Thesen zur Macht der Frauen in der Familie waren ein entscheidender Anstoß für die Entwicklung meiner eigenen Gedanken und damit für dieses Buch.

Ein ganz besonderer Dank geht auch an Friedemann Schulz von

Thun, Kathrin Zach und Anne Papendorf, die das Manuskript gelesen haben und die eine Fülle von Ideen, Anregungen und kritischen Einwänden beigesteuert haben. Friedo Schulz von Thun habe ich auch für vielfältige Unterstützung als Herausgeber zu danken – und nicht zuletzt für einen reich gefüllten Methodenkoffer, der es mir ermöglicht hat, meine Gedanken auszuarbeiten und immer enger mit der Praxis zu verzahnen.

Wichtige Anregungen verdanke ich auch meinem Lektor Wolfgang Müller. Seine Vorschläge haben mir häufig viel Arbeit beschert, dem Buch aber immer gut getan!

Und schließlich Dank an Stefan Kumbier – meinen wichtigsten Gesprächs- und Sparringspartner und meinen geduldigen Übersetzer in Sachen Männer.

ANMERKUNGEN

1 Dieser Eindruck aus der Praxis wird durch Umfragen und wissenschaftliche Untersuchungen bestätigt. Vgl. IfD-Umfragen 5078 (1993); Erler, Jäeckel, Pettinger & Sass (1988), S. 9; Wilk (1997), S. 239.

2 Anders ist dies lediglich bei jüngeren und kinderlosen Paaren. Aber auch bei diesen Paaren kehrt mit der Geburt des ersten Kindes in schöner Regelmäßigkeit wieder die traditionelle ‹Normalität› ein. Vgl. dazu z. B. IfD-Umfrage 6067 (1999); Jurgan, Gloger-Tippelt & Ruge (1999); Kalicki, Peitz, Fthenakis & Engfer (1999); Rost & Schneider (1995).

3 Jellouschek (1996); Schnack & Gesterkamp (1998).

4 Alice Schwarzer im Interview mit GALA, (26/2001), S. 84. Ähnlich auch z. B. Bilden (1991), S. 297; Helbrecht-Jordan & Gonser (1993), S. 180.

5 Brazelton & Cramer (1991), S. 56 und Parke (1996), S. 98 f. weisen auf diese Türwächter-(«Gatekeeper»-)Funktion der Frauen hin.

6 Dieser Differenz zwischen bewussten Erziehungszielen und dem realen Verhalten den Kindern gegenüber sind beispielsweise Bilden (1991), S. 281 ff., Eickhoff, Hasenberg & Zinnecker (1999) und Faulstich-Wieland (1995), S. 100 ff., nachgegangen. Die unterschiedlichen Erziehungsstile und ihre Wirkung auf Jungen und Mädchen stellen z. B. Horstkemper (1987), Rustemeyer (1982) und Ziegler et al. (1998, 2000) dar.

7 Stäudel (1993)

8 Bradley (1981)

9 Baruch (1974); Feather & Simon (1975)

10 Tannen (1998), S. 170 f. und 239 f.; Ziegler, Broome & Heller (1998)

11 So hielten in einer repräsentativen Umfrage 67,5 % aller Frauen Karriere-Machen für typisch männlich – und nur 3 % für typisch weiblich. Stolz auf die eigene Leistung fanden 40 % der Frauen typisch männlich, aber nur knapp 4 % typisch weiblich (IfD-Umfrage 5059/5060 [1992]).

12 IfD-Umfrage 5078 (1993)

13 Z.B. Bilden (1991), S. 287; Bischof-Köhler (1993); Enders-Dragässer & Fuchs (1987); Maccoby (1990).

14 Erler et al. (1988), S. 30 f.; Parke (1996), S. 83 ff.; Rost & Schneider (1995), S. 177 f.

15 Interessanterweise scheint sich noch keine wissenschaftliche Studie den geschlechtsspezifischen Attributionsmustern (also der Art und Weise, wie bei Frauen und bei Männern Erfolg und Misserfolg erklärt wird) im Bereich von Kindererziehung und Partnerschaft gewidmet zu haben. Während der Bereich von Schule und Beruf gut untersucht ist, harren diese Thesen also noch einer empirischen Überprüfung.

16 Bilden (1991), S. 287; Enders-Dragässer & Fuchs (1987); Faulstich-Wieland (1995), S. 119 ff.; Maccoby (1990); Tannen (1998), S. 41 f. und 290 ff.

17 Als Hinweis auf eine biologische Grundlage dieses Unterschiedes zwischen Jungen und Mädchen wird gewertet, dass er sich in nahezu sämtlichen Kulturen und sogar bei manchen Primatenarten nachweisen lässt. Überall raufen Jungen mehr und bevorzugen bewegungs- und raumgreifende Spiele, während die Mädchen ruhiger spielen und fürsorglicher sind. Auch sind Mädchen, die während ihrer fötalen Entwicklung ungewöhnlich hohen Mengen männlicher Hormone ausgesetzt waren, später in ihrem Verhalten Jungen ähnlicher als anderen Mädchen. (Vgl. etwa Bischof-Köhler [1993]; Maccoby [1990])

18 Campbell (1995); Fagot, Hagan, Leinbach & Kronsberg (1985)

19 Diese Zusammenhänge zwischen dem Stereotyp eines «richtigen Jungen» und der Art, wie Jungen wahrgenommen werden, werden in der Literatur als «Assimilationseffekt» und «Kontrasteffekt» gefasst. Das Verhalten eines Jungen wird so lange wie möglich an das Bild eines «richtigen Jungen» angepasst («assimiliert»). Wo dies nicht mehr gelingt, weil der Kontrast zwischen dem Stereotyp und dem realen Verhalten zu groß ist, werden die Abweichungen dann besonders stark wahrgenommen (Juhl [1981], S. 85 und 115). Dieser Umschlagpunkt zwischen Idealisierung und Abwertung kann bei verschiedenen Erwachsenen an sehr unterschiedlichen Punkten liegen – so mögen manche Eltern ihre Söhne sehr stark idealisieren, während andere sehr früh mit Enttäuschung auf «unmännliches Verhalten» ihres Sprösslings reagieren.

20 Campbell (1995), S. 51; Fagot, Hagan, Leinbach & Kronsberg (1985); Parke (1996), S. 95

21 Eickhoff & Hasenberg (1999); Faulstich-Wieland (1995), S. 124

22 Fthenakis (1985), S. 157; Parke (1996), S. 17 ff. und 46 ff.

23 Parke (1996), S. 46; Petzold (1991); Nickel (2002)

24 Ariès (1987); Enders-Dragässer & Fuchs (1987); Faulstich-Wieland (1995), S. 115; Maccoby (1990); Tannen (1998), S. 239

25 Bischof-Köhler (1993); Campbell (1995), S. 51; Fagot, Hagan, Leinbach & Kronsberg (1985); Faulstich-Wieland (1995), S. 79 f.; Horstkemper (1987), S. 225

26 Bilden (1991), S. 287; Bischof-Köhler (1993); Faulstich-Wieland (1995), S. 116

27 Zur Transaktionsanalyse vgl. z. B. Steward & Joines (1996).

28 Ähnlich auch Jellouschek (1996), S. 71. Einen empirischen Hinweis auf die Richtigkeit dieses Eindrucks gibt das Ergebnis einer repräsentativen Umfrage, der zufolge Frauen insgesamt deutlich mehr an ihrem Partner stört als umgekehrt (IfD-Umfrage 7030 [2002]).

29 Alfermann (1996), S. 142 f.; Ariès (1987); Bischof-Köhler (1993); Enders-Dragässer & Fuchs (1987); Maccoby (1990)

30 Diese Zusammenhänge scheinen mir bislang (zu) wenig erforscht zu sein. Während die Machtverhältnisse im öffentlichen Raum recht gut empirisch untersucht sind und man dort zeigen kann, dass – und wie! – die Männer dominant sind, fehlen ähnliche Untersuchungen für den familiären Raum. Oft wird vorausgesetzt, dass die Machtstrukturen in der Partnerschaft ähnlich sind.

Es gibt jedoch empirische Hinweise darauf, dass sich Männer zwar besser als Frauen in Gruppen behaupten und durchsetzen können – dass es aber in Zweierkonstellationen Frauen besser gelingt, ihr Gegenüber zu beeinflussen (Maccoby [1990]). Und selbst in Gruppen zeigt sich, dass Männer zwar insgesamt gesehen dominant sind, dass Frauen aber häufiger die *soziale* Führung übernehmen, also die Beziehungen in der Gruppe und die Atmosphäre prägen (Alfermann [1996], S. 147 f.). Die These, dass Männer Frauen gegenüber dominant sind, ist also zu allgemein: Vor allem gilt sie nicht im Bereich von Familie und Partnerschaft.

31 In der Tiefenpsychologie würde man hier von einem Aspekt der Mutterübertragung sprechen.

32 Wie sehr Schnack & Gesterkamp mit dieser Einschätzung den Kern treffen, mag die Beobachtung zeigen, dass immer wieder in wissenschaftlichen Studien lediglich von der Einschätzung der Frauen über die Männer die Rede ist, während die umgekehrte Richtung nicht erwähnt wird (z.B. Erler et. al. [1988], S. 22; Meyer [1988], S. 57f.; Petzold [1991], S. 368). Dagegen ist es mir bei der Lektüre kein einziges Mal begegnet, dass allein die Einschätzung der Männer wiedergegeben würde.

33 So schreiben Helbrecht-Jordan & Gonser (1993) den Männern in ihrem gesamten Aufsatz die alleinige Verantwortung dafür zu, dass die Zuständigkeit für Haushalt und Familie nach wie vor an den Frauen hängen bleibt – um ganz am Ende in einer Fußnote (!) noch sehr verklausuliert anzumerken: «*Nicht ganz von der Hand zu weisen* ist allerdings, dass Frauen *gelegentlich* ihre Partner hinsichtlich der Abstinenz bei Routineaufgaben *zumindest indirekt* bestärken» (S. 187, Kursivierungen von mir, DK). Auch Nave-Herz (1992) kommt erst ganz am Ende ihres Aufsatzes darauf zu sprechen, dass nicht nur die Männer etwas zur Stabilität der Aufgabenverteilung beitragen. Offenbar hat sie das Gefühl, dass diese These höchst brisant ist: «Ich möchte im folgenden aber kurz eine weitere These zu begründen versuchen, die mich u.U. gerade bei Frauen unbeliebt machen könnte, bei denen ich eigentlich um Solidarität werbe. Ich vertrete nämlich die These, daß auch – bitte ‹auch›, nicht ‹nur› – die Ungleichheit in der Aufgabenverteilung ein Problem der Frauen ist. Ich spreche bewußt von ‹Problem›, denn um irgendwelche Schuldzuschreibungen kann es selbstverständlich in diesem … historisch gewachsenen und gesellschaftlich determinierten Prozeß nicht gehen.» (S. 32)

34 Zur unterschiedlichen Form und Bedeutung von Aggression bei Frauen und Männern vgl. auch Campbell (1995)

35 Informationen unter www.gewaltberatung.org oder unter der bundesweiten Hotline 0 18 05 / 43 92 58

36 Jellouschek (1996), S. 65

37 Aus tiefenpsychologischer Perspektive könnte man vermuten, dass an dieser Stelle auf Seiten der Frauen ein Moment der Übertragung eine

Rolle spielt. Denn so wie die Männer in der Kindheit die Erfahrung gemacht haben, sich als Junge in einer Welt mächtiger Frauen behaupten zu müssen, so haben Frauen meist die Erfahrung gemacht, dass der Vater kaum greifbar war. Er war in der Regel zu Hause wenig präsent – und wenn er da war, so war er wenig zuständig und oft auch emotional wenig ansprechbar. Das bedeutet: Der Vater war eine Sehnsuchtsfigur. In dem verzweifelten Kampf, den die Frauen häufig führen, um ihre Männer zu erreichen und diese dazu zu bringen, mehr aus sich herauszugehen, kann man also auch einen Spiegel dieser alten Sehnsucht und dieser alten Verzweiflung vermuten.

38 Jellouschek (1996), S. 59; Tannen (1998), S. 40, 89

39 Laut Ariès (1987) gehen in gemischten Gruppen bis zu 96 % der Unterbrechungen von Gesprächspartnern von Männern aus (S. 152). Vgl. auch Alfermann (1996), S. 144 ff.; Maccoby (1990), S. 517 ff.

40 Bilden (1991), S. 287; Faulstich-Wieland (1995), S. 119 f.; Maccoby (1990), S. 516; Tannen (1998), S. 41 f. und 290 ff.

41 Alfermann (1996), S. 142 f.; Ariès (1987), S. 267 f.; Bilden (1991), S. 287; Bischof-Köhler (1993), S. 268; Campbell (1995), S. 57; Enders-Dragässer & Fuchs (1987), S. 85 und 192; Maccoby (1990), S. 516

42 Ariès (1987); Bilden (1991), S. 287; Bischof-Köhler (1993); Enders-Dragässer & Fuchs (1987), S. 192 f.; Faulstich-Wieland (1995), S. 115; Maccoby (1990), S. 516

43 Campbell (1995), S. 51; Fagot, Hagan, Leinbach & Kronsberg (1985); Horstkemper (1987), S. 225; Parke (1996), S. 95

44 Bilden (1991); Bischof-Köhler (1993); Enders-Dragässer & Fuchs (1987); Maccoby (1990); Skinnigsrud (1984)

45 Ziegler, Broome und Heller (1998)

46 Entsprechend wird häufig diskutiert, ob nicht der Kommunikationsstil der Frauen generell ein Zeichen für ihre Machtlosigkeit in unserer Gesellschaft ist. Dieser Deutung zufolge treten Männer mit der überlegenen Sicherheit der Mächtigen auf und Frauen mit der Vorsicht und Zurückhaltung der Unterlegenen. Diese Deutungsweise kann jedoch nicht die Tatsache erklären, dass diese unterschiedlichen Kommunikationsstile noch wesentlich ausgeprägter sind, wenn Männer und Frauen unter sich sind (Ariès [1987], S. 167 f.). In reinen Frauengruppen lächeln Frauen

noch mehr und beziehen sich noch stärker aufeinander. Ein deutlicher Hinweis darauf, dass es eben nicht in erster Linie um Unterlegenheitsgesten geht – sondern um einen anderen, nämlich auf Nähe und Intimität ausgerichteten Kommunikationsstil, den die Frauen in reinen Frauengruppen noch deutlicher pflegen.

47 A. Hoffmann in der SZ vom 9. 2. 2001, S. 3

48 Eagly, Makhijani & Klonsky (1992)

49 In einer Umfrage wurde Anfang der 1990er Jahre danach gefragt, was als «typisch männlich» und «typisch weiblich» gesehen wird (IfD-Umfrage 5059/5060 [1992]). Einige Ergebnisse:

	Gefühle zeigen	Einfühlungsvermögen	Geduld	zuhören können	streiten können
typisch weibl.	72,4 %	66,1 %	53,9 %	47,1 %	9,2 %
typisch männl.	1,9 %	3,1 %	7,5 %	5,7 %	22,3 %

50 Enders-Dragässer & Fuchs (1987), S. 190 ff.; Faulstich-Wieland (1995), S. 126 f.

51 IfD-Umfrage 6087 (2000)

52 Erler et al. (1988), S. 10; Geissler & Oechsle (1994)

53 IfD-Umfrage 5078 (1993), Bundesminister für Frauen und Jugend (1992), S. 29

54 Nave-Herz (1992), S. 67; Rost & Schneider (1995), S. 177 f.

55 Zur Veränderung unserer Vorstellung von Kindheit und von einer «guten Mutter» vgl. Nave-Herz (1992), S. 38 ff.; Schenk (2001).

56 Vgl. dazu Schenk (2001) und Pfau-Effinger (2000).

57 NICHD (1997, 1998, 2001)

58 Geissler & Oechsle (1994) sprechen treffend von einem «Leitbild der doppelten Lebensführung» (S. 147 f.).

59 Pfau-Effinger (2000) legt plastisch dar, dass Deutschland und Frankreich von einer anderen «Geschlechterkultur» geprägt sind. Diese Geschlechterkultur prägt nicht nur die Überzeugung, was «gute Eltern» ausmacht (und damit die Identität als Mutter bzw. Vater), sondern auch die Politik (also beispielsweise Art und Umfang der Familienförderung und der Kinderbetreuungsmöglichkeiten) und den Arbeitsmarkt (zum Beispiel das Angebot an Teilzeitarbeitsplätzen).

60 Z. B. Helbrecht-Jordan & Gonser (1993), S. 180; Jurgan, Gloger-Tippelt

& Ruge (1999); Kalicki, Peitz, Fthenakis & Engfer (1999); Parke (1996), S. 52 f.; Rost & Schneider (1995)

61 Z. B. Amendt (1999); Brazelton & Cramer (1991); Parke (1996); Schnack & Gesterkamp (1998)

62 Parke (1996), S. 50

63 Bischof-Köhler (1993), S. 266 f.; Lamb (1980); Parke (1996), S. 63 ff.

64 Parke (1996), S. 64 ff.; Lamb (1980)

65 Vgl. Benjamin (1993).

66 Vgl. z. B. Brazelton & Cramer (1991), S. 54 ff.; Fthenakis (1985), S. 157; Nave-Herz (1992), S. 108; Nickel (2002); Parke (1996), S. 46 ff. Die Wichtigkeit, welche die Väter schon für ihre Säuglinge haben, ist in der Psychologie lange übersehen worden. Die Urväter der Psychologie von Freud bis zum Bindungsforscher Bowlby gingen (im Einklang mit der damaligen gesellschaftlichen Überzeugung) ganz selbstverständlich davon aus, dass nur die Mutter für den Säugling von Bedeutung ist. Mit ihr (und nur mit ihr) mache der Säugling die Erfahrungen von Bindung, Intimität und Sicherheit, die für sein späteres Bild von sich selbst, für sein Vertrauen zu anderen Menschen und für seine Fähigkeit, Beziehungen zu gestalten, von größter Bedeutung sind. Der Vater kam in diesem Bild nur als Familienernährer vor, der die innige Beziehung von Mutter und Kind durch seine Sorge für einen sicheren Rahmen ermöglicht und schützt. Erst die gesellschaftlichen Veränderungen der letzten Jahrzehnte und die damit einhergehende Veränderung der Perspektive der Bindungsforschung rückte den Vater mehr in den Mittelpunkt.

67 Hagemann-White (1995), S. 508; Parke (1996), S. 109; Schnack & Gesterkamp (1998), S. 116 ff.

68 In der Studie von Erler et al. (1988) erwarteten 86 % aller werdenden Mütter und 80 % aller Noch-nicht-Mütter für den Fall, dass ein Kind geboren würde, von ihrem Mann, die Familienernährerrolle zu übernehmen. Bei den erwerbstätigen Müttern waren es immerhin noch 73 % (S. 10 ff.). Beide Geschlechter sahen dies als wichtigste Aufgabe der Väter an. Vgl. auch Metz-Göckel & Müller (1985), S. 20; Nave-Herz (1992), S. 110 f.; Rost & Schneider (1995), S. 178.

69 Erler et al. (1988), S. 9 ff.

70 Amendt (1999), S. 26

71 Geissler & Oechsle (1994), S. 153; Faulstich-Wieland (1995), S. 104

72 Erler et al. (1988), S. 20; Hagemann-White (1995), S. 505 f.; Krüger (1995), S. 445, 450

73 Natürlich ist die schlechte Bezahlung der ‹Frauenberufe› auch ein Politikum und natürlich kann und sollte man die Abwertung, die darin liegt, kritisieren. Gleichwohl bleibt bestehen, dass Frauen die Frage der Bezahlung im Gegensatz zu Männern in ihre Entscheidung für einen Beruf kaum einbeziehen, weil sie von vornherein davon ausgehen, dass ihr späterer Partner und nicht sie selbst später die Rolle des Familienernährers übernehmen wird.

74 Daraus könnten sich für die Geschlechterforschung interessante neue Fragestellungen ergeben. Zum Beispiel würde dies bedeuten, dass Attributionsmuster nicht *geschlechtsspezifisch*, sondern *bereichsspezifisch* sind. Jungen und Männer hätten demnach also nicht generell einen selbstwertdienlicheren Attributionsstil, sondern lediglich in ihrem Heimspielbereich. Für diese These gibt es eine Fülle von Hinweisen – allerdings ist der Bereich von Beziehungen und Kindererziehung meines Wissens noch nicht unter dieser Fragestellung empirisch untersucht worden. Ebenso sind die Machtstrukturen in der öffentlichen Kommunikation wesentlich besser untersucht als die Machtstrukturen in der Partnerschaft. Kurz: Die Forschung hat sich bisher sehr viel ausgiebiger mit dem Heimspielbereich der Männer beschäftigt. Das mag zum einen daran liegen, dass der berufliche Bereich sehr viel prestigeträchtiger ist als der familiäre. Zum anderen war das Ziel der Geschlechterforschung von Anfang an hauptsächlich die Förderung von Mädchen und Frauen – und auch dies lenkte den Blick aus nahe liegenden Gründen eher auf Schule und Beruf.

75 Zur Arbeit mit dem Inneren Team in der Beratung vgl. ausführlich Schulz von Thun (1998), S. 117–189 und Benien (2002), S. 165–227.

76 Die Blumentechnik wird ausführlich dargestellt z. B. bei Benien (2002), S. 198 f.

77 Thomann & Schulz von Thun (2003) sprechen daher von «Umwegschlaufen»: Der Partner mit dem größeren Distanzbedürfnis braucht die Möglichkeit, sich in Ruhe und ohne schlechtes Gewissen zurückziehen

zu können, um aus diesem Rückzug heraus gewissermaßen Anlauf für eine Wiederannäherung nehmen zu können (S. 200 f.).

78 Eine Fülle hilfreicher Hinweise zum Umgang mit schwierigen Seminarsituationen geben auch Bönsch & Zach (2006).

79 Wer sich weitergehend für die Arbeit mit Rollenspieltechniken interessiert, sei auf Benien (2002) verwiesen.

80 Zur «Psychologie des (guten) Zuhörens» vgl. auch Schulz von Thun & Stierlin in Schulz von Thun 2004, S. 234 ff.

LITERATUR

Alfermann, D. (1996): Geschlechterrollen und geschlechtstypisches Verhalten. Stuttgart

Amendt, G. (1999): Vatersehnsucht. Annäherung in elf Essays. Bremen: Schriftenreihe des Instituts für Geschlechter- und Generationenforschung der Universität Bremen

Ariès, E. (1987): Gender and communication. In: P. Shaver & C. Hendrick (Hrsg.): Sex and Gender, S. 149–176. Newbury Park, Calif.

Baruch, G.K. (1974): Sex-role attitudes of fifth grade girls. In: J. Stacey et al. (Hrsg.): And Jill Came Tumbling After. New York

Benien, K. (2002): Beratung in Aktion. Erlebnisaktivierende Methode im Kommunikationstraining. Hamburg

Benjamin, J. (1993): Vater und Tochter: Identifizierung mit Differenz. Psyche 46, S. 821–846

Bilden, H. (1991): Geschlechtsspezifische Sozialisation. In: K. Hurrelmann & D. Ulich (Hrsg.): Neues Handbuch der Sozialisationsforschung, S. 279–301. Basel

Bischof-Köhler, D. (1993): Geschlechtstypische Besonderheiten im Konkurrenzverhalten: Evolutionäre Grundlagen und entwicklungspsychologische Fakten. In: G. Krell & M. Osterloh (Hrsg.): Personalpolitik aus Sicht von Frauen (2. Auflage), S. 251–281. München

Bönsch, M. & Zach, K. (2006): Seminarkrisen meistern. Erste Hilfe für Trainer, Lehrer, Vortragende. Reinbek; ursprünglich unter dem Titel «Stolpersteine meistern», Hamburg 2003

Bradley, P.H. (1981): The folk linguistics of women's speek: An empirical investigation. Communication Monographs, 48, S. 73–90

Brazelton, T.B. & Cramer, B.G. (1991): Die frühe Bindung. Die erste Beziehung zwischen dem Baby und seinen Eltern. Stuttgart

Bundesminister für Frauen und Jugend (1992): Gleichberechtigung von Frauen und Männern – Wirklichkeit und Einstellungen in der Bevölkerung. Bonn: Band 7 der Schriftenreihe des Bundesministers für Frauen und Jugend.

Campbell, A. (1995): Zornige Frauen, wütende Männer. Wie das Geschlecht unser Aggressionsverhalten beeinflußt. Frankfurt a.M.

Condry, J. & Condry, S. (1976): Sex-Differences: A study of the eye of the beholder. Child Development, 47, S. 812–819

Eagly, A.H., Makhijani, M.G. & Klonsky, B.G. (1992): Gender and the evaluation of leaders: A meta-Analysis. Psychological Bulletin, 111, S. 3–22

Eickhoff, C. & Hasenberg, R. (1999): Geschlechtsunterschiede – ihr Wandel über die Zeit und ihr Wandel im Lebenszyklus. In: R.K. Silbereisen & J. Zinnecker (Hrsg.): Entwicklung im sozialen Wandel, S. 187–201. Weinheim

Eickhoff, C., Hasenberg, R. & Zinnecker, J. (1999): Geschlechtsdifferenzierende Erziehung in der Familie. In: R.K. Silbereisen & J. Zinnecker (Hrsg.): Entwicklung im sozialen Wandel, S. 299–316. Weinheim

Enders-Dragässer, U. & Fuchs, C. (1987): Der heimliche Lehrplan der Geschlechtserziehung in der Schule: am Beispiel der Interaktionen. In: A. Prengel (Hrsg.): Schulbildung und Gleichberechtigung, S. 187–201. Frankfurt a.M.

Erler, G., Jäeckel, M., Pettinger, R. & Sass, J. (1988): Kind? Beruf? Oder beides? München

Fagot, B.I., Hagan, R., Leinbach, H.D. & Kronsberg, S. (1985): Differential Reactions to Assertive and Communicative Acts of Toddler Boys and Girls. Child Development, 56, S. 1499–1505

Faulstich-Wieland, H. (1995): Geschlecht und Erziehung: Grundlagen des pädagogischen Umgangs mit Mädchen und Jungen. Darmstadt

Feather, N.T. & Simon, J.G. (1975): Reactions to male and female success and failure in sex-linked occupations: Impressions of personality, causal attributions and perceived likelihood of different consequences. Journal of Personality and Social Psychology, 31, S. 20–31

Fthenakis, W.E. (1985): Väter. München

Geissler, B. & Oechsle, M. (1994): Lebensplanung als Konstruktion. Biographische Dilemmata und Lebenslauf – Entwürfe junger Frauen. In: U. Beck & E. Beck-Gernsheim (Hrsg.): Riskante Freiheiten. Individualisierung in modernen Gesellschaften, S. 139–167. Frankfurt a.M.

Gloger-Tippelt, G., Rapkowitz, I., Freudenberg, I. & Maier, S. (1995): Veränderungen der Partnerschaft nach der Geburt des ersten Kindes. Ein Vergleich von Eltern und kinderlosen Paaren. Psychologie in Erziehung und Unterricht, 42, S. 255–269

Gordon, T. (1972): Die Familienkonferenz. München
Gottman, J. M. (2000): Die 7 Geheimnisse einer glücklichen Ehe. München
Hagemann-White, C. (1995): Beruf und Familie für Frauen und Männer – Die Suche nach egalitärer Gemeinschaft. In: B. Nauck & C. Onnen-Isemann (Hrsg.): Familie im Brennpunkt von Wissenschaft und Forschung, S. 505–512. Neuwied, Kriftel, Berlin
Helbrecht-Jordan, I. & Gonser, U. (1993): Vater-sein dagegen sehr. Zeitschrift für Frauenforschung, 11/1–2, S. 179–189
Horstkemper, M. (1995): Schule, Geschlecht und Selbstvertrauen. Eine Längsschnittstudie über Mädchensozialisation in der Schule. Weinheim, München
IfD-Umfrage 5059 / 5060 (1992): Die selbstbewusst weibliche Frau. Eine Repräsentativumfrage im Auftrag von Für Sie. IfD-Umfrage 5059 / 5060. Institut für Demoskopie Allensbach
IfD-Umfrage 5078 (1993): Der partnerschaftliche Mann – Einstellungen und Verhaltensweisen. Ergebnisse einer repräsentativen Bevölkerungsumfrage. IfD-Umfrage 5078. Institut für Demoskopie Allensbach
IfD-Umfrage 6067 (1999): Rollenverteilung zwischen Männern und Frauen im Haushalt. IfD-Umfrage 6067. Institut für Demoskopie Allensbach
IfD-Umfrage 6087 (2000): Fraueninteressen und Frauenpolitik. Eine Repräsentativbefragung zu den Interessen von Frauen und ihren Erwartungen an die Politik. IfD-Umfrage 6087. Institut für Demoskopie Allensbach
Jellouschek, H. (1996): Mit dem Beruf verheiratet. Stuttgart
Juhl, A. K. (1981): Der Einfluß von Geschlechterstereotypen auf die soziale Wahrnehmung des Verhaltens von Kindern. Bielefeld, Dissertation
Jurgan, S., Gloger-Tippelt, G. & Ruge, K. (1999): Veränderungen der elterlichen Partnerschaft in den ersten 5 Jahren der Elternschaft. In: B. Reichle & H. Werneck (Hrsg.): Übergang zur Elternschaft. Aktuelle Studien zur Bewältigung eines unterschätzten Lebensereignisses, S. 37–51. Stuttgart
Kalicki, B., Peitz, G., Fthenakis, W. E. & Engfer, A. (1999): Passungskonstellationen und Anpassungsprozesse beim Übergang zur Elternschaft. In: B. Reichle & H. Werneck (Hrsg.): Übergang zur Elternschaft. Aktuelle Studien zur Bewältigung eines unterschätzten Lebensereignisses, S. 139–146. Stuttgart
Krüger, H. (1995): Geschlechtsspezifische Modernisierung im ehepartner-

lichen Lebenslauf. In: B. Nauck & C. Onnen-Isemann (Hrsg.): Familie im Brennpunkt von Wissenschaft und Forschung, S. 437–455. Neuwied, Kriftel, Berlin

Lamb, M. E. (1980): The development of parent-infant-attachments in the first two years of life. In: F. A. Pedersen (Hrsg.): The father-infant-relationship. Observational studies in the family setting, S. 21–43. New York

Lange, T. (2001): «Ich lass mich gern führen» (Interview mit Alice Schwarzer). Gala, 26, S. 82–85

Leonhardt, K.-K.: Das Innere Team – Klärungshilfe für Eltern. Erprobung und Evaluation eines Kurzzeitberatungskonzepts. Unveröff. Diplomarbeit, Hamburg

Maccoby, E. E. (1990): Gender and relationships: A developmental account. American Psychologist, 45, S. 513–520

Metz-Göckel, S. & Müller, U. (1985): Der Mann. Weinheim

Meyer, H.-J. (1988): Partnerschaft und emotionale Befindlichkeit von Eltern nach der Geburt ihres ersten und zweiten Kindes. In: M. Cierpka & E. Nordmann (Hrsg.): Wie normal ist die Normalfamilie? Empirische Untersuchungen, S. 43–62. Berlin

Nave-Herz, R. (1992): Frauen zwischen Tradition und Moderne. Bielefeld

NICHD Early Child Care Research Network (1997): The effects of infant child care on infant-mother attachment security: Results of the NICHD Study of Early Child Care. Child Development, 68, S. 860–879

NICHD Early Child Care Research Network (1998): Early child care and self-control, compliance and problem behavior at twenty-four and thirty-six months. Child Development, S. 69

NICHD Early Child Care Research Network (2001): Nonmaternal care and family factors in early development. An overview of the NICHD Study of Early Child Care. Journal of Applied Developmental Psychology, S. 22

Nickel, H. (2002): Väter und Kinder vor und nach der Geburt. Befunde zum Übergang zur Vaterschaft aus deutscher und kulturvergleichender Perspektive. In: H. Walter (Hrsg.): Männer als Väter. Sozialwissenschaftliche Theorie und Empirie, S. 555–584. Gießen

Parke, R. (1996): Fatherhood. Harvard

Pease, A. & Pease, B. (2000): Warum Männer nicht zuhören und Frauen schlecht einparken. München

Petzold, M. (1991): Vorbereitete und unvorbereitete Väter fünf Jahre nach der Geburt des ersten Kindes. Eine Längsschnittstudie auf der Suche nach neuen Vätern. Psychologie in Erziehung und Unterricht, 38, S. 263–271

Pfau-Effinger, B. (2000): Kultur und Frauenerwerbstätigkeit in Europa: Theorie und Empirie des internationalen Vergleichs. Opladen

Rost, H. & Schneider, N. F. (1995): Differentielle Elternschaft – Auswirkungen der ersten Geburt auf Männer und Frauen. In: B. Nauck & C. Onnen-Isemann (Hrsg.): Familie im Brennpunkt von Wissenschaft und Forschung, S. 177–194. Neuwied, Kriftel, Berlin

Rustemeyer, R. (1982): Wahrnehmung eigener Fähigkeit bei Jungen und Mädchen. Frankfurt a. M.

Schenk, H. (2001): Wieviel Mutter braucht der Mensch? Der Mythos von der guten Mutter (4. Auflage). Reinbek

Scheu, U. (1977): Wir werden nicht als Mädchen geboren, wir werden dazu gemacht. Frankfurt a. M.

Schnack, D. & Gesterkamp, T. (1998): Hauptsache Arbeit? Männer zwischen Beruf und Familie. Reinbek

Schnack, D. & Neutzling, R. (1990): Kleine Helden in Not. Jungen auf der Suche nach Männlichkeit. Reinbek

Schulz von Thun, F. (1981): Miteinander Reden, Band 1: Störungen und Klärungen. Reinbek

Schulz von Thun, F. (1989): Miteinander Reden, Band 2: Stile, Werte und Persönlichkeitsentwicklung. Reinbek

Schulz von Thun, F. (1990): Rehabilitation der Du-Botschaft; in: «Konzepte», S. 4–6. Das Magazin der Gerrit-Hoberg-Konzepte GmbH

Schulz von Thun, F. (1998): Miteinander Reden, Band 3: Das «innere Team» und situationsgerechte Kommunikation. Reinbek

Schulz von Thun, F. (2004): Klarkommen mit sich selbst und anderen. Kommunikation und soziale Kompetenz. Reinbek

Skinnigsrud, T. (1984): Mädchen im Klassenzimmer: warum sie nicht sprechen. Frauen und Schule, 3, S. 21–23

Stäudel, T. (1993): Problemlösen und Geschlecht: Unterschiede nur im Selbstbild? In: G. Krell & M. Osterloh (Hrsg.): Personalpolitik aus Sicht von Frauen (2. Auflage), S. 282–297. München

Steward, I. & Joines, V. (1996): Die Transaktionsanalyse. Freiburg i. Br.

Tannen, D. (1998): Du kannst mich einfach nicht verstehen. (Originalausgabe 1991.) München

Thomann, C. & Schulz von Thun, F. (2003): Klärungshilfe 1. Reinbek

Vagt, G. (2004): Wie sehr dürfen Männer wie Frauen und Frauen wie Männer sein. In: Reader zur Fachtagung «Entwicklungspsychologie und Gender», 13.11.2004, hg. von B. Reiche

Watzlawick, P., Beavin, J. & Jackson, D. (1969): Menschliche Kommunikation. Bern

Wilk, L. (1997): Koordination von Zeit, Organisation von Alltag und Verknüpfung individueller Biographien als familiale Gestaltungsaufgaben. In: L. Vaskovics (Hrsg.): Familienleitbilder und Familienrealitäten, S. 229–247. Opladen

Ziegler, A., Broome, P. & Heller, K.A. (1998): Pygmalion im Mädchenkopf. Erwartungs- und Erfahrungseffekte koedukativen vs. geschlechtshomogenen Physikanfangsunterrichts. Psychologie in Erziehung und Unterricht, 45, S. 2–18

Ziegler, A., Dresel, M. & Schober, B. (2000): Prädiktoren des Selbstvertrauens von Mädchen und Jungen vor dem erstmaligen Chemieunterricht am Gymnasium. Psychologie in Erziehung und Unterricht, 47, S. 66–75

Dagmar Kumbier bei rororo

Impulse für Beratung und Therapie
(Hrsg., mit Friedemann Schulz von Thun)

Impulse für Führung und Training
(Hrsg., mit Friedemann Schulz von Thun)

Impulse für Kommunikation im Alltag
(Hrsg., mit Friedemann Schulz von Thun)

Interkulturelle Kommunikation: Methoden, Modelle, Beispiele
(Hrsg., mit Friedemann Schulz von Thun)

Sie sagt, er sagt

MIX
Papier aus verantwortungsvollen Quellen
FSC® C083411
www.fsc.org

Das für dieses Buch verwendete FSC®-zertifizierte Papier *Holmen Book Cream* liefert Holmen, Schweden.